HANS-ULLRICH PAEFFGEN

Der Verrat in irriger Annahme eines illegalen Geheimnisses (§ 97 b StGB) und die allgemeine Irrtumslehre

Strafrechtliche Abhandlungen · Neue Folge

Herausgegeben von Dr. Eberhard Schmidhäuser
ord. Professor der Rechte an der Universität Hamburg

in Zusammenarbeit mit den Strafrechtslehrern der deutschen Universitäten

Band 35

Der Verrat in irriger Annahme eines illegalen Geheimnisses (§ 97 b StGB) und die allgemeine Irrtumslehre

Von

Dr. Hans-Ullrich Paeffgen

DUNCKER & HUMBLOT / BERLIN

Zur Aufnahme in die Reihe empfohlen
von Prof. Dr. J. Krümpelmann, Mainz

Gedruckt mit Unterstützung der Deutschen Forschungsgemeinschaft
D 77

Gedruckt 1979 bei Berliner Buchdruckerei Union GmbH., Berlin 61
Printed in Germany

ISBN 3 428 04512 2

In Erinnerung an meinen Vater,
Dr. jur. Theo Paeffgen

Vorwort

Der nachfolgende Text wendet sich mit § 97 b StGB einer sehr ungewöhnlichen Irrtumsvorschrift im Besonderen Teil des Strafgesetzbuches zu. Sie betrifft diejenigen Fälle, in denen jemand ein Staatsgeheimnis aufdeckt, von dem er irrig annimmt, es sei im Sinne von § 93 Abs. 2 StGB illegal. Das Bemerkenswerte an jener Bestimmung ist nun, daß sie nicht — wie es herkömmlich geschieht — zwischen Tatbestands- und Verbotsirrtum unterscheidet. Überdies ist ihr Bezugsgegenstand, eben jene Illegalität im Sinne von § 93 Abs. 2 StGB, in ihrer rechtlichen Qualität: Tatbestandsausschluß oder Rechtfertigung? umstritten und zweifelhaft. So lassen sich diese Bestimmung des § 97 b StGB und ihr Substrat in § 93 Abs. 2 StGB nicht ohne weiteres in das Gefüge der herrschenden Irrtumslehre eingliedern. Will man diese Spannungen auflösen, so ist es nicht nur erforderlich, eingehend die zugrunde liegenden Fallkonstellationen zu analysieren, sondern auch sich mit der allgemeinen Unrechts- und Irrtumsdogmatik auseinanderzusetzen. Eine solche Erörterung allgemeiner Lehren wird daher breiten Raum einnehmen müssen. Gleichwohl erscheint der Aufwand berechtigt, da sich aufgrund dessen der Vorwurf der Konzeptionslosigkeit, ja Verfassungswidrigkeit widerlegen läßt, der allenthalben gegen § 97 b StGB erhoben wird.

Der Arbeit liegt meine im Jahre 1978 vom Fachbereich Rechts- und Wirtschaftswissenschaften der Johannes Gutenberg-Universität Mainz angenommene Dissertation zugrunde. Ihr Manuskript wurde im März 1978 abgeschlossen.

Mein herzlicher Dank gilt allen, die mich bei der Erstellung und Veröffentlichung der Arbeit unterstützt haben: In erster Linie Herrn Professor Dr. Justus Krümpelmann, der nicht nur das Thema angeregt, sondern auch dessen Bearbeitung stets mit Nachsicht und Geduld gefördert hat. Ferner bin ich Herrn Professor Dr. Ernst-Walter Hanack für die wohlwollende Befürwortung einer Veröffentlichung sehr verpflichtet. Weiterhin darf ich Herrn Professor Dr. Eberhard Schmidhäuser dafür danken, daß er die Arbeit in seine Schriftenreihe aufzunehmen bereit war, und Herrn Professor Dr. Johannes Broermann dafür, daß er die verlegerische Betreuung übernommen hat. Schließlich schulde ich der Deutschen Forschungsgemeinschaft vielen Dank für ihre großzügige Druckkostenbeihilfe.

Inhaltsverzeichnis

Hinweis zu den Kolumnentiteln

Die Kolumnenüberschriften auf den linken Seiten beziehen sich in numerischer Schreibweise auf die Untergliederungspunkte: Teile, gegebenenfalls Abschnitte sowie Kapitel; die Überschriften auf den rechten Seiten auf die Untergliederungspunkte der Großbuchstaben und der römischen Ziffern.

Abkürzungsverzeichnis

a.a.O.	am angegebenen Ort; gleiche Fundstelle wie das letzte Zitat desselben Autors in derselben oder der vorangegangenen Fußnote
FN	Fußnote
FS	Festschrift/Festgabe
HS	Halbsatz
L. v. d. n. T.	Lehre von den negativen Tatbestandsmerkmalen
Sten. Ber.	Stenographischer Bericht
StrÄG	Strafrechtsänderungsgesetz
StrRRefG	Strafrechtsreformgesetz
WP	Wahlperiode

Im übrigen wird den Abkürzungsempfehlungen von Kirchner, Hildebert, Abkürzungsverzeichnis der Rechtssprache, Berlin, 1957, gefolgt.

Erster Teil

Einleitung

1. Kapitel

Vorbemerkungen

Mit dem 8. Strafrechtsänderungsgesetz vom 25. Juni 1968[1] hat die gleichermaßen politisch wie rechtlich heikle Diskussion[2] um die Fassung der Staatsschutzvorschriften im allgemeinen und der Landesverrats-Tatbestände im besonderen[3] ihr vorläufiges gesetzgeberisches Ende

---

1 BGBl I, S. 741 ff.

2 Vgl. etwa die Diskussion auf dem 38. Deutschen Juristentag 1951 zu den Referaten von H. v. Weber und K. S. Bader über die Reichweite des Staatsschutzes, Schutz, S. E 36 ff.

3 Während die Unterscheidung zwischen Hochverrat und Landesverrat verhältnismäßig jungen Datums ist, läßt sich die Strafbarkeit des Verrates i. S. d. heutigen Landesverrates, also als Konspiration mit dem Feind oder gar Waffendienst für diesen, in der Rechtsgeschichte weit zurückverfolgen. So war er im römischen Recht als perduellio das älteste Verbrechen überhaupt und schon im 12-Tafel-Gesetz festgehalten, vgl. Dig. 48, 4, 3. Es ging dann in der Folgezeit in dem weiteren crimen laesae maiestatis auf, das die Minderung des Ansehens der res publica und später auch der des Imperators pönalisierte. Dieses Delikt uferte nach und nach zu einem völlig konturlosen Verbrechensoberbegriff aus, vgl. dazu Weiske, Crimen, S. 121 f. Immerhin erwähnen die Digesten in Dig. 48, 4, 1, 1 den Fall: Quive hostibus populi romani nuntium litterasve miserit ... Vgl. im übrigen zum crimen maiestatis eingehend Weiske, Crimen, S. 1 ff.; Mommsen, Strafrecht, S. 537 ff. Auch das frühgermanische Recht kennt schon den Verrat als ausdrückliche Straftat, vgl. Ritter, Verrat, S. 3, sowie die Stelle bei Tacitus, Germania, cap. 12. Die späteren Gesetzgebungswerke bildeten dann den Aspekt der persönlichen Treuepflicht-Verletzung (Infidelität) stärker aus, vgl. etwa lex Ribuaria (um 550 n. Chr.), tit. 69 § 1, das langobardische edictus Rotharis (um 643), cap. 3 und 4, lex Alammanorum (um 720), tit. 24; vgl. dazu mit weiteren Nachweisen, Ritter, Verrat, S. 8 ff., 13 ff., 17 f. Die goldene Bulle, 1356, führt dann das römisch-rechtliche crimen laesae maiestatis in das deutsche Recht ein. Während aber noch in der Bambergensis (1507) neben das crimen laesae maiestatis in Art. 132 die Verreterey (Art. 149) trat, kannte die Carolina (1532) nur noch die Verreterey (Art. 124, gleichlautend mit Art. 149 der Bambergensis), und zwar an „ein(em) Land, stadt, seinem eigenen Herren“, aber eben auch an einem „betgenossen, oder nahe gesippten freund“.

Die römisch-rechtlich bedingte Grenzverwischung wird erst langsam beseitigt. So unterscheidet der codex Maximilianeus Bavaricus criminalis (1751) im 8. Kapitel des ersten Teils wieder zwischen perduellio und beleidigter gefunden[4]. In diesem Bereich zwischen Macht und Recht, zwischen Sachzwängen und Verfassungspostulaten tun und taten sich Gesetzgeber und Rechtsanwender stets schwer, nicht zuletzt deshalb, weil das politische Strafrecht wie keine andere Tatbestandsgruppe vor dem Hintergrund der jüngeren deutschen Geschichte zu sehen ist. Hinzu kommt, daß das Staatsschutzstrafrecht ohnehin aufgrund seiner politischen Natur unter starkem Einfluß der jeweiligen politischen Zeitgegebenheiten steht[5]. Wegen dieser politischen Dimension bestand auch stets die Gefahr einer politischen Anwendung, ein Risiko, das durch die Verwendung sehr unbestimmter Tatbestandsmerkmale noch begünstigt wurde[6]. Auf der anderen Seite gab es immer wieder Bestrebungen, dieser Gefahr zu begegnen, die Tatbestände zu präzisieren und sie auf das Minimum des Notwendigen zu beschränken: Einer solchen Zielsetzung entsprang auch der SPD-Entwurf zum Staatsschutzrecht vom 8. Dezember 1965[7], der die Novelle ausgelöst hat.

Majestät. Ihm folgt die Theresiana (1768), die in Art. 61 erstmals den Ausdruck „Landesverretherey" verwendet. Das preußische Allgemeine Landrecht (1794) führt dann erstmals die auch heute noch übliche Dreiteilung nach Hochverrat, Landesverrat und Majestätsbeleidigung (Beeinträchtigung von Verfassungsorganen) im II. Teil, 20. Titel, 2. (§ 92), 3. (§ 100) und 5. Abschnitt (§ 196) durch. Vgl. zum Vorstehenden Schroeder, Schutz, S. 7 ff., und — umfassend — Ritter, Verrat.

[4] Das Einführungsgesetz zum StGB vom 2. März 1974 (BGBl I, S. 469 ff.) hat neben einer Anpassung des Wortlautes an die neue Begrifflichkeit nur geringfügige, hier nicht interessierende Änderungen bei den §§ 95, 96, 97 mit sich gebracht, vgl. a.a.O., S. 479.

[5] So haben die Attentate auf Kaiser Wilhelm I im Jahre 1878 die Sozialistengesetzgebung vom 21. Oktober 1878 (RGBl, S. 351) ausgelöst, der Attentatsversuch auf Kaiser und Bundesfürsten anläßlich der Einweihung des Niederwalddenkmals 1883 das Sprengstoffgesetz vom 9. Juni 1884 (RGBl, S. 61 ff.). Das Spionagegesetz vom 3. Juli 1893 (RGBl, S. 205) war eine Reaktion auf ähnliche Normierungen im Ausland, vgl. dazu Seuffert, ZStW 14, 532 (584); das Republikschutzgesetz vom 21. Juli 1922 (RGBl I, S. 585 ff.) war eine Reaktion auf die Ermordung von Erzberger, Rathenau, des Führers der USPD, Gareis, und dem Attentatsversuch auf Scheidemann in den Jahren 1921/22. Die beginnende Eingliederung der Bundesrepublik in die westliche Verteidigung und die Eskalation des kalten Krieges angesichts des Koreakrieges zog die Wiedereinführung von Staatsschutzbestimmungen über das Maß des Art. 143 GG hinaus nach sich ([1.] StrÄG vom 30. August 1951, BGBl I, S. 739 ff.). Vgl. im übrigen zu dem sprunghaften Anwachsen von Hochverrats- und Landesverratsprozessen in der Weimarer Republik gegenüber der Zeit des Kaiserreichs: Gumbel, Justiz III, S. 386 ff.

[6] Obschon das römische Strafrecht keine Tatbestandsmerkmale im heutigen Sinne kannte, so mutet das Verdikt Mommsens über das crimen laesae maiestatis sehr aktuell an, wenn er feststellt, daß „die ‚Minderung der Hoheit des römischen Volkes' recht eigentlich dazu bestimmt scheint, jedem denkbaren politischen Vorwurf die Form einer Strafklage zu geben", um dann wenig später fortzufahren, das crimen maiestatis sei „durch seine juristische Grenzenlosigkeit nur zu oft mißbraucht und zeitweise zur Geißel der Menschheit geworden", Strafrecht, S. 542/43.

[7] BT Drucks. V/102 (Bd. 101) = Polit. Strafrecht, S. 154 ff.

Einige besonders brisante Probleme, wie beispielsweise das sogenannte „Mosaikgeheimnis“, d. h. das Auffinden eines Geheimnisses durch Zusammentragen und Zusammensetzen von durchaus bekannten Details (etwa aus Fachzeitschriften)[8], und der publizistische Landesverrat[9], konnten denn auch durch die Neufassung entschärft werden. Die SPD-Fraktion hatte jedoch noch in einem weiteren, ihr wichtigen Punkt eine Verbesserung des bisherigen Rechtszustandes angestrebt: Sie wollte das sogenannte „illegale Staatsgeheimnis“, d. h. das Geheimnis, das einen Verfassungsverstoß zum Gegenstand hat, aus dem Strafrechtsschutz herausnehmen[10]. Diesem Anliegen scheint das Gesetz auch gefolgt zu sein, denn nach der Legaldefinition des Staatsgeheimnis-Begriffs in § 93 Abs. 1 spricht § 93 Abs. 2 deutlich eine Ausnahme aus, wenn es dort heißt:

> Tatsachen, die gegen die freiheitlich demokratische Grundordnung oder unter Geheimhaltung gegenüber den Vertragspartnern der Bundesrepublik Deutschland gegen zwischenstaatlich vereinbarte Rüstungsbeschränkungen verstoßen, sind keine Staatsgeheimnisse.

Obschon damit der Verfassungsverstoß aus dem Schutzbereich der Landesverratsdelikte herausgenommen ist, findet sich in § 97 a ein Tatbestand, der auch jenes — angeblich nicht schützenswerte — Tatobjekt des „illegalen Staatsgeheimnisses“[11] schützen will, — nämlich gegen

---

8 Über einen Fall dieser Art hatte das Reichsgericht zu entscheiden: Die Täter hatten von dem für jeden Besucher erkennbaren Küstenverlauf Norddeutschlands von Emden bis Kiel Skizzen für ein Relief für den französischen Generalstab gemacht. Sie wurden wegen Landesverrats verurteilt (RG 25, 45 [50 f.]; vgl. weitere Fälle bei Freiesleben, ZStW 45, 237 [249], sowie BGH 7, 234 [militärisch verwendbare Untersuchungen einer freizugänglichen Straße] und BGH 15, 17 [Ermittlung des westdeutschen Rüstungspotentials durch Auswertung von freizugänglichen Fachzeitschriften]). Mit dem Erfordernis der begrenzten Zugänglichkeit in § 93 Abs. 1 ist die Gefahr des Mosaikgeheimnis-Verrates, der besonders die Presse und die Wissenschaft ausgesetzt war, verringert worden. Entgegen Jescheck, Engisch-FS, S. 584 (592) und Kohlmann, Staatsgeheimnis, S. 317, ist damit aber das Problem Mosaikgeheimnis nicht beseitigt worden, wie schon die Begründung des Sonderausschusses (BT Drucks. V/2860 [Bd. 121], S. 15 f.) sowie zahlreiche Kommentarstimmen (vgl. etwa LK-Hengesberger § 93 RN 13 ff.) erkennen lassen.

9 Mit dem Erfordernis der formellen Sekretur in § 95 ist das Verhalten der Journalisten in der Regel aus dem Bereich des Landesverrats im strengen Sinne (§ 94) herausgenommen. Das verhindert die Stigmatisierung mit dem Odium eines „Verräters“ und eröffnet einen geringeren Strafrahmen.

Dennoch bleibt ein beträchtliches Restrisiko insbesondere auch für die Militärpublizisten.

10 Vgl. § 99 Abs. 5 E-SPD.

11 Der Ausdruck „illegales Staatsgeheimnis“ ist nach der geltenden Gesetzesfassung an sich falsch, soweit es sich um Verstöße gegen den Kernbestand der Verfassung oder gegen Rüstungsbeschränkungen handelt. Denn das Gesetz nimmt in § 93 Abs. 2 diese Verstöße aus der Definition des Staatsgeheimnisses gerade heraus. Präzise müßte es mit dem Gesetzeswortlaut in § 97 a heißen: ein Geheimnis, das wegen eines Verstoßes der in § 93 Abs. 2

die geheime Weitergabe an fremde Mächte. Daß es mit jener scheinbar so eindeutigen Ausnahme von der Staatsgeheimnis-Definition in § 93 Abs. 2 eine besondere Bewandtnis hat, wird vollends klar, wenn man die diesbezügliche Irrtumsregelung in § 97 b betrachtet:

(1) Handelt der Täter in den Fällen der §§ 94 - 97 in der irrigen Annahme, das Staatsgeheimnis sei ein Geheimnis der in § 97 a bezeichneten Art[12], so wird er, wenn

1. dieser Irrtum ihm vorzuwerfen ist,
2. er nicht in der Absicht handelt, dem vermeintlichen Verstoß entgegenzuwirken, oder
3. die Tat nach den Umständen kein angemessenes Mittel zu diesem Zweck ist,

nach den bezeichneten Vorschriften bestraft. Die Tat ist in der Regel kein angemessenes Mittel, wenn der Täter nicht zuvor ein Mitglied des Bundestages um Abhilfe angerufen hat.

Gerade die Bestimmung des § 97 b ist auf mannigfache, scharfe Kritik[13] gestoßen, die im Vorwurf der Verfassungswidrigkeit gipfelte. Daher soll dieser Tatbestand im folgenden zusammen mit seinem Bezugsgegenstand, der Staatsgeheimnis-Definition in § 93, untersucht werden.

Dazu erscheint es sinnvoll, die rechtshistorische Entwicklung des hier interessierenden Problems „illegales Staatsgeheimnis" genauer aufzubereiten, nachdem bereits einige wenige Schlaglichter auf die allgemeine Geschichte des Staatsschutzes gefallen sind. Denn die gesetzliche Regelung war als eine gezielte Antwort auf rechtspolitische Fragen gedacht, die die Zeit der Weimarer Republik und der noch jungen Bundesrepublik Deutschland aufgeworfen hatte.

---

bezeichneten Art kein Staatsgeheimnis ist. Daraus ergibt sich gleichzeitig, daß es sehr wohl noch illegale Staatsgeheimnisse geben kann, nämlich solche, die einen Sachverhalt betreffen, dessen Illegalität unter der Schwelle des § 93 Abs. 2 bleibt. Bis zur endgültigen Klärung des Begriffes sei er einstweilen weiterverwandt.

Daß der Ausdruck zudem auch sprachlich falsch ist — ein Geheimnis kann nicht illegal sein, sondern nur etwas Illegales zum Gegenstand haben —, wird in Anbetracht des gefestigten Sprachgebrauchs in Kauf genommen.

[12] d. h. ein Geheimnis, das der Ausnahme des § 93 Abs. 2 unterfällt.

[13] Statt vieler Dreher, § 97 b RN 10 f.; SK-Rudolphi, § 97 b RN 11 ff.

2. Kapitel

Die geschichtliche Entwicklung des Problems

A. Die Zeit vor 1949

I. Das Kaiserreich

Die Vorgeschichte dieser Regelung eines Konfliktes zwischen Verfassungsmäßigkeit und Staatsräson ist eng verknüpft mit der Entwicklung des Staats- und Demokratieverständnisses in Deutschland während dieses Jahrhunderts. Eine noch in den Anfängen steckende Demokratie mit stark nationalistischem Einschlag verhinderte während des Kaiserreichs, daß jene Problematik gesehen wurde. Das damals herrschende politische Bewußtsein sowie die am nationalen Interesse ausgerichtete Gesetzesauslegung[1] bei den Landesverratsbestimmungen berechtigen jedoch zu der Annahme, daß die Entscheidung zugunsten des Staatsschutzes ausgefallen wäre[2].

II. Die Weimarer Republik

Mit dem Entstehen der Weimarer Republik wandelte sich der Problemrahmen. Zum einen trat in der Weimarer Verfassung das Prinzip der Demokratie deutlich in den Vordergrund. Zum anderen überschattete der Geburtsfehler der Republik, der Versailler Vertrag[3], die politische Situation. Durch dessen Rüstungsbeschränkungen wurde das hier interessierende Grundproblem auch erstmals Gegenstand von Urteilen[4].

---

[1] Vgl. etwa die Kommentierung zu § 92 StGB bei Hälschner, Bd. II, 2. Abt., S. 760 (761) oder Seuffert, ZStW 14, S. 532 (582) zum Spionagegesetz von 1894, sowie die spärliche Rechtsprechung, z. B. RG 25, 45 ff.

[2] Zur Ehrenrettung der Parlamentarier dieser Zeit muß allerdings auch gesagt werden, daß sie den weitreichenden Wünschen insbesondere der Militärs in der Regierungsvorlage zum Spionagegesetz 1913 (Verh. RT, 13. Legislaturperiode, I. Session, Bd. 302, Anlage zum Sten. Ber., Nr. 1003) mit ihrer Erstreckung des Geheimnisbegriffes auf Nachrichten, deren Geheimhaltung das Militär angeordnet hatte, sowie der Strafbarkeit auch des fahrlässigen Landesverrates — deutlich und erfolgreich entgegentraten, vgl. Verh. RT, 13. Legislaturperiode, I. Session, Bd. 291, Sten. Ber., S. 5976 ff. Vgl. hierzu Hamm, ZStW 35, 247 (248), sowie die demgegenüber nur milden Bedenken gegen den Entwurf (wegen des prozeßrechtlichen Zeugniszwangsverfahrens) bei Kohlrausch, ZStW 35, 250 (258 ff.).

[3] RGBl I, 1919, S. 687.

Einige der wichtigsten Fälle seien deshalb hier kurz skizziert.

a) Der Fall Fechenbach[5]

Der sozialistische Journalist Felix Fechenbach hatte eine Nachricht über nach dem Friedensdiktat verbotene Waffenlager einer rechtsextremen bayerischen Geheimorganisation einem niederländischen Nachrichtenbüro zugespielt. Eine Veröffentlichung dieser Nachricht war jedoch nicht nachweisbar. Deshalb wurde er am 20. Oktober 1922 vom Münchner Volksgericht I wegen lediglich versuchten Landesverrates zu 5 Jahren Festungshaft verurteilt[6].

---

[4] Vgl. die Rechtsprechungsnachweise bei Freiesleben, ZStW 45, S. 237 (240) und in der Denkschrift der Reichsanwaltschaft, S. 28 ff. sowie das Folgende.

[5] Vgl. hierzu Freymuth, Justiz II, S. 366 ff.; Hirschberg, Justiz I, S. 46 ff., derselbe, Fehlurteil, S. 155 ff.; Kitzinger, ZStW 44, S. 136 ff.; Wegner, Kriminelles Unrecht, S. 74 ff.

[6] Die Strafe fiel bei Fechenbach in diesem Punkt — im Gegensatz zu den beiden Mitangeklagten Lembke und Gargas (10 bzw. 12 Jahre Zuchthaus) — noch relativ „milde" aus.

Daneben wurde F. wegen vollendeten Landesverrats zu 10 Jahren Zuchthaus verurteilt (Gesamtstrafe: 11 Jahre). Der zweite Anklagepunkt ist zwar hier nicht einschlägig, beleuchtet aber doch recht gut die Gefahren des politischen Strafrechts: Der Landesverrat wurde in der 1919 erfolgten Publizierung des von-Ritter-Telegramms vom 24. Juli 1914 (!) gesehen. (Lt. dem bayerischen Geschäftsträger von Ritter billigte der Papst 1914 einen österreichischen Präventivschlag gegen Serbien.) Der Nachteil für das Reich wurde in der negativen Wirkung der Veröffentlichungen auf mögliche, tatsächlich aber gar nicht geplante Bemühungen gesehen, von päpstlicher Seite auf eine Milderung des Friedensdiktates und der Blockade im Jahre 1919 hinzuwirken. — Das Verfahren war insgesamt prozeßrechtlich höchst zweifelhaft. Die Zuständigkeit des Volksgerichtshofes für Landesverratssachen entstammte — wie die Erschaffung des Gerichtes — der Periode der Niederwerfung der Münchener Räterepublik (Gesetz vom 12. Juli 1919, Bay GVBl, S. 365). Sie widersprach dem Art. 105, S. 1 WRV (Verbot von Ausnahmegerichten) und der Zuweisung der Hoch- und Landesverratskriminalität gegen das Reich an das Reichsgericht gemäß § 136 GVG. Sie wurde aber vom Reichsgericht als Ausfluß der Diktaturgewalt der Landesregierung gemäß Art. 48 Abs. 4 WRV anerkannt, vgl. Recht 1922, Nr. 1026. — Das Gnadengesuch gegen dieses Urteil wurde aufgrund eines Gutachtens des Bayerischen Obersten Landesgerichtes abgelehnt. Dieses Gutachten wurde von acht renommierten deutschen Rechtslehrern (von Dohna, Kitzinger, Mittermaier, Oetker, Radbruch u. a.) widerlegt. Die trotzdem erst Jahre später erfolgende Wiederaufnahme vor dem Reichsgericht führte diesbezüglich zu einer Aufhebung wegen presserechtlicher Verjährung (RG 61, 19 ff.), ohne daß auf die schweren Zuständigkeits- und Verfahrensmängel eingegangen wurde. Auch bezüglich des *hier* interessierenden Verratsfalles ging das Reichsgericht nur auf die presserechtliche Verjährungsfrage ein. Da das Pressegesetz nicht eingriff, hielt es insoweit die Verurteilung aufrecht.

Die politisch-psychologische Problematik, die in diesem Tatbestandsbereich steckt, sei auch noch durch folgenden Hinweis unterstrichen: Zwei Richter des gutachtenden Bayerischen Obersten Landesgerichts (Pöhner und der Berichterstatter von der Pfordten) nahmen an Hitlers Münchener Putsch (8. 11. 1923) teil, wobei letzterer erschossen wurde. Und: Es ist das gleiche Münchener Volksgericht, dessen Rechtsprechung so „furchtbare Opfer"

b) Der Fall Bullerjahn[7]

Im Jahre 1920 waren bei einer überraschenden Inspektion einer Wittenberger Waffenfabrik durch die Interalliierte Kontrollkommission[8] über 100 000 halbfertige Gewehre entdeckt worden. Da der Reichswehr im Vertrag nur eine Höchstzahl von 100 000 Mann zugestanden worden war[9], widersprach eine derartig hohe Waffenproduktion seinen Bestimmungen. Der Lagerverwalter der Fabrik, Walter Bullerjahn, geriet in den Verdacht, das geheime Waffenlager für 1 200,— Mark an die Alliierten verraten zu haben. Der Hauptbelastungszeuge, der seine Kenntnisse selbst nur vom Hörensagen haben wollte, trat in der Verhandlung selbst nicht auf[10]. Dennoch verurteilte das Reichsgericht Bullerjahn im wesentlichen aufgrund dieser Aussage wegen Landesverrates zu 15 Jahren Zuchthaus.

c) Der Fall v. Ossietzky[11]

Seit dem Rappallo-Vertrag von 1922 begann zwischen den beiden Verlierern des Weltkrieges, der Sowjetunion und dem Reich, eine immer intensiver werdende militärische Kooperation. Das Reich verhalf den Russen zu einer modernen Rüstungsfabrikation und errichtete Waffenschulen (für Flieger in Lipezk, für Panzer in Kasan), um als Gegenleistung dort solche modernen Waffen zu beziehen und auch das eigene Militär mit ihnen vertraut zu machen.

Über einen Teil dieser nach dem Versailler Vertrag verbotenen (Art. 198) Luftrüstung[12] berichtete am 12. März 1929 der Journalist Walter Kreiser in der „Weltbühne". Dabei deutete er zum einen die

---

gefordert hat (Kantorowicz, Justiz II, S. 92 [94]), welches sich im Hitlerprozeß zur größten Milde verstand. Vgl. Hoegner, Justiz III, S. 315 (321 f.).

[7] Vgl. hierzu Freymuth, Justiz II, S. 366 ff.; Hirschberg, Justiz I, S. 46 ff. und Fehlurteil, S. 155 ff.; Schweitzer, Justiz II, S. 213 (214 ff.).

[8] Vgl. Versailler Vertrag, RGBl 1919, S. 687 (963).

[9] Ebenda, S. 919 (Art. 160 Nr. 1 Abs. 2). Gemäß Art. 169 Abs. 4 (S. 929) i. V. m. Übersicht Nr. 3 (S. 941) waren dem Heer nur 84 000 Gewehre zugestanden.

[10] Den beiden Untersuchungsrichtern und dem vernehmenden Polizeikommissar war die Benennung des Zeugen von ihren Dienstvorgesetzten untersagt worden. Er erschien ihnen aber absolut glaubwürdig. Später stellte sich heraus, daß es sich um den Werksleiter von Gontard handelte. Da er eine höchst zweifelhafte Person war, die sich zudem weiteren Nachforschungen durch eine Flucht ins Ausland entzog, gelang es nach über sechs Jahren, die Wiederaufnahme des Verfahrens durchzusetzen. Im Hinblick darauf, daß der Belastungszeuge wegen seiner Flucht und seines allgemeinen Leumundes keineswegs „über alle Zweifel erhaben" war, wurde Bullerjahn schließlich mangels Beweises freigesprochen.

[11] Grossmann, Ossietzky, S. 165 ff.

[12] Zur geheimen Luftrüstung vgl. u. a. Speidel, Vierteljahres-Hefte für Zeitgeschichte, 1953, S. 9 (17 ff.).

versteckte Finanzierung dieser Rüstung über den Staatsetat — man hatte die Flugabteilungen unter Tarnnamen zivilen Fluggesellschaften angegliedert —, zum anderen die heimliche Zusammenarbeit mit der Sowjetunion an[13]. Obwohl der Artikel in einer Zeit vehementer Kritiken an den verschleierten Rüstungsausgaben der Regierung fiel[14], wurde wegen Landesverrates Anklage vor dem Reichsgericht erhoben. Neben Kreiser wurde der spätere Friedensnobelpreisträger (1936 für das Jahr 1935) Carl v. Ossietzky als Mit-Herausgeber der „Weltbühne" angeklagt. Dieser rückte wegen seiner mannhaften Verteidigung des Artikels während des Prozesses immer mehr in den Mittelpunkt. Beide Angeklagten wurden am 23. November 1931 wegen Verrats militärischer Geheimnisse gemäß § 1 Abs. 2 SpionageG 1914[15] zu jeweils 18 Monaten Gefängnis verurteilt[16, 17].

---

[13] In dem Artikel hieß es — nach einem Hinweis auf die Deutsche Lufthansa, Abt. Küstenflug —: „Ähnliche Kapriolen wurden auch auf dem Flugplatz Johannistal Adlershof gemacht. Auf der Adlershofer Seite bestand als besondere Gruppe der Deutschen Versuchsanstalt für Luftfahrt eine sogen. Abteilung M. Als beim vorjährigen Luftfahrtetat der sozialistische Abgeordnete Krüger im Haushaltsausschuß die Regierungsvertreter um Auskunft bat, zu welchem Zweck die Abt. M da sei, bekam er keine Antwort, denn sonst hätten die Behörden darauf aufmerksam machen müssen, daß ‚M' auch der Anfangsbuchstabe des Wortes Militär ist. Das verschwieg man lieber. Aber auch hier arbeitete Groeners" (gemeint ist: Reichswehrminister Gen.Lt. Wilhelm Groener) „findige Vernebelungstaktik. Um bei einer erneuten Anfrage sagen zu können: Eine solche Abteilung M gibt es nicht mehr, mit diesen Schweinereien haben wir aufgeräumt, wurde diese Abteilung auch aufgelöst, kam auf die Johannistaler Seite des Flugplatzes und heißt jetzt Erprobungsabteilung Albatros, zum Unterschied von einer Versuchsabteilung, die Albatros bereits besitzt. Diese Erprobungsabteilung Albatros ist zu Lande dasselbe, was an der See die Küstenflugabteilung der Lufthansa darstellt. Beide Abteilungen besitzen je etwa 30 bis 40 Flugzeuge, manchmal auch mehr. Aber nicht alle Flugzeuge sind immer in Deutschland ...", aus: Heinz Jäger (i. e. Walter Kreiser): Windiges aus der deutschen Luftfahrt, Weltbühne, Jahrgang 25/1, 1929, S. 402 (407).

[14] Vgl. die Anfrage des MdR Krüger (SPD) vom 3. Februar 1928 und die Diskussion im Haushaltsausschuß, zitiert nach Grossmann, Ossietzky, S. 197 ff.

[15] RGBl, S. 195.

[16] Allerdings wurde er nach siebenmonatiger Haft im Dezember 1932 begnadigt. Nach dem Reichstagsbrand wurde er erneut verhaftet. Nach Jahren schwerster Mißhandlungen in mehreren KZ erlag er 1938 einer Tbc, die er sich während der Lageraufenthalte zugezogen hatte. Zur Abrundung sei angemerkt, daß das gleiche Reichsgericht — wiederum unter Vorsitz des Reichsgerichtsrats Dr. Baumgarten — in dem Ulmer Reichswehrprozeß (2 Offiziere des 5. Artillerie Regiments in Ulm waren wegen Hochverrats und Kollaboration mit der NSDAP zu jeweils 18 Monaten Festung verurteilt worden) mit ungewöhnlicher Nachsicht auftrat: In dem Prozeß wurde Adolf Hitler als Zeuge gehört und durfte in einem mehrstündigen demagogischen Propagandareferat die politischen Ziele der NSDAP darstellen, weil ihre Vereinbarkeit mit der Verfassung überprüft werden sollte. Er legte dort insbesondere seine neue These von der legalen Machtergreifung durch die NSDAP dar. Hitler wurde von Baumgarten selbst dann nicht zur Ordnung gerufen, als er kundtat, daß nach dieser Machtergreifung eine Reihe von

d) *Zeitgenössische Kritik und Ende der Epoche*

Es bestand also ein Konflikt zwischen den Anforderungen des Friedensvertrages und jenen geheimen Aufrüstungsbestrebungen. Damit bestand aber auch ein Konflikt zwischen dem Staat, der solche Illegalitäten duldete, ihnen gar Vorschub leistete und den — insbesondere pazifistischen — Kräften, die das Staatswohl durch derartige Verstöße gefährdet sahen. Die überwiegende Meinung in der strafrechtlichen Literatur[18] trat der Rechtsprechung[19] bei und hielt auch illegale Sach-

---

Köpfen rollen würden (was seinen legitimistischen Anspruch völlig desavouierte). Vgl. im übrigen den Wortlaut des Hochverratsurteils vom 4. Oktober 1930 in Justiz VI, S. 187 ff. und seine kritische Würdigung von „Procurator" (i. e. Robert M. W. Kempner), ebenda, S. 62 ff.

17 Weitere wichtige Fälle: RG 62, 65: Publizierung der Einstellung von „Zeitfreiwilligen" in der Reichswehr 1923/24. Dieses schon zu Napoleons Zeiten in Preußen exerzierte „Krümper-System" verstieß gegen die Beschränkungen der Heeresstärke durch den Versailler Vertrag, Art. 160 Nr. 2 und die Ergänzungs-Bestimmungen der Art. 174 f.

Immerhin meinte das Reichsgericht (E 62, 65 [70]): „Wäre es dem Angeklagten nur darum zu tun gewesen, die deutsche Regierung auf das Vorhandensein ‚illegaler Zustände' zum Zwecke ihrer Abstellung aufmerksam zu machen, so wäre darin nach der feststehenden Rechtsprechung des Reichsgerichts kein Landesverrat zu finden". Insoweit — so ist zu ergänzen — entfiele nämlich eine Gefährdung des Reichswohls. In der Regel wäre aber mit diesen Publikationen der Reichsregierung gleichzeitig der (zumindest anfänglich tatsächlich auch berechtigte, der Verf.) Vorwurf der stillschweigenden Duldung oder Begünstigung gemacht worden. Dies hätte dann die Gefahr einer politischen oder gar militärischen Intervention der Siegermächte wegen der Vertragsverletzung nach sich gezogen. Ein derartiges Verhalten erschien dem Reichsgericht im Sinne des § 92 i. d. F. des StGB vom 15. Mai 1871 stets als tatbestandsmäßig, da die Einhaltung völkerrechtlicher Verträge zu überwachen eine Pflicht des Staates und nicht des einzelnen sei. So die ständige Rechtsprechung, vgl. die nicht veröffentlichten Entscheidungen des Reichsgerichts vom 8. Dezember 1922 — 7 J 154/21 —; vom 28. August 1923 — 7 J 69/23 —; vom 10. 03. 1924 — 7 J 100/22 —; vom 16. 10. 1924 — 7 J 61/24 —; vom 1. 11. 1926 — 7 J 73/26 — zitiert nach der Denkschrift der Reichsanwaltschaft, S. 33/34.

(Interessant — insbesondere im Hinblick auf die Fassung des jetzigen § 97 b Abs. 1 S. 2 — ist im übrigen die in RG 62, 65 [71] angegebene Stufenfolge der Maßnahmen, mit denen solchen Illegalitäten hätte begegnet werden sollen: Beschwerde bei Reichsbehörden; Petition an den Reichstag gemäß Art. 126 S. 1 WV oder Einschalten eines Abgeordneten, um gemäß Art. 34, 35 WV die Einsetzung eines Untersuchungsausschusses zu erwirken.)

Weitere Fälle von jener Konfliktstruktur sind bei Gumbel, Justiz II, S. 75 ff. angeführt.

18 van Calker, Frank-FS, Bd. II, S. 245 (261 f.); Frank, § 92 Anm. II 1; Freiesleben, ZStW 45, S. 237 (245); Gerland, Lb, S. 311, FN 3; Jorns, DRiZ 1928, S. 105 (107 f.); Kantorowicz, Justiz II, S. 92 (97); LK⁴-Ebermayer, § 92 Anm. 3, 4; v. Liszt / Schmidt, Lb, § 166, 2 III.; v. Weber, Reichsgerichts-FS, S. 173 (195 ff.).

Die unterschiedlichen Geisteshaltungen, die die gegensätzlichen Auffassungen getragen haben, lassen sich sehr anschaulich in der literarischen Fehde zwischen Radbruch, Justiz I, S. 193 ff., und dem Herausgeber der Juristenzeitung, Liebmann, DJZ 1926, S. 146 ff., um das Urteil des Magdeburger Schöffengerichts vom 23. Dezember 1924 im sogenannten „Ebertverhalte dieser Art für taugliche Objekte des Landesverrats[20]. Diese traditionalistische Sicht wurde — z. T. heftig — bekämpft[21]. Dabei war ein Ort der Auseinandersetzung und zugleich gewichtigstes Sprachrohr der Gegner einer etatistischen Auffassung bezeichnenderweise das Organ des republikanischen Richterbundes „Die Justiz". So, wie diese Zeitschrift mit der Machtübernahme durch den Nationalsozialismus ihr Erscheinen einstellte, verstummte auch die Diskussion um jenes Problem[22]. Die dem Fragenkreis zugrundeliegende Spannungslage: Gefährdung der äußeren Sicherheit/Verteidigung der „Grund"-Rechte wurde jedoch um so aktueller und kulminierte schließlich in der Verschwörung des 20. Juli 1944.

Prozeß" belegen. Dort war der Reichspräsident, der als Nebenkläger in einem Beleidigungsprozeß gegen den Redakteur Rothardt auftrat, als des Landesverrats schuldig bezeichnet worden, weil er gegen Kriegsende in die Leitung eines Munitionsarbeiterstreikes eingetreten war, obgleich dies mit dem Ziel geschah, den Ausstand abzukürzen. Vgl. zum Prozeß insgesamt Kirchheimer, Justiz, S. 121 ff. — Zu jenem Problem des Vorteilsausgleichs im Falle Ebert vgl. RG 65, S. 422 (430 ff.). Siehe auch die eingehende Erörterung der subjektiven Tat-(Schuld-)Seite bei zu Dohna, DJZ 1925, S. 146 (147) und demgegenüber die etatistische, erfolgsorientierte Sicht etwa bei Traeger, GS 91, S. 435 ff. und Finger, GS 102, S. 227 (232).

[19] u. a. RG JW 24, S. 1531 Nr. 13; RG 62, S. 65 (70 f.).

[20] Interessant ist allerdings, daß in dem E 1930 (Entwurf Kahl), Verh. RT, V. WP, Bd. 448, Anlage zum Sten. Ber., Nr. 395, ein § 98 a vorgesehen war, nach dem der Täter nur mit Gefängnis bestraft werden sollte, wenn er öffentlich ein Staatsgeheimnis in der Absicht offenbart, „eine vermeintlich unmittelbar drohende erhebliche Gefahr für den verfassungsmäßigen inneren Bestand des Reiches abzuwenden". Lag die Gefahr tatsächlich vor, so sollte ausdrücklich Straflosigkeit eintreten (angesichts des Wortes „vermeintlich" im Satz zuvor an sich eine überflüssige Bestimmung, worauf Kersten, Entwicklung, S. 165 FN 1 zu Recht hinweist). Damit sprach sich der Entwurf für den Vorrang der Verfassungssicherung vor der äußeren Sicherheit aus. Vgl. zu dem Vorläufer dieser Bestimmung in den Beratungen des Strafrechts-Ausschusses Finger, GS 102, S. 227 (232).

[21] Dem Gedanken irgendwelchen Strafschutzes für derartige „illegale Staatsgeheimnisse" stand die SPD-Fraktion völlig ablehnend gegenüber, vgl. etwa den Antrag von MdR Müller / Franken (Verh. RT, III. WP, Bd. 398, Anlage zum Sten. Ber. Nr. 335), der die wahrheitsgemäße Mitteilung über gesetzwidrige (!) Zustände aus dem Landesverrat (§ 92) herausnehmen wollte. In der Literatur wurde zwar die Möglichkeit eines illegalen Staatsgeheimnisses nicht ausgeschlossen, jedoch die Straflosigkeit seiner *öffentlichen* Bekanntgabe gefordert: Friedensburg, Justiz I, S. 464 (474); Frind, Landesverrat, S. 69; Löwenthal, Justiz III, S. 120 (134); Radbruch, Justiz I, S. 193 (195) und Justiz III, S. 103 (109) und 384 (385); Schücking, Justiz III, S. 509 (515); Sinzheimer, Justiz III, S. 196 (199 f.), 374 (376 f.). So wohl auch Wegner, Unrecht, S. 79. (Zu Unrecht reklamieren Ahrens, Begriff, S. 147 FN 4 und Hausmann, Geheimnisverrat, S. 157 FN 70, Radbruch und Schücking für die Meinung, ein illegales Staatsgeheimnis könne es erst gar nicht geben.)

[22] Für die zeitgenössische Kommentierung stellte sich dieses Problem nicht mehr, nachdem der Versailler Vertrag liquidiert war und sich die Staatsschutzbestimmungen ständig verschärft hatten. Vgl. etwa v. Ohlshausen / Lorenz, I[11] (1927) § 97 Anm. 4 a mit von Ohlshausen / Niethammer, I[12] (1942) § 88; siehe auch Nagler, Kommendes Strafrecht BT[2] (1936), S. 78 (82 ff.).

B. Entwicklung nach 1949

I. Ausgangslage

An diesen geschichtlichen Erfahrungen konnte der Gesetzgeber in der Bundesrepublik Deutschland nicht vorübergehen. Bei der durch die Westintegration und den Korea-Krieg veranlaßten Wiedereinführung[23] von Staatsschutz-Bestimmungen wurde in § 100 Abs. 3 StGB i. d. F. des (1.) StrÄG vom 30. August 1951[24] ein sogenanntes „Abgeordnetenprivileg"[25] normiert, das eine straflose Bekanntmachung illegaler Geheimnisse durch Abgeordnete zuließ. Die Rechtsnatur dieses Privilegs blieb jedoch höchst umstritten[26], da der Gesetzgeber nicht zu

---

[23] Wenn man von der den Hochverrat und die Präsidentennötigung pönalisierenden Regelung des Art. 143 GG i. d. F. vom 23. Mai 1949 (BGBl I, S. 1) absieht, die durch das (1.) StrÄG abgelöst wurde.

[24] BGBl I, S. 739 ff.

[25] „(3) Ein Abgeordneter des Bundestages, der nach gewissenhafter Prüfung der Sach- und Rechtslage und nach sorgfältiger Abwägung der widerstreitenden Interessen sich für verpflichtet hält, einen Verstoß gegen die verfassungsmäßige Ordnung des Bundes oder eines Landes im Bundestag oder in einem seiner Ausschüsse zu rügen, und dadurch ein Staatsgeheimnis öffentlich bekannt macht, handelt nicht rechtswidrig, wenn er mit der Rüge beabsichtigt, einen Bruch des Grundgesetzes oder der Verfassung eines Landes abzuwehren."

Die Bestimmung wurde bezeichnenderweise „lex Ossietzky" genannt.

[26] Die Hauptmeinungen zur Rechtsnatur des § 100 Abs. 3 StGB a. F. waren:

a) Rechtfertigungsprivileg für den Fall des *Irrtums* über die Verfassungskonformität. Die Veröffentlichung *tatsächlich* verfasssungswidriger Geheimnisse sei demnach (e contrario) ohnehin zulässig: A. Arndt, Verh. BT, Sten. Ber. 1. WP, Bd. 8, S. 6480, NJW 1963, S. 24 f.; Ahrens, Begriff, S. 75; Baumann, JZ 1966, S. 329 (334 f.); Fuss, NJW 1962, S. 2225 (2227); LK[8] Jagusch, § 100 Anm. I 4 b; derselbe, NJW 1963, S. 177 (180); Zillmer, NJW 1966, S. 910 (911). Ihnen nahestehend Stratenwerth, Landesverrat, S. 46 f.

b) Ein sich auf Abgeordnete beschränkender Rechtfertigungsgrund zur Geheimnispublikation; der Normalbürger sei auf das Petitionsrecht verwiesen: H. Arndt, ZStW 66, S. 41 (69 f.); Mezger / Blei, BT[9], § 93 I 2 a (S. 364); Schafheutle, JZ 1951, S. 609 (617); v. Weber, JZ 1966, S. 249 f.; Welzel, Lb[9], § 69 III 1 c (S. 439), der die „seltsame Bestimmung" sogar nach den Regeln rechtfertigenden Notstandes einschränkend ausgelegt wissen wollte.

c) Eine Mittelmeinung fußte auf dem grundsätzlichen Standpunkt b), hielt aber aus allgemeinen Erwägungen bei besonders schwerwiegenden Verfassungsverstößen eine darüber hinausgehende allgemeine Rechtfertigung dann für möglich, wenn anders keine Abhilfe zu schaffen war. (Argument: Nur in diesen Fällen fehle die Strafwürdigkeit wegen mangelnder Schutzwürdigkeit des illegalen Geheimnisses): Jescheck, Pressefreiheit, S. 28 f., Schönke / Schröder[12], § 99 Anm. 11; (differenzierter in der 13. Auflage, vgl. § 99 RN 11 a und § 100 RN 8: § 100 Abs. 3 als Spezialfall der Güterabwägung); Kleinknecht, Niederschriften, Bd. 10, S. 200. Ähnlich BGH 20, S. 342 ff. Der BGH deutete a.a.O. sogar einen Tatbestandsausschluß an, S. 367, ließ die Frage aber ausdrücklich offen, S. 368. Ebenso Regierungsentwurf 1966, Begründung, S. 32.

d) Vereinzelt wurde § 100 Abs. 3 — als Fall der Pflichtenkollision — in die Nähe eines Entschuldigungsgrundes gerückt, so z. B. durch v. Weber, MDR 1951, S. 517 (519).

einer klärenden Formulierung hatte finden können[27]. Das Problem eines möglichen Konfliktes zwischen dem Schutz der äußeren Sicherheit und dem der Verfassungsmäßigkeit trat dann noch einmal deutlich zutage in dem

a) Fall Paetsch[28]

Paetsch, ein subalterner Angehöriger des Bundesamtes für Verfassungsschutz (BfV) wurde in seiner Abteilung wiederholt zu Maßnahmen der alliierten Telefonüberwachung (TO — Technische Operation) eingesetzt, die sich gegen Deutsche und Nichtdeutsche richteten. Dies teilte er Rechtsanwalt Josef Augstein mit, dem Bruder des „Spiegel"-Herausgebers. Denn er fürchtete, sich durch derartige Diensthandlungen strafbar zu machen. Überdies wies er auf die Häufung von ehemaligen Gestapo- und anderen RSHA-Angehörigen in seiner Abteilung hin, die ihm ein erhebliches Sicherheitsrisiko zu sein schienen und zudem das Arbeitsklima der Abteilung negativ beeinflußten. Augstein hielt die geschilderten Umstände für verfassungswidrig und vermittelte Paetsch Kontakte zu Journalisten des „Spiegel". Auf der Grundlage der Angaben von Paetsch erschienen mehrere Artikel über die TO-Maßnahmen. Durch diese Veröffentlichungen wurden die NS-belasteten Mitarbeiter des BfV enttarnt.

Maßgeblich interessiert von den abgeurteilten drei Komplexen hier nur der erste[29], der die Bekanntgabe einer Telefonüberwachung bei Deutschen betraf, in der Paetsch eine Verletzung von Art. 10 GG geargwöhnt hatte[30]. Der BGH verneinte die Verfassungswidrigkeit der

---

27 Wenngleich man eine „zweifelsfreie" Formulierung gefunden zu haben glaubte, — so ausdrücklich z. B. der Berichterstatter MdB Neumayer, BT, I. WP, Sten. Ber. Bd. 8, S. 6484, der deshalb auf eine Gesetzesbegründung verzichtete (!). Die dogmatischen Implikationen waren jedoch nicht abgeklärt worden, obschon die Stoßrichtung der SPD-Anträge („Verfassungswidriges verdient keinen Strafschutz") — vgl. hierzu A. Arndt, ebenda, S. 6325 —, eine auch dogmatisch eindeutige Stellungnahme geboten hätte. Man beachte in dem Zusammenhang auch die Beratungen des Rechtsausschusses des BRates, Protokoll der 68. Sitzung vom 19. 07. 1951 (zitiert nach der Anlage zu SA Prot. 75. Sitzung, S. 1502 ff.), insbes. Rotberg (BMJ), der in § 100 Abs. 3 einen Rechtfertigungsgrund sah (S. 1503), wohingegen sein Kollege Krille (BMJ), ebenda, ihn als persönlichen Strafausschließungsgrund einstufte (!).

28 BGH 20, S. 342 ff.

29 Vgl. BGH 20, S. 342 (346 f.).

30 BGH 20, S. 342 (346 f., 350 ff.).

Der Punkt 2, Enttarnung von den an der Überwachung beteiligten, nationalsozialistisch-belasteten Mitarbeitern des Bundesamtes, ist hier nicht einschlägig. Der BGH verneinte diesbezüglich die subjektive Fahrlässigkeit, da Dr. Augstein Paetsch gegenüber eine derartige Ansammlung von NS-Belasteten als verfassungswidrig bezeichnet hatte und ihm überdies seitens des „Spiegels" zugesichert worden war, daß die Artikel hierüber zuvor dem BfV vorgelegt werden würden; a.a.O., S. 374 ff. (379 f.). Der dritte Punkt betraf die Überwachung von Ausländern. Diesbezüglich fand der BGH

Überwachungsmaßnahmen, da sie auf den alliierten Vorbehaltsrechten gemäß Art. 5 Abs. 2 des Deutschlandvertrages vom 23. Oktober 1954[31] als einem Relikt der Besatzungszeit beruhten. Überdies seien deutsche und alliierte Behörden aufgrund des Truppenvertrages vom 23. Oktober 1954[32] „in vollem Umfang" zur Zusammenarbeit, auch zur „Sammlung und Austausch aller einschlägigen Nachrichten" verpflichtet gewesen. Wären allerdings die deutschen Dienststellen eigenmächtig vorgegangen oder hätten sie die Alliierten gleichsam nur als „Werkzeug" eingeschaltet, wie es Paetsch angenommen hatte, so hätte es sich allerdings um einen Verstoß gegen Art. 10 GG gehandelt. Da von der Sicht des Angeklagten auszugehen war, mußte sich der BGH der Frage stellen, ob und inwieweit ein Verfassungsverstoß Gegenstand eines Staatsgeheimnisses sein kann. Er schloß sich dabei grundsätzlich der Ansicht Jeschecks[33] an und bejahte, „daß ein Verstoß gegen die Grundwerte des demokratischen Verfassungsstaates, wie sie durch den Rechtsbegriff der verfassungsmäßigen Ordnung ... umrissen sind, zur unmittelbaren öffentlichen Rüge berechtigt"[34]. Er setzte aber voraus, daß in einem solchen Falle die Verstöße von einer „gewissen Schwere" sein müßten. Unter dieser Bedingung vermöge das Rügerecht die Offenbarungshandlung zu rechtfertigen[35]. Er ließ jedoch ausdrücklich offen, ob bei einem besonders schweren Verstoß nicht sogar deren Tatbestandsmäßigkeit ausscheiden müsse[36].

Unter Berücksichtigung dieser Rechtsauffassung billigte der Bundesgerichtshof Paetsch einen unvermeidbaren Verbotsirrtum zu. Jener habe sich in einer sehr umstrittenen, höchstrichterlich nicht entschiedenen Frage hinreichend fachkundig beraten lassen[37].

Schließlich sei noch ein letzter Fall — die „Spiegel-Affäre" — hier kurz angeführt, obwohl er kein *illegales* Staatsgeheimnis betrifft und daher nicht unmittelbar hierher gehört[38]. Er war aber die cause célèbre

Paetsch einer Offenbarung eines Amtsgeheimnisses (§ 359 b Abs. 1, 1. HS a. F.) im vermeidbaren Verbotsirrtum schuldig, a.a.O., S. 380 (381 ff.).

31 BGBl II, 1955, S. 305 ff. und 628.

32 BGBl II, 1955, S. 321.

33 Vgl. oben FN 26 sub c).

34 BGH 20, S. 342 (366).

35 a.a.O., S. 368.

36 a.a.O., S. 368. Dabei gab er einerseits die Unvereinbarkeit von Rechtsstaatlichkeit und Schutz eines derartigen Geheimnisses zum *Wohl* der Bundesrepublik zu bedenken. Andererseits neigte er auch hier wegen der Gefahr von Strafbarkeitslücken bei groben Tatbestandsirrtümern der flexibleren Rechtfertigungslösung zu.

37 a.a.O., S. 372 f. Eine Bestrafung wegen fahrlässigen Landesverrates gemäß § 100 c Abs. 2 a. F. scheiterte an einer konkreten Gefährdung sowie am Fehlen einer entsprechenden Fahrlässigkeit (a.a.O., S. 373).

38 Zeitlich lagen diese Geschehnisse überdies vor dem o. a. Fall Paetsch, der sich in der ersten Hälfte des Jahres 1963 ereignete.

der Erörterungen um das achte Strafrechtsänderungsgesetz, da er ein grundlegendes Problem aus dem Komplex Staatsschutz/Pressefreiheit in einer Demokratie berührte: Inwieweit hat das Volk einen Anspruch darauf, hinsichtlich schwerwiegendster politischer Entscheidungen hinreichend informiert zu werden? Und inwieweit darf die Presse das Bedürfnis auf Information auch bei Gefährdung der äußeren Sicherheit befriedigen[39]?

b) Die „Spiegel-Affäre"[40]

Das Nachrichtenmagazin „Der Spiegel" hatte unter dem Titel „Bedingt abwehrbereit"[41] das militärische Resümee einer NATO-Stabsübung aus dem Jahre 1962 veröffentlicht: Die Bundeswehr sei leistungsmäßig auf einem solchen Tiefstand, daß sie auch kurzfristig nicht die Verteidigung der Bundesrepublik Deutschland gewährleisten könne. Der Bericht beruhte auf Informationen des Obersten i. G. Martin. Er betraf über die Manöver-Ergebnisse hinausgehend eine strategische Grundsatzfrage von größter Brisanz — und insoweit sollte mit dem Artikel auch Politik gemacht werden: Der damalige Verteidigungsminister F.-J. Strauß und der Generalinspekteur Foertsch wünschten sich eine atomare Bewaffnung der Bundeswehr[42], während ein Teil der Generalität die neue amerikanische Militärdoktrin des Verteidigungsministers McNamara und General Maxwell Taylors befürwortete, die konventionelle Bewaffnung zu verstärken. „Der Spiegel" sprach sich angesichts der Übungsergebnisse für den amerikanischen Standpunkt aus. — Der verantwortliche Redakteur, Conrad Ahlers, hatte den Artikel vor der Veröffentlichung dem Bundesnachrichtendienst und dem SPD-Wehrexperten Helmut Schmidt vorgelegt, um seine Geheimhal-

---

[39] Bezüglich dieses auch verfassungsrechtlich sehr intrikaten Problems wurden unter dem Eindruck der „Spiegel-Affäre" bisweilen sehr extreme Stellungen bezogen. So wenn Maihofer von der Presse als vierter Gewalt sprach, Bl. Politik 1963, S. 1 (7) und behauptete, kein Journalist dürfe wegen Landesverrats verurteilt werden, weil ihm nicht nachgewiesen werden könne, daß der fremden Regierung das Veröffentlichte unbekannt gewesen sei, a.a.O., S. 12 ff. Abgesehen davon, daß dann immer noch Versuch in Betracht käme, würde dieses Argument, wenn es richtig wäre, jegliche Verurteilung wegen Landesverrates verhindern. Vgl. dagegen mit Recht Jescheck, Pressefreiheit, S. 20 f. und Stree, JZ 1963, S. 527 (528).

[40] Vgl. BGH NJW 1965, S. 1187 sowie Seifert, Spiegel-Affäre I, S. 56 ff., die Chronik, ebenda, S. 235 ff. und Schoenbaum, Abgrund, S. 13 ff.

[41] „Der Spiegel" vom 10. Oktober 1962, Nr. 41, S. 32 ff.

[42] Deren Ziel es war, einen atomaren Präventivschlag („preemtive strike") führen zu können, sobald die aggressiven Absichten des Gegners erkannt seien. — Vgl. den Artikel des Pressesprechers des Verteidigungsministeriums, Oberst Schmückle, in „Christ und Welt" vom 26. 01. 1962, S. 2, der sich auch — ablehnend — mit der gegenteiligen Strategie auseinandersetzt (die er als „militärische Alchimie" (!) bezeichnete). Eine solche Atomar-Strategie hätte u. a. auch eine Revision des WEU-Vertrages mit seinen Rüstungsbeschränkungen erforderlich gemacht.

tungsbedürftigkeit überprüfen zu lassen. Es war nichts beanstandet worden, zumal Ahlers bereits von vornherein auf die Bekanntgabe einiger Informationen verzichtet hatte.

Wesentlich im Hinblick darauf sowie auf ähnliche Artikel in anderen Zeitschriften, die dem Spiegel sogar zeitlich vorangegangen waren, hat der Bundesgerichtshof die Eröffnung des Hauptverfahrens wegen Landesverrats abgelehnt[43, 44].

II. Gesetzesgenese

a) Die Entwürfe

1. Der SPD-Entwurf

Die hohen Wellen, die das „Spiegel"-Verfahren geschlagen hatte, und die dadurch verstärkte Sensibilität für den Konfliktsherd: neues Demokratieverständnis/alte Staatsräson-Auffassung wurden auch in der Auseinandersetzung um das „illegale Staatsgeheimnis" spürbar. Nachdem der E 1962[45] sogar noch einen Schritt hinter die geltende Regelung zurück getan hatte, indem er auf deren Abgeordnetenprivileg (§ 100 Abs. 3 a. F.) verzichtete[46], brachte die SPD-Fraktion einen Entwurf[47] mit der Zielsetzung ein, das politische Strafrecht stark zurückzudrängen. Bezüglich des „illegalen Staatsgeheimnisses" definiert der E-SPD — im Einklang mit einer traditionellen Forderung der Partei[48] — in § 99 Abs. 5, daß Umstände, „die zur verfassungsmäßigen Ordnung des Bun-

---

[43] Vgl. BGH NJW 1965, S. 1187 f.

[44] Die weiteren besonderen Umstände dieser Affäre, wie insbesondere die länger anhaltende Beschlagnahme der Spiegel-Redaktion und von Nachrichtenmaterial (Informantenkartei!) (vgl. hierzu BVerfG NJW 1962, S. 2243) sowie die von Minister Strauß objektiv rechtswidrig veranlaßte Festnahme von Conrad Ahlers in Malaga, vgl. Einstellungsbeschluß der Staatsanwaltschaft beim Landgericht Bonn vom 2. 06. 1965, Spiegel-Affäre I, S. 549 (550 ff., 563 ff.) können hier unberücksichtigt gelassen werden.

Das Bundesverfassungsgericht hat in einer mit 4 gegen 4 Stimmen ergangenen Entscheidung in dem Verfahren gegen den „Spiegel" keine Grundrechtsverletzungen erkennen können, vgl. E 20, S. 162.

[45] Ebenfalls, soweit hier von Belang, abgedruckt in Polit. Strafrecht, S. 133 ff.

[46] Ebenso schon der E 1960. Im Einklang mit der großen Strafrechtskommission ging man davon aus, daß mit den Notstandsbestimmungen und der Indemnität gemäß Art. 46 Abs. 1 GG den kriminalpolitischen Erfordernissen genügt werde; vgl. E 1960, Begründung, S. 533. Damit hätte man der weitestgehenden These zu § 100 Abs. 3 a. F. von der Tatbestandslosigkeit der Veröffentlichung „illegaler Staatsgeheimnisse" (vgl. oben S. FN 26 sub a)) den letzten, formalen Anknüpfungspunkt genommen.

[47] BT Drucks. V/102 (Bd. 101) = Polit. Strafrecht, S. 154.

[48] Vgl. den Antrag des Reichstagsabgeordneten Müller / Franken: Sten. Ber. RT, III. WP, Bd. 398, Anlage zum Sten. Ber., Nr. 335, sowie die BT Drucks. I/ 530 (Bd. 2) aus Anlaß des (1.) Strafrechtsänderungsgesetzes.

des oder eines Landes in Widerspruch stehen", keine Staatsgeheimnisse seien und stellte ihre Offenbarung sanktionslos[49].

2. Der Regierungsentwurf

Dem wurde seitens der Koalitionsregierung (CDU/CSU-FDP) ein Regierungsentwurf für ein 8. StrÄG (RegE 1966)[50] entgegengesetzt. Er sah — in Anlehnung an das Paetsch-Urteil — die Bekanntgabe von „offensichtlichen" Verfassungsverstößen als einen Rechtfertigungsgrund an[51]. Überdies regelte er den vorwerfbaren Irrtum über eine vermeintliche Verfassungswidrigkeit[52] als Verbotsirrtum im Sinne des § 17 S. 2 StGB n. F.[53].

3. Der Alternativentwurf

Während der Beratungen des Strafrechtssonderausschusses wurde dann noch eine dritte Konzeption in die Diskussion einbezogen: der Alternativentwurf 1968[54] von 16 deutschen und schweizerischen Strafrechtsprofessoren. Deren Vorstellungen konnte Maihofer bereits 1967 während eines Hearings[55] in wesentlichen Zügen vortragen. Ähnlich dem E-SPD schloß er Verstöße gegen die freiheitliche demokratische Grundordnung aus dem Schutzbereich der Staatsschutzdelikte aus — vgl. § A 18 Abs. 1 = § 96 Abs. 1 der Anlage. Darüber hinaus sollten — jeweils gemäß Abs. 2 — Abgeordnete berechtigt sein, auch bloße Gesetzeswidrigkeiten zu offenbaren. — Die irrige Annahme eines Verfassungsverstoßes hielten die Strafrechtslehrer allerdings nur bei Leichtfertigkeit für strafbar, — vgl. § A 19, — eine Lösung, die in den

---

[49] Vgl. dazu auch MdB A. Arndt, NJW 1963, S. 24 (25), sowie derselbe, Landesverrat, S. 1 ff.

[50] BT Drucks. V/898 (Bd. 106) = Polit. Strafrecht, S. 160 ff.

[51] Dort war allerdings, wie erinnerlich, die Möglichkeit eines Tatbestandsausschlusses bei gravierenden Verfassungsverstößen ausdrücklich offengelassen worden, BGH 20, S. 342 (368) und oben S. 13.

[52] Allerdings sollte die gewählte Form der Offenbarung zusätzlich noch ein angemessenes Mittel sein, vgl. § 99 a Abs. 5 Satz 1 a. E. RegE 1966.

[53] § 99 a Abs. 5: „Wer einen Sachverhalt, der die verfassungsmäßige Ordnung offensichtlich verletzt, einem anderen mitteilt oder öffentlich bekanntmacht, um der Verletzung entgegenzuwirken, und dadurch ein Staatsgeheimnis offenbart, handelt nicht rechtswidrig, wenn die Tat nach den Umständen, namentlich im Hinblick auf den von ihm gewählten Weg der Offenbarung, ein angemessenes Mittel zu dem angestrebten Zweck ist. Nimmt der Täter irrig Umstände an, welche die Tat danach rechtfertigen, so wird er nur dann bestraft, wenn ihm der Irrtum vorzuwerfen ist; die Strafe kann nach den Vorschriften über die Bestrafung des Versuchs gemildert werden."

[54] AE-BT; der vorgeschlagene Gesetzestext findet sich auch in: Polit. Strafrecht, S. 189 ff.

[55] SA Prot. 73. Sitzung, S. 1403 ff. und die Anlage zu dieser Sitzung (S. 1419). Jene vorläufige Fassung entsprach bereits weitgehend der endgültigen Form des AE.

in der Anlage enthaltenen „Bisherigen Beschlüssen" der AE-Autoren noch nicht enthalten war[56].

b) *Verhandlungen im Strafrechtssonderausschuß*

Damit standen sich zwei Versionen einer Tatbestandsausschluß-Lösung und eine Rechtfertigungslösung gegenüber. Diese Frontstellung währte sehr lange. Sie war zeitweilig so unversöhnlich, daß der SPD-Abgeordnete A. Arndt die Stimmung der Ausschußmehrheit traf, als er den Verzicht auf eine gesetzliche Regelung angesichts der fortbestehenden Differenzen vorschlug[57]. Die Offenbarung von vermeintlich verfassungswidrigem Staatsverhalten war jedoch auch einer der Anlässe für die Gesetzesinitiative gewesen, lag doch der Fall Paetsch zeitlich noch nach der „Spiegel-Affäre"[58]. Deshalb hatte man auch in allen Entwürfen eine ausdrückliche Regelung derartiger Fälle vorgesehen. Damit standen die Parteien aber unter einem selbst auferlegten Zugzwang, das einmal erkannte Problem nun auch einer Lösung zuzuführen. So verständigte man sich zunächst immerhin darauf, daß es derart gewichtige Gesetzesverstöße geben könne, daß ihnen der Geheimnisschutz versagt werden müsse[59]. Kontrovers blieb jedoch, ob *jegliche* gegen die verfassungsmäßige Ordnung verstoßende geheimen Sachverhalte aus dem Schutzbereich des Staatsgeheimnisses herausfallen sollten[60]. Als man sich nach fast einem halben Jahr wie-

---

56 Man hatte sich hinsichtlich der rechtlichen Einordnung des Merkmals „Illegalität" noch nicht geeinigt, vgl. Maihofer, a.a.O., S. 1403.

57 Vgl. SA Prot. 73. Sitzung, S. 1411 ff.; 75. Sitzung, S. 1471 ff., 1488 ff. Einen guten Überblick über den gesamten Gang der Erörterungen im Sonderausschuß gibt Wiedmann, § 97 b, S. 6 - 29. Im folgenden kann ich mich daher auf die Grundlinien der im Ausschuß hin und her wogenden Diskussion beschränken.

58 Bei der Einbringung des E-SPD hatte MdB Heinemann diesen Aspekt denn auch ausdrücklich in bezug genommen, vgl. Verh. BT, Sten. Ber., V. WP, Bd. 60, S. 573 (576).

59 SA Prot. 75. Sitzung (vom 21. 09. 67), S. 1475 f. Dieser Einmütigkeit fielen die diesbezüglichen Vorschriften der Formulierungshilfe III der Bundesregierung (Anlage 2 zum Prot. 65. Sitzung, S. 1274, 1275) zum Opfer. Sie hatte u. a. folgenden Inhalt:

§ 99 a:

> (5) Die Absätze 1 bis 4 sind nicht anzuwenden, wenn jemand einen Sachverhalt, der die verfassungsmäßige Ordnung des Bundes oder eines Landes verletzt, einem Mitglied des Bundestages mitteilt, um der Verletzung entgegenzuwirken, und dadurch ein Staatsgeheimnis offenbart ...

§ 99 cc:

> (1) Nimmt der Täter irrig Umstände an, welche nach § 99 a Abs. 5 bis 7, § 99 b Abs. 2 Satz 3 oder § 99 c Abs. 1 Satz 2 die Strafbarkeit ausschließen würden, und ist ihm der Irrtum vorzuwerfen, so wird er ... bestraft.

Sie wurde gestrichen, vgl. SA Prot. 75. Sitzung, S. 1489 linke Sp. (dort wird fälschlich von § 99 a Abs. 5 bis 7 RegE gesprochen) sowie S. 1490, rechte Sp.

60 So für die SPD MdB A. Arndt, SA Prot. 75. Sitzung, S. 1489.

der diesem Thema zuwandte[61], signalisierte der Abgeordnete Arndt für die SPD in einem wichtigen Punkte Kompromißbereitschaft, als er die in der Formulierungshilfe III[62] enthaltene Irrtumsregelung einschließlich der Stufenfolge der Eingriffsrechte als „an sich vernünftig" bezeichnete[63]. Kompromißlos blieb man jedoch insoweit, als das Einverständnis mit dieser Irrtumsregelung[64] keinen Einfluß auf die objektive Qualität „Staatsgeheimnis" haben sollte. Ein schutzunwürdiges Geheimnis werde nicht dadurch zu einem Staatsgeheimnis, daß der Bürger nicht die Stufenfolge einhalte, meinte A. Arndt[65] und fuhr fort, damit begehe der Veröffentlichende keinen Landesverrat, sondern einen Verstoß gegen die Stufenfolge. Dem hielt Maassen (BMJ) entgegen, ein illegales Staatsgeheimnis sei nicht schlechthin schutzunwürdig. Andernfalls dürfte man es ja auch einem möglichen Gegner offenbaren. Vielmehr sei der Verfassungsverstoß der Allgemeinheit offenzulegen, um durch die öffentliche Diskussion seine Beseitigung zu erzwingen. Demgegenüber war Arndt der Ansicht, die Beseitigung des Verfassungsverstoßes zu erzwingen, sei nicht Aufgabe des Strafrechtes. Dieses habe vielmehr Schutzobjekte zu definieren. Was aber dem Schutzobjekt nicht unterfalle, könne in jeglicher Weise angegriffen werden[66]. In der 103. Sitzung des Sonderausschusses[67] boten die SPD-Abgeordneten Arndt und Müller-Emmert eine neue Kompromißformel an, die sich an den Vorschlag des AE anlehnte. Darüber hinaus sollte die nicht-öffentliche Weitergabe von Geheimnissen, die wegen Illegalität keine Staatsgeheimnisse seien, bestraft werden.

Diese Anregung führte zu drei neuen Formulierungshilfen der §§ 98 b und 99 e[68], deren eine die jetzige Gesetzesregelung enthielt. Bei ihrem Vortrag[69] bekannte Maassen, daß dieser Straftatbestand des § 99 e eine Irrtumsregelung sui generis enthalte, die dogmatisch nicht unproblematisch sei. Jedoch sei man der Meinung, die Lösung sei mit dem Schuldprinzip vereinbar[70], was jedoch nicht näher begründet wurde.

---

61 Vgl. SA Prot. 101. Sitzung (vom 8. 03. 1968), S. 2003 ff.

62 Zu deren Inhalt vgl. oben FN 59 a. E.

63 SA Prot. 101. Sitzung, S. 2006.

64 Insbesondere bezüglich der Angemessenheits-Rangfolge der Abwehrmaßnahmen und dem Erfordernis des Abwehrwillens.

65 SA Prot. 101. Sitzung, S. 2007.

66 a.a.O., S. 2008.

67 SA Prot. 103. Sitzung, S. 2028 f.

68 Anlage zum SA Prot. 105. Sitzung, S. 2066 ff.

69 SA Prot. 105. Sitzung, S. 2058 f.

70 Ebenda. Vorsichtiger schon Abgeordneter A. Arndt: Dieser Irrtumsausschluß gehe bis an die Grenze des nach dem Schuldprinzip noch Zulässigen, a.a.O., S. 2059. Im gleichen Sinn wie Maassen: Krauth / Kurfess / Wulf, JZ 1968, S. 609 (611), bezeichnenderweise ebenfalls ohne Begründung.

Der erzielte Kompromiß setzte sich demnach aus folgenden Elementen zusammen: Entsprechend den Vorstellungen der SPD umfaßte der Begriff des Staatsgeheimnisses nicht das illegale Geheimnis. Die Definition dessen, was illegal ist, lehnte sich an den Vorschlag des AE an. Die Regierung setzte ihre — ursprünglich als Voraussetzung einer Rechtfertigung — geforderten Kautelen, „Angemessenheit" und „Abwehrabsicht" in der Irrtumsregelung des § 97 b durch.

III. Kritik

a) Einzelstimmen

Ob damit gleichsam das Beste aus allen drei Konzeptionen miteinander verknüpft wurde, kann man angesichts des weitgehend ablehnenden Echos, das das 8. StrÄG — insbesondere hinsichtlich des § 97 b — allgemein gefunden hat, durchaus bezweifeln. Auf die von der Kritik vorgetragenen Einzelargumente wird später noch genauer einzugehen sein.

Zusammenfassend[71] kann man die Meinungsäußerungen zu der Definition in § 93 und zu der Irrtumslösung in § 97 b in drei Hauptgruppen unterteilen:

1. Befürwortung

Die Gruppe der das 8. StrÄG befürwortenden Stimmen ist recht klein. Die meisten Autoren gehen überdies auf die systematische Problematik des § 97 b nicht oder nur sehr kursorisch ein[72]. Lediglich Jescheck[73] versucht, die komplizierte Regelung mit Kriterien der traditionellen Dogmatik zu bewältigen; er sieht in § 97 b einen — allerdings negativ gefaßten — Rechtfertigungsgrund nach Art der Wahrnehmung berechtigter Interessen, in § 93 Abs. 2 einen Rechtfertigungsgrund aus dem Bereich des erlaubten Risikos[74].

2. Bedenken

Der größte Teil der Literaturstimmen kritisiert die Lösung als unklar und systemwidrig und hält sie in bezug auf das Schuldprinzip für bedenklich. Die Haupteinwände sind:

— Es werde ein Tatbestandsirrtum wie ein Verbotsirrtum behandelt[75],

---

[71] Vgl. im übrigen den detaillierten Überblick bei Wiedmann, § 97 b, S. 33 bis 41.

[72] Blei, BT, § 98 III 2 (a. A. noch in JA 1969, S. 89 und 1971, S. 312); M. Hirsch, NJW 1968, S. 2330; Krauth / Kurfess / Wulf, JZ 1968, S. 609 (612); Woesner, NJW 1968, S. 2129 (2133).

[73] Engisch-FS, S. 584 (595 ff.).

[74] Vgl. zu dieser Kategorisierung im einzelnen unten, S. 70 f.

— § 93 Abs. 2 erhalte nahezu[76] die Funktion einer objektiven Strafbarkeitsbedingung, was nicht im Einklang mit dem materiellen Gewicht des Verfassungsverstoßes stehe[77],

— § 97 b stehe nicht im Einklang mit dem Schuldprinzip, weil er nicht einmal die Möglichkeit der Strafmilderung gemäß § 17 S. 2 eröffne[78].

Im Hinblick darauf wird von einer Reihe von Autoren wenigstens für den Fall des unvermeidbaren Irrtums eine Strafmilderungsmöglichkeit gemäß § 49 Abs. 1 befürwortet[79].

3. Ablehnung

Eine dritte Gruppe hält § 97 b im Hinblick auf die oben angeführten Friktionen insoweit für verfassungswidrig und damit nichtig, als auch ein schuldlos irrender Täter wie ein vorsätzlich handelnder bestraft werden könne[80]. Zur Vermeidung des Nichtigkeitsverdiktes werden unterschiedliche Tatbestandseinschränkungen vorgeschlagen, die jeweils im Wege einer verfassungskonformen Auslegung zu erreichen sein sollen:

(a) Dreher will — unter Zweifeln, ob die Nrn. 2 und 3 des § 97 b Abs. 1 nicht gänzlich nichtig sind — jedenfalls stets die Möglichkeit der Strafmilderung gemäß § 49 Abs. 1 eröffnen, sofern der Täter auch nur eine der in § 97 b Abs. 1 negativ umschriebenen drei Alternativen verwirklicht hat, also entweder in unvermeidbarem Irrtum oder mit Abwehrabsicht gehandelt oder ein (subjektiv betrachtet) angemessenes Mittel eingesetzt hat[81, 82].

---

75 Statt aller: Maurach, BT, § 62 II G 1 b (589 ff.).

76 Nämlich dann, wenn der Täter nicht mit Abwehrabsicht oder unangemessen handele.

77 Schönke / Schröder[17], § 97 b RN 2, Stree, Strafrechtsreform, S. 175 (180) und Schönke / Schröder / Stree, § 97 b RN 3.

78 Lackner, § 97 b Anm. 4; LK-Hengsberger § 93 RN 42. Letzterer glaubt allerdings — trotz der auch von ihm geteilten Bedenken — den Gesetzgeber selbst zu einer solchen Tatbestandsfassung berechtigt, weil dieser auch eine Rechtfertigungslösung hätte statuieren können. Dieses a-fortiori-Argument ist ein bemerkenswerter Trugschluß, hätte der Gesetzgeber doch gerade bei einer Rechtfertigungslösung auf § 17, S. 2 Rücksicht nehmen müssen.

79 LK-Hengsberger, § 93 RN 31; Krauth / Kurfess / Wulf, JZ 1968, S. 609 (611); Jescheck, Engisch-FS, S. 584 (592 f.); wohl auch Schönke / Schröder / Stree, § 97 b RN 4, ausdrücklich jedenfalls im Falle eines Irrtums über die Angemessenheit, ebenda, RN 9.

80 Dreher, § 97 b RN 10 f.; Lüttger, JR 1969, S. 121 (130); SK-Rudolphi, § 97 b RN 13; Wiedmann, § 97 b, S. 134, 196 ff.

81 Dreher, § 97 b RN 11; im übrigen soll dann die Möglichkeit eines besonders schweren Falles i. S. d. §§ 94 Abs. 2, 95 Abs. 3 stets ausgeschlossen sein.

82 Lüttger, JR 1969, S. 121 (130) schließt sich ohne eigene Begründung

(b) Rudolphi engt § 97 b im Hinblick auf die Verfassungswidrigkeit der Nrn. 2 und 3[83] wie folgt ein:

— Im Falle eines unvermeidbaren Irrtums ist der Täter straflos;

— im Falle eines vermeidbaren Irrtums ist die Schuld gemindert und die Strafe deswegen in der Regel zu mildern. Die Milderungsmöglichkeit entfällt jedoch, sofern die Alternativen 2 und 3 des § 97 b Abs. 1 verwirklicht worden sind[84].

(c) Darüber hinausgehend hält Wiedmann die Nrn. 2 und 3, den Satz 2 sowie den Abs. 2 des § 97 b generell mangels adäquater eigenständiger Verbotsmaterie für mit dem Schuldprinzip unvereinbar und daher nichtig[85] — unabhängig davon, ob die irrtümliche Annahme der Illegalität vorwerfbar ist oder nicht. Daneben verstößt auch nach seiner Auffassung § 97 b Abs. 1 Satz 1 Nr. 1 gegen das Schuldprinzip, weil durch diese Bestimmung hinsichtlich der Rechtsfolgen eine Fahrlässigkeitstat einem vorsätzlichen Delikt gleichgesetzt wird[86]. Anders aber als die vorgenannten Autoren will er nicht § 17 angewandt wissen, da nach seiner Ansicht der Richter bei Fahrlässigkeitsschuld von „niedrigeren Eckstrafen" auszugehen habe. Deshalb gestaltet er den § 97 b Abs. 1 Satz 1 Nr. 1 im Wege einer verfassungskonformen Auslegung auch dem Strafrahmen nach zu einem Fahrlässigkeitstatbestand um. Jenen „passenden" Strafrahmen gewinnt er durch Vergleich der Strafrahmen von Vorsatzdelikten mit den Sanktionsrahmen der ihnen korrespondierenden Fahrlässigkeitstatbestände[87].

Drehers Ausführungen an, hält aber § 97 b, über Drehers Skrupel (vgl. oben) hinausgehend, für „zumindest partiell nichtig".

83 SK, § 93 RN 13.

84 Ebenda, RN 14.

Die Annahme besonders schwerer Fälle scheint ihm in diesen Fällen jedoch nicht gänzlich verschlossen.

85 § 97 b, S. 130 ff. (134). Mit den kriminalpolitischen Erfordernissen und dem Schuldprinzip hält er lediglich einen Leichtfertigkeitstatbestand i. S. d. § A 19 AE (s. o. S. 16 f., vor FN 56) für vereinbar. Daneben wünscht er eine Bestimmung, in der die risikoerhöhte Unterlassung einer Rückfrage bei amtlichen Stellen unter — allerdings erheblich niedrigere Strafe — gestellt wird (a.a.O., S. 125 ff.). Liege der Risikoumstand „Legalität" nicht vor, entfalle eine Strafe auch bei Unterlassung einer Rückfrage, weil die Gefahr des Nichterkennens des Risikoumstandes dann selbst theoretisch nicht realisierbar gewesen sei (ebenda, S. 128).

86 Ebenda, S. 196 ff. (201 f.).

87 Ebenda, S. 207 ff.

Sein Ergebnis ist, daß der Strafrahmen von der niedrigsten Freiheitsstrafe von 1 Tag (§ 16 Abs. 1, 2. HS a. F.) — nunmehr 1 Monat (§ 38 Abs. 2, 2. HS) — bis zu 3 Jahren, bzw. 5 Jahre in den Fällen reicht, in denen das vorsätzliche Delikt ein Verbrechen ist (§ 94 Abs. 1 Nr. 2, § 96 Abs. 1 i. V. m. § 94 Abs. 1 Nr. 2). Diese Parallelisierung findet immerhin eine Absicherung in der Formulierungshilfe III (vgl. Anlage 2 zu Prot. 65. Sitzung, S. 1275), in deren § 99 cc Abs. 1 a 5 Jahre, in Abs. 1 b 3 Jahre für jeweils vergleichbare Taten angedroht wurden.

b) Ergebnis

Die §§ 93 und 97 b stellen die gesetzgeberische Reaktion auf eine Reihe von einschlägigen Fällen zu dem Stichwort „illegales Staatsgeheimnis" in der jüngeren deutschen Vergangenheit dar. Um ihre Abfassung ist sehr hart gerungen worden. Dennoch muß festgestellt werden, daß die Kritik, soweit sie auf die Besonderheiten insbesondere des § 97 b wirklich eingeht, in ihrer Ablehnung von seltener Einmütigkeit ist. Unterschiede bestehen lediglich hinsichtlich der Folgerungen, die aus dieser Ablehnung zu ziehen sind.

Es gilt daher im folgenden zu prüfen, inwieweit diesen Einwänden beigepflichtet werden muß.

3. Kapitel

Methodische Überlegungen

A. Problemstellung

Der so vielfach kritisierte § 97 b bezieht sich, wie die Leitbildfälle aufgezeigt haben, auf eine *besondere* Form des Irrtums über das Merkmal Staatsgeheimnis i. S. d. § 93. Es geht nicht — dies sei noch einmal verdeutlicht — um Irrtümer in bezug auf die in § 93 Abs. 1 enthaltenen Elemente der Staatsgeheimnis-Definition, wie etwa die irrige Annahme, etwas sei nicht lediglich einem begrenzten Personenkreis zugänglich. Diesbezüglich gelten unstreitig die allgemeinen Irrtumsregeln. Neben jener Legaldefinition hat der Gesetzgeber in § 93 jedoch zugleich einen Rechtsgüterantagonismus begrifflich zu regeln versucht: Auf der einen Seite steht die in der Legaldefinition erfaßte äußere Sicherheit, auf der anderen Seite der Kernbestand der Verfassung und die vertraglichen Rüstungsbeschränkungen[1], die durch den § 93 Abs. 2 aus dem Definitionsbereich herausgenommen werden. Der Irrtum, der sich auf diese Wertkollision erstreckt — und nur dieser — sollte mit § 97 b gesetzlich gelöst werden. Um diesen Irrtum und um sein Substrat, den Rechtsgüterkonflikt, muß es daher im weiteren gehen. Deren Strukturen müssen überdacht und freigelegt werden. Erst vor dem Hintergrund einer solchen Strukturanalyse läßt sich die normierte Problemauflösung daraufhin überprüfen, inwieweit sie den Anforderungen genügt, die Verfassungsrecht, Kriminalpolitik und Strafrechtsdogmatik als vorgegebener Problemrahmen an jedwede Lösungskonzeption stellen.

B. Problembeschränkung

Obschon die Staatsgeheimnisdefinition in § 93 ein dreipoliges Kraftfeld (äußere Sicherheit/Verfassungsmäßigkeit/Rüstungsbeschränkungen) umfaßt, empfiehlt es sich, den Konflikt durch Vereinfachung zu verdeutlichen. Das kann aber nicht dadurch geschehen, daß die beiden Rechtsgüter des Absatzes 2 unter einem Leitgedanken zusammengefaßt werden, weil dieser zu abstrakt wäre, um noch aussagekräftig zu sein.

---

[1] Zu der Frage, ob es sich bei den Rüstungsbeschränkungen schon um das Rechtsgut selbst oder nur um das Tatobjekt handelt, sogleich unter B.

Denn während mit dem ersten die Verfassungsmäßigkeit geschützt werden soll, steht hinter der zweiten Alternative als Rechtsgut die gerade auch im Völkerrecht wichtige Regel „pacta sunt servanda“[2].

Man könnte zwar daran denken, daß darüber hinausgehend letztlich die „äußere Sicherheit“ Rechtsgut auch dieser Alternative ist. Schließlich liegt es nahe, daß die Partnerstaaten von Verträgen zur Rüstungsbeschränkung mit außenpolitischem Druck oder gar Sanktionen auf derartige Vertragsverletzungen reagieren. Wollte man diese Fernwirkung in die Rechtsgutsanalyse einbeziehen, so müßte man die zweite Alternative des Abs. 2 mit § 93 Abs. 1 zusammenfassen. Das würde eine Abgrenzung jedoch nahezu unmöglich machen. Denn dann müßte man eine tragfähige Erklärung dafür geben, wie das Rechtsgut „äußere Sicherheit“ durch sich selbst begrenzt werden könnte. Von daher verbietet sich bereits eine derart weit ausladende Rechtsgutsbestimmung.

Da kein übergeordneter Aspekt erkennbar ist, unter dem eine sinnvolle Zusammenfassung erfolgen könnte, bleibt nur der Weg übrig, eine der beiden Alternativen auszublenden. Dabei erscheint die Polarität zwischen der äußeren Sicherheit und der inneren Sicherheit im Sinne einer Verfassungsverteidigung der innerstaatlich bedeutsamere Gesichtspunkt. Er soll daher der anderen Möglichkeit vorgezogen werden, wenngleich die Leitbild-Fälle im wesentlichen aus dem zweiten Konfliktbereich stammen.

Im übrigen geht durch diese Beschränkung kein strafrechtsdogmatischer Aspekt verloren, da die Erkenntnisse, die bezüglich der ersten Alternative des § 93 Abs. 2 gewonnen werden, gleichermaßen für die zweite gelten müssen.

C. Überblick über den Gang der Arbeit

Die folgenden Seiten sollen dazu dienen aufzuzeigen, daß entgegen jener aufgeführten breiten Phalanx ablehnender Stellungnahmen der Gesetzeslösung sehr wohl eine geschlossene dogmatische Konzeption innewohnt, — eine Konzeption, die auch vor dem Schuldprinzip zu bestehen vermag, wenn man von der allerdings unhaltbaren Gleichsetzung des Strafrahmens in § 97 b mit dem der vorsätzlichen Deliktsverwirklichung absieht. Um dieses Ziel zu erreichen, ist es jedoch

[2] Es ist mit Maunz in Maunz u. a., Grundgesetz, Art. 25 RN 29, insbesondere FN 1, abzulehnen, dem Grundsatz „pacta sunt servanda“ die Qualität eines Völkerrechtsgrundsatzes beizumessen. Wollte man dies nämlich tun, so folgte aus Art. 25 GG ein Vorrang vor deutschem Recht, woraus sich ein problematisches Rangverhältnis zum deutschen Verfassungsrecht ergäbe. Eine solche These ginge von einer abzulehnenden, weil unrealistisch einheitlichen Weltrechtsordnung aus. Vgl. im übrigen BVerfG 6, S. 309 (362 f.).

erforderlich, sich zunächst einmal weitgehend von der gesetzgeberischen Interpretation zu lösen, wie sie insbesondere der Bericht des Strafrechtssonderausschusses an das Parlament[3] enthält. Vielmehr sollen die in der strafrechtlichen Dogmatik bestehenden Modelle zur Bewältigung eines Konfliktes zwischen zwei Rechtsgütern, wie er hier vorliegt, auf ihre systematischen Folgerungen hin durchgeprüft werden. Diese Folgerungen müssen dann mit dem Gesetzeswortlaut, den gesetzgeberischen Absichten und dem kriminalpolitisch Wünschenswerten verglichen und auf ihre Systemverträglichkeit überprüft werden. An diesen Anforderungen werden bereits die meisten der gleichsam „hochgerechneten" Lösungs-Alternativen scheitern und daher von selbst ausscheiden. Es wird aber am Ende eine Konzeption übrig bleiben, die — auf der Basis einer modifizierten Form der „strengen" Schuldtheoric — die auseinanderstrebenden Kräfte des gesetzgeberisch Gewollten, des für den Staatsschutz Erforderlichen und des verfassungsrechtlich Möglichen in dem Systemrahmen des vorgegebenen Gesetzeswortlautes „optimiert", — um ein zweites Mal eine sprachliche Anleihe aus dem Wortschatz der Kybernetik zu machen. Es wird — um das Ergebnis vorweg zu nehmen — eine Rechtfertigungslösung sein.

Um jedoch zu vermeiden, daß denkbare Kategorisierungsmöglichkeiten übergangen werden, sollen im folgenden Text die einzelnen Modalitäten des § 97 b Abs. 1 S. 1 jeweils für sich gesondert untersucht werden. Dies empfiehlt sich um so mehr, als sie auch alternativ jeweils hinreichende Bedingungen für eine Strafbarkeit aus § 97 b sind[4].

---

[3] BT Drucks. V/2860 (Bd. 121).

[4] Einhellige Meinung, vgl. statt vieler Lackner, § 97 b Anm. 2; deutlich schon Maassen, Prot. 105. Sitzung, S. 2065; unzutreffend dagegen bemerkenswerterweise der Berichterstatter (!) des Strafrechtssonderausschusses, A. Arndt, Verh. BT, Sten. Ber., V. WP, Bd. 67, S. 9537 A. Er spricht bei der Erläuterung des Ausschlußberichtes in der 2. Lesung des 8. StrÄG von dem Erfordernis eines *kumulativen* Vorliegens der verschiedenen Modalitäten.

Zweiter Teil

Analyse der einzelnen Alternativen des § 97 b Abs. 1 Satz 1

1. Abschnitt

§ 97 b Abs. 1 Satz 1 Nr. 1

1. Kapitel

Tatbestandslösungen

A. Nr. 1 als Fall eines Tatbestands- oder Subsumtionsirrtums?

I. Systemkonformer Tatbestandsirrtum

Betrachtet man § 93 für sich, so begrenzt das zweite Rechtsgut sprachlich eindeutig den Sinnumfang des ersten: Kein Schutz der äußeren Sicherheit zu Lasten der Verfassungsmäßigkeit. Bildhaft ließe sich sagen: Aus der Kreisfläche des Schutzbereiches der äußeren Sicherheit wird mit Rücksicht auf die „innere Sicherheit" ein Segment herausgeschnitten[1].

a) Tatbestandsausschluß

Eine Möglichkeit, dies gesetzestechnisch zu verwirklichen, ist die Verwendung von negativ gefaßten Tatbestandsmerkmalen[2]. Deren Gegenstand unterfällt also nicht dem Verbot, aber ihr Fehlen prägt das Unrecht mit aus und muß daher vom Vorsatz umfaßt sein. Als Beispiel hierfür sei nur die fehlende Einwilligung der Eltern bei der Entführung gemäß § 236 genannt.

Wiewohl eine solche Lösung das erklärte Ziel der Gesetzgebungsinitiative der SPD war[3] und § 93 Abs. 2 sie auch auszusprechen scheint, steht sie nicht mit der Regelung des § 97 b in Einklang.

---

[1] Dieses Bild verwendet schon Engisch zur Veranschaulichung der L. v. d. n. T., ZStW 70, S. 566 (587).

[2] Vgl. zu diesem Begriff Welzel, ZStW 67, S. 196 (208 f.); Lb, § 14 I 1 (S. 81); Arm. Kaufmann, JZ 1955, S. 37 (38).

[3] § 99 Abs. 5 E-SPD.

b) *Rechtsfolgenproblematik*

Immerhin müßte unter der Prämisse, daß § 93 Abs. 2 ein negativ gefaßtes Tatbestandsmerkmal enthält, seine irrtümliche Annahme als Tatbestandsirrtum gemäß § 16 zum Vorsatzausschluß und damit zur Straflosigkeit führen. Das gerade Gegenteil, nämlich volle Strafbarkeit aus dem Vorsatzdelikt, eröffnet § 97 b Abs. 1 S. 1 Nr. 1.

Daß § 93 Abs. 2 keinen regulären Fall eines Tatbestandsausschlusses beinhaltet, zeigt sich aber auch an § 97 a. Denn entgegen der These des § 93 von der Schutzunwürdigkeit des illegalen Geheimnisses wird dort die Weitergabe derartiger, Verfassungsverstöße verheimlichender Tatsachen unter Strafe gestellt, sofern dies nur heimlich und an eine fremde Macht geschieht[4, 5].

Nun liegen die Bedenken gegen eine derartige Lösung aufgrund eines Tatbestandsausschlusses auch auf der Hand: Angesichts der Bedeutung des Rechtsgutes „äußere Sicherheit“ wären Fehlbeurteilungen auf diesem Gebiet verhängnisvoll. Dies gilt um so mehr, als es keinen „Auffangtatbestand“ der fahrlässigen Geheimnispreisgabe gibt[6]. Jenes Irrtums-Risiko ist ohnehin schon deshalb sehr groß, weil allein die Staatsgeheimnis-Definition durch mehr als ein Dutzend (!) vorwiegend normativer Einzelmerkmale getragen wird, denen oft alles andere als begriffliche Randschärfe eignet[7]. Diese Gefahr wird aber noch dadurch gesteigert, daß diese Definition durch einen anderen Normativbegriff begrenzt werden soll, der mindestens ebenso komplex ist und zudem im Gesetz nirgends definiert wird: durch den „Verstoß gegen die freiheitlich demokratische Grundordnung“[8].

---

[4] Auch der Abgeordnete Arndt, ursprünglich einer der klarsten Verfechter dieser strengen Tatbestandslösung (vgl. etwa Prot. 11. Sitzung, S. 207), räumte später im Sonderausschuß ein, daß die heimliche Weitergabe illegaler Geheimnisse keinen Schutz verdiene, SA Prot. 103. Sitzung, S. 2032.

[5] Es könnte als methodisch unzulässig angesehen werden, in die Analyse des § 93 die §§ 97 a und b einbeziehen zu wollen. Doch dies nicht zu tun widerspräche zum einen der angewandten Gesetzestechnik, die ein Element jener Tatbestände „vor die Klammer“ gezogen hat. D. h. umgekehrt nämlich, daß es — mathematisch gesprochen — als Glied in die jeweilige Funktion (Tatbestand) passen muß und daher auch von dieser Funktion aus bestimmt werden kann. Darüber hinaus wäre es auch materiell verfehlt, eine einheitlich erfolgte Regelung mit wechselbezüglichen Tatbeständen nicht auch aus ihrer Gesamtheit heraus deuten zu wollen.

[6] Wenn man einmal von dem § 97 Abs. 2 absieht, der aber nur Sonderpflichtige betrifft und daher nur in einem kleinen Teil der Problemfälle helfen könnte.

[7] Insbesondere: „begrenzt“, „zugänglich“, Geheimhaltungsbedürftigkeit, „schwerer Nachteil“.

[8] Er kommt allerdings schon einmal in § 86 Abs. 2 vor und knüpft an die Formulierung des Grundgesetzes in den Artikeln 18 S. 1, 21 Abs. 2 und 91 Abs. 1 an. Der Begriff „verfassungsmäßige Ordnung“ stand zunächst auch zur Diskussion, vgl. etwa § 99 a Abs. 5 der Formulierungshilfe III, Anlage 2

1. Erläuterung des Begriffes „freiheitlich demokratische Grundordnung"

Die Verwendung dieses Begriffes nimmt insofern wunder, als es einen Begriff „Verfassungsgrundsätze" gibt, der ähnliches betrifft und in § 92 Abs. 2 ausdrücklich erläutert wird. Diese Verwandtschaft hat denn auch dazu geführt, daß die Begriffe überwiegend für weitgehend identisch gehalten werden[9]. Lediglich Dreher äußert sich etwas vorsichtiger[10].

Solche Bedenken erscheinen sowohl aus Gründen der Begriffsklarheit wie auch inhaltlich berechtigt. Denn das Wesen einer freiheitlich demokratischen Grundordnung ist nicht notwendig das des geltenden Grundgesetzes. Insbesondere ist weder die Unmittelbarkeit der Wahl noch die gewählte Form der parlamentarischen Demokratie für den Demokratiebegriff liberaler Prägung konstitutiv[11], noch können die

---

zu SA Prot. 65. Sitzung, S. 1274 (s. a. oben S. 17, FN 59) und dazu Krauth, SA Prot. 75. Sitzung, S. 1471 (1472). Er wurde aber von der Regierung als zu weitreichend empfunden, vgl. Maassen, SA Prot. 101. Sitzung, S. 2006 und die darauf angebotene Kompromißformel von Müller-Emmert, SA Prot. 103. Sitzung, S. 2028, die bereits den Terminus „freiheitlich demokratische Grundordnung" enthielt, allerdings noch mit dem — hier erweiternd wirkenden — Zusatz „insbesondere die Grundrechte".

Vgl. im übrigen zur Auslegung des Begriffes „freiheitlich demokratische Grundordnung" insbesondere: BVerfG 2, S. 1 (12 f.).

[9] BGH 23, S. 64: „Zum Wesenskern der freiheitlich demokratischen Grundordnung gehören mindestens (!) die in § 92 Abs. 2 aufgezählten Verfassungsgrundsätze"; S. 72: Es handele sich um „im wesentlichen" deckungsgleiche Begriffe. Ähnlich Lackner, § 86 Anm. I b aa; Schönke / Schröder / Stree, § 86 RN 5. Für Identität auch Schmitt Glaeser, Mißbrauch, S. 41 ff. und passim. Vgl. auch BVerfG 12, S. 296 (303), das beide Begriffe in bezug auf § 90 a a. F. unterschiedslos gebraucht.

[10] Die Begriffe seien „nicht ganz" synonym, § 93 RN 10 (deutlicher allerdings in § 86 RN 3: „Nicht die teilweise nur historisch bedingten Verfassungsgrundsätze des § 92 Abs. 2"). Dreher beruft sich ebenfalls auf die Definition des Bundesverfassungsgerichtes, E 2, S. 1 (12 f.), zur „freiheitlich demokratischen Grundordnung" gehöre „mindestens ‚die Achtung vor den im Grundgesetz konstituierten Menschenrechten, vor allem vor dem Recht der Persönlichkeit auf Leben und freie Entfaltung, die Volkssouveränität, die Gewaltenteilung, die Verantwortlichkeit der Regierung, die Gesetzmäßigkeit der Verwaltung, die Unabhängigkeit der Gerichte, das Mehrparteienprinzip und die Chancengleichheit für alle politischen Parteien mit dem Recht auf verfassungsmäßige Bildung und Ausübung einer Opposition'." Ebenso SK-Rudolphi, § 86 RN 11.

Genau umgekehrt versteht Willms den jeweiligen Begriffsumfang, wenn er die Ansicht vertritt, man müsse § 92 Abs. 2 auf die Grenzen der Definition in BVerfG 2, S. 1 (12 f.) zurückführen, wolle man seine Verfassungswidrigkeit vermeiden, LK, § 92 RN 3 a. E.

[11] Zutreffend Dürig in Maunz u. a., Grundgesetz, Art. 2 Abs. 1 RN 86 und Art. 18 RN 54. So schon das Votum des Rechtsausschusses des Bundesrates zum (1.) StrÄG, JZ 1951, S. 659 (660). Vgl. auch BK-Wernicke, Art. 18 Erl. II, 1 d; von Mangoldt / Klein, Art. 21 Anm. 3.

Bezeichnenderweise hat das Bundesverfassungsgericht bei seinen Definitionsversuchen das Prinzip der Unmittelbarkeit der Wahl (§ 99 Abs. 2

Gegenpositionen — Präsidialdemokratie bzw. mittelbare Wahl — angesichts der deutschen Verfassungstradition einfach übergangen werden. Gleichwohl sind Probleme, die auf dieser Differenzierung beruhen, für den Bereich der Landesverrats-Tatbestände kaum denkbar. Deswegen ist die h. M. zwar nicht in der Begründung, aber in ihren tatsächlichen Auswirkungen insoweit annehmbar[12].

2. Folgerungen

Schon diese kurzen Andeutungen zeigen zur Genüge, daß der gewählte Begriff der freiheitlich demokratischen Grundordnung in besonderem Maße unter dem Problem aller normativen Tatbestandsmerkmale leidet, der definitorischen Randunschärfe[13]. Das Dilemma wird noch dadurch verstärkt, daß dieser Begriff zugleich ein höchst

Nr. 1 a. F.) nicht mit herangezogen, vgl. BVerfG 2, S. 1 (12 f.); 5, S. 85 (140), obwohl es sich durchaus an § 88 a. F. orientiert hat (vgl. dazu Willms, Staatsschutz, S. 19). Es fehlte übrigens auch in der Definition des § 380 Abs. 2 Nr. 1 E 1962. Anders aber die geltende Fassung: § 92 Abs. 2 Nr. 1!

Demgegenüber ist das vom Bundesverfassungsgericht für unverzichtbar gehaltene parlamentarische Regierungssystem („Verantwortlichkeit der Regierung"), das in § 88 Abs. 2 Nr. 4 a. F. ebenfalls erfaßt war, unter dem Einfluß der verschiedenen Kritiken in die Definition des § 92 n. F. nicht mehr aufgenommen worden.

Wie problematisch die Verwendung dieses Begriffes „freiheitlich demokratische Grundordnung" ist, ergibt sich auch daraus, daß ihm maßgebliche Stimmen etwa das Sozialstaatsprinzip zurechnen, so BVerfG 5, S. 85 (197 f.), Hamann / Lenz, Art. 18 Bem. B 3; a. A. Dürig in Maunz u. a., Grundgesetz, Art. 18 RN 49 FN 1. Gerade weil ein geheimer (!) Verstoß gegen dieses Prinzip wohl kaum ein äußeres Sicherheitsrisiko nach sich zu ziehen vermag, hätte man sich besser eines anderen Begriffes bedient.

12 Eine letzte Unsicherheit in der Definition dieses Begriffes könnte jedoch auch im strafrechtlichen Bereich Bedeutung erlangen: das Verhältnis der „freiheitlich demokratischen Grundordnung" zu den nach Art. 79 Abs. 3 GG unantastbaren Verfassungsgrundsätzen. Mit dem Menschenwürdeprinzip des Art. 1 GG mag das Kriterium der: „Achtung vor den im Grundgesetz konstituierten Menschenrechten, vor allem vor dem Recht der Persönlichkeit auf Leben und freie Entfaltung ..." (BVerfG 2, S. 1 [12 f.]) im wesentlichen übereinstimmen. Das republikanische und das Bundesstaatsprinzip sind in der Definition jedoch nicht erwähnt. Sie sind auch keine notwendigen Voraussetzungen einer Liberal-Demokratie. Dennoch ist z. B. das letztere — angesichts einer jahrhundertealten föderativen Struktur Deutschlands — ein aus der Geschichte gewachsenes Essentiale der Gewaltenverschränkung in Deutschland. Diesen Aspekt in den Begriff freiheitlich demokratische Grundordnung einzubeziehen, erscheint schon allein deshalb geboten, weil die freiheitlich demokratische Grundordnung Schutzgut der sogen. „kämpferischen Demokratie" ist (Art. 18 Satz 1, Art. 21 Abs. 2 GG) und nicht die letzte Verteidigungslinie der rechtsstaatlichen Demokratie überhaupt, die Art. 79 Abs. 3 GG zu schützen sucht. (Für eine derartige Einbeziehung i. E. auch Schmitt Glaeser, Mißbrauch, S. 48; a. A. hingegen Schafheutle, JZ 1951, S. 609 [612].)

13 Der Verzicht auf eine ausdrückliche Definition wenigstens des Kernbereichs dieses Begriffes, etwa im Sinne der Rechtsprechung des Bundesverfassungsgerichts, wirkt sich dabei besonders ungünstig aus.

politischer ist und sich damit der „Parallelwertung in der Laiensphäre“[14] weitgehend entzieht. Insoweit unterscheidet er sich von jenen viel umstrittenen Normativbegriffen „unzüchtig“ i. S. d. §§ 174 ff. a. F. oder „Gewalt“ i. S. d. § 240. Denn deren Erfassen kann sich auf Vorstellungen und Erfahrungen aus dem eigenen Lebensbereich stützen; ihr Kerngehalt — zumindest — ist durch Sozialisation (Erziehung, Umwelteinflüsse u. ä.) für den durchschnittlichen Normadressaten in einem Koordinatensystem der Sozialnormen bestimmbar. Derartiges kann man von Begriffen wie Staatsgeheimnis und Verstoß gegen die freiheitlich demokratische Grundordnung nicht sagen. Weder gehören sie zum Erfahrungsbereich des Durchschnittsbürgers, noch kann er sie durch „Gewissensanspannung“[15] erfassen.

Dem könnte nun entgegen gehalten werden, die Schutzobjekte, um die es geht, seien von so elementarer Bedeutung für den Staat als Ganzes, daß sich hier die Verantwortlichkeit des einzelnen notwendigerweise erheblich ausweite[16]. Aber auch wenn man das im Grundsatz akzeptierte, so dürfte man gleichwohl nicht von dem Erfordernis der täterschaftlichen Parallelbeurteilung abgehen. Dann aber bliebe es in vielen Fällen eben doch bei einem Vorsatzausschluß und damit bei der Straflosigkeit.

c) Ergebnis

Somit ist eine Tatbestandsirrtumslösung i. S. d. § 16 weder mit dem Wortlaut des § 97 b Abs. 1 S. 1 Nr. 1 vereinbar noch kriminalpolitisch sinnvoll.

Damit sind aber die Möglichkeiten noch nicht erschöpft, in denen Irrtümer über einen den Tatbestand ausschließenden Umstand vorkommen können. Vor dem Hintergrund der gerade dargelegten Schwierigkeiten, die Normativbegriffe des § 93 zu definieren, drängt sich nämlich eine Form des Irrtums geradezu auf — die des Subsumtionsirrtums.

II. Systemkonformer Subsumtionsirrtum?

a) Verschiedenartigkeit der durch Nr. 1 erfaßten Fälle

Mit diesem Irrtumstypus ist freilich nicht derjenige Subsumtionsirrtum gemeint, der für den Vorsatz völlig unbeachtlich ist, weil der

[14] Binding, Normen III, S. 148; im Anschluß an ihn Mezger, Lb, § 44 I 3; treffender Welzel, Lb, § 13 II 4: „Parallelbeurteilung im Täterbewußtsein“.

[15] Vgl. zu diesem Erfordernis BGH 2, S. 194 (209).

[16] So meinte Lange drastisch, daß „‚Jedermann‘ ... ein Quacksalber auch in solchen Dingen (ist), bei denen es um das Wohl und Wehe des Ganzen geht; selbst wenn er noch so gutwillig und loyal ist, kann er die Dinge nicht übersehen.“, SA Prot. 10. Sitzung, S. 161.

Täter lediglich die ihm nicht zukommende Aufgabe unzutreffend gelöst hat, sein Tun begrifflich unter einen Tatbestand zu subsumieren[17]. Zu denken ist vielmehr an jene Fälle, in denen eine solche Fehlbewertung auch Auswirkungen auf das Unrechtsbewußtsein hat[18]. Um einen hier einschlägigen Fall zu bilden[19]: Der Täter hält ein Staatsgeheimnis wegen eines bagatellösen Gesetzesverstoßes für „illegal" i. S. d. § 93 Abs. 2 und veröffentlicht es in seiner Zeitung. Hier hat der Täter den Normbefehl durchaus vernommen und sich mit ihm auseinandergesetzt. Er glaubt sich aber zu der Annahme berechtigt, daß sein Tun jenem Tatbestand nicht unterfalle, obgleich er die diesem zugrundeliegende Wertung berührt sieht. Damit trifft er nicht nur eine andere Wertung hinsichtlich der Strafbarkeitsnorm als der Gesetzgeber[20], sondern durch diesen Irrtum verbirgt sich ihm die Verbotenheit seines Tuns, also dessen Rechtswidrigkeit[21]. Denn das Staatsgeheimnis erscheint ihm als ein gemäß § 93 Abs. 2 — und damit auch im Sinne des Gesetzgebers — nicht schutzwürdiges Geheimnis.

In diesen Fällen ließe sich zumindest gegen den Umstand, daß trotz Irrtums über ein Tatbestandsmerkmal aus dem Strafrahmen des *Vorsatz*deliktes bestraft wird, von der Warte der Strafrechtsdogmatik nichts einwenden[22] — jedenfalls auf der Grundlage der herrschenden Schuldtheorie.

---

17 So definiert die herrschende Lehre den Subsumtionsirrtum, etwa Maurach, AT, § 24 III 3; a. A. Schönke / Schröder[17], § 59 RN 34 insofern, als nach ihm jeder Subsumtionsirrtum stets auch einen Verbotsirrtum nach sich zieht.

18 So mag beispielsweise ein Täter glauben, es handele sich — etwa bei einer wissenschaftlichen Entdeckung — deswegen nicht um ein Staatsgeheimnis, weil die Pläne noch keiner formellen Sekretur unterliegen. Gäbe er die Erfindung nun in Benachteiligungsabsicht bekannt, obwohl er um ihre eminente militärische Bedeutung wüßte, — so läge wohl zweifelsfrei ein Subsumtionsirrtum vor. Denn es ist ganz einhellige Meinung, daß der Täter für die vorsätzliche Tatbegehung nur das Wertprädikat der — insbesondere normativen — Tatbestandsmerkmale erkannt haben muß, daß somit nur eine „Parallelwertung in der Laiensphäre" erforderlich ist. Vgl. etwa Baumann, AT, § 27 I 2 b (S. 424); Jescheck, Lb, § 29 V 7 a; Welzel, Lb, § 22 III 3.

19 Vgl. zum folgenden schon Maurach, BT, § 62 II G 2 b.

20 Dies ist der Grund, aus dem sich letztlich die h. M. zum Subsumtionsirrtum rechtfertigt: Der Täter maßt sich eine tatbestandseinschränkende Auslegung einer gesetzlichen Regelung in Kenntnis des weitergehenden Normenbefehls an — und greift damit in ein dem Gesetzgeber vorbehaltenes Privileg ein.

21 Vgl. zu dieser Unterscheidung Welzel, Lb, § 22 III 3 a und b.

22 Es bliebe dann aber noch die Ungereimtheit, daß die Rechtsfolge nicht die Möglichkeit der Minderung vorsieht, die der später erlassene § 17 S. 2 eröffnet, sowie der — bei einer Tatbestandslösung — überhaupt nicht behebbare Umstand, daß der Irrtum über die tatsächlichen Voraussetzungen dem Bewertungsirrtum gleichgestellt ist; dazu später im Text.

Obgleich dies eine mögliche Fallkonstellation ist, die der Wortlaut des § 97 b Abs. 1 Nr. 1 abdeckt, so bleibt zu berücksichtigen, daß es nicht die einzige ist. Der vorige Abschnitt hat gezeigt — und der Fall Paetsch ist eine deutliche Veranschaulichung hierfür —, daß der Täter sich auch Umstände irrig vorstellen kann, bei deren Vorliegen § 93 Abs. 2 tatsächlich erfüllt wäre.

b) Rechtsfolgenproblematik

Damit ergibt sich für den Fall, daß § 93 Abs. 2 einen Tatbestandsausschluß enthalten würde, folgendes, zweifaches Dilemma aus der Fassung der § 93 und § 97 b:

(1) Zum einen zögen zwei vergleichbare Irrtumskonstellationen völlig andere Rechtsfolgen nach sich:

(a) Die irrige Annahme eines Sachverhaltes, bei dessen Vorliegen ein Tatbestandsmerkmal des § 93 *Abs. 1* entfiele[23], führt gemäß § 16 zum Vorsatzausschluß und damit hier zur völligen Straflosigkeit.

(b) Demgegenüber führte die irrige Annahme eines Sachverhaltes, bei dessen Vorliegen der Tatbestandsausschluß des § 93 *Abs. 2* zu bejahen wäre[24], gemäß § 97 b zur vollen Strafbarkeit aus dem Vorsatzdelikt.

(2) Auf der anderen Seite eröffnet § 97 b Abs. 1 S. 1 Nr. 1 für zwei nach der herrschenden Meinung[25] völlig verschiedene Arten von Irrtümern den gleichen Sanktionsrahmen und setzt sie damit auch ihrem Unrechtsgehalt nach gleich[26]. Zum einen die gerade unter

(b) erwähnte irrige Annahme von *Tatsachen,* bei deren Vorliegen eine Veröffentlichung eines Geheimnisses zulässig wäre, zum anderen

(c) die irrige *Wertung* eines Sachverhaltes als illegal i. S. v. § 93 Abs. 2[27].

---

[23] Der Täter glaubt irrig, das Geheimnis sei bereits publik, z. B. weil ein Redakteurskollege darüber bereits einen Artikel geschrieben hat. Der Bericht ist aber schließlich doch nicht veröffentlicht worden, wovon der Täter jedoch nichts weiß.

[24] Für den Rechtszustand vor der Notstandsgesetzgebung: der Fall Paetsch: P. glaubte, das BfV höre entgegen Art. 10 GG nach eigenem Gutdünken deutsche Staatsbürger ab.

[25] a. A. allerdings die strenge Schuldtheorie, sofern es sich bei § 93 Abs. 2 um einen Rechtfertigungsgrund handeln sollte. Vgl. zum Erlaubnistatbestandsirrtum etwa Welzel, Lb, § 22 III 1 f.

[26] Dies ist ein weitverbreiteter Einwand gegen § 97 b Abs. 1, S. 1 Nr. 1, statt vieler Maurach, BT, § 62 II G 2 b; SK-Rudolphi, § 97 b RN 7, 12.

[27] In Abwandlung des Falles Paetsch: Der Täter weiß, daß die TO von den Alliierten veranlaßt werden, glaubt aber, daß diese dem Gebot des Art. 10 GG in gleicher Weise wie die Deutschen unterliegen.

c) *Ergebnis*

Eine Begründung für eine derartige doppelte Un-Gleichung im Sinne der traditionellen Dogmatik ließe sich selbst bei sehr starken Argumenten im jeweiligen Einzelfall kaum geben. Es sei denn, man wollte die Unrichtigkeit der bisherigen Lehre behaupten. Zu einer solchen radikalen These hat sich aber bisher noch niemand verstiegen. Auf das materielle Gewicht der Argumente, auf die sich die Gesetzesformulierung stützt, wird noch zurückzukommen sein[28]. Einstweilen darf dieser Kategorisierungsversuch mangels Übereinstimmung mit dem dogmatischen Gesamtsystem ebenfalls beiseitegeschoben werden.

Allerdings ist auch damit die Skala der theoretischen Rechtsfolgen-Alternativen noch nicht erschöpft. Immer noch unter der Voraussetzung, § 93 Abs. 2 enthalte einen Tatbestandsausschluß, könnte nämlich des weiteren eine Fahrlässigkeitslösung in Betracht kommen. Immerhin ist die Verwirklichung eines Tatbestandes im vermeidbaren und d. h. vorwerfbaren Irrtums über eines seiner Merkmale ein typischer Fall einer Realisierung des Fahrlässigkeitsdeliktes[29].

B. § 97 b Abs. 1 S. 1 Nr. 1 — eine Fahrlässigkeitslösung?

I. Grundsätzliche Einwände

Diese Alternative überhaupt zu erwägen, mutet allerdings schon deshalb ungewöhnlich an, weil § 97 b eine eindeutige Rechtsfolgenverweisung auf die Vorsatzdelikte enthält. Demgegenüber wird die Fahrlässigkeit grundsätzlich als der schwächere Unrechtsgrad angesehen[30]. Gleichwohl gibt es Fälle, wie die §§ 223/230 oder 316 Abs. 1/Abs. 2, in denen der Gesetzgeber für die fahrlässige wie für die vorsätzliche Tatbegehung den gleichen Strafrahmen eröffnet hat. Daher verbietet sich die vorgeschlagene Überlegung auch mit Rücksicht auf die Rechtsfolgenanordnung keineswegs einfach von selbst.

II. Gesetzgeberische Einwände

Jedoch könnte einer solchen Kategorisierung der Wille des Gesetzgebers entgegenstehen. Immerhin hatte man die Verknüpfung von Fahrlässigkeit und Landesverrat als begrifflichen Widerspruch gekennzeichnet[31]. Darüber hinaus wurde wiederholt darauf hingewiesen,

---

28 Vgl. unten S. 52 ff. (56 ff.).

29 Es sei nur an den Schulfall des unsorgfältigen Jägers erinnert, der das Beerenweiblein im Walddickicht für einen Schwarzkittel hält.

30 Statt vieler Jescheck, Lb, § 54 I 3.

31 „Contradictio in adiecto“, so Güde, Prot. 75. Sitzung, S. 1465; ähnlich Ehmke, Prot. 10. Sitzung, S. 143.

daß mit einem solchen Fahrlässigkeitstatbestand die Bemühungen um die Präzisierung des Begriffes Staatsgeheimnis wieder relativiert würden.

Das erste Argument erscheint unzutreffend, wenn man in das Wort „Verrat" nicht schon das hineinlegt, was erst noch zu prüfen ist, daß es nämlich eine bewußte Tätigkeit impliziere. Schon der Sprachgebrauch: „Jemand hat sich verraten"[32], „seine Miene, irgendeine Geste hat ihn verraten", deutet an, daß dem Verraten eine bewußte Kundgabe nicht notwendig innewohnt. Diesem Argument widerspricht auch, daß eine Reihe anderer Länder den Tatbestand des fahrlässigen Landesverrats kennt[33] und daß es keineswegs etwa ein faschistischer Gesetzgeber war, der in der Geschichte der deutschen Strafrechtsreform und Strafrechtänderung einen solchen Tatbestand befürwortet hat[34].

---

[32] Eine Formulierung, die nicht anwendbar ist, wenn sich jemand *bewußt* offenbart hat!

[33] Und zwar interessanterweise keineswegs bei den diktatorisch regierten Ländern, vgl. — zitiert nach Jescheck / Mattes, Staatsschutzrecht — § 109 Abs. 2 dän. StGB vom 15. 04. 1930 (S. 85); Art. 261 Abs. 5 ital. StGB vom 19. 10. 1930 (S. 168); Art. 98 b niederl. StGB vom 3. 03. 1881 (S. 212); § 90 Abs. 2 norweg. allgemeines bürgerliches StGB vom 22. 05. 1902 (S. 232); § 7 Abs. 2 schwed. Kriminalgesetzbuch vom 21. 12. 1962 (S. 301); Art. 267 Abs. 2 schweiz. StGB vom 21. 12. 1937 (S. 313); Art. 136 Abs. 5 türk. StGB vom 1. 03. 1926 (S. 388).

[34] Selbst nach dem § 90 e RStGB 1934 (Änderungsgesetz vom 24. 04. 1934, RGBl I, S. 341) war der fahrlässige Landesverrat auf einen bestimmten, durch seine Verbindung zum Staat besonders verpflichtetem Täterkreis beschränkt:

> „Wer fahrlässig ein Staatsgeheimnis, das ihm Kraft seines Amtes oder seiner dienstlichen Stellung oder eines von amtlicher Seite erteilten Auftrags zugänglich war, an einen anderen gelangen läßt und dadurch das Wohl des Reichs gefährdet, wird mit Gefängnis bis zu drei Jahren bestraft."

Die einzige Ausweitung neben der Einbeziehung auch nicht militärischer Geheimnisse gegenüber dem früheren Rechtszustand (§ 8 SpionageG 1914 [RGBl, S. 195, s. a. ZStW 35, S. 924 ff.]) bestand in der Erstreckung des Pflichtenkreises auf Partei-, SA- und SS-Mitglieder durch die zweite Alternative, vgl. LK[6]-Parrisius, § 90 e Anm. II 1. Auch durch die insbesondere die Strafrahmen noch einmal verschärfende Novelle vom 20. 09. 1944, RGBl I, S. 225, wurde der Täterkreis nicht erweitert. Man wird allerdings einräumen müssen, daß ein Tatbestand, zu dessen Einführung sogar ein so terroristischer Gesetzgeber wie der nationalsozialistische sich selbst nach den Ereignissen des 20. Juli 1944 nicht veranlaßt sah, nicht gerade vorbildlich zu sein braucht.

Von den früheren Entwürfen hatte sich § 109 Vorentwurf 1909 und der Gegenentwurf 1911 nur für einen Tatbestand des fahrlässigen Landesverrates durch Amtsträger i. S. d. heutigen § 97 Abs. 2 ausgesprochen. Der Kommissionsentwurf 1913 (veröffentlicht in „Entwürfe zu einem Deutschen Strafgesetzbuch", 1920, vgl. im übrigen v. Hippel, Strafrecht I, S. 363 f.) sowie der E 1930 (Entwurf Kahl) hatten auf einen Fahrlässigkeitstatbestand sogar gänzlich verzichtet. Im Gegensatz dazu sah der E 1919 in § 145 Abs. 3 einen allgemeinen Fahrlässigkeitstatbestand vor, vgl. dazu die Begründung der Denkschrift S. 127, die auf die Wichtigkeit der Pflicht abhob, „Staatsgeheimnisse sorgsam zu hüten". Diesem Muster folgten dann § 92 Abs. 3 E 1925 und § 93 Abs. 3 E 1927 (vgl. Verh. RT, III. WP, Bd. 415, Anlage zum Sten. Ber., Nr. 3390). Interessanterweise knüpfte auch der E 1919 insoweit an einen älteren

Zutreffend ist dagegen das zweite Argument. Der Gesetzgeber hat sich in zähem Ringen dem Druck der Meinung gebeugt, die eine größtmögliche Bestimmtheit der Geheimnis-Definition mit einem Höchstmaß an Rechtsstaatlichkeit bei den Verrats-Tatbeständen verbinden wollte. Diese Errungenschaft hätte erhebliche Einbußen erlitten, wäre gleichzeitig ein allgemeiner Fahrlässigkeitstatbestand eingeführt worden[35]. Denn ein derartiger Tatbestand hätte die Gefahr noch weiter begünstigt, die ohnehin durch die Verwendung hochgradig abstrakter normativer Merkmale latent ist, — die Gefahr, gegen den Täter eine Verdachtsstrafe auszusprechen. Schon Radbruch hat auf diese Gefahr warnend hingewiesen[36] und durfte sich durch die in ihrer Unbekümmertheit deutliche Begründung des Vorentwurfs zum Spionagegesetz von 1909 in seinen Bedenken vollauf bestärkt fühlen. Denn dort hieß es zur Erläuterung eines allgemeinen Tatbestandes des fahrlässigen Geheimnisverrates (§ 109): „Die Anwendbarkeit der vorliegenden Strafvorschrift wird u. U. auch dann begründet sein, wenn der Täter zwar des vorsätzlichen Geheimnisverrats dringend verdächtigt ist, der Beweis vorsätzlichen Handelns aber nicht zur vollen Überzeugung des Gerichts erbracht werden kann[37].“

Unter diesen Aspekten ist den Bedenken gegen einen allgemeinen Fahrlässigkeitstatbestand im Ergebnis vollauf beizupflichten[38].

Vorschlag an, als im Regierungsentwurf SpionageG 1913 (Verh. RT, 13. Legislaturperiode, I. Session, Bd. 302, Anlage zum Sten. Ber., Nr. 1003, vgl. insbesondere die Begründung S. 9 zu § 9. Dieser Entwurf darf nicht verwechselt werden mit dem o. a. Kommissionsentwurf 1913 zum *StGB.*) ein Tatbestand der fahrlässigen Veröffentlichung eines militärischen Geheimnisses vorgesehen war. Diese Bestimmung stieß allerdings auf eine durch nahezu alle Parteien gehende Ablehnung in der ersten Lesung vom 26. 11. 1913, vgl. Sten. Ber. RT, 13. Legislaturperiode, I. Session, Bd. 291, S. 5974 ff. (5976 ff.). Gegen sie übrigens auch v. Liszt, Brunner-FS, S. 207 (209 ff.). Dieser Widerstand führte dann zu der o. a., auf Soldaten beschränkten Fassung des § 8 im SpionageG 1914.

35 Vgl. im übrigen die deshalb seinerzeit auch recht scharfe Kritik an dem Fahrlässigkeitstatbestand des § 92 Abs. 3 im E 1925 bei Kantorowicz, Justiz II, S. 92 (100); Löwenthal, Justiz III, S. 120 (122 f.); Radbruch, ebenda, S. 103 (105 f.). Im Ergebnis ebenso neuestens Kohlmann, Staatsgeheimnis, S. 51 f. *Für* die Regelung des hiermit identischen § 93 Abs 3 E 1927 seinerzeit allerdings: H. Mayer, GS 98, S. 32, 45 (55).

36 Justiz III, S. 103 (106).

37 Vorentwurf, Begründung, S. 443. Vgl. die auf ähnlicher Linie liegende Argumentation des Bundesgerichtshofs in ständiger Rechtsprechung zum Fahrlässigkeitsdelikt als Auffangtatbestand zum Vorsatzdelikt, etwa BGH 17, S. 210 (212) und die sorgfältige Analyse von Fuchs, GA 1964, S. 72 ff. hierzu.

38 Daß es auch im neuen Recht ein Tatbestand des fahrlässigen Verrates gibt, die sogenannte leichtfertige Preisgabe von Staatsgeheimnissen gemäß § 97 Abs. 2, steht dem nicht entgegen. Denn hier wird, entsprechend den bereits o. a. Vorläufern, ein besonders verpflichteter Täterkreis angesprochen. Dadurch wird also lediglich die grobe Fahrlässigkeit hinsichtlich der *Obhutspflicht* erfaßt. Da die Pflicht dieses echten Sondertatbestandes durch die Einzelumstände, insbesondere Dienstanweisungen u. ä., hinreichend kon-

III. Irrtumsfahrlässigkeit

Nun ist mit § 97 b Abs. 1 Nr. 1 offensichtlich kein Fall eines Fahrlässigkeitstatbestandes in der auch hier abgelehnten allgemeinen Form normiert worden. Allenfalls könnte man in ihm einen Ausschnitt aus den Modalitäten sehen, in denen ein fahrlässiger Landesverrat denkbar ist, nämlich die Beschränkung auf die fahrlässige Verkennung der Legalität des Staatsgeheimnisses.

Das ist aber ein Fahrlässigkeitstatbestand mit einer bisher nicht gekannten Einengung: Nicht jegliche Tathandlung ist Bezugspunkt von Sorgfaltspflichten, sondern nur die Einschätzung des Tatobjektes. Wollte man eine Parallele zum Tötungsdelikt ziehen, so wäre etwa nur die Tötungshandlung in vorwerfbarer Verkennung des Umstandes strafbar, daß das Opfer ein Mensch ist. Straflos hingegen bliebe das unsorgfältige Zielen oder das leichtfertige Spielen mit einer entsicherten Waffe, um nur zwei aus der schier unendlichen Zahl von Fallkonstellationen zu nennen, in denen ein vom Objektirrtum unberührter Sorgfaltsmangel in der *Handlungssteuerung* den tödlichen Erfolg nach sich zieht.

Immerhin ließen sich durch eine derartige Beschränkung eine Reihe von Bedenken zerstreuen, die wegen des Bestimmtheitsgebotes gegen den allgemeinen Fahrlässigkeitstatbestand erhoben worden sind. Von daher wäre gegen eine solche Begrenzung außer ihrer Ungewöhnlichkeit nichts einzuwenden. Endgültig dogmatisch erklärt werden müßte allerdings noch, wieso hier vorsätzliche und fahrlässige Tatbegehung gleich bestraft werden können. Denn der eingangs gegebene Hinweis auf andere Fälle dieser Art enthebt noch nicht der Begründungspflicht.

a) Vorsatztheoretische Rechtfertigung?

§ 97 b scheint insofern in eine vorsatztheoretische Konzeption zu passen, als er in den Rechtsfolgen nicht zwischen dem Tatbestands- und dem Verbotsirrtum unterscheidet. Eine solche Gleichbehandlung erlaubt die strenge Vorsatztheorie in Konsequenz ihrer Prinzipien, insbesondere ihres Verständnisses vom Vorsatz als Wissen und Wollen *rechtswidriger* Tatbestandsverwirklichung[39]. Allein — die Vorsatztheorie geht beim Fehlen aktuellen Unrechtsbewußtseins auch von verminderter Schuld aus[40]. Denn es ist ja gerade ihre These, daß es an

---

kretisiert und der Fahrlässigkeitsmaßstab durch die Rechtsprechung und die Lehre gefestigt ist, sind gegen einen solchen Tatbestand keine Bedenken zu erheben.

[39] Vgl. etwa Baumann, Lb[5], § 27 III 2 a, Lang-Hinrichsen, JR 1952, S. 184 (192); S. 302 (307), 356 ff.; Schröder, MDR 1950, S. 646 (648) und ZStW 65, S. 178 (198 ff.).

[40] Vgl. Schmidhäuser, Lb, 10/77; Schönke / Schröder[16], § 59 RN 83; Schröder, ZStW 65, S. 178 (200).

der besonders strafwürdigen Auflehnung gegen das Recht fehlt, wenn der Täter ohne aktuelles Unrechtsbewußtsein handelt. Daher könnte diese Theorie nicht erklären, wieso der Strafrahmen einer vom Verbotsirrtum beeinflußten mit dem der vorsätzlichen Tatbegehung gleich ist.

Nun wurden allerdings bereits Fälle angeführt, in denen von Gesetzes wegen ein Strafrahmenunterschied zwischen Vorsatz- und Fahrlässigkeitstat nicht gemacht wird, wie etwa in §§ 223/230 oder § 316 Abs. 1 und Abs. 2[41]. Aber erstens sind das wenige Ausnahmen von der Regel, nach der im Vergleich zum Vorsatzdelikt der Strafrahmen und das Strafmaß bei fahrlässiger Tatbegehung erheblich niedriger ist. Außerdem soll bei der Körperverletzung — dogmatisch nicht sehr befriedigend, aber kriminalpolitisch verständlich — der Möglichkeit erheblicher quantitativer Unterschiede im Erfolgsunrecht Rechnung getragen werden[42]. Eine vergleichbare große Differenz kann es bei den §§ 94 ff. nicht geben, weil die Spannweite des Erfolgsunrechtes nach unten durch das Erfordernis der Gefahr eines *schweren* Nachteils erheblich eingeschränkt ist. Aber auch der Hinweis auf § 316 erfaßt keinen wirklich vergleichbaren Beispielsfall. Selbst wenn man unterstellen würde, daß § 316 Abs. 2 forensisch der Ausgangstatbestand ist[43], so bliebe die dortige Strafrahmen-Gleichstellung bedenklich. Denn die schon früher „besonders unerfreuliche“ Strafzumessungspraxis[44] wird durch das grundsätzliche Verbot kurzfristiger Freiheitsstrafen in § 47 nur noch schwieriger. Erträglich bleibt diese Möglichkeit der Gleichbehandlung von ungleichen Sachverhalten nur vor dem Hintergrund des geringen Strafrahmens. Von daher lassen sich aber keine Parallelen zu Fällen von Schwer- und Schwerstkriminalität[45] ziehen.

Sonach kann von einer Lösung im Sinne der Vorsatztheorie keine Rede sein.

b) *Schuldtheoretische Rechtfertigung?*

Aber auch die Schuldtheorie könnte § 97 b Abs. 1 S. 1 Nr. 1 nicht als Fahrlässigkeitstatbestand erklären. Denn auch nach ihr besteht ein grundlegender Unterschied zwischen Tatbestandsirrtum und Verbotsirrtum. Während der erstere gemäß § 16 lediglich eine Strafbarkeit

---

41 Vgl. etwa noch § 21 Abs. 2 Nr. 2 und 3 StVG.

42 Die Produktion eines infolge von Sorgfaltsmängeln giftigen Medikamentes kann Tausende an ihrer Gesundheit schädigen, — die Vorsatztat richtet sich hingegen oft nur gegen eine einzelne Person.

43 Immerhin verlangt BGH VRS 37, S. 565 bezüglich der Vorsatz-Begründung besondere Sorgfalt.

44 Maurach, BT, § 57 V B 4.

45 § 94 — und demzufolge auch die entsprechende Tatbegehung gemäß § 97 b — ist ein Verbrechen!

wegen fahrlässiger Deliktsbegehung offenläßt, erfolgt beim vermeidbaren Verbotsirrtum eine Bestrafung aus dem Vorsatzdelikt, wenn auch mit der Möglichkeit der Strafmilderung, § 17 S. 2[46, 47]. Diese beiden, die Strafbarkeit eröffnenden Deliktsgruppen unterscheiden sich aber auch nach der Schuldtheorie ganz grundsätzlich voneinander[48]. Denn das Unrecht besteht in verschiedenen Handlungsaspekten. Beruht es beim vorsätzlichen Delikt in der *gezielten* Verwirklichung sozial unerwünschter Erfolge, so liegt es bei der Fahrlässigkeit in der *unsorgfältig vorbereiteten bzw. gesteuerten* Herbeiführung sozial mißbilligter Ziele als Nebenfolgen von u. U. sozial durchaus neutralen Handlungsprospekten. Deshalb besteht zwischen den beiden Begehungsformen eine echte (Un-)Wertdifferenz[49]. Da sich aber der Strafrahmen nach dem Grad des Unrechts bemißt, müssen sich in ihm die festgestellten Unterschiede ausdrücken. Sobald dies — wie hier — nicht der Fall ist, vermag auch die Schuldtheorie einen derartigen Irrtums-Fahrlässigkeits-Tatbestand dogmatisch nicht einwandfrei zu begründen.

IV. Ergebnis

An der Gleichsetzung der Rechtsfolgen muß daher nach allen bisher bekannten Theorien der Versuch scheitern, § 97 b Abs. 1 S. 1 Nr. 1 als Fahrlässigkeits-Fall zu interpretieren.

C. Eine vielgliedrige Lösung?

Nicht weiterzuhelfen vermag es, die durch den Wertkonflikt in § 93 ausgelösten Schwierigkeiten einfach nur anzuerkennen, — etwa mit der Folge, daß jedes Einzelproblem einer in sich befriedigenden Lösung zugeführt werden dürfte. Ein solcher Gedanke scheint allerdings hinter den Sonderbestimmungen in den §§ 97 a und b im Vergleich zu § 93 zu stehen. Doch auch eine variantenreiche Gesamtlösung bedarf der einheitlichen Leitlinie, will sie nicht Gefahr laufen, eine Widersprüche bergende Scheinlösung zu sein. Denn solche Widersprüche führen bei der Gesetzesanwendung notwendig zu größten Schwierigkeiten[50]. Dies

---

46 Vgl. zur Wertdifferenz beider Irrtümer Welzel, Lb, § 22 II (S. 163).

47 Die vielumstrittene Frage, welcher Gruppe der Erlaubnistatbestandsirrtum zugehört, spielt in dem Zusammenhang keine Rolle. Vgl. dazu aber unten S. 90 ff.

48 Statt vieler Jescheck, Lb, § 54 I 2.

49 Vgl. Jescheck, ebenda, sowie grundlegend Niese, Finalität.

50 Die Verbindung verschiedener Konzeptionen wirft notwendige Spannungen auf. Dies zeigt sich einmal mehr in dem Bemühen, nach dem Scheitern des 5. StrRRefG vom 18. 06. 1974 (BGBl I, S. 1297) vor dem Bundesverfassungsgericht (E 39, S. 1 ff.) mit dem 15. StrÄG vom 18. 05. 1976 (BGBl I, S. 1213) ein Maximum der Fristenlösung mit einem Minimum der

ist aber bei dem mit Zwangsmitteln bewehrten Verhaltensgeboten des Strafrechtes besonders unerträglich, höhlt es doch über die konkreten Friktionen hinaus dessen gesinnungsbildende Eindruckskraft aus.

Da die schiere Anerkennung der Vielfalt eine geschlossene Konzeption nicht zu ersetzen vermag, darf diese Variante als Schein-Alternative übergangen werden.

D. Eine dogmatische Neuschöpfung?

Nun wäre der Gesetzgeber fraglos nicht gehindert, neue Lösungsmechanismen zu ersinnen. Er glaubt dies ja auch getan zu haben. Schließlich wurde dieser Tatbestand als eine Regelung „sui generis" vorgestellt[51]. Jedoch verbieten sich derartige Neuerungen, wenn der mit ihnen angestrebte Zweck auch anderweitig gleichermaßen erreichbar ist. Ein solches Variantenverbot folgt zum einen aus dem methodischen Aspekt der Begriffs- und Systemklarheit. Die Begriffsbildung ist nämlich verfehlt — weil nicht hinreichend differenziert —, wenn sich bei gleichbleibenden Bedingungen verschiedene Ergebnisse aus gleich definierten Voraussetzungen ableiten lassen. Andererseits erfordert das Gebot der Begriffs- und Systemökonomie, daß gleichgeartete Strukturprobleme auch einheitlich aufgelöst werden. Wenn demgegenüber vorwiegend[52] unterschiedliche Rechtsfolgen je nach Irrtum über ein „normales" Tatbestandsmerkmal oder über die Illegalität im Sinne des § 93 Abs. 2 befürwortet wurden, so deutet dies darauf hin, daß die Voraussetzungen jener Fälle eben strukturell anders sind. Daher steht zusätzlich das materielle Gebot einer hinreichenden Strukturanalyse hinter der Ablehnung, beliebige Rechtsfolgen bei gleichen Voraussetzungen und gleiche Rechtsfolgen bei beliebigen Voraussetzungen hinzunehmen. Dies gilt um so mehr, wenn eine solche Neuschöpfung, wie hier, bereits von Anfang an von einiger verfassungsrechtlicher Skepsis[53] begleitet wird. Erst dann, wenn sich herausstellen sollte, daß andere Konzeptionen keine systemgerechte und kriminalpolitisch gleichwertige Einordnung zu eröffnen vermögen, würde sich

---

verfassungsgerichtlichen Einwände zu verbinden, vgl. dazu kritisch etwa Lackner, NJW 1976, S. 1233 (1235 ff.).

[51] Vgl. Maassen, SA Prot. 105. Sitzung, S. 2059, was sich allerdings auf den Gesamttatbestand des § 97 b bezog (damals noch § 99 e der Anlage 2 zur 105. Sitzung, S. 2067); ähnlich Krauth / Kurfess / Wulf, JZ 1968, S. 609 (611).

[52] Selbst ein so engagierter Befürworter der Tatbestandsausschluß-Lösung wie Arndt räumte später ein, daß es durchaus sinnvoll sein kann, den heimlichen Verrat auch illegaler Umstände zu bestrafen, vgl. SA Prot. 103. Sitzung, S. 2033 f.

[53] Vgl. die Stellungnahme A. Arndts zu der Irrtumsregelung, SA Prot. 105. Sitzung, S. 2059: Die Vorschrift gehe „bis an die Grenzen dessen, was nach dem der Verfassung immanenten Schuldprinzip noch zulässig sei".

überhaupt methodisch die Frage nach einer neuen dogmatischen Figur stellen. Ob eine solche Neuschöpfung aber dem Vorwurf der Gleichbehandlung (Strafrahmen) ungleicher Sachverhalte (vorsätzliche bzw. fahrlässige Deliktsbegehung)[54] entgehen könnte, erscheint nach dem Vorstehenden fraglich[55].

E. Ergebnis

Unter der Voraussetzung, daß in § 93 Abs. 2 ein Tatbestandsausschluß normiert ist, erscheinen die Einordnungsmöglichkeiten, die die hergebrachte Dogmatik eröffnet, nunmehr erschöpft. Keine einzige der angezogenen Modalitäten konnte den Wortlaut des § 97 b Abs. 1 Nr. 1 auch nur annähernd zufriedenstellend erklären.

Allerdings wurde eine Konzeption noch nicht überprüft, welche immerhin die herrschende Meinung in der Literatur für sich hat, — die verfassungskonforme Auslegung[56]. Dies geschah aber aus den gleichen naheliegenden Gründen, aus denen oben etwa die Möglichkeit einer dogmatischen Neuschöpfung letztlich offengelassen wurde: Die Palette der dogmatischen Möglichkeiten ist noch nicht ausgeschöpft. Solange aber die Hoffnung auf eine intrasystematische Lösung noch besteht, darf methodisch auf die Bestimmungen der Verfassung unmittelbar nicht zurückgegriffen werden, da sie von höherer Rechtssatzqualität

---

[54] Immerhin folgt aus dem Willkürverbot, als das das Bundesverfassungsgericht den Schuldgrundsatz auslegt (BVerfG 1, S. 14 [52]; S. 264 [276]; 4, S. 31 [42]; 21, S. 73 [84]) nicht nur das Verbot, Gleiches ungleich und Ungleiches gleich zu behandeln, sondern auch das Gebot, Ungleiches seiner Ungleichheit gemäß gleich zu behandeln; d. h. innerhalb der Verschiedenheit die vergleichbaren Strukturen aufzudecken, um aufgrund dieser Ähnlichkeiten wiederum parallelisieren zu können (vgl. Dürig in Maunz u. a., Grundgesetz, Art. 3 Abs. 1 RN 321. Ähnlich BVerfG 4, S. 219 [243 f.]; 11, S. 64 [71]; 29, S. 402 [411]). Deswegen verfehlt die Polemik Wiedmanns gegen die angebliche Rechtsprechungsthese, aus dem Verbot *offensichtlicher* Willkür folge, daß ein bißchen Willkür sehr wohl gestattet sei (§ 97 b, S. 203 unter Hinweis auf BVerfG 1, S. 264 [276]; 2, S. 118 [119 f.]; 3, S. 377 [380]; 9, S. 123 [129 f.]; 13, S. 237 [242]; 19, S. 101 [116 ff.]; NJW 1969, S. 1163 [1164]), den maßgeblichen Ansatzpunkt. Selbstverständlich ist auch das geringste Maß von Willkür eben — Willkür. Doch ist bei weniger krassen Unterschieden zwischen den zu vergleichenden Materien die Wahrscheinlichkeit dafür größer, daß es sachliche Ähnlichkeiten gibt und damit auch eher objektive Gründe für eine Gleichbehandlung. Indessen gibt es in der Rechtsprechung keinen Anhalt dafür, daß bei dem Gleichbehandlungs*gebot* andere Maßstäbe angelegt werden als bei dem Gleichbehandlungs*verbot*, vgl. etwa die ausdrückliche Parallelisierung in BVerfG 1, S. 14 (52); 4, S. 155 (155); 17, S. 337 (354); 27, S. 364 (371 ff.); 35, S. 263 (272); 42, S. 64 (72). So lassen sich denn auch aus den von Wiedmann angeführten Zitaten keine Hinweise für die behauptete These entnehmen. Über die Notwendigkeit eines angemessenen Verhältnisses zwischen den jeweiligen Strafrahmen ganz allgemein, statt vieler, Stree, Deliktsfolgen, S. 13 f.

[55] Vgl. die oben S. 19 f., FN 75 und 80 angegebenen kritischen Stimmen.

[56] Vgl. die Nachweise oben S. 20 f.

sind und damit einen anderen, umfassenderen Systemrahmen bilden. Auf diese unnötig zurückzugreifen, verbietet das Gebot zur klaren und ökonomischen Begriffs- und Systembildung.

F. Systemimmanente Vertatbestandlichung von Güterkollisionen

Wenn aber die systemkonforme Tatbestandslösungen nicht so recht passen wollen, welche Alternativen bleiben dann noch? Zur Beantwortung dieser Frage erscheint es nützlich zu sein, auf die vielfältigen Formen hinzuweisen, in denen Güterkollisionen in strafrechtlichen Tatbeständen aufzutreten pflegen. Sie reichen von Fragen der Begriffsauslegung bis zur Rechtfertigungsproblematik[57]: In § 123 treffen z. B. die Freizügigkeit der Ortsveränderung mit dem Recht auf einen ungestörten Freiraum (Hausrecht) aufeinander. Wenn die Grenzziehung auch insoweit klar ist, als das Eindringen *gegen* den Willen des Hausrechtsinhabers tatbestandsmäßig, das „Eindringen" *mit* seinem Willen aber tatbestandslos ist, so wird sie schon undeutlich bei der Frage, was bei fehlender Willensäußerung des Berechtigten zu gelten hat[58]. — So soll das Inzestverbot (§ 173) die Institutionen Ehe und Familie als Rechtsgüter schützen. Das damit kollidierende Rechtsgut der sexuellen Selbstbestimmung wird dennoch nur zu Lasten der unmittelbaren leiblichen Verwandten eingeschränkt, nicht aber gegenüber Verschwägerten[59]. — § 153 will die Rechtspflege vor der Gefahr falscher Aussagen schützen. Diese Einschränkung der allgemeinen Handlungsfreiheit besteht aber nur, soweit die Stelle zur Abnahme von Eiden zuständig ist. Daran hat sich nichts geändert, obschon Zeugen und Sachverständige nunmehr auch vor der Staatsanwaltschaft zur Aussage verpflichtet sind, § 161 a StPO[60]. — Bei § 113 treffen die Tätigkeit der staatlichen Organe und das Freiheitsrecht des Bürgers aufeinander. — Abstrakt besonders schwer faßbar wegen der Abhängigkeit von situativen Besonderheiten ist der Zusammenstoß von individuellen Handlungsfreiheiten im Rahmen der Nötigung. — In § 218 a i. d. F. des 15. StrÄG[61] treten das Leben des Embryos und die Gesundheit der

---

[57] Dabei wurden nur die verobjektivierbaren Überschneidungen betrachtet. Die mehr in der Tätersubjektivität wurzelnden Konfliktsfälle reichen weit darüber hinaus in den Schuldbereich. Es sei nur an die unter dem Stichwort „Zumutbarkeit" zusammengefaßten Konstellationen erinnert.

[58] Tatbestandslos: so etwa LK-Schäfer, § 123 RN 21; Maurach, BT, § 23 II A 1; a. A.: Schönke / Schröder / Cramer[18], § 123 RN 11; unzutr. Lenckner in der 19. Auflage, ebenda, der gegenüber der Formulierung „ohne den Willen des Berechtigten" im Ergebnis keinen Unterschied sieht.

[59] So § 173 i. d. F. des 4. StrRRefG vom 23. 11. 1973 (BGBl I, S. 1725); anders noch zu Zeiten des früheren § 173 Abs. 2 S. 2.

[60] In der Fassung des 1. Gesetzes zur Reform des Strafverfahrensrechtes vom 9. 12. 1974, BGBl I, S. 3393 (3397).

[61] Vom 18. 05. 1976, BGBl I, S. 1213.

Mutter in ein Kollisionsverhältnis. — Um abschließend den Weg auf die hier interessierende Tatbestandsgruppe zurückzulenken, — der Staatswohlbegriff der früheren Landesverratstatbestände faßte sehr verschiedene Rechtsgüter (z. B. innere und äußere Sicherheit) des Rechtsgutsträgers Staat zusammen. Er eröffnete damit sogar den Weg zu einer Schadens-Kompensation, durch die sich die Grenzen des Hauptrechtsgutes sogar noch weiter verschieben konnten[62].

Mit den letzten Fällen zeichnet sich gleichzeitig schon ab, daß die Schwierigkeit einer Entscheidung von Wertkonflikten gelegentlich über das Maß hinausgeht, welches wegen der dem Recht immanenten Güterkollisionen ohnehin jede (straf-)rechtliche Gesetzesauslegung erschwert, mag dabei auch der Unterschied der zu bewältigenden Komplexität letztlich nur ein gradueller sein. Bei der bloßen Auslegung stößt sich das Schutzgut des Betroffenen nämlich „lediglich" mit der allgemeinen Handlungsfreiheit des Täters, die ihrerseits unter der Schrankentrias des Art. 2 Abs. 1 GG steht und damit durch die Rechte Dritter ohnehin normativ begrenzt wird. Dies erlaubt grundsätzlich — wenn auch sehr vereinfacht, weil statisch, ausgedrückt, bei der Interpretation „eindimensional" vorzugehen[63], gleichsam mit dem Blick auf die Handlungsfreiheit die Grenzen des Rechtsgutes zu bestimmen. Demgegenüber erhöht sich die Komplexität des Problems, sobald ein spezifizierter Gegenwert, also eine besondere Gewährung zugunsten des Täters, in dieses Gefüge einzubeziehen ist. Die Schwierigkeiten potenzieren sich deshalb, weil gleichsam wie in einem kybernetischen Prozeß nicht mehr nur in eine Richtung geblickt werden darf. Vielmehr müssen Auswirkungen und Rückwirkungen auf den Widerpart bei jeder einzelnen Veränderung mitbedacht werden. So entsteht ein Wechselbezug der beteiligten Werte, den man nachgerade als „Wertgemengelage" bezeichnen könnte. Mit den oben angeführten Beispielsfällen ist zugleich auch der Problemrahmen etwas stärker beleuchtet worden: Einerseits besteht die Gefahr der unzulässigen Bevorzugung eines der betreffenden Rechtsgüter. So hat das Bundesverfassungsgericht die

---

[62] Vgl. etwa: RG 65, S. 422 (430 f.).

[63] Es ist allerdings ein Verdienst der neuerdings wieder sehr erstarkten Rechtsgutsdiskussion, darauf hingewiesen zu haben, daß es sich bei den Rechtsgütern insgesamt nicht um statische, isoliert zu betrachtende Werte handelt, gleichsam um Museumsschaustücke unter Glasvitrinen, wie Welzel der Mezgerschen Verbrechenskonzeption unterstellte, vgl. ZStW 58, S. 491 (514 f.). Es ist vielmehr einbezogen in ein dynamisches Sozialgefüge, vgl. dazu etwa Amelung, Rechtsgüterschutz, S. 350 ff.

Dennoch scheint eine Abstraktion von dem auch bei der Auslegung auftretenden Wechselwirkungsprozeß möglich, weil dort eben die durch das Rechtsgut dem einzelnen Rechtsgutsträger eingeräumte Gewährung im Vordergrund steht. Demgegenüber steht bei der konkretisierten Güterkollision dieses eine Handlungspotential einer anderen ausdrücklichen Gewährung gegenüber.

einseitige Betonung der Rechtsgüter der Mutter in § 218 a i. d. F. des 5. StrRRefG[64] für verfassungsrechtlich unannehmbar und die Bestimmung deshalb für nichtig erklärt[65].

Auf der anderen Seite droht die Ambivalenz abstrakter, wohlmöglich ideologischer[66], jedenfalls eine Fülle von contravalenten Rechtsgütern umspannender Normativbegriffe das verbotene Verhalten konturlos zu machen. So bürdete etwa der Staatswohlbegriff der alten Landesverratstatbestände dem Journalisten ein hohes — im Kriege sogar lebensgefährliches — Risiko auf, eine Veröffentlichung in der Hoffnung auf einen Vorteilsausgleich vorzunehmen[67]. Eine derartig vage Norm muß letztlich in ihrer Aufgabe versagen, den einzelnen zu normgemäßem Verhalten zu bestimmen. Gleichzeitig ist sie wohl schwerlich mit dem Bestimmtheitsgebot des Art. 103 Abs. 2 GG zu vereinbaren.

Zwischen diesen beiden gleichermaßen unerträglichen Polen: vereinseitigende Enge und umfassende Weite, muß die gesetzgeberische Vertatbestandlichung solcher gegenwertige Rechtsgüter vereinigender Sachverhalte liegen.

Nachdem zuvor bereits die Integration der Rechtsgüterantinomie in einem Tatbestandsmerkmal als Lösungsmöglichkeit ausgeschlossen werden mußte, weil sie sich mit dem Gesetzeswortlaut des § 97 b als unvereinbar erwies, deuten sich in den Typenaufzählungen noch zwei weitere Grundmuster einer Konfliktbewältigung an: Zum einen kann man den Antagonismus in der Polarität von Tatbestand und Rechtfertigung klar erkennbar offenlegen. Hier sind die Fronten grundsätzlich deutlich abgesteckt. Mögliche Abgrenzungsschwierigkeiten lassen sich durch Rückbesinnung auf die Kerngehalte der jeweils beteiligten Rechtsgüter systematisch erfassen und normativ entscheiden.

Oder man kann die Wertkollision entscheiden und dennoch unerwünschte Rechtsfolgen — pragmatisch — verhindern. Die Technik, die sich hierzu anbietet, ist die der objektiven Strafbarkeitsbedingung. Ob diese Rechtsfigur im Landesverratsbereich die aufgezeigten Spannungen zu beheben vermag, sei im folgenden als erstes untersucht.

---

[64] Vom 18. 06. 1974 (BGBl I, S. 1297).

[65] BVerfG 39, S. 1 ff.

[66] Man denke nur an die Bestimmung der Bayrischen Räteregierung in der Bekanntmachung vom 9. 04. 1919: „... 10. Jeder Verstoß gegen revolutionäre Grundsätze wird bestraft.“, vgl. Huber III, S. 97.

[67] Vgl. einerseits den häufig zitierten Fall des Lord Northcliffe, der während des 1. Weltkrieges einen Engpaß in der Munitionsversorgung des Empire aufdeckte und dadurch für dessen Beseitigung sorgte (vgl. etwa Stratenwerth, Landesverrat, S. 54 FN 7). Andererseits die strenge Verneigung einer compensatio in dem Magdeburger „Ebert“-Prozeß, vgl. dazu die Einzelheiten oben S. 9 f., FN 18.

2. *Kapitel*

Legalität des Staatsgeheimnisses als objektive Strafbarkeitsbedingung

A. Veranschaulichung der Konzeption

Da das Erfordernis der Legalität des Staatsgeheimnisses in § 93 nicht ausdrücklich ausgesprochen wird, müßte man von einer negativ gefaßten objektiven Strafbarkeitsbedingung sprechen. Die Tatbestände der §§ 94 ff. wären dann wie folgt zu lesen: Das Verraten usw. von Staatsgeheimnissen ist verboten; dieses Verhalten ist gleichwohl nur dann strafbar, wenn das Staatsgeheimnis nicht im Sinne des § 93 Abs. 2 illegal ist.

B. Die objektive Strafbarkeitsbedingung im Sinne der herrschenden Lehre

I. Begriffsbestimmung und Problematik

Unter dem Begriff objektiver Strafbarkeitsbedingung werden im allgemeinen Umstände verstanden, „die in unmittelbarem Zusammenhang mit der Tat stehen, aber weder zum Unrechts- noch zum Schuldtatbestand zählen“[1]. Dieser sehr weite Oberbegriff für eine Reihe von gleichsam „übriggebliebenen“ materiellen Strafbarkeitsvoraussetzungen umfaßt zwei sehr verschiedene Untergruppen: die sogenannten „echten“ und die „unechten“ objektiven Strafbarkeitsbedingungen[2]. Die „echten“ Strafbarkeitsbedingungen sind reine Strafeinschränkungsgründe, wie sie z. B. das Bestehen von unmittelbaren diplomatischen Beziehungen und die Verbürgung der Gegenseitigkeit in § 104 a[3] darstellen. Sie sind als dogmatische Figur weitgehend anerkannt[4]. Dem

---

[1] Vgl. statt vieler Jescheck, Lb, § 53 I 1, Maurach / Zipf, AT I, § 21 III A 1.

[2] So die Terminologie Jeschecks, Lb, § 53 I 2 a und b.

[3] Ganz h. M., statt vieler SK-Rudolphi, § 104 a RN 2.

Der Unterschied zwischen diesen Strafeinschränkungsgründen und den persönlichen Strafausschließungsgründen besteht darin, daß die ersteren tatbezogen sind und sich für jedermann auswirken, während die letzteren täterbezogen sind und nur dem Beteiligten zugute kommen, bei dem sie vorliegen (Beispiel: Indemnität, Art. 46 Abs. 1 GG).

[4] a. A. wohl nur Bemmann, Bedingungen, S. 52 ff., ablehnend seinerzeit

stehen die „unechten" objektiven Strafbarkeitsbedingungen gegenüber. Als Beispiele seien genannt: Zahlungseinstellung/Konkurseröffnung bei den §§ 239 ff. KO a. F. oder der Eintritt einer schweren Folge beim Raufhandel, § 227 Abs. 1. Wie die Beispiele zeigen, enthalten die Bedingungen in Wirklichkeit verkappte Strafbegründungs- oder Strafschärfungsgründe, da das durch den Resttatbestand umschriebene Verhalten ohne ihr Vorliegen nicht oder nicht so strafbar wäre[5]. Sie vertragen sich daher nicht mit der Prämisse des Oberbegriffes, daß sie außerhalb des Unrechtstatbestandes stehen sollen. Die krassesten Beispiele für diese sehr umstrittenen Problemfälle sind die Rauschtat bei § 330 a und die Nichterweislichkeit der Wahrheit bei § 186. Sie verstoßen daher nach einer recht verbreiteten Meinung aufgrund ihrer Unrechtsrelevanz gegen das Schuldprinzip[6]. In Anbetracht dieser gewichtigen Anfeindung wäre es sicherlich hilfreich, wenn sich zeigen ließe, daß § 93 Abs. 2 eine „echte" (negative) objektive Strafbarkeitsbedingung wäre. Dann könnte die umstrittene Figur unberücksichtigt bleiben.

II. Subsumtion und Einwände

Nun schränkt das durch § 93 Abs. 2 negativ umschriebene Legalitätserfordernis tatsächlich grundsätzlich die Strafbarkeit ein: Liegt ein illegales Geheimnis vor, so ist seine Veröffentlichung straflos. Das deutet auf die Rechtsnatur einer „echten" objektiven Strafbarkeits-

---

auch Bockelmann, Niederschriften, Bd. 5, S. 84 (85) und 237 ff., a. A. aber nunmehr AT, § 8 IV.

[5] Das gilt freilich nicht mehr für das neue Konkursstrafrecht, §§ 283 ff. i. d. F. des 1. WiKG vom 29. 07. 1976 (BGBl I, S. 2034). Hier ist die Konkurseröffnung/Zahlungseinstellung oder die Abweisung des Eröffnungsantrages mangels Masse nunmehr eine „echte", die ansonsten gegebene Strafbarkeit auf die im Gesetz ausdrücklich genannten Fälle beschränkende objektive Strafbarkeitsbedingung, vgl. etwa Dreher, Vor § 283 RN 8. Früher etwa noch die Tat des Jugendlichen und die Möglichkeit, sie zu verhindern, bei der Verletzung der Aufsichtspflicht, §§ 143, 361 Nr. 9 a. F.

Das Argument Jeschecks zu ihrer Rechtfertigung (Lb, § 53 II 2 a), dieses Grundverhalten sei immerhin strafwürdig, bläht den durch den Begriff „Strafverschärfungsgrund" abgedeckten Bereich sprachlich wie sachlich ungerechtfertigt auf und läßt keinerlei Unterschiedsmerkmale zu den wirklichen Unrechtskonstitutiva erkennen.

[6] Bemmann, Bedingungen, S. 32, 41; GA 1961, S. 65 (68); Binavince, Fahrlässigkeit, S. 225 FN 74; Bockelmann, Niederschriften, Bd. 5, S. 84 ff., 237 ff. (vgl. aber auch S. 91 ff.); Art. Kaufmann, Schuldprinzip, S. 247 (249); Schweikert, Wandlungen, S. 86 ff.; ZStW 70, S. 394 (400); Welzel, Niederschriften, Bd. 5, S. 98 f. Vgl. auch die Bedenken gegen die Nichterweislichkeit als objektive Bedingung bei Hirsch, Ehre, S. 155 sowie, noch deutlicher („Verletzung des Schuldprinzipes"), bei Welzel, Lb, § 42 II 2 a (S. 314); gegen die h. M. bei § 143 a. F. etwa Maurach, BT, § 49 II J 2 und Welzel, Lb, § 63 III 5 a (S. 430); gegen die h. M. bei § 330 a Art. Kaufmann, JZ 1963, S. 425 ff., Bedenken auch bei Heinitz, JR 1957, S. 347 (348); Kohlrausch / Lange, § 330 a Anm. III a. E.; Welzel, Lb, § 68 II.

bedingung hin. Doch zeigt sich in § 97 a, daß das Vorliegen dieses Umstandes auch strafbarkeitsbegründend wirkt. Denn der Verrat von illegalen Geheimnissen wäre ansonsten nicht strafbar, wenn man von den möglicherweise, aber eben nicht notwendig konkurrierenden Begehungsformen des §§ 98, 99 (Agententätigkeit) absieht. Damit käme aber dem § 93 Abs. 2 (zumindest auch) die Funktion einer „unechten" Strafbarkeitsbedingung zu.

Sonach ist doch zu prüfen, ob jene umstrittene Rechtsfigur der Konzeption der §§ 93 und 97 b zugrunde liegen kann. Dem widersprechen allerdings nicht nur die im Hinblick auf das Schuldprinzip sehr berechtigten Bedenken gegen die „unechten" Bedingungen. Vielmehr steht dem im vorliegenden Zusammenhang ein ganz grundsätzlicher Einwand entgegen, der aus der materiellen Qualität des Legalitätserfordernisses resultiert: Angesichts der rechtsgeschichtlichen Tradition gerade auch bei den Landesverratstatbeständen, von der einige Facetten zu beleuchten Aufgabe des Einleitungsabschnittes war, *darf* der Umstand, daß Verfassungswidriges geheimgehalten wird, einfach nicht als unrechtsneutral, lediglich strafbarkeitsausschließend angesehen werden[7]. Dies gilt um so mehr, als Art. 20 Abs. 3 GG die Legislative an die verfassungsmäßige Ordnung bindet und Art. 20 Abs. 1 GG das Rechtsstaatsprinzip zu wahren gebietet. Die Frage, ob ein Verstoß gegen Verfassungsgrundsätze vorliege — gar noch gegen die grundlegenden unter ihnen, kann deshalb nicht außerhalb des schuldrelevanten Unrechtsbereichs angesiedelt werden. Das führte, verböte es sich nicht schon von selbst, spätestens bei der Rechtsanwendung zu Konflikten, bei denen dann die Verfassungsbestimmungen ihren Geltungsanspruch durchsetzen würden. Im übrigen widerspräche eine These von der Unrechtsneutralität des § 93 Abs. 2 auch offen den Absichten des Gesetzgebers. Denn bei aller dogmatischen Unklarheit über die schließlich gefundene Regelung war es Ziel der beiden gegensätzlichen Standpunkte: Tatbestandsausschluß[8] bzw. Rechtfertigungsgrund[9], eine klar *im* Unrechtsbereich angesiedelte Lösung zu finden. Daß der Kompromiß dann tatsächlich außerhalb desselben geendet haben könnte, wäre logisch nicht erklärbar, — dies um so weniger, als ein derartiger Lösungsweg nirgends auch nur erwogen wurde.

Eine Klassifizierung als objektive Strafbarkeitsbedingung im Sinne der h. L. darf daher ausgeschieden werden[10].

---

[7] Das stellt schon Wiedmann, § 97 b, S. 56 ff., zutreffend heraus.

[8] § 99 Abs. 5 E-SPD sowie § A 18 Nr. 1 des von der FDP befürworteten Alternativentwurfes.

[9] § 99 a Abs. 5 RegE, der von der CDU gestützt wurde.

[10] Demgegenüber bezieht Bemmann, Bedingungen, S. 32 (35), die Position, es gebe keine objektiven Strafbarkeitsbedingungen, weil es sich bei den unter diesem Stichwort rubrizierten Elementen entweder um Tatbestands-

C. Objektive Strafbarkeitsbedingung nach Sax?

I. Erläuterung der Konzeption

Anders könnte die Zuordnung aber möglicherweise ausfallen, legte man eine Konzeption der „objektiven Strafbarkeitsbedingungen" zugrunde, wie sie Sax erst jüngst entwickelt hat[11]. Aufgrund seines Verständnisses vom Strafrecht als verfassungsrechtlich legitimationsbedürftigen Schutz von *strafwürdigen* Rechtsgutsverletzungen[12] gelangt er zu einem erheblich erweiterten Tatbestandsbegriff. Tatbestand ist nach Sax nämlich nicht der „Unrechtstypus", sondern der „Typus der *strafwürdigen* Rechtsgutsverletzung"[13]. Damit bezieht er ausdrücklich nicht nur die hypothetische, abstrakte Rechtsgutsverletzung, sondern auch ihre individuelle, konkrete Seite, insbesondere den Normzweckgedanken, mit in die Definition ein. Obwohl er vom dreigliedrigen Deliktsaufbau ausgeht[14], kann er aufgrund dieser Ausweitung die beiden Stufen Tatbestand und Rechtswidrigkeit zu dem Begriff „Unrechtstatbestand" zusammenfassen[15]. Das hat freilich umgekehrt zur Folge, daß der Mangel am Tatbestand und der der Rechtswidrigkeit ebenfalls parallelisiert werden müssen. So umfaßt denn auch der von ihm als „Fehlen einer strafwürdigen Rechtsgutsverletzung" bezeichnete Ober-

---

merkmale (1) oder um Prozeßvoraussetzungen (2) bzw. -hindernisse (3) handele. Beispiele für die Gruppe (1): Rechtmäßigkeit der Amtsausübung bei § 113 a. F. (a.a.O., S. 40 [42]); Zahlungseinstellung/Konkurseröffnung bei §§ 239 ff. KO. (S. 45 [51]);
für (2): Eheauflösung bzw. Scheidung bei §§ 170, 172 a. F., a.a.O., S. 35 ff. (40);
für (3): Ehe bei § 247 a. F., a.a.O., S. 55, FN 385.

Darauf braucht jedoch nicht weiter eingegangen zu werden. Eine Prozeßvoraussetzung scheidet von vornherein aus, weil sie als ein Merkmal definiert ist, das nicht „zu dem Strafgedanken paßt", das also nicht erforderlich ist, damit die Strafe den Täter verdientermaßen trifft, a.a.O., S. 27. Damit bliebe auch für ihn hier nur eine Einordnung im Rahmen der Polarität Tatbestandselement-Rechtfertigungsgrund, weil eine Einordnung als Prozeßhindernis sich ohnehin von selbst verbietet.

11 Vgl. zum folgenden: Sax, JZ 1976, S. 9 ff., 80 ff., 429 ff.

12 Strafrecht ist nach seiner Meinung verfassungsrechtlich nur legitimiert, wenn es „,Rechtsgüter' zu schützen und zu bewähren bestimmt ist, die, auch unter Beachtung des verfassungsrechtlichen Grundsatzes der Verhältnismäßigkeit zwischen Anlaß und Reaktion, wegen ihrer Unverzichtbarkeit der" (muß heißen: den) „Schutz gerade durch Strafe verdienen und wegen der voraussehbaren Häufigkeit ihrer Verletzung des Schutzes gerade durch Strafe bedürfen, *deren Verletzung also strafwürdig ist*", JZ 1976, S. 9 (11) (Hervorhebung vom Verf.).

13 a.a.O., S. 12; Hervorhebung vom Verf.

14 a.a.O., S. 9 (11).

15 Dieser unterscheidet sich also von dem Gesamttatbestand, wie ihn Schröder (Schönke / Schröder[17], Vorbem. RN 39) oder Schmidhäuser (Engisch-FS, S. 433 [454] verstehen, durch eine stärkere Betonung des eigenständigen materiellen Gehaltes der Rechtswidrigkeitsstufe, vgl. hierzu Sax, JZ 1976, S. 11/12: Die Verbotsmaterie könne die Individualität der jeweiligen Situation (insbesondere die mögliche Rechtfertigung) nicht erfassen.

begriff einmal das Fehlen eines Merkmals des „gesetzlichen Tatbestandes“[16], zum anderen das Fehlen einer strafwürdigen Beeinträchtigung des Schutzzwecks der Norm. Der hier interessierende letzte Unterfall untergliedert sich wiederum zweifach. Er kann deswegen vorliegen, weil entweder eine objektive oder eine subjektive Strafwürdigkeitsvoraussetzung fehlt und dies das Unrecht ausschließt[17]. Die objektiven Strafwürdigkeitsvoraussetzungen sind dadurch gekennzeichnet, daß sie nicht zum „gesetzlichen Tatbestand“ gehören *dürfen*, weil dieser sonst kriminalpolitisch leerliefe, müßte sich doch das Vorsatzerfordernis dann auch auf jene Voraussetzungen erstrecken[18]. Zu ihnen zählt Sax die objektiven Strafbarkeitsbedingungen im Sinne der h. L.[19]. Zwar stehen nach seiner Meinung die objektiven Strafwürdigkeitsvoraussetzungen außerhalb der Vorsatzbeziehungen, aber — im Gegensatz zur h. M.[20] — bestimmen sie den Unrechtstypus mit und müssen daher auch von der Schuldbeziehung erfaßt sein[21]. Ein solcher, den Unrechtstypus und damit auch die Schuld beeinflussender Umstand könnte die negativ umschriebene Legalität i. S. v. § 93 Abs. 2 sein. Sax nimmt zwar zu § 93 Abs. 2 nicht Stellung. Aber seine Ausführungen zu § 113[22]

[16] JZ 1976, S. 80 (85) und passim; im wesentlichen identisch mit dem Fehlen eines Tatbestandsmerkmals i. S. d. herrschenden Meinung.

[17] Zu den subjektiven Strafwürdigkeitsvoraussetzungen gehören die subjektiven Absichten (§ 242, § 263), Haltungen (Gewerbsmäßigkeit), Gesinnungen (§ 223 b), da sie nicht vorsatzbezogene Umstände seien. Zu Unrecht glaubt Sax allerdings, dieser Gruppe eine andere gegenüberstellen zu können, die zum „gesetzlichen“, d. h. zum vorsatzbezogenen Tatbestand gehöre, nämlich die, die die Finalität des Tätigwerdens betrifft bzw. besonders hervorhebt: Vorspiegeln, Jagen, dem Wilde Nachstellen, wollüstige Absicht, vgl. JZ 1976, S. 9 (13 u. 14). Mit dem Vorwurf, die h. M. und auch Welzel trennten zu Unrecht die letzteren von dem objektiven Tatbestand, in den sie in Wirklichkeit „untrennbar“ eingebunden seien, erliegt er nämlich dem durch sein eigenes Modell geförderten Trennungsdenken: Objektiver und subjektiver Tatbestand sind nach der finalen Handlungslehre durchaus etwas untrennbar Zusammengehöriges (vgl. die Charakterisierung bei Jescheck, Lb, § 24 III 2 c: „Handlung [kann] ihrer Natur nach nur als finale Sinneinheit verstanden werden“). Denn ohne Vorsatz ist ein Faustschlag eben keine Körperverletzung — gerade nach Welzels Ansicht. Der mit diesem Vorwurf verbundene Angriff gegen Welzel, a.a.O., FN 40, dieser stelle eine Handlung fest, „wo mangels vorheriger Feststellung des Handlungsvorsatzes qua Finalität von ‚Handlung‘ für ihn noch gar keine Rede sein dürfte!“, setzt wieder einmal unzulässige Finalität und Vorsatz in eins. Nach Welzel ist zunächst zu prüfen, ob überhaupt menschliches Handeln vorliegt: Hier ist die Finalität entscheidend. Ob es dann auch eine strafrechtsrelevante Handlung war, darüber entscheidet die Vorsätzlichkeit, bzw. die objektive Sorgfaltspflichtverletzung. Wohl mit Recht fragt Welzel in NJW 1968, S. 425: „Ein unausrottbares Mißverständnis?“!

[18] a.a.O., S. 14.

[19] JZ 1976, S. 9 (15).

[20] In Ähnlichkeit zu Sauer, Grundlagen, S. 350 ff.; Mezger-FS, S. 117 (118 ff.). Im Ergebnis steht Sax der Meinung von Bemmann daher nahe.

[21] JZ 1976, S. 9 (14/15).

[22] a.a.O., S. 16.

lassen in etwa erkennen, wie eine — von § 97 b Abs. 1 S. 1 Nr. 2 und 3 freilich abstrahierende — Darstellung lauten würde: Wie die Rechtmäßigkeit der Diensthandlung dürfte die Verfassungsmäßigkeit des Staatsgeheimnisses aus „kriminalpolitischen Gründen dem notwendig vorsatzbezogenen ‚gesetzlichen Tatbestand' nicht zugerechnet werden". Andererseits könnte, wenn „das ‚typische Unrecht' nicht rechtsstaatlich untragbar verfälscht werden soll", nur ein solches Bekanntmachen von Geheimnissen (Widerstandsverhalten) Unrecht sein, das sich gegen ein verfassungskonformes Staatsgeheimnis (rechtmäßige Diensthandlung) richtet. Nur dann ist das Tun strafwürdig. Vergleichbar § 113 Abs. 3 S. 1 ist denn auch die Bekanntgabe illegaler Geheimnisse völlig straffrei.

Allerdings ist schon in dieser knappen Skizzierung der Saxschen Meinung eine zumindest systematische Verwandtschaft der Strafwürdigkeitsbedingungen mit den Rechtfertigungsgründen zutage getreten. Denn so, wie das Fehlen einer strafwürdigen Beeinträchtigung des Schutzzweckes der Norm das strafbare Unrecht ausschließt, wird es auch durch das Vorliegen eines Rechtfertigungsgrundes ausgeschlossen, ohne daß davon der Vorsatz berührt wird. Konsequenterweise behandelt Sax Irrtümer bezüglich dieser so definierten objektiven Strafbarkeitsbedingungen, also von den Unrechtstypus beeinflussenden, aber nicht vorsatzbezüglichen Merkmalen, genauso wie den Irrtum über einen Rechtfertigungsgrund — nämlich nach § 17: Da die objektive Strafwürdigkeitsvoraussetzung außerhalb des Vorsatzes liege, könne der § 16 nicht zum Zuge kommen[23]. Wenn aber das Fehlen dieser Voraussetzung, ähnlich wie das Eingreifen eines Rechtfertigungsgrundes zum Ausschluß der Rechtswidrigkeit führe, dann müssen die Irrtümer auch gleichbehandelt werden. Demzufolge liefe diese Sicht im Ergebnis auf eine Parallele zu der Putativrechtfertigungslösung im Sinne der strengen Schuldtheorie hinaus[24], wenn man unterstellte, es handelte sich bei § 93 Abs. 2 um eine Strafwürdigkeitsbedingung im Saxschen Sinne.

Die Argumentation von Sax ist in sich schlüssig und führt zu einer systematisch geschlossenen Einordnung einiger bisher sehr umstrittener Probleme[25]. Sie bekennt sich darüber hinaus in einer begrüßens-

[23] JZ 1976, S. 429 (430 f.).

[24] Die strenge Schuldtheorie wird von Sax bezüglich des Irrtums über die tatsächlichen Voraussetzungen eines Erlaubnistatbestandes denn auch ausdrücklich geteilt: a.a.O., FN 5.

[25] So vermag sie recht schlüssig die dogmatischen Anomalien des § 113 zu erklären: Die Rechtmäßigkeit der Amtshandlung gehört aus kriminalpolitischen Gründen nicht zum vorsatzbezogenen „gesetzlichen Tatbestand", da anderenfalls die Anwendung des § 16 zu großen Strafbarkeitslücken führen würde. Auf der anderen Seite gebietet die Rechtsstaatlichkeit, daß nur die Handlung als *strafwürdiges* Unrecht gekennzeichnet werde, die sich gegen eine rechtmäßige Amtshandlung richte. Die Rechtmäßigkeit sei sonach zwar

werten Offenheit zur Verfolgung kriminalpolitischer Ziele[26], einem Gesichtspunkt, dem in dem dogmatischen Gebäude mit den unrechtstypisierenden, aber nicht zum „gesetzlichen", also vorsatzbezogenen Tatbestand gehörenden „objektiven Strafwürdigkeitsvoraussetzungen" eigens ein systematisches Einfallstor eröffnet wird.

II. Bedenken

Allerdings erkauft Sax diese Kategorisierung nicht ohne Preis. Dabei erscheint als eines der gewichtigsten Bedenken die Verundeutlichung des Vorsatzbegriffes und dessen systematischen Standortes. Sax bezeichnet nämlich die Finalität mancher Verhaltensweisen (Nötigen, Jagen, Vorspiegeln etc.) als eine dem objektiven Verhalten notwendig

kein Teil des „gesetzlichen Tatbestandes", wohl aber als objektive Strafwürdigkeitsvoraussetzung Teil des das strafwürdige Unrecht kennzeichnenden „Unrechtstatbestandes" (vgl. hierzu: JZ 1976, S. 9 [16]). Daher sei gemäß § 113 Abs. 3 S. 1 die Tat auch nicht strafbar, wenn die Diensthandlung nicht rechtens sei. Nehme der Täter irrig eine solche Rechtswidrigkeit an, so liege an sich ein Fall des § 17 vor (Irrtum über das Unrecht). Es komme jedoch eine für derartige Irrtümer notwendige Modifikation hinzu. Das (u. U. gedankenlose) Fehlen der Einsicht, Unrecht zu tun (etwa mangels eines Anlasses, diese Möglichkeit zu erwägen), vermöge allein die Folge des § 17 nicht auszulösen. Hier sei vielmehr die *positive* Annahme der Rechtswidrigkeit der Amtshandlung erforderlich, weil es den Fall, daß der Täter keinen Anlaß hatte, sich Gedanken über die Rechtmäßigkeit seines Tuns zu machen, nicht geben könne (vgl. hierzu JZ 1976, S. 429 [430 f.]). Den § 113 Abs. 3 S. 2 erklärt Sax als Klarstellung, daß der Widerstand gegen eine vermeintlich rechtmäßige Amtshandlung kein strafbarer untauglicher Versuch sei (vgl. a.a.O., S. 434). Vgl. im übrigen seine interessanten Darlegungen zu § 240, a.a.O., S. 80 (82 ff.) und zu § 186, a.a.O., S. 80 (82) und 429 (434 ff.), dazu aber auch FN 26 hier.

[26] Mit einem Zitat von Haß, Rechtstheorie 1972, S. 23 (33): „Kriminalpolitische Überlegungen können ... nicht nur sachgerechte Ergebnisse erzwingen, sie können auch die zu ihrer Begründung notwendigen Begriffe durchsetzen." Daher gibt Sax in den auch bei seiner Konzeption verbleibenden Konfliktfällen zwischen systematischer Konsequenz und Praktikabilität der letzteren mit Rücksicht darauf den Vorrang, daß das Recht seine Aufgabe als soziale Ordnungskraft zu erfüllen habe, vgl. JZ 1976, S. 429 (436 FN 58). Zu einer solchen Betonung der Kriminalpolitik ist er aber auch gezwungen. Denn seine auf Einordnung bisher nicht gelöster dogmatischer Probleme (vgl. insbesondere JZ 1976, S. 80 ff.) gerichtete Konzeption reicht in dem einen Hauptproblemfall, dem § 186, auch nur zu einer Lösung, die immer noch das Schuldprinzip verletzt — wenn auch, wie Sax meint, in einer „erträglichen" Weise — (JZ 1976, S. 429 [436]): Bei der zweiten der drei möglichen Fall-Lagen des § 186 (mit Beleidigungsvorsatz behauptete, dann aber nicht erweisbare Tatsachen — sogen. versuchte Ehrverletzung i. S. v. Hirsch, Ehre, S. 199) anerkennt er zwar, daß das Rechtsgutsobjekt „Ehre des Betroffenen" gar nicht objektiv gefährdet werden könne, wenn die Tatsache trotz ihrer Nichterweislichkeit wirklich wahr sei. Hier werde lediglich das abstrakte Rechtsgut „Ehre als abstrakter Wert" beeinträchtigt. Ein solcher mittelbarer Eingriff verdiene aber immerhin auch Strafe. — Den zweiten Problemfall der objektiven Strafbarkeitsbedingungen, den § 330 a, spricht er nur am Rande an (JZ 1976, S. 9 [15] und 429 [431]), ohne dessen Schwierigkeiten mittels seiner Theorie zu erschließen.

innewohnende Zielsetzung, durch das sie überhaupt erst unrechtsbedeutsam werden. Diese Subjektivität soll, obwohl sie nicht vom Vorsatz umfaßt ist, gleichwohl zum Gegenstand des „gesetzlichen Tatbestandes“ gehören[27], der doch gerade durch seine Vorsatzbezogenheit definiert ist. Andererseits legt er nicht klar, wo der Vorsatz einzuordnen ist. Da er ihn nicht zu den subjektiven Strafwürdigkeitsvoraussetzungen zählt, bleibt die Vermutung, daß er ihn dem Schuldbereich zuordnet. Das wäre allerdings ein noch viel ärgeres Trennungsdenken als das von ihm bekämpfte und widerspräche auch der eigenen, allerdings nur für bestimmte Handlungsweisen geäußerten These von der Strukturverschlingung von objektiver Handlung und subjektiver Steuerung. Überdies erscheint es als nicht unbedenklich, die Abgrenzung zwischen dem vorsatzbezogenen „gesetzlichen Tatbestand“ und dem restlichen Unrechtstatbestand *allein* einem *so* gefährlichen, weil den Zeitströmungen so stark ausgesetzten Topos wie der „Kriminalpolitik“ zu überantworten, — so notwendig deren Berücksichtigung auch ist. Unklar bleibt darüber hinaus auch, wie sich letztlich die Rechtfertigungsgründe von den objektiven Strafwürdigkeitsvoraussetzungen unterscheiden — außer durch ihr Vorzeichen. Aber ob das Fehlen eines Umstandes oder das Vorliegen eines Umstandes unrechtsausschließend wirkt, steht, wie aus der Diskussion um die Lehre von den negativen Tatbestandsmerkmalen erinnerlich, zunächst einmal nur im sprachlichen Belieben. Solange für eine Abgrenzung aber kein leitender materieller Gesichtspunkt[28] ersichtlich ist, darf man die Saxsche Lösung — insoweit — als eine bloße Ausweitung der Tatwertungsstufe bezeichnen. Die damit verbundene Änderung der Zuordnung bringt für die hier aufgeworfenen Fragen sonach nichts strukturell Neues. Daher kann man diese Rechtsfigur letztlich konzeptionell — die definitorischen und prinzipiellen Unterschiede vernachlässigend — wegen der angedeuteten Parallelen und der Rechtsfolgenverwandtschaft der Gruppe der Rechtfertigungslösungen gleichstellen. Daher leitet dieser Kategorisierungsvorschlag harmonisch zum nächsten Lösungstypus — § 93 Abs. 2 als Rechtfertigungsgrund — über, den es nunmehr zu erörtern gilt.

---

[27] a.a.O., S. 14.

[28] Denn daß der Rechtfertigungsgrund als eine dem Typus der strafwürdigen Rechtsgutsverletzung „entgegengesetzte Individualität des je zu entscheidenden Falles“ ist (a.a.O., S. 12), ändert nichts an seiner eigenen strukturellen Typik und an seiner eigenen Bedeutung für die Strafwürdigkeit, — erklärt diese aber auch nicht.

3. Kapitel

§ 93 Abs. 2 als Rechtfertigungsgrund?

A. Grundsätzliche Einwände

I. Die Konzeption der SPD

Im bisherigen Teil wurde deutlich, daß die vom Gesetzgeber beabsichtigte Tatbestandslösung bei jedwedem dogmatischen Ansatz zu erheblichen Spannungen mit dem Strafrechtssystem und mit einigen Verfassungsgrundsätzen führte. Wenn nunmehr als Alternative nur noch eine Konzeption übrig bleibt, die der Gesetzgeber ausdrücklich nicht gewollt hat, so erscheint es wichtig, die Gründe für seine Ablehnung deutlich zu machen. Sie könnten immerhin von solchem Gewicht sein, daß es sich tatsächlich verböte, diesen Lösungsweg zu beschreiten.

Die Tatbestandsausschluß-Lösung geht auf den § 99 Abs. 5 E-SPD zurück[1]. Sie war schon in der Weimarer Republik von der SPD angestrebt worden. Gleichwohl läßt sie sich sicherlich am zuverlässigsten mit den Erwägungen des Mannes erklären, der den E-SPD maßgeblich mitgestaltet hat, den Erwägungen des SPD-„Kronjuristen" und MdB Adolf Arndt[2].

Nach seiner Ansicht beinhaltet die Bestimmung des Landesverrates in § 100 Abs. 1 StGB i. d. F. des (1.) StrÄG vom 30. 8. 1951[3] das Verbot, das Wohl der Bundesrepublik konkret zu gefährden[4]. Es setze sich aus den drei Elementen „Staatsgeheimnis", „Verrat"[5] und der Min-

---

[1] Vgl. oben S. 15 f.

[2] Dieser hatte schon beim (1.) StrÄG geglaubt, mit Hilfe seiner Partei jene Konzeption gegen die weitergehende Regierungsvorlage verwirklicht zu haben.

Vgl. zur Gesetzesgenese A. Arndt, Landesverrat, S. 13 ff. (16 f.). Spätestens die Entscheidung im Fall Paetsch mußte ihn vom Gegenteil überzeugen. Wohl nicht zuletzt deshalb kritisierte er sie auf das schärfste: Der mündlichen Begründung attestierte er ein „völliges Mißverständnis" des § 100 Abs. 3, den schriftlichen Gründen „das unbewußte Eingeständnis, den Rechtsgehalt der Verfassungsurkunde nicht verstehen zu können", (a.a.O., S. 7), „Unhaltbarkeit", „elementare Verkennung", „Blindheit" (a.a.O., S. 8 f.).

Vgl. im übrigen seine Darlegungen zu den einzelnen Aspekten: NJW 1960, S. 2040; 1963, S. 24 ff., 465 ff.; zusammenfassend: Landesverrat.

[3] BGBl. I, S. 151.

[4] Landesverrat, S. 46.

deststrafe von einem Jahr Zuchthaus[6] zusammen. Das wichtigste Kriterium sei dabei das „Staatsgeheimnis“, das wiederum durch drei Elemente gekennzeichnet werde: die Geheimnisfähigkeit einer Tatsache, die Geheimniswirklichkeit und die Geheimniserforderlichkeit (auch: Staatswohlbedeutung des Geheimnisses)[7]. Das letzte Kriterium, die Geheimhaltungserforderlichkeit, beruhe auf dem materiellen Geheimnisbegriff. Das Staatsgeheimnis diene der Machtbildung. Aber es sei als Ausnahmesachverhalt in einem gewaltenteilenden demokratischen und daher grundsätzlich öffentlich handelnden Staat nur dann zulässig, wenn es nicht zugunsten einer Gruppe, sondern zugunsten des „Staates“ bestehe, also zugunsten der Summe aller Bürger, die diesen „durch seine Verfassung individualisierten und definierten Staat mitbilden und mittragen“[8]. Die Rechtfertigung für diese Ausnahme sei ein überragendes Interesse daran, durch die Geheimhaltung eine konkrete Gefährdung der Bundesrepublik zu vermeiden. Da hier eine

---

[5] Und zwar in der Kennzeichnung als „Landesverrat“, vgl. a.a.O., S. 22 und 23 f.

[6] a.a.O., S. 22 ff.

[7] a.a.O., S. 27 ff.

Dabei solle die Geheimnisfähigkeit nicht etwas rein Faktisches, sondern weitgehend (!) etwas Normatives sein. Denn sie sei nie absolut, sondern stets bedingt und begrenzt und stets gefährdet durch das „Gesetz der ständig wachsenden Information“, a.a.O., S. 28. Die Geheimniswirklichkeit sei durch die Frage gekennzeichnet, ob das Geheimnis-Fähige auch wirklich noch geheim sei. Dieser Zustand solle durch eine formelle Sekretur und eine ständige Überprüfung der Geheimhaltung gewährleistet werden. Daher sei hierfür der Geheimhaltungswille konstitutiv. Erfolge diese Kontrolle sorgfältig und lückenlos, so könnten jene fremden Regierungen, gegenüber denen der Sachverhalt geheim gehalten werden soll, keine Kenntnis von ihm haben; a.a.O., S. 30 ff.

Beide Kriterien leiden an einer unklaren Begriffsbestimmung: Soweit bei der Geheimnisfähigkeit normative Aspekte mitspielen, können dies nur Erwägungen sein, die auf die Geheimhaltungs-Erforderlichkeit abzielen. Wenn andererseits etwas faktisch geheimnisfähig ist, so ist damit ausgesagt, daß nur eine beschränkte Anzahl Menschen um diesen Sachverhalt weiß und daß dieser Kreis kontrollierbar ist. Insoweit reicht die Geheimnis-Fähigkeit in die Arndtsche Definition der Geheimnis-Wirklichkeit hinein. Demgegenüber ist der Geheimhaltungswille sicherlich kein Element der Geheimnis-*Wirklichkeit,* denn der Wille kann auch bestehen, obwohl das Geheimnis in Wirklichkeit schon bekannt ist. Der Geheimhaltungswille ist ein vielfach gefordertes Kriterium des Staatsgeheimnis-Begriffes (vgl. etwa Klug, Engisch-FS, S. 570 [576]; Kohlrausch / Lange, § 99 Anm. I), das durchaus eigenständige Funktionen hat. Das geltende Recht verzichtet allerdings auf dieses Kriterium mit Rücksicht auf den materiellen Geheimnisbegriff (vgl. hierzu LK-Hengsberger, § 93 RN 17 und 20). Das schließlich angesprochene „Gesetz der ständig wachsenden Information“ ist zwar ein durchaus einzuräumendes Phänomen. Aber gerade um die Frage, ob etwas *legitimerweise* von diesem Informationsstrom an die Öffentlichkeit gespült wurde, geht es bei dem Vorwurf des Landesverrates. Außerdem kann die Bekanntgabe eines bereits bekannt gewordenen Geheimnisses strafrechtlich durchaus noch unter Versuchsgesichtspunkten Bedeutung gewinnen.

[8] Arndt, Landesverrat, S. 34 ff., 39.

Interessenpolarität von — etwa einem militärischen — Geheimhaltungsinteresse und einem demokratischen Erörterungsinteresse vorliege, entscheide sich die Frage nach der Geheimhaltungserforderlichkeit bereits mit der Staatswohl-Betrachtung[9] — und damit auch auf der Tatbestandsebene. Mit Rücksicht auf das Bestimmtheitsgebot (Art. 103 Abs. 2 GG) sei der generalklauselartige Staatsgeheimnis-Begriff dabei verfassungskonform zu konkretisieren. Infolge dieser Einschränkung müßten zum einen politische Werturteile — wie etwa die Richtigkeit von Militär-Strategien — aus dem Staatsgeheimnisbegriff ausgeschieden werden, da sie nicht justiziabel seien[10]. Eine weitere Folge jener Einschränkung der Generalklausel sei die „Unverfügbarkeit" der Staatsgeheimnisse, die im Gegensatz zu allen anderen Privat- und Amtsgeheimnissen für *jedermann*, also auch und gerade für die Regierung[11] gelten müsse[12]. Maßgebliches Kriterium des Staatsgeheim-

---

[9] Ähnlich Ahrens, Begriff, S. 154; Fuss, NJW 1962, S. 2225 (2227); Heinitz, Staatsgeheimnis, S. 10, 11; Kern, Strafschutz, S. 43; Krey, ZStW 79, S. 103 (119); Maihofer, Bl. Politik 1964, S. 32 (35 ff.); ähnlich LK[8]-Jagusch, § 100 Anm. I 4 b für die lex lata, aber mit Bedenken gegen die Einschränkungen de lege ferenda; im Ergebnis auch Hausmann, Geheimnisverrat, S. 158 ff., wenngleich er die These Arndts als theoretisch überspitzt ansieht, a.a.O., S. 154.

[10] Arndt, Landesverrat, S. 62 und passim. I. E. ebenso Heinitz, Staatsgeheimnis, S. 14 f.; Stratenwerth, Landesverrat, S. 43.

Dem ist uneingeschränkt zuzustimmen. Die gegenwärtige Diskussion um den vom amerikanischen Präsidenten Carter angekündigten Bau von Neutronenbomben oder um die Verteidigungsstrategie der Nato (Vorwärtsverteidigung = Verteidigung *vor* Deutschlands Grenzen/Vorneverteidigung = Verteidigung *an* Deutschlands Grenzen/Brzezinski Plan = Verteidigung *in* Deutschland unter Aufgabe eines Teiles seines Territoriums) sind ein beredtes Beispiel für die Notwendigkeit, in einer Demokratie derart weitreichende militärpolitische Entscheidungen öffentlich zu erörtern.

[11] Da sie sich durch ihren Amtseid zur Wahrung des Staatswohles besonders verpflichtet hat, vgl. Art. 56 Abs. 1 i. V. m. Art. 64 Abs. 2 GG.

[12] a.a.O., S. 49 f., 52 f. und passim; so schon in NJW 1960, S. 2040; ebenso v. Weber, Reichsgerichts-FS, S. 173 (197).

Dieser These ist in ihrer Kernaussage beizupflichten. Sie bedarf aber zur Vermeidung von Mißverständnissen einer den Arndtschen Purismus einschränkenden Erläuterung: Sicherlich darf etwa der Verteidigungsminister nicht die Lager von Spezialwaffen veröffentlichen, wenn er — entgegen den übrigen Kabinettsmitgliedern — glaubt, auf diese Weise der Friedenssicherung besser zu dienen. Auf der anderen Seite ist damit gleichwohl recht holzschnittartig argumentiert. Denn die äußere Sicherheit kann durch die Mitteilung sehr wohl gefährdet werden (dolus eventualis genügt), und dennoch könnte der angestrebte Nutzen überwiegen. Die Frage, ob etwa bekanntgegeben werden darf, daß die Bundesrepublik Werfermunition entwickelt hat, mit der in kurzer Zeit weite Gebiete vermient werden können, betrifft einen technischen und damit an sich einen unverfügbaren Punkt der Verteidigung im Sinne Arndts. Dennoch muß man hier der Regierung einen breiten Spielraum für Zweckmäßigkeitserwägungen einräumen, ähnlich dem Handlungsspielraum bei politischen Verträgen, der in der Regel nur bei Evidenzfällen überschritten ist. Ähnlich Baumann, JZ 1966, S. 329 (334 f.). Dies sei an den von Arndt hierzu gebildeten Beispielen erläutert: Nach seiner Meinung sei der Präsident der USA im 2. Weltkrieg berechtigt nis-Begriffes[13] und gleichzeitig eigenständiges Tatbestandsmerkmal[14] sei nämlich das „Wohl der Bundesrepublik Deutschland“[15]. Im Rückschluß von diesem Tatbestandsmerkmal werde die Qualifikation „Staatsgeheimnis“ ermittelt[16], denn nur wenn jenes überragende Interesse „Wohl der Bundesrepublik Deutschland“ berührt sei, rechtfertige sich die ausnahmsweise Geheimhaltung. Da aber „etwas Rechtswidriges seinem Wesen nach dem Wohl der Bundesrepublik Deutschland unmöglich dienen“ könne, sei „ein illegales Staatsgeheimnis undenkbar; es wäre ein Widerspruch in sich“[17].

Dies ist die Auffassung, die für A. Arndt und die SPD die conditio sine qua non für eine Regelung in diesem Bereich war[18] und die sich schließlich in der Fassung des § 93 auch durchsetzte[19].

---

gewesen, den Besitz der Atombombe bekanntzugeben, nicht aber aufgrund welcher physikalischer Prozesse diese Atombombe zu zünden sei; gleichermaßen hätte er bekanntgeben dürfen, daß die Alliierten im 2. Weltkrieg eine zweite Front entweder in Italien oder in Frankreich etablieren wollten, nicht aber zu welchem Zeitpunkt (a.a.O., S. 50). Entgegen Arndt handelt es sich hier um rein politische Zweckmäßigkeitsentscheidungen, denn die Beispiele lassen sich auch umkehren: Es wäre zumindest objektiv Verrat eines Staatsgeheimnisses durch den Präsidenten gewesen, wenn er den Besitz der Atombombe bekanntgegeben hätte in der sicheren Erwartung, daß sie noch am selben Tage gezündet werden könne, diese Erwartung aber wegen überraschender technischer Komplikationen getrogen hätte. Auch das Negativ-Beispiel läßt sich umkehren: Wenn die Regierung es für sinnvoll gehalten hätte, den Zeitpunkt und den Ort der Landung bekanntzugeben, um beispielsweise Partisanengruppen zur Erhebung aufzufordern, oder die dort gelagerten deutschen Truppen zur Übergabe zu bewegen, dann wäre das durchaus ein legitimes Ziel. Die Unverfügbarkeit im Sinne Arndts hinsichtlich der technischen Daten der Atombombenexplosion ergibt sich nur daraus, daß es für die Bekanntgabe dieser chemischen und physikalischen Formeln eben keine sinnvolle Rechtfertigung geben kann.

[13] a.a.O., S. 27.

[14] Ebenda, S. 64 und passim.

[15] So noch die Formel in § 100 i. d. F. des (1.) StrÄG.

[16] Arndt, Landesverrat, S. 55; ähnlich Ridder, Landesverrat, S. 23.

[17] Arndt, Landesverrat, S. 17 und passim; ebenso Ahrens, Begriff, S. 154; Baumann, JZ 1966, S. 429 (434 f.); Heinitz, Staatsgeheimnis, S. 11; Wiedmann § 97 b, S. 86 ff. (97 f.). Ähnlich deutlich hat Arndt diese These bereits bei der Diskussion des (1.) Strafrechtsänderungsgesetzes vertreten, als er vor dem Plenum des Bundestages formulierte: „Wir können nicht anerkennen, daß es irgendeine Staatsräson jenseits der parlamentarischen Demokratie gibt, eine Staatsräson, hinter der unter Umständen auch die Grundsätze der parlamentarischen Demokratie zurücktreten müßten. In Deutschland ist die parlamentarische Demokratie die Staatsräson und eine andere gibt es nicht. Die Staatsgewalt geht unabdingbar vom Volke aus ... Eine vom Grundgesetz ausdrücklich gewährleistete Meinungsäußerung kann als solche überhaupt niemals den Tatbestand des Landesverrats erfüllen ... Wir werden jedem Versuch entgegentreten, der öffentlichen Meinung durch einen Mißbrauch dieser Strafvorschrift einen Maulkorb anzulegen.“ (Verh. BT, Sten. Ber. I. WP, Bd. 8, S. 6480.)

[18] Man war — wie bereits bei der Gesetzesgenese berichtet — zeitweilig sogar bereit, die Klärung dieses Streites der Rechtsprechung zu überlassen.

II. Kritik

Es ist einzuräumen, daß der Wortlaut der ehemaligen Gesetzesfassung mit seinem Begriff „Wohl der Bundesrepublik Deutschland" die Gefahr barg, an die alte, unselige Tradition der Weimarer Zeit anzuknüpfen und jenes Wohl mit dem zu identifizieren, was Regierung und Militär dafür hielten[20]. Andererseits zwang Art. 103 Abs. 2 GG — anders als zu früheren Zeiten — bereits von Verfassungs wegen zu einer teleologischen Reduktion dieses sehr diffusen Begriffes[21]. Trotz der vielfältigen Blickwinkel, unter denen man das Staatswohl betrachten kann, ergab sich dann bereits seinerzeit aus Gesetzessystematik, gesetzgeberischem Wollen und Wortlaut eindeutig, daß es bei dieser Fassung um den Schutz der äußeren Sicherheit ging[22] — genauso wie bei der sprachlich klareren jetzigen Regelung.

Die in § 93 Abs. 1 getroffene und sich in den verschiedenen Tatbeständen wiederholende Formulierung, Staatsgeheimnis sei nur, was zur Vermeidung schwerer Nachteile für die *äußere Sicherheit* der Bundesrepublik Deutschland geschützt werden müsse, wurde demnach zu wenig beachtet und mehr als eine formale Aussage verstanden. Die Crux der Arndtschen und ähnlich ausgerichteter Betrachtungen war daher eine zu unpräzise Rechtsgutsanalyse. Sie beruhte z. T. darauf, daß man das Wort „Staatsgeheimnis" in den Vordergrund rückte[23], z. T. darauf, daß man den Tatbestandsbereich unter dem Gesichtspunkt des gesamten Staatswohls betrachtete[24]. Beides ist jedoch systematisch unzulässig: Die Meinung, ein Staatsgeheimnis könne nie einen Verfassungsverstoß zum Gegenstand haben, ist zwar vertretbar. Sie führt aber leicht zu einer Verwechslung von Tatobjekt und Rechtsgut. Tatobjekte der §§ 97 ff., d. h. die Objekte, in denen sich das Rechtsgut konkretisiert, sind Geheimnisse, und zwar in erster Linie Staatsgeheimnisse. Rechtsgut ist dagegen die äußere Sicherheit. So wichtig und

---

Der Hinweis, daß damit ein Hauptanliegen der Reform unentschieden bliebe und damit die Gesamtregelung dieses Tatbestandsbereichs in Frage gestellt sei, veranlaßte den Sonderausschuß, weiter um einen Kompromiß zu ringen, SA Prot. 75. Sitzung, S. 1475.

[19] Vgl. den schriftlichen Bericht des Sonderausschusses, BT Drucks. V/2860, Bd. 121, S. 16.

[20] So mit Recht warnend Arndt, Landesverrat, S. 44.

[21] Das hat keiner klarer ausgesprochen als A. Arndt selber, vgl. Landesverrat, S. 44 ff.

[22] Sauer, BT, § 33 IV A 1, LK[8]-Jagusch, § 99 Anm. 2 e cc; Schneidewin, JR 1954, S. 241 (244).

[23] Vgl. Arndt, Landesverrat, S. 24 ff. und NJW 1966, S. 25 f.; allerdings sehen auch Arzt, Frankf.H. 1966, S. 823 (828) und Schweickert, ZStW 70, S. 394 (409) das Staatsgeheimnis als das Rechtsgut der Landesverratstatbestände an.

[24] Arndt, Landesverrat, S. 55 ff.

schwierig eine präzise Definition des Begriffes Staatsgeheimnis[25] angesichts der Vielzahl der mit ihr verbundenen Fragen[26] und der militär- und politbürokratischen Neigung ist, den Geheimbereich auszuweiten, sie hätte legislatorisch *hinter* der Rechtsgutentscheidung rangieren müssen.

Immerhin — das ist Arndt zuzugestehen — befanden sich bei dem § 99 E-SPD Rechtsgut („Staatswohl") und Pflicht („Gefährdungsverbot") noch in Übereinstimmung — und zwar auf der Grundlage des von ihm vertretenen Axioms, daß ein demokratisches Staatswohl-Verständnis ein Staatsgeheimnis bezüglich Verfassungswidrigkeiten nicht zulasse[27]. Diese puristische Ansicht hatte in der SPD Tradition und war sehr ehrenwert — wenngleich auch etwas wirklichkeitsfremd. Denn nach dem E-SPD hätte derjenige Täter, der z. B. die geheimen Vorbereitungen zu einem militärischen Anschluß Österreichs an die Bundesrepublik (Verstoß gegen Art. 26 I GG) heimlich an einen fremden Staat verrät, mangels tauglichen Tatobjektes nicht bestraft werden können. Der damit angesprochene grundsätzliche Einwand der Schutzlosigkeit gegenüber einer geheimen Weitergabe von Geheimnissen, die Illegalitäten betreffen, wurde denn auch sofort erhoben[28]. Diesem Argument konnten sich auch die SPD-Mitglieder des Sonderausschusses nicht lange verschließen, da sich gegen seine offensichtliche Richtigkeit nichts vorbringen ließ[29]. Daß sich mit diesem Zugeständnis aber die gesamte Rechtsgutskonzeption ändern mußte, blieb durch die starke Fixierung auf den Problembegriff „Staatsgeheimnis" verdeckt. In Wirklichkeit war nämlich damit die Hypothese: Schutz der äußeren Sicherheit nur im Rahmen des Schutzes der inneren Sicherheit, aufgegeben. Deshalb hätte diese Änderung eine Besinnung auf den Kerngehalt der Norm gefordert, deren einschränkende Zusatzbedingung nunmehr weggefallen war. Dies geschah aber nicht, weil auch jetzt nicht die dem Tatbestandsbereich zugrundeliegende Norm gebildet wurde, die lautet:

Du sollst die äußere Sicherheit nicht gefährden (indem Du wichtige Geheimnisse bekannt gibst)!

Und die nicht etwa lauten durfte:

Du sollst keine Staatsgeheimnisse bekanntgeben[30]!

---

[25] Radbruch verlangte daher völlig zu Recht eine Definition von „hahnebüchener Deutlichkeit", Justiz II, S. 104 (109).

[26] Materieller/formeller Geheimnisbegriff und Mosaiktheorie, um nur wenige zu nennen.

[27] Vgl. Arndt, Landesverrat, S. 17; vgl. ähnlich auch Baumann, JZ 1966, S. 529 (534 f.).

[28] Vgl. RegE 1966, Begründung, S. 32.

[29] Arndt sprach etwa davon, daß mit § 97 a aus „guten Gründen" eine Ausnahme gemacht werde, Verh. BT, V. WP, Sten. Ber., Bd. 67, S. 9537.

Genauso wenig gab man sich Rechenschaft über die „guten Gründe“ für die Bestrafung der geheimen Weitergabe illegaler Geheimnisse. Denn das verwandte Argument, durch einen derartigen Verrat werde nicht die öffentliche Diskussion über jene Mißstände eröffnet, betraf nur die kriminalpolitische Zielvorstellung, war aber keine Rechtsgutserwägung.

Somit lag die eine Ursache für die legislatorischen Ungereimtheiten in einer unzureichenden Rechtsgutsanalyse. Denn selbst bei der Prämisse, das Gesamtwohl des Staates sei das Rechtsgut der §§ 94 ff., war die These von der Schutzunwürdigkeit illegaler Geheimnisse unzutreffend[31]. Dies zeigt sich deutlich an der schließlich allseits akzeptierten Normierung des § 97 a: Die geheime Weitergabe verfassungswidriger Geheimnisse gefährdet die äußere Sicherheit und darüber hinaus auch das Gesamtwohl, sofern sie sich unter Ausschluß der Öffentlichkeit abspielt. Zum anderen war die Vermengung von Tatobjekt und Rechtsgut nicht nur methodisch bedenklich, sondern verbarg auch ein verfassungsrechtlich-materielles Problem: Wie läßt sich ein Rechtsgut „Gesamtwohl des Staates“ mit dem Bestimmtheitsgrundsatz des Art. 102 Abs. 2 GG vereinbaren? Zweifelsfrei steht hinter jeder Vertatbestandlichung von Normen eine Gesamtwohlbetrachtung. Denn stets werden zunächst die positiv bewerteten sozialen Werte (Rechtsgüter) ermittelt, und dies kann nur mit Rücksicht auf die Gesamtrechtsordnung geschehen. Darüber hinaus steht das Staatswohl noch in einer anderen Hinsicht im Blickfeld der Schutzzweckbetrachtung. Denn die Verletzung der vertatbestandlichten Normen stellt eine Herausforderung und damit eine Gefährdung der allgemeinen Rechtsgesinnung dar[32]. Bloß — beide Aspekte gelten für jeden verfassungskonformen Tatbestand und beschränken sich nicht auf den Landesverrats-Bereich. Sie sind demzufolge von einer erheblichen Abstraktionshöhe.

Andere Gesamtwohlerwägungen auf der Normebene, die auch auf der Ebene des Tatbestandes i. e. S. kodifizierbaren wären, sind demgegenüber nicht erkennbar. Sie müßten wegen ihrer Komplexität letztlich auch stets am Bestimmtheitsgebot des Art. 103 Abs. 2 GG scheitern[33]. Daher ergäbe sich die Notwendigkeit, auf der Tatbestands-

---

[30] Die der ursprünglichen SPD-Konzeption zugrunde liegende Norm hätte allerdings auch nicht wie dieses Negativ-Beispiel gelautet, sondern würde in Anlehnung an die zuvor genannte Norm etwa lauten: Du solltest die äußere Sicherheit nicht dadurch gefährden, daß Du wichtige Geheimnisse bekanntgibst — sofern diese im Einklang mit der Verfassung stehen!

Hätte man die Norm deutlich formuliert, so wäre der Ansatzpunkt für den später erfolgten Einwand sofort bemerkt worden!

[31] So schon Stree, Strafrechtsreform, S. 171 (178).

[32] Vgl. hierzu etwa Welzel, Kohlrausch-FS, S. 101 (110 f.).

[33] Vgl. hierzu Kohlmann, Staatsgeheimnis, insbesondere S. 307 ff.; vgl.

ebene zwischen äußerer und innerer Staatssicherheit[34] zu unterscheiden, schon allein aus den Anforderungen des Bestimmtheitsgebotes, wenn nicht die fast zweihundertjährige Tradition[35] einer Abschichtung zwischen Hoch- und Landesverrat[36] diesen Weg bereits vorgezeichnet hätte.

Deswegen geht eine Analyse der Tatbestände, die auf dem Axiom aufbaut, Staatsgeheimnis könne nicht sein, was Verfassungswidriges beinhalte, an dem wirklichen Rechtsgut dieser Tatbestände vorbei[37].

Damit ist zugleich deutlich gemacht, daß die hier verfochtene Position nicht etwa auf einer Geringachtung solch tragender Verfassungsbestimmungen wie des Rechtsstaatsprinzipes, Art. 20 Abs. 3 GG, oder der Meinungsfreiheit, Art. 5 Abs. 1 GG, beruht[38]. Im Gegenteil ist den engagierten Ausführungen A. Arndts über die materielle Reichweite des Art. 20 Abs. 3 GG und die konstitutive Bedeutung des Art. 5 GG

---

ebenso schon in bezug auf den E-SPD Stree, ZStW 78, S. 683 (691); bzgl. der Neuregelung, derselbe, Strafrechtsreform, S. 171 (181).

34 Wobei der Schutz der verfassungsmäßigen Grundwerte nur ein kleiner Ausschnitt aus dem Schutz der inneren Sicherheit darstellt.

35 Vgl. oben S. 1/2, FN 3.

36 Daß in der Wirklichkeit oft beide Begehungsformen gleichzeitig gegeben sind, steht ihrer grundsätzlichen Unterscheidbarkeit weder faktisch noch begrifflich entgegen. Diese Unterscheidung ist auch im Ausland allgemein üblich, vgl. nur das Inhaltsverzeichnis über die entsprechenden strafrechtlichen Bestimmungen der einzelnen Länder in Jescheck / Mattes, Staatsschutzrecht, S. 9 - 42; für den östlichen Machtbereich vgl. nur § 58 StGB RSFSR und Art. 1, 2, 12, 13 des Gesetzes über die strafrechtliche Verantwortlichkeit für Staatsverbrechen der Sowjetunion, Staatsschutz, S. 78 bzw. 97 ff.

37 Schließlich ist es auch kein Ausweg, das Problem der öffentlichen im Verhältnis zur geheimen Bekanntgabe von Illegalitäten über den Grad der Gefährdung der öffentlichen Sicherheit lösen zu wollen. Entgegen Kleinknecht, Niederschriften, Bd. 10, S. 200, wird eine konkrete Gefährdung, die durch die Bekanntgabe entstanden ist, nicht dadurch im Einzelfall gemindert oder gar beseitigt, daß die Öffentlichkeit Druck ausübt, um auf die Beseitigung der Illegalität hinzuwirken. Das liefe lediglich auf eine reparatio damni hinsichtlich des Verfassungsverstoßes hinaus, die für den Verrat unbeachtlich wäre. Denn daß die Gefahr durch Gegenmaßnahmen unter Umständen beseitigt wird, ändert nichts daran, daß sie bestanden hat. Anderenfalls, wenn eine Gefährdung der äußeren Sicherheit nicht vorgelegen hätte, könnte keine der in §§ 94 ff. umschriebenen Taten begangen worden sein. Allenfalls käme Versuch in Betracht.

38 So ein häufiger Vorwurf gegen jede Art von Rechtfertigungslösung, vgl. etwa Arzt, Frankf.H. 1966, S. 823 (826); Baumann, JZ 1966, S. 329 (334). Diese Angriffe sind allerdings insoweit erklärlich, als sie sich gegen die Ansicht H. Arndts, ZStW 66, S. 41 (54) richten, das Wohl (!) der Bundesrepublik sei „die ungestörte rechtliche, wirtschaftliche oder politische Stellung (Machtstellung) der Bundesrepublik zu anderen Staaten". Das ist in der Tat machtstaatliches Denken. Dem wird zwar auch heute noch vielenorts gehuldigt. Eine solche Gesamtwohl-Definition ist aber angesichts der Ereignisse der jüngeren Geschichte unannehmbar.

für eine funktionierende Demokratie[39] weitgehend beizupflichten. Trotzdem ergeben sich aus der elementaren Bedeutung dieses Grundrechts für eine strafrechtliche Tatbestandsfassung keine *notwendigen* Konsequenzen[40]. Strukturelle Fragen sind eben nicht autoritativ unter Hinweis auf die besondere Gewichtigkeit von materiellen Aspekten, und sei es auch von Grundrechten, zu entscheiden, sondern gleichfalls nur abwägend unter Einbeziehung des *gesamten* betroffenen Wertgefüges[41].

III. Die Konzeption Wiedmanns

Nun hat sich neuestens Wiedmann[42] für die vom Gesetzgeber beabsichtigte Tatbestandsausschluß-Lösung ausgesprochen und deren Rechtfertigung auf tieferliegende Gesichtspunkte zurückzuführen gesucht. Auch er sieht das Problem einer Vermengung von Tatobjekt und Rechtsgut, glaubt aber für diese Verknüpfung eine Legitimation in dem Prinzip der Einheit der Rechtsordnung gefunden zu haben. Denn wenn der dem Staatsgeheimnis als Tatobjekt[43] gewährte Schutz ein reiner Rechtsreflex des Schutzes für das Rechtsgut sei, so könne dieser Schutz nicht wirksam werden, wenn sein Substrat gegen die Verfassung verstoße und damit die Mißbilligung in einem anderen Teil des Rechts finde. Schließlich dürfte strafrechtlicher Rechtsgüterschutz nicht „um jeden Preis" erfolgen, sondern nur „solange er ohne (einen) die Einheit der Rechtsordnung zerstörenden Wertungswiderspruch möglich" sei[44]. Der kriminalpolitischen Gefahr, die bei einer konsequenten Anwendung dieses Prinzipes zu einer allzu großen Einengung der Staatsgeheimnis-Definition führen würde, will er dadurch begegnen, daß er die bloß „formale Rechtswidrigkeit" in anderen Rechtsgebieten von einer derartigen Begrenzungswirkung ausschließen will[45]. Obwohl bei Anwendung des Prinzips der Einheit der Rechts-

---

39 Etwa in Landesverrat, S. 34 ff. zu Art. 20; S. 73 ff. zu Art. 5 GG.

40 a. A. aber A. Arndt, a.a.O., S. 72 und ständig.

41 Insoweit zutreffend Wiedmann, § 97 b, S. 82, als er aus seiner Argumentation zu Art. 5 GG die Entscheidung zwischen einer Tatbestandsausschluß- und einer Rechtfertigungs-Lösung noch nicht präjudiziert sieht. Lediglich eine Einstufung des § 93 Abs. 2 als objektive Strafbarkeitsbedingung erscheint ihm dadurch zu Recht ausgeschlossen.

42 § 97 b, S. 86 ff.

43 Daß er das Staatsgeheimnis gleichzeitig wegen einer besonderen Affinität zum Rechtsgut äußere Sicherheit als „uneigentliches Schutzobjekt" definiert (im Unterschied zum „eigentlichen Schutzobjekt" = Rechtsgutsobjekt i. S. Schmidhäusers, Lb[1], 2/31, bzw. zum Tatobjekt, a.a.O., S. 93), zieht keine weiteren Konsequenzen nach sich.

44 § 97 b, S. 89 unter Berufung auf Engisch, Einheit, S. 69, insbesondere FN 2.

45 a.a.O., S. 94; dabei sollen zu diesem „formellen Unrecht", das zu definieren Wiedmann allerdings als problematisch bewußt unterläßt, nicht nur Ordnungswidrigkeiten, sondern auch „die Verletzung vieler bürgerlichrechtlicher Vorschriften" gehören, ebenda, FN 6, zum „materiellen Unrecht"

ordnung an sich eine Ausweitung des Schutzbereiches des § 93 Abs. 2 geboten wäre, hält er dessen weitgehende Beschränkung auf elementare Grundrechte für gerade noch[46] hinnehmbar. Er räumt zwar ein, daß durch dessen enge Grenzen das Prinzip der Einheit der Rechtsordnung vielfach verletzt wird, glaubt dies aber als „gesunde staatliche Inkonsequenz“[47] und als auch im Rechtsstaat berechtigten Ausdruck des Satzes „wright or wrong, my country“[48] hinnehmen zu können.

IV. Kritik

Mit der genannten Einschränkung relativiert Wiedmann allerdings die Bedeutung des von ihm angezogenen Prinzipes außerordentlich. Aber unabhängig davon nehmen sowohl die mangelnde Präsizierung dessen, wie der Wirkungsbereich jenes Einheitlichkeitsprinzip aussieht, als auch die plötzliche Toleranz gegenüber gewissen machtpolitisch bedingten Hindernissen nicht wunder. Denn der Gesichtspunkt der Einheit der Rechtsordnung[49] bezieht derart diffuse Aspekte ein, daß es genauer Untersuchung bedarf, ob die in Bezug gesetzten Teilrechtsgebiete wirklich parallelisierbar sind, ehe man dieses Postulat als tragfähige Begründung in das Argumentationsgerüst einziehen darf.

Aber selbst wenn das Prinzip der Einheit der Rechtsordnung ein weit zwingenderer topos wäre, so könnte er doch nicht über die schlichte Wahrheit des Satzes hinweghelfen, der da lautet: Wenn die Preisgabe eines Geheimnisses die äußere Sicherheit zu gefährden geeignet ist, dann geschieht dies unabhängig davon, ob das Geheimnis einen legalen oder einen illegalen Umstand betrifft. Es hätte etwas von Palmströmischer Logik an sich, wollte man dies bestreiten[50]. Was

---

soll andererseits auch die Verletzung von anderen als den in § 93 Abs. 2 genannten, also nicht-rüstungsbeschränkenden völkerrechtlichen Verträgen zählen, a.a.O., S. 95.

[46] a.a.O., S. 100.

[47] a.a.O., S. 99.

[48] a.a.O., S. 100.

Daneben hält er im Hinblick auf das politische Widerstandsrecht sogar die *geheime* Weitergabe von illegalen Geheimnissen für „rechtmäßig“ (= gerechtfertigt, vgl. a.a.O., S. 99, FN 4), wenn dies das angemessene Mittel zur Beseitigung des Rechtsverstoßes gewesen sei, insbesondere die innerstaatlichen Abhilfebemühungen nutzlos oder aussichtslos gewesen seien, a.a.O., S. 100 f.

[49] Vgl. nach wie vor grundlegend Engisch, Einheit.

[50] Vgl. die klare petitio principii bei Wiedmann, § 97 b, S. 86, gegen die These von der Vermengung von Tatobjekt und Rechtsgut: „Indessen berücksichtigt andererseits Stree nicht, daß auch das Rechtsgut dann nicht unabhängig vom Handlungsobjekt“ (= Tatobjekt) „gesehen werden kann,

damit noch lange nicht gesagt — und hier auch gar nicht gesagt werden soll —, ist, daß eine solche Preisgabe auch stets bestraft werden *muß*. Dies ist jedoch eine logisch erst zweitrangige Frage. Sie läßt sich in der Tat — mit verschiedenen Begründungen kriminalpolitischer, verfassungsrechtlicher oder sonstiger Art — unterschiedlich beantworten, und zwar auch bezüglich jeweils verschiedener Situationen unterschiedlich. Wenn man aber die äußere Staatssicherheit als ein sinnvolles Rechtsgut ansieht — und die gegenteilige Auffassung wird nirgends vertreten[51] —, dann muß man auch einräumen, daß dieses Rechtsgut eben auch durch den Verrat von Illegalitäten gefährdet werden kann[52].

Ähnliches gilt für das in der Diskussion häufiger auftauchende, mit dem vorigen Gedanken innerlich verwandte Argument, ein Staatsgeheimnis beinhalte ein Geheimnis *zugunsten* des Staates[53]. Trotz seiner vielfältigen Wiederholung ergibt sich aus ihm keineswegs zwangsläufig die Folgerung, ein Verfassungsverstoß könne schon allein deswegen nicht Gegenstand eines solchen Staatsgeheimnisses sein, weil er ja einen gewichtigen Nachteil für das Staatswohl betreffe und sich somit *gegen* den Staat richte. Auch hier wird die äußere Sicherheit als Rechtsgut wieder in das Prokrustusbett der inneren Sicherheit gezwängt. Denn wenn nur durch die Geheimhaltung eine erhebliche Gefährdung der äußeren Sicherheit vermieden werden kann, dann ist die Geheimhaltung eine Maßnahme, die sich unbestreitbar zugunsten des Staates auswirkt. Und zwar zugunsten des Staates als Personenverband, dessen Glieder gerade durch außenpolitische Pressionen wie Embargo, Blockade oder gar Krieg unmittelbar und am härtesten betroffen wären, — nicht etwa zugunsten des Staats als machtpoli-

---

wenn eine solche enge Verbindung von Handlungsobjekt und Rechtsgut besteht, wie dies zwischen Staatsgeheimnis und Staatssicherheit der Fall ist."

Für die Abhängigkeit des Rechtsgutes von dem Tatobjekt unterbleibt eine Begründung, wie auch für die angeblich atypische Affinität von Staatsgeheimnis und Staatsschutz.

[51] Vgl. Jescheck, Pressefreiheit, S. 12, auch mit Nachweisen über ausländische Stimmen, ebenda, FN 29. Im übrigen ist die äußere Sicherheit notwendige Voraussetzung für die Freiheit nach innen. Dies zeigt ein Blick auf die vielen Staaten, die im Hinblick auf tatsächliche oder propagandistisch vorgeschützte äußere Spannungen unter Ausnahmezustand leben. Vgl. übrigens schon Willms, Staatsschutz, S. 13.

[52] Insofern ist Jeschecks Zugeständnis an die Gegenmeinung inkonsequent, wenn er zwar den Schutz von illegalen Geheimnissen für „ganz unvermeidlich" hält, dann aber einschränkt, „es sei denn, daß es sich um eine Verletzung von elementaren Rechtsgrundsätzen handelt". Erklärlich ist diese Konzession nur, weil Jescheck ebenfalls nicht von der Frage der Gefährdung der äußeren Sicherheit ausgeht, sondern das Ergebnis lediglich im Hinblick auf die ihm bedenklich erscheinenden Irrtumsfolgen befürwortet, vgl. Pressefreiheit, S. 29.

[53] A. Arndt, NJW 1963, S. 465 (470, FN 30).

tisches Glied in der Staatengemeinschaft oder gar als Gegenstand einer nationalistischen Staatsvergötzung[54]. Gerade A. Arndt selber hat sehr deutlich auf die Relativität des Staatsgeheimnisses hingewiesen[55]: Es müsse manches Geheimnis vor einer geheimen Weitergabe an fremde Mächte geschützt werden, weil seine Kenntnis diesen Staaten erlaube, ihre Politik rationaler und somit besser zu gestalten, — ohne daß die eigene (sicherheits)-politische Planung diesen Informationsvorteil der Gegenseite in Rechnung zu stellen vermöge. Gleichwohl sei das gleiche Geheimnis gegenüber einer öffentlichen Erörterung nicht schützenswert. Denn hier erfahre die fremde Macht zwar auch von diesem Umstand. Jedoch wisse man selber dann um das Wissen der anderen und ziehe darüber hinaus den Vorteil, daß durch die Diskussion weitere Gesichtspunkte zur Sprache kommen könnten und andererseits die Politik dem Bürger einsichtig werde.

Genau die gleiche Argumentation gilt aber auch für das illegale Geheimnis. Gerade die These von der Relativität der Geheimhaltungsbedürftigkeit des Geheimnisses gegenüber den jeweils unterschiedlichen Kreisen von Mitwissenden setzt nämlich voraus, daß die Geheimhaltung grundsätzlich *erforderlich* ist. Wenn man diesen Sachverhalt anerkennt und daher die Illegalität nicht a limine aus dem Schutzbereich der §§ 94 ff. ausschließt, heißt das beileibe noch nicht, daß damit der „Staat gewissermaßen dem Unrecht seinen Arm leiht, das Unrecht durch seine Justiz schützt“[56]. Selbstverständlich ist die Gewährleistung und Verteidigung der Verfassungsrechte eine existenzielle Pflicht des Staates. Insoweit ist der Tendenz der Arndtschen Streitschrift vollauf beizupflichten. Lediglich die Methode, in der dieses Ziel erreicht werden soll, ist umstritten. Die These von der Tatbestandsausschluß-Lösung beansprucht, die einzige Form der Problembewältigung zu sein, die mit einem richtigen, mit der Verfassung in Einklang stehenden Demokratieverständnis vereinbar ist.

Dies muß trotz der Vehemenz, mit der dieses Dogma vertreten worden ist, nach all dem bestritten werden. Mit der Möglichkeit, auch Illegalitäten als taugliche Geheimnisobjekte anzuerkennen[57], schützt

[54] Deswegen ist auch die Kritik an der hier vertretenen Position als „nationalstaatlich“, „Verabsolutierung der äußeren Machtstellung“ etc., so etwa Arndt, Landesverrat, S. 41 f.; Arzt, Frankf.H. 1966, S. 823 (826); Baumann, JZ 1966, S. 329 (334); Hamann, NJW 1962, S. 1845 (1848), nicht nur verfehlt, sondern — gefährlicher — utopische Theorie zu Lasten der letztlich Betroffenen.

[55] Landesverrat, S. 55 f.

[56] So — plastisch — Zillmer, NJW 1966, S. 910 f. Zillmer sieht sich denn auch nicht gehindert, die Illegalität des Staatsgeheimnisses als Rechtfertigungsgrund einzustufen; vgl. im übrigen auch Stree, ZStW 78, S. 663 (687), der zwar auch eine Tatbestandsausschluß-Lösung favorisiert, gleichwohl eine Rechtfertigungs-Lösung für möglich und — hilfsweise — für erforderlich hält.

also nicht das Recht das Unrecht[58], sondern es schützt die Bürger vor außenpolitischen Repressalien, derer sie sich nicht versehen konnten. Daß damit ohne jegliche prinzipielle Einschränkung der schlichten Faktizität „Gefahr für die äußere Sicherheit" Tribut gezollt wird, sei eingeräumt. Doch ist es gerade Aufgabe des strafrechtlichen Rechtsgüterschutzes, die für wichtig erachteten positiven Werte vor wirklichen Gefahren zu verteidigen.

57 Ob man dieses Geheimnis gleichfalls als „Staatsgeheimnis" bezeichnet — was man nach dem oben Dargelegten durchaus vertreten könnte — ist eine bloß terminologische Frage. Materiell hat immerhin auch der Gesetzgeber keinen Unterschied gesehen, wie die Rechtsfolgenverweisung in § 97 a zeigt. Ein bloß verbaler Purismus verstärkt jedenfalls die verfassungsmäßige Legitimation des Straftatbestandes nicht.

Mit diesem Hinweis soll allerdings nicht gesagt werden, daß das Problem sprachlich und gesetzestechnisch nicht besser und den intrikaten verfassungsrechtlichen Fragen angemessener hätte gelöst werden können. Zu denken wäre etwa an eine ausdrückliche Klarstellung, daß es grundsätzlich eine angemessene Reaktion ist, illegale Geheimnisse zu veröffentlichen. Die Ansicht Stratenwerths jedoch, daß derartige Publikationen grundsätzlich tatbestandslos seien, Landesverrat, S. 46, daß aber bei Verstoß gegen höherrangige Interessen auch das illegale Geheimnis nicht aufgedeckt werden dürfe, a.a.O., S. 47 f., ähnlich übrigens Baumann, JZ 1966, S. 329 (335), dürfte sich kaum angemessen in einen Tatbestand ummünzen lassen. Schließlich kann ein Verhalten, das an sich tatbestandslos ist, nicht durch den Verstoß gegen höherrangige Interessen auf einmal rechtswidrig sein. Es bedarf dazu eben auch eines Tatbestandes. Ein solcher verstieße aber notwendigerweise gegen das Bestimmtheitsgebot, wenn er etwa lauten würde: „es sei denn, daß die Bekanntgabe höherrangige legitime Gemeininteressen verletzt" (so der Vorschlag Baumanns, ebenda; Stratenwerth macht diesbezüglich keinen Formulierungsvorschlag, scheint aber ähnliches gemeint zu haben, vgl. a.a.O., S. 75, FN 25). Damit ist man im hoffnungslos Abstrakten und Injustiziablen. Zu Recht fragt denn auch Baumann selber, ob der Atomspion Fuchs durch seinen Verrat amerikanischer Fertigungstechniken nicht der Vater des atomaren Patts und damit eines 30jährigen Friedens ist, JZ 1966, S. 329 (335, FN 56) und damit höherrangigen Interessen gedient hat.

Um all dies geht es jedoch in dieser Arbeit nur am Rande. Im Mittelpunkt steht, um dies nochmals zu betonen, die Frage, ob es verfassungsrechtlich oder vom Gesetzeswortlaut her unmöglich ist, die lex lata als Rechtfertigungslösung aufzufassen. Dies ist nach dem Dargelegten bezüglich des ersteren zu verneinen.

58 Deswegen setzen Ausführungen wie die: „Denn die allgemeine Rechtsordnung kann nicht entscheidend verletzt sein, wenn eine von ihr selbst für wertwidrig erachtete, vom Rechtsgutsträger geschaffene Funktionseinheit verletzt ist, und der Rechtsgutsträger und mit ihm die Gesellschaft werden besser und nachhaltiger dadurch geschützt, daß der Rechtsgutsträger selbst es unterläßt, das Rechtsgut auf diese Weise in Gefahr zu bringen", so Wiedmann, § 97 b, S. 91, an einem völlig falschen Punkt an. Wenn staatliche Organe sich Verfassungsverletzungen schuldig gemacht haben, so gebieten es Verfassung und strafrechtlicher Staatsschutz nach Innen, sie dafür zur Verantwortung zu ziehen. Es liegt aber weder im Interesse der Bürger noch ihrer Verfassung, die erforderlichen Gegenmaßnahmen einem fremden Staat zu überlassen.

V. Ergebnis

Durch die vorstehenden Ausführungen erscheint die These von der verfassungsrechtlich notwendigen Interpretation des § 93 Abs. 2 als Tatbestandsausschluß erschüttert. Trotzdem mag dies immer noch ein wenig häretisch anmuten. Deswegen sei im folgenden ein Blick auf zwei Fallkonstellationen geworfen, die deutliche Parallelen zu dem hier anstehenden Fragenkreis aufweisen, — und die nach ganz h. M. im Wege von Erlaubnistatbeständen aufgelöst werden.

B. Parallelen zu anderen Rechtfertigungsgründen?

I. Sinn eines Vergleiches

Wie bereits im vorigen Abschnitt angedeutet, war eine Reihe von durchaus engagierten Befürwortern einer Tatbestandsausschluß-Lösung der Ansicht, daß auch bei diesen Fall-Lagen der allgemeine Grundsatz der rechtfertigenden Güterkollision — wenn auch subsidär — Geltung beanspruche[59]. Allein schon dieser Umstand — in Verbindung mit der Vielzahl der Stimmen, die sich ohnehin für eine Rechtfertigungslösung ausgesprochen haben[60], ließe eine solche Kategorisierung zulässig erscheinen. Trotzdem soll ein Blick auf die Institute der Staatsnotwehr/Staatsnotstand und des Widerstandsrechtes die materiellen Fundamente einer solchen These noch weiter festigen. Die diesen Instituten gemeinsame Ausgangslage ist das Versagen oder das Unvermögen staatlicher Organe, eine Gefahr für die Belange der Allgemeinheit abzuwenden. Das ist aber auch die Situation, in die sich derjenige gestellt sieht, der von einem Geheimnis der in § 93 Abs. 2 umschriebenen Art erfährt. Um jedoch die Tragfähigkeit dieser Parallele wirklich ermessen zu können, ist es erforderlich, zuvor die beiden Vergleichsgrößen inhaltlich zu präzisieren. Denn beide sind außerordentlich umstritten.

II. Staatsnotwehr und Widerstandsrecht

a) Staatsnotwehr

Das Institut der Staatsnotwehr ist in der Tat ziemlich umkämpft. Soweit es nicht völlig abgelehnt wird[61], verweigert man ihm die An-

---

59 Baumann, JZ 1966, S. 329 (335); Stree, ZStW 78, S. 663 (692 f.); Stratenwerth, Landesverrat, S. 47.

60 Statt vieler Lackner, ZStW 78, S. 695 (721 ff., insbes. 723).

61 Klee, GA Bd. 70 (1926), S. 72; H. Mayer, Lb, § 27 VI 2 b, S. 183, so schon Strafrecht, S. 259 f.; Radbruch, Justiz V, S. 333 (334); SK-Samson, § 32 RN 9, offengelassen in RG 56, S. 259 (268) (Kapp-Putsch). Die geschichtliche Tradition Deutschlands läßt dieses Institut in der Tat in einem fragwürdigen Licht erscheinen, vgl. etwa den Kapp-Putsch, in dem sich beide Seiten darauf

erkennung unter diesem Namen und räumt nur in denjenigen Fällen eine Rechtfertigung ein, in denen die Voraussetzungen des Notstandes gegeben sind[62]. Nur eine, allerdings im Vordringen begriffene Minderheit erkennt die Staatsnotwehr[63] als solche an[64].

Aus den Verästelungen der allzu sehr in terminologischen Meinungsverschiedenheiten verfangenen Diskussion[65] lassen sich jedoch einige Gemeinsamkeiten herauslesen, die dazu berechtigen, das Widerstandsrecht als einen Rechtfertigungsgrund eigener Art zu klassifizieren[66]. Allgemein anerkannt ist, daß es Fälle gibt, in denen Bürger zu Recht zugunsten des Staates intervenieren (Paradigma: Ein Wanderer stellt den mit Staatsgeheimnissen über die Grenze flüchtenden Spion — hier wird allgemein eine Rechtfertigung der Freiheitsberaubung etc. bejaht[67]). Ferner ist völlig unstreitig, daß es sich bei einer derartigen Eingriffsbefugnis lediglich um ein subsidiäres, nur in Ausnahmefällen eingreifendes Rechtfertigungsrecht handeln kann, da das Machtmonopol bei den staatlichen Exekutivorganen liegt. Aufgrund dieses Monopols streitet nämlich eine erhebliche Vermutung dafür, daß diese Organe aufgrund ihrer Ausbildung und Ausstattung ihre Schutzaufgaben auch selbst wahrnehmen können. Erst beim Fehlen oder Versagen der Exekutive kann Staatsnotwehr überhaupt „erforderlich“[68] und damit zulässig werden. Dieser Subsidiaritätsgedanke ist ein Leitprinzip des Selbsthilferechtes. Darüber hinaus spielen nach verbreiteter Meinung auch Notstandsgesichtspunkte eine Rolle, wie die Berücksichtigung von Art und Ausmaß der Gefahr und der Angemessenheit der Verteidigungshandlung[69]. Daneben treten jedoch zwei Mo-

---

beriefen; die Fememorde von 1923 (vgl. dazu etwa RG 63, S. 215 [216 ff.]); vor allem das Gesetz über Maßnahmen der Staatsnotwehr vom 2. 07. 1934 (RGBl I, S. 529) im Anschluß an den sogenannten „Röhm-Putsch“. Jedoch schließt der Mißbrauch dieses Begriffes nicht aus, daß das Institut seine rechtliche Daseinsberechtigung hat.

[62] Jescheck, Lb, § 32 II 1 b; 33 IV 2; 35 IV 4; Baldus, § 53 RN 39.

[63] z. T. auch unter dem Gesichtspunkt der Staatsnothilfe, so etwa Schmidhäuser, Lb, 9/108. Unter dem gleichen Stichwort, aber mit ausdrücklicher Beschränkung auf die Hilfe *zugunsten* des Staates und nicht der Nothilfe gegen den Staat, Schubert, Staatsnothilfe.

[64] So etwa Baumann, Lb, § 21 II 8 b; Maurach, AT, § 26 II B 4; Stratenwerth, Lb, RN 416; Schmidhäuser, Lb, 9/99/100.

[65] Vgl. Baumann, Lb, § 21 II 8 b; Maurach, AT, § 26 II B 4 (echtes Notwehrrecht); Ritter, GS 115, S. 239 ff., 244 ff., mit vielfältigen rechtsgeschichtlichen Nachweisen, S. 274 ff. (gesondertes Institut der Sozialnotwehr); ähnlich Sauer, AT, § 18 A VI 1; Blei, AT, § 44 II a; Jescheck, Lb, § 35 IV 4 (Notstandsrecht).

[66] So u. a. Boldt, ZStW 56, S. 183 (212); Welzel, Lb, § 14 II 4.

[67] Trotz seiner grundsätzlich ablehenden Haltung (vgl. soeben FN 61) hält H. Mayer dies ebenfalls für gerechtfertigt — als Fall der polizeilichen Nothilfe Privater, Lb, § 27 VI 2 a.

[68] So schon Oetker, GS 97, S. 411 (417); Ritter, GS 115, S. 239 (258).

[69] Jescheck, Lb, § 32 II 1 b.

mente, die die Nähe zur Notwehr begründen: zum einen das Erfordernis eines *gezielten* rechtswidrigen Angriffs, zum anderen die Verteidigung *eigener* Rechtsgüter. Denn der Bürger handelt nicht bloß für einen ihm gegenüberstehenden Anonymus, sondern zugunsten der Gemeinschaft, der er selbst angehört, und damit letztlich für seine eigenen Freiheits- und Sicherheitsinteressen. Von daher erscheint der Ausdruck Staats*notwehr* auch durchaus gerechtfertigt, obgleich eine Reihe von Selbsthilferechts- bzw. Notstandskautelen ihren Anwendungsbereich gegenüber dem der allgemeinen Notwehr einschränken.

Damit sind ihre Umrisse deutlich herausgehoben und zugleich einige Merkmale genannt, die sie mit einer Reihe von anderen Rechtfertigungsgründen verbinden. Selbst wenn man der Staatsnotwehr die Erlaubnis-Qualität bestreiten wollte, müßte ein solcher Standpunkt angesichts der vielfältigen Parallelen und Anleihen aus den anderen Rechtfertigungs-Instituten als äußerst fragwürdig erscheinen. Es wird deshalb darauf zu achten sein, ob nicht auch bei § 93 Abs. 2 vergleichbare Parallelen bestehen, die dann gleichermaßen dessen Einstufung als Rechtfertigungsgrund erheischen.

Doch zuvor noch zu einem anderen Erlaubnistatbestand.

b) Das Widerstandsrecht (Art. 20 Abs. 4 GG)

Ein Sonderfall des Staatsnotwehrrechtes[70] ist das traditionsreiche Widerstandsrecht[71], das im Zuge der Notstandsgesetzgebung als Art. 20 Abs. 4 in das Grundgesetz eingefügt wurde[72] und das u. a. wegen seiner Positivierung außerordentlich umstritten ist[73]. Es zielt gegen Unternehmungen, die auf die Beseitigung der in Art. 20 Abs. 1 bis 3 GG niedergelegten Verfassungsordnung gerichtet sind. In dieser Beschränkung auf die Grundsätze des Art. 20 GG liegt eine der Eingrenzungen gegenüber dem oben dargelegten Staatsnotwehrrecht. Ebenso wie dieses ist das Widerstandsrecht nur eine subsidiäre Legitimationsgrundlage („wenn andere Abhilfe nicht möglich ist"). Diese Subsidiarität zögert die Handlungsermächtigung insoweit hinaus, als eine generelle Ohnmacht der staatstreuen Ordnungskräfte vorausgesetzt wird[74]. Der Staat muß also bereits in einen Unrechtsstaat pervertiert sein[75]. Das geht

[70] So mit Recht Jescheck, Lb, § 32 II 1 b (S. 273).

[71] Vgl. zu seiner Geschichte Bertram, Widerstandsrecht, S. 13 ff.

[72] 17. GG-ErgänzungsG vom 24. 06. 1968, BGBl I, S. 709.

[73] Kröger, Widerstandsrecht, S. 8 und passim; Isensee, Widerstandsrecht, S. 97 ff.; H. Schneider, Widerstand, S. 13 ff. (19 f.); v. Münch / Schnapp, Grundgesetz, Art. 20 RN 48; a. A. Baumann, Lb, § 21 II 8 b, FN 153.

[74] Vgl. BVerfG 5, S. 85 (377).

[75] Vgl. P. Schneider, Widerstandsrecht, S. 362 (383). Wertenbruch, v. Hippel-FS, S. 318 (327) spricht zutreffend von der Errichtung einer illegalen Scheinordnung.

ebenfalls über die Kriterien der Staatsnotwehr hinaus, bei der nur eine auf den konkreten Handlungszeitpunkt sich beschränkende spezielle Handlungsunfähigkeit der berufenen Organe erforderlich ist. Im übrigen gilt auch hier der Grundsatz des Übermaßverbotes bezüglich der anzuwendenden Mittel[76]. Als subjektives Rechtfertigungselement ist der Wille erforderlich, den ursprünglichen Zustand der verfassungsmäßigen Ordnung wiederherzustellen[77]. Anderenfalls entbehren die Abwehrhandlungen jeglicher rechtfertigender Grundlage.

III. Vergleich

Dieser Abriß läßt schon Gemeinsamkeiten und Verwandtschaften mit dem Rechtsgedanken des § 93 Abs. 2, 1. Alt. (Verstoß gegen die freiheitlich demokratische Grundordnung) erkennen:

In allen Fällen handelt es sich um Lösungen von Güterkollisionen. Stets ist der Staat als der nach Maßgabe der Verfassung geordnete Verbund, der aus seinen und für seine Bürger besteht, unmittelbar angegriffen und dadurch mittelbar jeder einzelne betroffen. Während bei der Staatsnotwehr das betroffene Rechtsgut die äußere *und* die innere Sicherheit sein kann, ist beim Widerstandsrecht und bei § 93 Abs. 2 i. V. m. einer Offenbarungshandlung die Verfassung in ihren Grundentscheidungen[78] durch einen gezielten Angriff bedroht oder verletzt. Von den beiden erstgenannten Instituten unterscheidet sich die Veröffentlichung illegaler Geheimnisse dadurch, daß sie keine bloß subsidiäre Handlungsermächtigung darstellt: Sofern ein wirklich illegales Geheimnis vorliegt, ist der Mitwisser berechtigt, es bekannt zu geben[79]. Dieser Umstand könnte aber nicht hindern, § 93 Abs. 2 trotzdem als Rechtfertigungsgrund zu qualifizieren. Denn die Subsidiarität des Gegenrechtes ist kein Essentiale der Erlaubnistatbestände, wie sich etwa am Beispiel der Notwehr zeigt.

Ein Unterschied scheint allerdings auch materiell gewichtig: Anders als bei Notwehr-, Staatsnotwehr und Widerstandsrecht bedarf es zur Offenbarung von tatsächlich illegalen Geheimnissen keines subjek-

---

[76] Vgl. Herzog in Maunz u. a., Grundgesetz, Art. 20 RN 265; v. Münch / Schnapp, Art. 20 RN 51.

[77] BVerfG 5, S. 85 (379); Herzog in Maunz u. a., Grundgesetz, Art. 20 RN 254, 273.

[78] Bei Art. 20 Abs. 4 GG freilich noch enger begrenzt.

[79] Deckt der Täter allerdings ein bloß vermeintlich illegales Geheimnis auf, so bleibt er nur dann straflos, wenn er der in § 97 b Abs. 1 S. 1 Nr. 3 geforderten Angemessenheitsklausel Genüge getan hat. Mit deren Verweisung auf das Einschalten eines Abgeordneten ist wiederum eine Form der Subsidiarität angestrebt. Zu der Diskrepanz zwischen der Offenbarung von tatsächlich und von nur vermeintlich illegalen Geheimnissen vergleiche im übrigen unten, S. 69 und 154 ff.

tiven Rechtfertigungselementes, keines Abwehrwillens. Zwar könnte man einen solchen Abwehrwillen trotzdem unter Hinweis darauf fordern, daß auch bei Art. 20 Abs. 4 GG ein subjektives Element nicht im Gesetz steht. Schließlich spricht auch § 32, an den sich das ungeschriebene Staatsnotwehrrecht insoweit anlehnen könnte, ein solches Erfordernis nicht deutlich aus. Gleichwohl wäre es nicht richtig, hier einen solchen Abwehrwillen in Analogie zu den genannten Fällen zu fordern. Die gesetzgeberische Absicht ist insoweit völlig eindeutig: Die Illegalität sollte unabhängig von den Täterintentionen straflos geoffenbart werden können[80]. Das hat auch seinen ausdrücklichen Niederschlag im Gesetz gefunden, wenn auch in negativer Form: Gemäß § 97 b Abs. 1 Nr. 2 hängt die Straflosigkeit vom Vorliegen einer Verteidigungsabsicht ab. Dies wäre eine überflüssige Normierung, wenn auch bei der Bekanntgabc wirklich verfassungswidriger Geheimnisse ein derartiger Verteidigungswille erforderlich wäre[81].

Ohne der Einzeluntersuchung des § 97 b Abs. 1 S. 1 Nr. 2 allzusehr vorgreifen zu wollen, ist allerdings folgendes festzustellen: Die Bekanntgabe auch eines illegalen Geheimnisses ist mit einer erheblichen Gefahr für die äußere Sicherheit verbunden. Damit erweist sich das Verhalten in bezug auf das die Norm tragende Rechtsgut als negativ. Erfolgt die Veröffentlichung auch subjektiv nicht mit dem Ziel, dieses Rechtsgut um eines anderen, höheren Sozialwertes willen zu opfern, so ist die Tat somit in doppelter Hinsicht rechtsgutsgefährdend. Aber der Gesetzgeber ist nicht verpflichtet, jede Sozialschädlichkeit zu kriminalisieren. Ein Grund für ihn, sich in dieser Hinsicht selbst zu beschränken, kann darin bestehen, daß in derartigen Fällen wenigstens objektiv der vom Gesetz gewünschte Erfolg herbeigeführt wird — hier die Veröffentlichung der verfassungswidrigen Zustände. Wenn aber der Gesetzgeber bei der Saldierung der betroffenen Rechtsgüter zu dem Ergebnis gelangt, daß das ohne Sanktion zu Erreichende kriminalpolitisch hinreichend befriedigt, so kann er von einer strafrechtlichen Vertatbestandlichung der festgestellten grundsätzlich gegebenen Sozialwidrigkeit absehen. So wird denn auch gerade für Fälle wie diese, in denen der Erlaubnissachverhalt einen derartigen überindividuellen Zweck verfolgt und objektiv auch erreicht, vertreten, man könne auf das subjektive Rechtfertigungselement verzichten[82].

---

80 Vgl. den schriftlichen Bericht, BT Drucks. V/2860 (Bd. 121), S. 16.

81 Dieses Argument gilt unabhängig davon, ob es sich bei § 93 Abs. 2 um einen Rechtfertigungsgrund oder um einen Tatbestandsausschluß handelt.

82 Schmidhäuser, Lb, 9/25. Diese Meinung ist nicht zu verwechseln mit jener objektiven Unrechtslehre, nach der es allein auf den objektiven Wert der Tat ankomme; so etwa Nowakowski, ZStW 63, S. 287 (299 ff.); Sauer, Grundlagen, S. 349; vgl. weitere Nachweise bei Schmitt, JuS 1963, S. 64 (65 FN 16) und — umfassend — Waider, Bedeutung, S. 86 f., FN 22.

Auf der anderen Seite tritt die Verwandtschaft zur Staatsnotwehr und zum Widerstandsrecht offen zutage, wenn man auf den Fall des nur vermeintlich illegalen Geheimnisses blickt: Die in § 97 b Abs. 1 S. 1 Nr. 2 und Nr. 3 angegebenen Alternativen, nämlich einmal der Abwehrwille und zum anderen der Einsatz des verhältnismäßigen Mittels, enthalten typische Rechtfertigungskautelen, die auch die genannten Erlaubnistatbestände voraussetzen. Überdies sollte man nicht die Fernwirkung unterschätzen, die die Bestimmung des § 97 b zeitigt. In Anbetracht der vielfältigen juristischen Wertungen ist die Publizierung von Staatsgeheimnissen eine Handlung mit rechtlich zweifelhaftem Ausgang und daher von größtem Risiko. Deshalb wird sich derjenige, der solches plant, mit den Anforderungen des § 97 b auseinandersetzen und u. U. vorsichtshalber auf sie eingehen, um nicht Gefahr zu laufen, bei einer evtl. Fehlwertung wie ein Landesverräter bestraft zu werden.

IV. Ergebnis

Angesichts dieser vielfältigen und teilweise sehr engen Verwandtschaft mit anerkannten Rechtfertigungsgründen[83] ist die Klassifizierung des in § 93 Abs. 2 (in Verbindung mit einer Kundgabehandlung) enthaltenen Gedankens als Rechtfertigungsgrund kein dogmatischer Gewaltakt.

C. § 93 Abs. 2 als Rechtfertigungslösung — die Konzeption Jeschecks

I. Darstellung des Gedankengangs

Angesichts der ätzenden Kritik an der gesetzgeberischen Konzeption nimmt es wunder, daß bei dem Versuch, die §§ 93 Abs. 2, 97 b verfassungskonform und dogmatisch annehmbar zu erklären, den aufgezeigten Parallelen zu den Rechtfertigungsgründen kaum weiter nachgegangen wurde. Einzig Jescheck hat den Versuch unternommen, auf diese Weise die Dissonanzen zwischen § 93 Abs. 2 und § 97 b abzumildern und zugleich beide Paragraphen unter hergebrachte dogmatische Kategorien zu fassen[84]. Mit der herrschenden Meinung streitet er dem § 97 b eine eigenständige Verbotsmaterie ab. Denn „man kann kaum behaupten, daß das Handeln ohne gute Absicht und ohne Angemessenheit des Mittels für sich allein schon einer Verbotsnorm widersprechen

---

[83] So kennzeichnete Jescheck die zugrundeliegende Fallgestaltung ausdrücklich als einen „Sonderfall des übergesetzlichen Notstandes“, JZ 1967, S. 6 (10).

[84] Engisch-FS, S. 584 (595 ff.); ihm vorsichtig zustimmend: Welzel, Lb, § 69 IV 7 c. Jescheck hatte für den Fall des Irrtums über die Legalität schon früher eine Sonderregelung entsprechend dem § 39 Abs. 2 E 1962 befürwortet, JZ 1967, S. 6 (10).

würde, wenn der Täter hinsichtlich der Illegalität der Tatsache in gutem Glauben ist und sein darf. Ist die Tatsache nämlich wirklich ein illegales Geheimnis — und davon geht der Täter ja ohne Sorgfaltsverletzung aus — so darf er die Öffentlichkeit ohne weiteres anrufen, ohne daß es auf die gute Absicht und die Angemessenheit des Mittels ankäme[85]." Trotzdem sieht er einen Ausweg aus dem Konflikt zwischen jener Erkenntnis und den kriminalpolitischen Erfordernissen: Er faßt sowohl § 93 Abs. 2[86] wie auch § 97 b als einen Rechtfertigungsgrund auf[87]. Der erstere sei — wenn man ihn im Gesetzeszusammenhang sehe — folgendermaßen zu ergänzen: „Wer ein illegales Staatsgeheimnis an einen Unbefugten gelangen läßt, öffentlich bekannt macht (§ 95[88]) oder auskundschaftet (§ 96 Abs. 2), handelt rechtmäßig." Anders als im Falle des Irrtums über die Legalität seien die in § 97 b Abs. 1 S. 1 Nr. 2 und 3 geforderten Kautelen Abwehrabsicht und Angemessenheit nicht erforderlich[89]. Irre sich der Täter allerdings über die Legalität, so handele er zwar wiederum tatbestandsmäßig i. S. d. §§ 94 ff. Sofern er aber gleichzeitig die negativ umschriebenen Erlaubnisvoraussetzungen des § 97 b erfülle, d. h. mit Abwehrabsicht und in der — vermeintlich — angemessenen Form handele, so sei er gleichwohl gerechtfertigt, diesmal jedoch gemäß § 97 b. Dieser Erlaubnistatbestand stelle eine Art Wahrnehmung berechtigter Interessen in bezug auf die grundrechtlich garantierte Meinungsfreiheit und das für die Demokratie konstitutive Öffentlichkeitsprinzip dar. Gerade diese Sicht des § 97 b bestärkt Jescheck in seiner Interpretation des § 93 Abs. 2 als zweiten Rechtfertigungsgrund. Denn wollte man ihn als wirklichen Tatbestandsausschluß auffassen, so würde schon derjenige vorsätzlich i. S. d. §§ 94 ff. handeln, der die Geheimhaltungsbedürftigkeit des Geheimnisses zum Schutz der äußeren Sicherheit erkenne, — ohne daß es auf die Legalität von dessen Gegenstand ankäme[90]. Diese Interpretation habe allerdings auch zur Folge, daß § 97 a überflüssig werde. Denn in § 94 Abs. 1 Nr. 1 und § 96 Abs. 1 sei der Verrat bzw. die Ausspähung zwecks Verrates gleichermaßen von illegalen wie von legalen Geheimnissen erfaßt. Demgegenüber werde in § 93 Abs. 2 aufgrund der oben genannten Interpretation die heimliche Weitergabe auch von

---

85 a.a.O., S. 595/596.

86 „Entgegen dem Wortlaut", wie er ausdrücklich feststellt, Engisch-FS, S. 584 (596).

87 Ebenda.

88 Auf den Umstand, daß § 94 hier nicht erwähnt ist, obschon er in § 97 b ausdrücklich angezogen wird, muß noch näher eingegangen werden, s. unten S. 73.

89 Der Täter handelt also bereits dann vorsätzlich, wenn er um die Geheimhaltungsbedürftigkeit zum Schutze der äußeren Sicherheit weiß! Die Frage der Legalität wird hingegen vom Vorsatz nicht umfaßt.

90 Ebenda.

illegalen Geheimnissen an Mittelmänner fremder Mächte gerade nicht gerechtfertigt[91]. Dem entspreche im übrigen auch, daß der RegE (der gleichfalls von einer Rechtfertigungslösung ausging[92]), eine Bestimmung nach Art des § 97 a nicht vorgesehen habe.

II. Kritik

a) Kritik der herrschenden Lehre

Gegen diesen Erläuterungsversuch werden in der Literatur im allgemeinen zwei Argumente vorgebracht: Er sei mit dem Wortlaut nicht vereinbar[93] und er entspreche nicht den gesetzgeberischen Absichten[94]. Beiden Argumenten hat Jescheck allerdings bereits insoweit die Spitze genommen, als er dieses Manko ausdrücklich einräumt. Angesichts der allgemein anerkannten Schwierigkeit, § 97 b in einer verfassungsrechtlich vertretbaren Weise in das Gesamtsystem zu inkorporieren, mutet eine derart apodiktische Auseinandersetzung mit dieser völlig anderen Konzeption reichlich dürftig an. Dies nimmt um so mehr wunder, als die Bestimmung von einigen Autoren für teilweise verfassungswidrig gehalten wird, andere Stimmen zumindest eine verfassungskonforme Einschränkung fordern[95] und sich damit selber nicht mehr an die Grenzen des Wortlautes gebunden fühlen.

b) Kritik Wiedmanns

Als einziger setzt sich Wiedmann mit Jeschecks Vorschlag wirklich auseinander[96]. Er hält ihm vor, nicht zu erklären, wieso bei einem unvermeidbaren Irrtum über die Legalität trotzdem nach § 97 b bestraft werden könne, sofern der Täter nur nicht mit Abwehrabsicht oder in unangemessener Weise gehandelt habe. Schließlich müsse dann, wenn § 93 Abs. 2 einen Rechtfertigungsgrund enthalte, ein die Illegalität nicht vorwerfbar annehmender Täter in jedem Fall straflos bleiben — entweder wegen Tatbestands-[97] oder wegen unvermeidbaren Verbotsirrtums[98, 99].

---

91 a.a.O., S. 597.

92 Siehe oben, S. 16.

93 Dreher, § 97 b RN 1; LK-Hengsberger, § 93 RN 21; SK-Rudolphi, § 97 b RN 12; allgemeiner Schönke / Schröder / Stree, § 97 b RN 1: Die Erlaubnistatbestandslösung entspreche „nicht den Intentionen der Bestimmung".

94 LK-Hengsberger, § 93 RN 21; Schönke / Schröder / Stree, § 97 b RN 1.

95 Vgl. Nachweise oben S. 20 f.

96 § 97 b, S. 66 ff.

97 So nach der herrschenden „eingeschränkten" Schuldtheorie.

98 So nach der „strengen" Schuldtheorie.

99 Vgl. Wiedmann, § 97 b, S. 66/67.

Oder aber § 93 Abs. 2 rechtfertige in Wirklichkeit nur unter den in § 97 b Abs. 1 S. 1 Nr. 2 und 3 negativ umschriebenen Voraussetzungen. Dann fehle es jedoch an einer Begründung dafür, wieso bei der Offenbarung einer wirklichen Illegalität diese Voraussetzungen nicht erfüllt zu sein brauchen. Die Parallele zu § 193 verkenne, daß dort das berechtigte Interesse stets allein dann rechtfertigen könne, wenn es in angemessener Weise und mit Verteidigungsabsicht wahrgenommen werde[100].

Diese Kritik ist in der Tat insoweit berechtigt, als Jescheck jene Diskrepanzen nicht erklärt. Sie sind aber m. E. erklärbar und dies soll im weiteren auch geschehen. Als These sei einstweilen nur soviel vorangestellt: Die ausschließliche Alternativität — entweder § 93 Abs. 2 als Erlaubnis mit der Folge der Straflosigkeit bei unvermeidbarem Irrtum, — oder § 97 b als negativ gefaßter Rechtfertigungsgrund mit der Folge, daß auch bei der Bekanntgabe von tatsächlichen Illegalitäten Abwehrabsicht und Angemessenheit vorliegen müssen, — diese Alternativität ist entgegen Wiedmann nicht zwingend[101]. Doch zuvor ist zu erläutern, daß einige Aspekte in der Jescheckschen Ableitung auch von dem hier vertretenen Standpunkt aus nicht erklärt werden können.

c) *Eigene Kritik*

Zum einen trifft es nicht zu, daß § 97 a durch die vorgeschlagene Deutungsweise überflüssig wird. Denn daß sich der Rechtfertigungsgrund des § 93 Abs. 2 auf die Weitergabe an einen Unbefugten, der nicht Agent eines Fremdstaates ist, bzw. auf die öffentliche Bekanntgabe von Geheimnissen beschränken, sich also nicht auf die Fälle des § 94 Abs. 1 Nr. 1 (Verrat an eine fremde Macht) und § 96 Abs. 1 (Ausspähung zum Zwecke des Verrates) erstrecken soll, das ergibt sich weder aus § 93 Abs. 2 noch aus § 97 b noch aus den Offenbarungstatbeständen.

Diese kriminalpolitisch durchaus sinnvolle Beschränkung folgt allein aus der ausdrücklichen Bestimmung des § 97 a[102]. Aber abgesehen von dieser marginalen Unstimmigkeit erscheint auch die Gesamtkonzeption problematisch. Denn wenn § 93 Abs. 2 einen Rechtfertigungsgrund enthält, so bedürfte es doch wohl einer Erklärung, wieso die diesbezügliche Irrtumsregelung einen erneuten Rechtfertigungsgrund abgeben soll. Denn auch im Fall des Notstandes[103] sieht Jescheck[103a] ja in dem

---

[100] Wiedmann, § 97 b, S. 67.

[101] Vgl. dazu unten im einzelnen S. 196 f. und 220.

[102] Allenfalls ließe es sich im Wege einer — problematischen — teleologischen Reduktion erzielen. Vgl. dazu unten, S. 224 f.

[103] Vor dem Hintergrund von Jeschecks zweispuriger Lösung der Erlaubnistatbestandsirrtümer (grundsätzlich: „rechtsfolgeneinschränkende" Schuld-

Erfordernis der gewissenhaften Prüfung seiner Voraussetzungen keinen neuen Erlaubnistatbestand aufgrund der Wahrnehmung berechtigter Interessen. Das Verhältnis der beiden Rechtfertigungsgründe § 93 Abs. 2 und § 97 b zu einander bleibt daher unklar[104]. Denn daß der Irrtum bezüglich eines Rechtfertigungsgrundes zu diesem nicht in einem dogmatischen Komplementär-Verhältnis steht, sondern völlig eigenständig ist, ist eine ebenso erklärungsbedürftige Neuerung wie der Umstand, daß für den einen Erlaubnistatbestand (§ 93 Abs. 2) die allgemeinen Irrtumsvorschriften nicht anwendbar sein sollen und es andererseits bei dem zweiten (§ 97 b) an einem vom Irrtum unberührten Fall der Rechtfertigung fehlt. Überdies gibt Jescheck bei seinem Vorschlag keine Erklärung dafür, warum der unter den von ihm gewählten Voraussetzungen als Verbotsirrtum zu klassifizierende Irrtum über die Legalität nicht entsprechend den allgemeinen Regeln zur Möglichkeit der Strafmilderung führt, sofern er vermeidbar war.

Wegen dieser Unstimmigkeiten erscheint der Einordnungsvorschlag von Jescheck in der Tat nicht befriedigend. Immerhin ist aber mit

theorie, aber bei Notstand: „strenge“ Schuldtheorie, vgl. Lb², § 41 III 2 c einerseits und 3 andererseits) sowie der Notstandsähnlichkeit, die Jescheck schon frühzeitig in der beim illegalen Geheimnis auftretenden Problemkonstellation diagnostiziert hatte (vgl. Pressefreiheit, S. 29) steht zu vermuten, daß er hier eine der „strengen“ Schuldtheorie entsprechende Irrtumslösung für sachangemessen hält, zumal er sich in JZ 1967, S. 6 (10) schon einmal für eine solche Lösung ausgesprochen hat. Einer derartigen Konzeption steht — zumindest formal — die Bestimmung des § 97 b denn auch nicht fern.

103a In der Neuauflage seines Lehrbuches hat Jescheck jene Sonderbehandlung des Notstandstatbestandsirrtums nunmehr aufgegeben: § 41 III 3. Zur Begründung führt er an, daß die seiner ursprünglichen Konzeption hinsichtlich des Notstandes entsprechende Bestimmung des § 39 Abs. 2 E 1962 in § 34 keine Berücksichtigung gefunden habe. Daher werde man trotz der entstehenden Strafbarkeitslücken eine Anwendung der „strengen“ Schuldtheorie in diesem Bereich im Hinblick auf Art. 103 Abs. 2 GG „nicht mehr für zulässig halten dürfen“.

Angesichts des Umstandes, daß der Gesetzgeber sich *absichtlich* einer Stellungnahme in dem Streit zwischen „strenger“ und „eingeschränkter“ Schuldtheorie enthalten hat, vgl. BT Drucks. V/4095, S. 9, erscheint diese Argumentation nicht zwingend. Die vorliegende Arbeit versucht überdies, auch materiell-rechtlich jene Hypothese abzusichern, die Jescheck wohl immer noch für zutreffend zu halten scheint, wie seine zurückhaltenden Formulierungen andeuten. Zudem hält Jescheck seine o. a. Position für die Fälle des erlaubten Risikos (mutmaßliche Einwilligung, § 193) weiterhin aufrecht, Lb, § 41 III 4.

104 In diesem ungeklärten Nebeneinander wurzelt wohl auch die o. a. (S. 71) zumindest ungenaue These, daß der die Geheimhaltungsbedürftigkeit erkennende Täter stets vorsätzlich handeln würde und es auf die Legalität nicht mehr ankäme, wenn § 93 Abs. 2 einen Tatbestandsausschluß enthielte. Denn auch wenn § 97 b einen Rechtfertigungsgrund enthielte, schlösse ein Irrtum in bezug auf den als Tatbestandsausschluß aufgefaßten § 93 Abs. 2 die *vorsätzliche* Deliktsbegehung der §§ 94 ff. aus. Nur — und das wollte Jescheck vielleicht andeuten — wäre dann eine dogmatisch sinnvolle Verknüpfung von § 93 Abs. 2 und § 97 b noch weniger möglich.

diesem gänzlich anderen Ansatz — Kategorisierung des § 93 Abs. 2 als Rechtfertigungsgrund — ein neuer Bereich eröffnet, dessen Möglichkeiten noch nicht ausgeschöpft erscheinen. Soll dieser Weg aber weiter beschritten werden, so gilt es erst einmal, den Einwand auszuräumen, mit dem die herrschende Meinung glaubt, bereits von vornherein über Jeschecks Grundansatz hinweggehen zu können: Schon der Gesetzeswortlaut des § 93 Abs. 2 verbiete, dessen Inhalt als Rechtfertigungsgrund zu klassifizieren[105].

D. Eigener Lösungsansatz

I. Der Gesetzeswortlaut — kein zwingendes Hindernis?

Der Wortlaut des § 93 legt freilich nahe, diesen Lösungsweg für ungangbar zu halten. Denn während er in Abs. 1 definiert: „Staatsgeheimnisse sind ...", sagt er in Abs. 2: „... sind keine Staatsgeheimnisse." Diese Parallelisierung deutet sprachlich allerdings auf eine reine Umschreibung von Tatbestandsmerkmalen hin. Nun ist das Wortlautargument, so beeindruckend es vor dem Hintergrund von Art. 103 Abs. 2 GG erscheinen mag, nicht in jedem Zusammenhang von gleichem Gewicht. Wenn auch der Wortlaut anerkanntermaßen die äußerste Grenze der zulässigen Auslegung[106] ist, so ist dieser Aspekt doch nur eine Frage des Sprach*sinnes*. *Strukturelle* Fragen finden demgegenüber im Wortlaut oft nur eine formale Grenze, denn die Struktur ist unabhängig davon, wie sich der Mensch ihrer sprachlich zu bemächtigen sucht. Vielfach ist die sprachliche Fassung nur eine Frage der Eleganz und Prägnanz und weniger eine der inneren Zuordnung. Dies mag gerade ein Beispiel erhellen, das die Einordnung eines Rechtfertigungsgrundes betrifft: Lautete § 212: „Wer einen anderen tötet, ist wegen Totschlags strafbar, es sei denn, er handelt in Notwehr", so käme niemand auf den Gedanken, „es sei denn, er handelt in Notwehr", sei ein Tatbestandsausschluß. Auch hier bliebe maßgeblich, welche Funktion dem „es-sei-denn"-Satz zukommt, und wie die Struktur dieses Satzinhaltes im Verhältnis zu der der generellen Verbotsmaterie aufzufassen ist. Hier wird nun trotz der anderen sprachlichen Fassung sicher die Behauptung unwidersprochen bleiben, daß die Notwehr ihre Rechtfertigungsfunktion nicht eingebüßt hätte. Von daher ergibt sich bereits, daß ein Gesetzeswortlaut wie der des § 93 Abs. 2 einer materiellen Einordnung als Rechtfertigungsgrund *nicht notwendig* entgegenzustehen braucht. Daß es sich bei § 93 Abs. 2 auch materiell grundsätzlich um einen echten Fall eines Erlaubnissachverhaltes

---

105 Vgl. S. 72, FN 93.

106 a. A. allerdings Schmidhäuser, Lb, 5/42 f., mit beachtenswerten Einwendungen.

handeln könnte, also eines Sachverhaltes, der in concreto das generelle Verbot mit Rücksicht auf ein anderes Rechtsgut neutralisiert, welches der Gesetzgeber grundsätzlich höherrangig einstuft, — das ist durch die oben aufgezeigte Verwandtschaft mit anerkannten Rechtfertigungsgründen bereits angedeutet. Dennoch mag die erwogene These durch das Notwehrbeispiel noch nicht hinreichend abgesichert erscheinen. Deswegen gilt es, die Überprüfung des Wortlautargumentes zu vertiefen. Die Gesetzestechnik, die dabei im Raum steht, ist die der negativen Tatbestandsmerkmale.

II. Die Lehre von den negativen Tatbestandsmerkmalen als formaler Lösungsmechanismus?

a) Einwände aufgrund der (herrschenden) Lehre von den negativen Tatbestandsmerkmalen

Auch wenn das Notwehrbeispiel — zumindest grundsätzlich — andeutet, daß der Wortlaut kein zwingendes Hindernis für die Einordnung des § 93 Abs. 2 als Rechtfertigungsgrund zu sein braucht, so könnten sich dennoch Bedenken gegen eine derartige Klassifizierung des § 93 Abs. 2 als negatives Tatbestandsmerkmal erheben: Der Begriff „negatives Tatbestandsmerkmal" ist gerade im Zusammenhang mit dem Substrat Rechtfertigungsgrund in der dogmatischen Diskussion bereits besetzt und wird mit einer bestimmten Rechtsfolge verknüpft.

Die sogenannte Lehre von den negativen Tatbestandsmerkmalen (im folgenden: L. v. d. n. T.) faßt nämlich sämtliche Voraussetzungen des Rechtswidrigkeitsurteils und daher auch das Fehlen von Rechtfertigungsgründen zu einem Tatbestandsbegriff zusammen[107]. Dieser Gesamttatbestand ist Gegenstand des Vorsatzes, wenn auch in unterschiedlicher Intensität[108]. Das hat zur Folge, daß die irrige Annahme eines Erlaubnistatbestandes den Vorsatz genauso ausschließt wie die irrige Verneinung eines Merkmals des Tatbestandes i. e. S. Im Hinblick auf diese Rechtsfolge würde die L. v.d. n. T. gar keine echte Alternative zu der bereits zuvor dargelegten Tatbestandsausschlußlösung darstellen. Sie wäre daher auch den gleichen, aus der Fassung des § 97 b resultierenden Einwänden ausgesetzt, wie es jene ist.

---

[107] Für die L. v. d. n. T.: Frank, vor § 51 Anm. 3; Engisch, ZStW 70, S. 566 (583 ff.); Art. Kaufmann, JZ 1954, S. 653 und 1956, S. 353 u. 393; Lang-Hinrichsen, JZ 1953, S. 362 ff.; A. Merkel, Lb, S. 82; LK⁸-Mezger, § 59 Anm. II 11; Schaffstein, MDR 1951, S. 196 (197 ff.); v. Weber, Mezger-FS, S. 183 ff.; neuestens Samson, Strafrecht I, S. 122 (128 ff., insbesondere 132) und — vorsichtig — Baumann, Lb, § 19 III 3 b (S. 288). Zusammenfassend (wenn auch ablehnend) Hirsch, Lehre, sowie (befürwortend) Weigt, Stellung.

[108] Vgl. dazu sogleich unten, S. 78 bei FN 115 f.

Es soll im folgengen jedoch die Zwangsläufigkeit bestimmter materieller Konsequenzen aus der Verwendung von negativen Tatbestandsmerkmalen gerade bestritten werden. Dies erfordert allerdings, daß auf die L. v. d. n. T. eingegangen wird. Denn wenn dem Begriff „negatives Tatbestandsmerkmal“ hier eine ganz andere Tragweite beigemessen werden soll, als es nach der h. M. geschieht, so gilt es, den bösen Schein zu meiden, es würden mit einer formalistischen Neudefinition materielle Probleme lediglich verdeckt.

1. Die Lehre von den negativen Tatbestandsmerkmalen

Angesichts ihrer zeitweilig erheblichen Bedeutung[109] darf die L. v. d. n. T. als hinlänglich bekannt vorausgesetzt werden. Es mag daher genügen, wenn sie hier mit wenigen Strichen skizziert wird. Sie besagt im wesentlichen, daß Tatbestand und Rechtfertigungsgrund lediglich methodische Funktionsbegriffe sind. Ihre Elemente sollen sich nur insoweit unterscheiden, als sie für das vollständige Rechtswidrigkeitsurteil bezüglich des Tatbestandes *vorliegen,* während sie bezüglich des Erlaubnistatbestandes *fehlen* müssen. Beide Merkmalsgruppen bestimmen also gleichermaßen das Unrecht. Daraus folgt an sich, daß beide Merkmalsgruppen auch gleichermaßen vom Vorsatz umfaßt sein müßten. Dem sich daran anknüpfenden Einwand, es sei unmöglich zu erwarten, der Täter habe sich sämtliche möglichen Rechtfertigungsgründe als fehlend vorgestellt[110], hat man von seiten der L. v. d. n. T. in zwei, in sich gegensätzlichen Weisen zu begegnen versucht:

(1) Da die objektiven Rechtfertigungsumstände fehlen müssen, damit das Unrecht vorliegt, müßten nachgerade mathematisch zwingend[111] auch die subjektiven Rechtfertigungsmerkmale fehlen.

(2) Eine andere Auffassung[112] fordert demgegenüber die positive Kenntnis vom Fehlen der Rechtfertigungsgründe. Jedoch liege diese Kenntnis in der insbesondere von Platzgummer[113] dargelegten Form des „Mitbewußtseins“ in aller Regel vor. Da eine solche unreflektierte Form des Bewußtseins für den Vorsatz genüge, sei somit in aller Regel auch das negative Tatbestandsmerkmal vom Vorsatz umfaßt.

---

109 Vgl. zu ihren zahlreichen Anhängern FN 107.

110 Arm. Kaufmann, JZ 1955, S. 37 (38); Welzel, MDR 1952, S. 584 (585 FN 5).

111 Art. Kaufmann, JZ 1956, S. 353 (357), unter Berufung auf Radbruch, Frank-FS I, S. 158 (164).

112 Roxin, Tatbestände, S. 125; ZStW 78, S. 248 (259).

113 Bewußtseinsform, S. 63 ff.

2. Kritik

Die sehr verbreitete L. v. d. n. T. hat — berechtigterweise — eine gleichfalls verbreitete Kritik gefunden[114]. Auch sie soll nur kursorisch zusammengefaßt werden. Die von den Anhängern der L. v. d. n. T. behauptete beliebige Austauschbarkeit von Tatbestandsausschluß und Rechtfertigungsgrund verkennt einen grundsätzlichen Wertungsunterschied: Der erstere schränkt das generell als sozialschädlich und rechtsgutswidrig zu bewertende Verhalten aus Gründen ein, die ihre Ursache in den Grenzen eben dieses geschützten Rechtsgutes hat. Eine derartige Begrenzung muß daher ebenfalls *generell* gelten. Demgegenüber berücksichtigt der Rechtfertigungsgrund ein anderes Rechtsgut, das keine generelle Priorität vor den anderen genießt, sondern nur im jeweiligen Einzelfall und unter bestimmten Voraussetzungen (z. B. Angemessenheit) Vorrang genießt[115]. Z. T. wird diese unterschiedliche Struktur von Anhängern der L. v. d. n. T. auch eingeräumt[116], ihr aber jedwede materielle, d. h. über das Begriffliche hinausgehende Bedeutung abgesprochen. Denn in beiden Fällen werde das Urteil: rechtswidrig! verhindert. Diese Begründung verdeckt in Wirklichkeit eine petitio principii, geht es hier doch gerade um die Frage, ob Tatbestandsausschluß und Rechtfertigung materiell gleichartig sind. Mit gleichem Recht könnte man einen Schuldausschließungsgrund qualitativ mit einem Strafausschließungsgrund gleichsetzen, da beide die Strafbarkeit verhindern. Gleichwohl wird sie heute niemand mehr[117] wegen der unterschiedlichen strukturellen Anknüpfungspunkte unter einer Begriffsgruppe zusammenfassen. Vor allem aber, und das ist m. E. entscheidend, müssen die Versuche der L. v. d. n. T., die Vorsatzprobleme in den Griff zu bekommen, als gescheitert angesehen werden: Die Roxinsche These von dem Bewußtsein am Rande, das bezüglich des Fehlens der Rechtfertigungsgründe vorliege, parallelisiert in rationalistischer, völlig unpsychologischer Weise die These Platzgummers vom Randbewußtsein[118]. Dieses Randbewußtsein bezieht sich nämlich auf Warnimpulse, welche die durch die Sozialisation seit dem früh-

---

[114] Vgl. insbesondere Arm. Kaufmann, JZ 1955, S. 37 ff.; Welzel, Niederschriften, Bd. 2, S. 5 (11 ff., seine früheren Kritiken noch einmal zusammenfassend und vertiefend) und schließlich — monographisch — Hirsch, Lehre, sowie — von seiten der Vorsatztheorie — etwa Schröder, MDR 1951, S. 387 (389).

[115] Ähnlich Jescheck, Lb, § 25 III 2; Schönke / Schröder / Lenckner, vor § 13 RN 17. Die gelegentlichen Schwierigkeiten, die Grenze zu ermitteln, schließen nicht aus, daß diese Aspekte in ihrem Kern unterschiedlich sind.

[116] So von Samson, StrafR I, S. 122 (129).

[117] Anders allerdings vom Boden eines dem „Strafandrohungstatbestand" gleichgesetzten Gesamttatbestandes früher Schaffstein, ZStW 57, S. 295 (307 ff.).

[118] Vgl. Bewußtseinsform, S. 63 ff.

kindlichen Alter ins Unterbewußtsein eingebetteten Verbotsnormen aussenden. Jene Warnimpulse haben keine psychologisch gleichwertige Entsprechung in etwaigen Erlaubnisimpulsen. Der Täter mag bei der Tatausführung an vieles denken — aber in aller Regel nicht daran, ob sein Tun nicht etwa doch gerechtfertigt sein könnte[119].

Auch die These Art. Kaufmanns, es genüge das Fehlen des „Vorsatzes" bezüglich der Rechtfertigungselemente, ist unzutreffend. Denn sie beruht auf folgendem Schluß: Sobald sich der Vorsatz auf *negative* Umstände beziehen soll, müsse auch vor ihn ein negatives Vorzeichen gesetzt werden (negative Kenntnis = fehlende Kenntnis). Denn an sich beziehe sich der Vorsatz nach § 59 a. F. lediglich auf positive Merkmale[120]. Der logische Fehler in dem „nahezu mathematischen" Nachweis liegt in einer falschen „Gleichungs"-Bildung, hinter der sich ein petitio principii verbirgt. Weil Art. Kaufmann behauptet, negative und positive Tatbestandsmerkmale seien gleich, glaubt er sich berechtigt, auf beiden Seiten der „Gleichung" die gleiche Vorzeichenänderung durchführen zu können. Damit hat er das thema probandum aber schon in die „Rechenregel" mit hineingenommen. Hätte er die Gleichung ausdrücklich gebildet, so wäre sein Fehlschluß deutlich geworden:

(1) Vorsatz (*V*) = Wissen und Wollen der Tatbestandselemente (*TbE*)

Setzt man nun für *TbE* negative (= fehlende) Rechtfertigungselemente (*RfE* = —*TbE*) ein, wie es der L. v. d. n. T. entspricht, so soll sich ergeben

(1a) — (= fehlender) *V* = Wissen und Wollen der (—*TbE*)

Hier aber offenbart sich der logische Fehler: In Wirklichkeit ist der Satz (1a) nicht nur unlogisch, sondern entspricht auch nicht mehr der Ausgangsgleichung. Diese würde nämlich lauten:

(2) *V* = Wissen und Wollen der (—*TbE*) oder

(3) —*V* = — (= fehlendes) Wissen und Wollen der (—*TbE*)[121]

Allein schon die Erwägung, positive und negative Tatbestandsmerkmale unterschiedlichen Vorsatzbezügen zu unterwerfen[122], müßte verdeutlichen, daß die beiden Bezugsgegenstände eben doch nicht gleich

---

[119] Zutreffend Krümpelmann, GA 1968, S. 129 (132). Das räumt auch Samson, StrafR I, S. 122 (129) ausdrücklich ein.

[120] JZ 1956, S. 353 (357).

[121] Vgl. bereits zutreffend Krümpelmann, der zeigt, daß die fehlende Kenntnis der Rechtfertigungsmerkmale eine ignorantia-Form, also ein Irrtumsfall, bei den negativen Tatbestandsmerkmalen ist — und damit gerade nicht als Vorsatz bezüglich des negativen Tatbestandsmerkmals aufgefaßt werden kann, GA 1968, S. 129 (132).

[122] So freilich — entsprechend der Art. Kaufmannschen Deduktion — noch neuestens Samson, StrafR I, S. 122 (128/129).

sind. Überdies ist nur bei Ablehnung der L. v. d. n. T. der Wortlaut der neuen §§ 32 und 34 erklärbar, die jeweils von einer „Tat" sprechen, die „nicht rechtswidrig" ist. Dies ließe sich sprachlich einwandfrei nicht vertreten, wenn es bereits am Tatbestand fehlte[123]. Es ist daher mit der h. L.[124] die L. v. d. n. T. abzulehnen. Dieses Verdikt gilt allerdings nur insoweit, als die Verwendung der L. v. d. n. T. jene besagten materiellen Konsequenzen einschließen soll.

b) Negative Tatbestandsmerkmale — eine inhaltlich neutrale Technik zur Auflösung von Rechtssatzkonkurrenzen

1. Funktionalität der negativen Tatbestandsmerkmale

Anders wäre die Situation jedoch dann, wenn sich zeigen ließe, daß mit der Verwendung von negativen Tatbestandsmerkmalen über deren materielle Funktion noch nichts gesagt ist. Denn sofern der Einsatz dieser Gesetzestechnik keine bestimmten Entscheidungen, etwa hinsichtlich der Irrtumsprobleme, implizierte, so ließe sich § 93 Abs. 2 problemlos als ein solches Merkmal einordnen. Dann ließe sich jenes scheinbar so durchschlagende Argument vom Gesetzeswortlaut, der angeblich einer Rechtfertigungslösung eindeutig entgegenstehe, auf seine tatsächliche Bedeutung zurückführen. Zugleich wäre dadurch die Tür zu einer unbefangeneren Funktionsanalyse des Inhaltes von § 93 Abs. 2 geöffnet.

Nun wird in der Tat die These vertreten[125], daß die L. v. d. n. T. lediglich eine mögliche Form der Lösung von scheinbar konkurrierenden (d. h. sich tatsächlich gegenseitig ausschließenden) Rechtssätzen beinhaltet[126]. Nach dieser Auffassung sind negative Tatbestandsmerkmale abstrakt wie folgt zu definieren: Merkmale, die im Tatbestand des vorrangigen Rechtssatzes einen bestimmten Sachverhalt voraussetzen, können im Tatbestand des verdrängten Rechtssatzes durch das Fehlen dieses bestimmten Sachverhaltes erfüllt werden — im Wege einer negierten Konjunktion[127]. Diese These, daß Tatbestände negative

---

[123] Vgl. LK-Hirsch, vor § 51 RN 7.

[124] Statt vieler Dreher, Heinitz-FS, S. 207, 217 ff. (223).

[125] Vgl. zum folgenden: Minas-von Savigny, Tatbestandsmerkmale.

[126] Die anderen Auflösungsmöglichkeiten sind: Die Lehre vom übergeordneten Rechtssatz (Beispiel: lex posterior derogat legi priori) sowie die Lehre von der negativen Geltungsanordnung (Beispiel: § 958 BGB:
(1) Wer eine herrenlose bewegliche Sache in Eigenbesitz nimmt, erwirbt das Eigentum an ihr.
(2) Wer durch die Besitzergreifung das Aneignungsrecht eines anderen verletzt, erwirbt kein Eigentum an der Sache.
(3) Wenn Rechtssatz (2) gilt, gilt Rechtssatz (1) nicht.) Vgl. Tatbestandsmerkmale, S. 73 ff.

Tatbestandsmerkmale enthalten, ist — sofern man dem definitorischen Ansatz folgt — unbestreitbar. Das zeigt sich deutlich an der Auflösung von Gesetzeskonkurrenzen, also in Fällen, in denen verschiedene, formal eigenständige Rechtssätze bezüglich desselben Sachverhaltes eingreifen, aber jeweils für sich unterschiedliche Rechtsfolgen anordnen: Das konsumible, subsidiäre oder generelle Delikt kommt nur dann zum Zuge, wenn nicht gleichzeitig ein konsumierender, primärer[128] oder spezieller Tatbestand verwirklicht wurde[129]. Denn die negativen Tatbestandsmerkmale beinhalten zunächst einmal nur die logische Aussage, daß das Fehlen derartiger Umstände notwendige Voraussetzung für das Eintreten der Rechtsfolgen ist:

(1) Wenn *a*, *b* und *c* und nicht *d* und *e*, dann Rechtsfolge *A*.

(2) Wenn *a*, *b*, *c*, *d* und *e*, dann Rechtsfolge *B*[130].

In die Form dieses Kalküls läßt sich formal auch die Konkurrenz einer Verbotsnorm mit einem Erlaubnistatbestand gießen:

(1) Wenn *a*, *b* und *c* (Tatbestand i. e. S.) und nicht *d* und *e* (Erlaubnistatbestand), dann Rechtsfolge *A* (Rechtswidrigkeitsurteil).

(2) Wenn *a*, *b*, *c*, *d* und *e*, dann Rechtsfolge *B* (Rechtfertigungsurteil)[131, 132].

---

127 Minas-v. Savigny, Tatbestandsmerkmale, S. 75 ff. Der Begriff „negierte Konjunktion" besagt dabei nur, daß das Fehlen der Bedingung ein „Summand" in der Aussagenverknüpfung ist. Die Aussage gilt übrigens auch mit umgekehrten Vorzeichen: Merkmale, die im Tatbestand des vorrangigen Rechtssatze das Fehlen eines bestimmten Sachverhalts voraussetzen, können im Tatbestand des verdrängten Rechtssatzes durch das Vorliegen dieses Sachverhalts erfüllt werden — ebenfalls aufgrund negativer Konjunktion.

128 Eine logische Unterscheidbarkeit von Konsumption und Subsidiarität bestreitet mit Recht Klug, ZStW 68, S. 399 (407 ff.).

129 Die Rechtfertigung für diese These liegt in dem für geschlossene logische Systeme notwendigen Prinzip der Widerspruchsfreiheit.

130 Vgl. Minas-von Savigny, Tatbestandsmerkmale, S. 75 ff.

Da das Verhältnis von Rechtssatz (1) zu Rechtssatz (2) bereits in den ersteren einbezogen ist, kommt diese Technik zur Lösung von scheinbar konkurrierenden, d. h. einander ausschließenden Rechtssätzen mit nur *zwei* Schritten aus. Demgegenüber sind bei den anderen Lösungsmöglichkeiten *drei* Sätze erforderlich: Bei der Lehre vom übergeordneten Rechtssatz:

(1) Wenn *a*, *b*, *c*, dann Rechtsfolge *A* (R_A).

(2) Wenn *a*, *b*, *c*, *d*, *e*, dann R_B.

(3) Wenn Rechtssatz (2), dann gilt Rechtssatz (1) nicht.

Vgl. Minas-von Savigny, a.a.O., S. 70 ff. (72 f.). Ebenso bei der Lehre von der negativen Geltungsanordnung:

(1) Wenn *a*, *b*, *c*, dann R_A.

(2) Wenn *a*, *b*, *c*, *d*, *e*, dann nicht R_A.

(3) Wenn *a*, *b*, *c*, *d*, *e*, dann R_B.

Vgl. Minas-von Savigny, a.a.O., S. 73 ff.

131 Aus dieser Denkform ergibt sich auch der logische Ansatz für den zweigliedrigen Deliktsaufbau, wie er von den Anhängern der L. v d. n. T

Damit ist noch nichts darüber gesagt, welche *materiellen* Merkmalsgruppen des Tatbestandes i. w. S. überhaupt in der Form von negativen Tatbestandsmerkmalen vertatbestandlicht werden dürfen[133]. Darauf wird noch zurückzukommen sein[134]. Einstweilen geht es nur um die Frage, ob es aussagenlogisch unstatthaft ist, Rechtfertigungsgründe als negative Tatbestandsmerkmale in einen Gesamttatbestand einzubeziehen. Das ist aufgrund der vorstehenden Überlegungen zunächst einmal zu verneinen.

Indirekt ist durch das bisher Gesagte zugleich schon ein weiterer Einwand widerlegt, der wiederholt der L. v. d. n. T. entgegengehalten wurde, nämlich der Vorwurf, sie versuche einzelne positive Tatbestandsmerkmale oder deren Gesamtheit einzuschränken[135]. Dies sei jedoch logisch nicht möglich[136]. In Wirklichkeit führt die Verwendung

---

vertreten wird, vgl. etwa Samson, I, S. 122 (125 ff.), Sauer, AT, § 14 I und 21 III 1 g, Schönke / Schröder[17], vor § 1 RN 6, § 59 RN 21. Dies ist jedoch nur eine formale Parallelisierung von Kalkül und Deliktsaufbau. Daß sie materiell keine zwingend notwendige Folge aus dieser Denkform ist, ergibt sich daraus, daß über den materiellen Gehalt der einzelnen Faktoren noch gar nicht gesprochen wurde. Vgl. dazu sogleich im Text.

132 Mit diesem Kalkül ist auch ein bestechendes Argument gegen die L. v. d. n. T. entkräftet: Welzel unterstellt nämlich, daß nach ihr die Tötung eines Menschen in Notwehr rechtlich nichts anderes sei als die Tötung einer Mücke, da das Vorliegen eines Rechtfertigungsgrundes dieselbe Bedeutung habe wie der Mangel eines Tatbestandsmerkmals (Lb, § 14 I 1 [S. 81]). Ähnlich Gallas ZStW 67, S. 1 (16). Das ist jedoch nur funktionell richtig, denn es entfällt das Rechtswidrigkeitsurteil. Materiell ist es demgegenüber nicht zwingend. Denn es ist auch bei dieser formalen Struktur ein Unterschied, ob das Element „*a*" aus der Konjunktion „*a, b, c*" entfällt, oder ob die Summe „*d* und *e*" aus der Negation „nicht *d* und *e*" vorliegt. Deswegen ist auch nach der L. v. d. n. T. die Möglichkeit einer anderen Rechtsfolge eröffnet, die an das Vorliegen der reinen Tatbestandsmäßigkeit i. e. S. anknüpft. Beispiel: Wenn der Soldat aufgrund eines rechtswidrig bindenden Befehls eine Verkehrsordnungswidrigkeit begeht (Beispiel von Jescheck, Lb, § 35 II 2 [S. 317]: Er fährt mit unbeleuchtetem Rad, um ein Diensttelegramm abzuholen), so ist er zwar gerechtfertigt, § 11 Abs. 2 Satz 1 SG, §§ 5 Abs. 1, 22 Abs. 1 Satz 1 WStG; trotzdem liegen damit die Voraussetzungen für ein Disziplinar- und Ordnungswidrigkeitenverfahren gegen den Vorgesetzten vor.

133 Nach h. M. dürfen dies nur solche Merkmale sein, die *nicht* den Typus begründen; vgl. etwa Gallas, ZStW 67, S. 1 (19); Art. Kaufmann, JZ 1956, S. 353 (354 f.); Welzel, ZStW 67, S. 196 (209); Weigt, Stellung, S. 108.

134 Vgl. unten S. 88.

135 Vgl. etwa — plastisch — Gallas, ZStW 67, S. 1 (28), der seine Ablehnung der L. v. d. n. T. damit erläutert, daß anderenfalls das Töten in Notwehr aufhöre, Töten zu sein; vgl. auch Armin Kaufmann, Normentheorie, S. 241 ff.; Schweikert, Tatbestandslehre, S. 36 ff., 131; die gelegentlich in der Tat mißverständlichen Äußerungen einiger Anhänger dieser Lehre (etwa: Negative Tatbestandsmerkmale negierten das „Verhalten als solches", so v. Weber, Mezger-FS, S. 181 [185]) lassen sich aus dem Gesamtzusammenhang durchaus im Sinne des oben stehenden Textes verstehen.

136 So hält es etwa Arm. Kaufmann für „evident", daß ein positives Ereignis (Akt) nur positiv umschrieben werden könne, Normentheorie, S. 241. Hier wird jedoch nur der Ausdruck „positiv" in verschiedenen Bedeutungen verwandt. Daß eine Handlung ein Etwas, ein Wirkliches ist, schließt bei ihrer

negativer Tatbestandsmerkmale — wie die positiver — dazu, daß der gesamte, nicht etwa nur der positiv umschriebene Tatbestand eingeschränkt wird[137]. Denn dadurch erhöht sich die Zahl der Voraussetzungen, die die Rechtsfolge auslösen[138]. Würden nämlich einzelne Tatbestandsmerkmale durch negative Tatbestandsmerkmale ausgeschlossen oder neutralisiert, wie der L. v. d. n. T gelegentlich unterstellt wird[139], dann würde der Tatbestand abstrakter, sein Anwendungsbereich also weiter[140]. Genau das Gegenteil wird jedoch angestrebt — und auch erreicht.

Formal, i. e. aussagenlogisch, läßt sich also gegen die Verwendung negativer Tatbestandsmerkmale nichts Durchschlagendes vorbringen.

Ein weiterer Einwand gegen die L. v. d. n. T. lautet, sie lege eine monistische Normentheorie zugrunde, denn sie verkenne die Unterschiedlichkeit von Verbots- und Erlaubnissatz[141]. Dieses Argument, das schon in materielle Erwägungen hinüberleitet, ist allerdings unzutreffend[142]: Gerade die monistische Imperativentheorie, die nur Rechtssätze befehlenden Inhaltes kennt[143], kann im Grunde keine nega-

Umschreibung die Verwendung von negativen Merkmalen nicht aus. Schließlich schließt jede negierende Aussage („von hier an: nein!“) stets eine positive Aussage („bis hierhin: ja!“). Insofern zu weitgehend: Zielinski, Handlungsunwert, S. 225 FN 5, der die gegenteilige Ansicht für nachgewiesen erachtet.

137 Durch das Hinzufügen des Wortes „Menschen“ würde der Tatbestand „Töten ist strafbar“ ebenso eingeschränkt, wie durch das Merkmal „ohne Mörder zu sein“. Als notwendige Voraussetzung für das Rechtswidrigkeits- und das Schuldurteil und damit zugleich für die Srafbarkeit würde dies im gleichen Maße für ein Merkmal „ohne in Notwehr zu handeln“ gelten.

Vgl. ebenso schon Arm. Kaufmann, JZ 1955, S. 37 (38 f.).

138 Vgl. etwa die einem ganz anderen Anliegen entspringenden Ausführungen Zielinskis zur „ohne-zu-Komponente“, durch die sich die Norm zu einer Unterlassungspflicht im Rahmen eines Fahrlässigkeitstatbestandes konkretisiere, Handlungsunwert, S. 174 ff.

Vgl. im übrigen Engisch, ZStW 70, S. 566 (587).

139 So etwa Hirsch, Lehre, S. 17. Allerdings verwenden die Anhänger dieser Lehre gelegentlich derartige, Mißverständnisse fördernde Wendungen, vgl. etwa Weigt, Stellung, S. 105: „Die Rechtfertigungsgründe sind eine negative Einschränkung des positiven Tatbestandsteils.“

140 Richtig Minas-von Savigny, Tatbestandsmerkmale, S. 78 ff., insbesondere 80.

141 Vgl. etwa Welzel, ZStW 67, S. 196 (208 ff.); Neues Bild², S. 54 ff., FN 1; Lb. § 14 I 1 (S. 82).

142 So bereits Minas-von Savigny, Tatbestandsmerkmale, S. 34 ff.

143 Hold v. Ferneck, Rechtswidrigkeit I, S. 98 ff. Demgegenüber ist die Position Thons innerhalb der monistischen Imperativentheorie undeutlich. Er hat zwar die Imperativentheorie als erster formuliert, nach der alles Recht allein durch Imperative gebildet wird, Rechtsnorm, S. 8 und passim. Aber er anerkennt neben diesen selbständigen Rechtssätzen ausdrücklich auch unselbständige. Die letzteren bezeichnet er zwar als lediglich „begriffsentwickelnd“, a.a.O., S. 347, und als nur unselbständige „Stücke eines anderen“, berechtigenden Rechtssatzes, ebenda, FN 51. Gleichwohl sollen sie „die Vorbedingungen für den Eintritt oder das Ende gewisser Imperative“ be-

tiven Tatbestandsmerkmale kennen, da sich die Normen nur an taugliche Subjekte in tauglichen Situationen richten können[144]. Zwar trifft auf diese Theorie der Welzelsche Vorwurf von der unerträglichen Gleichsetzung der Tötung eines Menschen in Notwehr mit der Tötung einer Mücke[145] zu, da nach ihr das gerechtfertige tatbestandsmäßige Handeln — mangels tauglicher Situation[146] rechtlich irrelevant ist. Doch dies ist gerade nicht die Anschauung der L. v. d. n. T.: Denn der Umstand, daß im Sinne des o. a. Rechtssatzes *a*, *b* und *c* erfüllt sind, läßt sich durch keinen Rechtfertigungsgrund beseitigen. Gerade umgekehrt setzt die L. v. d. n. T. eine mindestens dualistische Normentheorie voraus, da sie neben den Imperativen eben auch Erlaubnissätze (i. S. d. Rechtssatzes: „nicht *d* und *e*") kennt[147]. Nach alldem erscheint es formal zulässig, einen Rechtfertigungsgrund mit Hilfe von negativen Tatbestandsmerkmalen zu vertatbestandlichen bzw. in den

---

stimmen können, a.a.O., S. 346. (So soll die Dereliktion die das Eigentumsrecht begründenden Imperative beenden, weil diese anderenfalls trotz Dereliktion fortgelten würden, a.a.O., S. 348.) Wie ein unselbständiger Rechtssatz einen selbständigen (!) soll bedingen (!) können, bleibt unerklärt und erscheint mit dem Denkansatz auch unvereinbar; vgl. ebenso Minas-von Savigny, Tatbestandsmerkmale, S. 36, FN 84.

144 Hold v. Ferneck, Rechtswidrigkeit I, S. 281 und passim; vgl. auch die These: Alles Recht ist Situationsrecht, ebenda, S. 205.

Anders freilich, wenn man wie Engisch, Einführung, S. 24, 27 und passim, sowie Suche, S. 26 ff., in Erlaubnissen nach Art der Rechtfertigungsgründe bloße Begrenzungen von Imperativen sieht. (Was nach dieser Einschränkung „noch übrig bleibt, sind wieder nur Imperative"; Einführung, S. 24.) Diese Vereinseitigung erscheint aber deswegen nicht zulässig, weil damit die Entstehung der Erlaubnis aus einer Bewertungsnorm völlig vernachlässigt wird. Die Existenz von Bewertungsnormen anerkennt aber auch Engisch, a.a.O., S. 27 („Die Gebote und Verbote des Rechts wurzeln in sog. ‚Bewertungsnormen' "), ebenso in Suche, S. 33 ff. — womit er im strengen Sinne bereits die monistische Imperativentheorie verlassen hat, wenngleich er die Bewertungsnormen als rein „platonisch" bagatellisiert, solange sie nicht zum Imperativ erstarken. Bei diesem sehr weiten Verständnis von „monistischer" Imperativentheorie läßt sich freilich die L. v. d. n. T. sehr wohl vertreten, wie ihre tiefschürfende Verteidigung gerade durch Engisch, ZStW 70, S. 566 (583) zeigt. Diese Sicht der Imperativentheorie unterläuft daher das Welzelsche Verdikt, es werde „die selbständige Bedeutung der Gewährungen" verkannt, Lb, § 82 I 1 (S. 82).

145 Etwa Niederschriften, Bd. 2, S. 12.

Die Metapher stammt im übrigen von Kohlrausch, Irrtum, S. 64. Dort sprach er sich zwar gegen die L. v. d. n. T. aus (S. 61 ff.), stand ihr aber inhaltlich trotzdem in wesentlichen Punkten nahe, nicht zuletzt mit eben diesem Satz, daß die Tötung eines Menschen in Notwehr „schlechthin rechtmäßig sei, nicht mehr und nicht weniger als die Tötung einer Mücke".

146 Der Gesetzgeber habe für den Fall keine Norm erlassen, weil er mit ihrer Befolgung nicht rechnen könne, Hold v. Ferneck, Rechtswidrigkeit I, S. 356, vgl. auch S. 300. Der Angreifer wiederum habe keinen Anspruch darauf, nicht verletzt zu werden, a.a.O., S. 293.

147 Hold v. Ferneck deutet diese Unvereinbarkeit von monistischer Imperativentheorie und negativen Tatbestandsmerkmalen denn auch an, vgl. Rechtswidrigkeit I, S. 300.

Deliktsaufbau einzubeziehen. Denn die L. v. d. n. T. ist nichts anderes als eine formale Methodik, die inhaltlich für jede sich ihrer Gestalt bedienende Theorie offen ist[148].

Allerdings wird dann, wenn man sie verwendet, mit verschiedenen Tatbestandsbegriffen gearbeitet: einem engen, der aus positiven und negativ gefaßten (Verbots-, Unrechtstypus-)Tatbestandsmerkmalen besteht, und einem weiteren, der auch noch — mit negativem Vorzeichen — die Elemente des Erlaubnistatbestandes enthält[149]. Das erscheint aber unschädlich angesichts der Vielzahl von Aspekten, unter denen man den Tatbestand betrachten kann[150].

In jedem Fall stehen der Verwendung solcher Merkmale keine Einwände aus der Begriffsbildung entgegen, wie etwa der Einwand von Gallas gegen die L. v. d. n. T., der Tatbestand sei der Delikts*typus*; da ein Rechtfertigungsgrund etwas atypisches darstelle, könne er demzufolge auch das Unrecht nicht typisieren[151]. Angesichts der inhaltlichen Neutralität des Begriffs negatives Tatbestandsmerkmal ist die These dann nicht mehr richtig, wenn man ihr nicht zugleich die oben abgelehnte materielle L. v. d. n. T. subintellegiert.

Lediglich ein Bedenken verlangt im folgenden noch vertieft behandelt zu werden, da es besonders naheliegt: Man könnte gegen die hier vorgenommene Trennung den Vorwurf eines geistigen Taschenspielertricks erheben: Formal werde die Austauschbarkeit der negativen mit den positiven Tatbestandselementen behauptet, materiell aber geleugnet. Doch das wäre eine arge Simplifizierung des bisher Vorgetragenen:

---

148 So zutreffend Minas-v. Savigny, Tatbestandsmerkmale, S. 129. Daß sie deswegen auch „eine wertlose Erfindung" sei, wie sie, ebenda, zustimmend Binding, Normen III, S. 309, zitiert, muß allerdings bestritten werden, was sich auch im folgenden zeigen wird.

149 Ein noch weiterer Tatbestandsbegriff umfaßt dann noch — wiederum als negative Tatbestandselemente — die Rechtsatzkonkurrenz hinsichtlich der verschiedenen Ver- bzw. Gebots- und Erlaubnissätze in dem o. a. Sinne (vgl. S. 80 [81/2]). Die bisherigen Tatbestandsbegriffe sind von dem (dem Begriff des „Delikts" vielfach gleichgestellten) Begriff des „Tatbestandes i. w. S." insoweit deutlich abgeschichtet, als sie das jeweils spezifische Rechtswidrigkeitsurteil tragen, also stets unterhalb dieser Schwelle des Deliktsaufbaus bleiben. Das Fehlen von Schuld- und Strafausschließungsgründen könnte zwar auch in Form von negativen Tatbestandselementen gedacht werden, bezöge sich dann aber nicht mehr auf das Unrecht, sondern auf das Gesamtdelikt. Die Vielzahl unterschiedlicher Tatbestandsbedeutungen ist zwar methodisch unschön. Gleichwohl wird die letztgenannte Funktion sprachlich nicht mehr besonders gekennzeichnet, da sie im weiteren nicht von Belang ist. Die Häufigkeit der Begriffsverwendungen entspricht den differenzierten Zielsetzungen und ist im übrigen nichts Neues. Es sei nur an Begriffe wie „System-", „Irrtums-", „Garantie-" oder „gesetzlichen Tatbestand" erinnert.

150 Immerhin zählt Engisch, Mezger-FS, S. 127 (130 ff.) fünf verschiedene Tatbestandsbegriffe auf.

151 Niederschriften, Bd. 2, S. 41.

Richtig ist zwar, daß jegliche Typen von Tatbestandsmerkmalen beliebig positiv oder negativ formuliert werden können, ohne ihre systematische Qualität zu ändern. Aber welcher Art diese Qualität ist, ob Tatbestandsmerkmal i. e. S. oder Erlaubnistatbestandsmerkmal oder ein Drittes, — das ergibt sich allein aufgrund materieller, insbesondere normentheoretischer Erwägungen. Damit werden die formalen Aspekte lediglich aus ihrer die Diskussion bisweilen beherrschenden Stellung verdrängt und auf die dogmatisch dienende Funktion zurückgeführt, die ihnen zukommt.

Die Gegenthese läßt sich deshalb auch nicht mit dem Beispiel des Untersuchungsgegenstandes erhärten, etwa mit der Argumentation: Ist denn nicht der hier vorgenommene zwanglose Wechsel in der Kategorisierung des § 93 Abs. 2 ein schlagendes Exempel dafür, daß die strukturellen Unterschiede nicht so gewichtig sein können? Ein solcher Einwand würde wiederum unzulässig formale und materielle Aspekte vermengen und damit die hier verfolgte Hypothese verfehlen. Denn hier soll gerade umgekehrt nachgewiesen werden, daß der Gesetzgeber entgegen seinen Absichten, einen Tatbestandsausschluß zu normieren, tatsächlich unter Verwendung einer materiell neutralen Gesetzestechnik substantiell eine Rechtfertigungslösung statuiert hat. Man könnte jedoch die Gegenthese von einer auch materiellen Ununterscheidbarkeit beider Merkmalsgruppen mit Beispielen aus dem Bereich der Einwilligung zu erhärten suchen. Denn die Einwilligung läßt sich nach Ansicht vieler ohne weiteres ebenso als Einverständnis umgestalten und umgekehrt[152]. In der Tat könnte etwa bei der Sachbeschädigung der Tatbestand unschwer und ohne Änderung seiner Funktion durch ein „gegen den Willen des Eigentümers" ergänzt werden, so daß dessen Zustimmung tatbestandsausschließend und nicht bloß, wie es die h. M. für die geltende Rechtslage vertritt, rechtfertigend wirkte. Das ist völlig zutreffend, weist aber bei genauerem Zusehen nur die Untauglichkeit des Beispiels für die Gegenthese auf: Wenn ein Rechtsgut für den Berechtigten disponibel ist, dann greift in dem Fall der Einwilligung der Gesichtspunkt des mangelnden Interesses[153] ein. Da dies aber ein *genereller* Aspekt auf der Opferseite ist, durch den dem an sich geschützten Rechtsgut seine Schutzbedürftigkeit genommen wird, liegt nach dem oben Dargelegten[154] eine Tat-

---

[152] Insoweit, also nur in der Form, übereinstimmend Baumann, Lb, § 19 III 3 b, (S. 287); Schönke / Schröder[17], § 59 RN 108.

[153] Gerade weil man — im Hinblick auf die Einwilligung — den Gesichtspunkt des „mangelnden Interesses" auch zu den Begründungsmöglichkeiten für Rechtfertigungsgründe zählte, konnte es zu dem Umkehrschluß kommen, es gebe in Wirklichkeit keinen Leitgedanken, der Tatbestandsausschluß und Erlaubnis materiell abzuschichten vermöge, so etwa LK[8]-Mezger, § 59 Anm. 4.

[154] S. 42.

bestandseinschränkung vor. Das heißt, in all den Fällen, in denen wirksam eine Einwilligung hinsichtlich eines disponiblen Rechtsgutsobjektes erklärt wird, wird — entgegen der h. L. — niemals das Tun gerechtfertigt, sondern der Täter handelt — bei Kenntnis dieses Umstandes — mangels schützenswerten Substrates gar nicht erst tatbestandsmäßig i. e. S.[155].

Denn solange man — mit der h. L.[156] — an dem Element des Erfolgsunrechtes festhält, fehlt es bei Verletzung disponibler Rechtsgüter mit Einwilligung des Berechtigten an eben diesem unwerthaften Erfolg[157]. Ähnliches gilt in den Fällen der behördlichen Erlaubnis. Wird durch diese Erlaubnis ein ganz konkreter Konflikt gegenläufiger Normen entschieden, so liegt ein Rechtfertigungsgrund vor[158]. Hingegen ist die behördliche Erlaubnis stets dort eine echte Tatbestandseinschränkung, wo das erlaubnispflichtige Verhalten an sich keine Sozialwidrigkeit beinhaltet, der Erlaubnis also lediglich eine öffentliche Kanalisierungs- und Korrekturfunktion zukommt[159]. Dies gilt selbst dann, wenn mit dem Tun erhebliche soziale Gefahren verbunden sind (Straßenverkehr, Bergbau), gleichwohl wegen der Sozialüblichkeit oder des generell überwiegenden Sozialnutzens derartige Betätigungen hingenommen werden[160, 161].

Damit zeigt sich zweierlei: Zum einen, daß der Gesetzgeber in sehr weiten Grenzen Herr der Form ist[162], da ihn unmittelbar nichts daran

---

155 I. E. ebenso Schmidhäuser Lb 8/123 ff.: Von diesem Rechtsgut geht in concreto kein Achtungsanspruch aus. Vgl. — darüber hinausgehend — etwa Arm. Kaufmann, Welzel-FS, S. 393 (397 FN 9); Kientzy, Mangel, S. 67 f., 82 ff.; Roxin, Kriminalpolitik, S. 25 FN 57; Zipf, Einwilligung, S. 15 ff.; 30, 59, die sogar jeglicher Einwilligung eine tatbestandsausschließende Wirkung beimessen. Etwas undeutlich ist die Position Hirschs, der in ZStW 74, S. 78 (130 f.) bzgl. § 303 diesen Standpunkt teilt, ihn aber im LK, vor § 59 RN 102, generell ablehnt.

156 a. A. allerdings Zielinski, Handlungsunwert, S. 128 ff., vgl. dazu aber unten S. 104 ff., insbesondere S. 110 ff.

157 Der Versuchsaspekt kann in dem Zusammenhang außer Betracht bleiben.

158 Beispiel: Die Erlaubnis, mit lebenden Erregern hochinfektiöser Krankheiten zu arbeiten (entgegen § 64 Abs. 2 Nr. 1 i. V. m. § 19 BundesseuchenG). In etwa ist dieser Gedanke mit dem Prinzip des repressiven Verbots mit Befreiungsvorbehalt im öffentlichen Recht vergleichbar; vgl. dazu etwa Wolff / Bachof I, § 48 II c 1.

159 Beispiel: Unerlaubtes Betreiben einer nach § 1 FernmeldeanlagenG genehmigungspflichtigen Fernmeldeanlage (§ 15 Abs. I FernmeldeanlagenG) oder einer nach § 4 Abs. 1 BImSchG genehmigungspflichtigen Anlage (§ 64 BImSchG).

160 Beispiel: So sind eine Reihe von gefährlichen Tätigkeiten im Bergbau nur anzeigepflichtig, vgl. §§ 66 ff. Allg.BergG (v. Hippel / Rehborn, Nr. 100). Vgl. im übrigen Goldmann, Genehmigung, S. 84 ff. Die öffentlich-rechtliche Parallele ist in dem Prinzip des präventiven Erlaubnisvorbehaltes zu sehen, vgl. Wolff / Bachof I, § 48 II a 1.

161 Vgl. zum ganzen Goldmann, Genehmigung, insbes. S. 128 ff.

hindern kann, einen Tatbestandsausschluß als Rechtfertigungsgrund zu normieren und umgekehrt (Beispiel: § 303). Dennoch vermag er sich in seiner Formenwahl nicht folgenlos über derartige Strukturunterschiede hinwegzusetzen. Solange die von ihm zugrundegelegte Dogmatik an die unterschiedlichen Irrtumsbezugspunkte: Tatbestand/Rechtswidrigkeit verschiedene Rechtsfolgen knüpft[163], solange werfen auf sie bezogene gesetzgeberische Willkür oder Irrtümer erhebliche dogmatische und damit auch judizielle Probleme auf. Je schwerwiegender die Folgen einer solchen Mißachtung der Strukturen sind, desto eher wird der Gesetzgeber zur Korrektur gezwungen sein. Auf derartige „Rückkopplungseffekte" vermag sich Welzels These von der „Bindung des Gesetzgebers an sachlogische Strukturen"[164] mit Recht zu stützen.

Zum anderen zeigt sich, daß es beim Rechtfertigungsgrund nicht um eine echte Begrenzung des Verbotsumfanges geht, sondern um eine gegenläufige Norm, die freilich an dem Schnittpunkt mit dem Verbot limitativ wirkt. Der Rechtfertigungsgrund unterscheidet sich von einem Tatbestandsausschluß also nicht allein dadurch, daß dieser generell das Rechtswidrigkeitsurteil verhindert, jener aber nur in den besonderen Fällen, in denen die Zusatzbedingungen erfüllt sind, die der Erlaubnissatz fordert. Einen solchen Unterschied könnte man als einen bloß graduellen abqualifizieren und vielleicht vernachlässigen. Tatsächlich aber erfaßt der Rechtfertigungsgrund eine wirkliche *Rechtssatzkonkurrenz* und damit ein aliud. Wegen dieser Andersartigkeit ist es zulässig, positive und negative Tatbestandsmerkmale trotz ihrer konstruktiven Verwandtschaft unterschiedlich zu behandeln.

2. Ergebnis

Damit dürfte deutlich gemacht sein, daß der Gesetzeswortlaut des § 93 Abs. 2 einer Klassifizierung seines Inhalts als Rechtfertigungsgrund nicht entgegensteht. Man braucht sich unter ihm — formal — eben nur ein negatives Tatbestandselement vorzustellen[165].

---

[162] So auch ausdrücklich Welzel, Vom Bleibenden, S. 21.

[163] So ist z. B. beim Einverständnis im Gegensatz zur Einwilligung keine Kenntnis des Täters erforderlich, sofern man einmal den Aspekt des Versuchs außer Betracht läßt. — Auch hinsichtlich der generellen Rechtsfolgen differenziert nicht nur die sogen. „strenge" Schuldtheorie zwischen diesen beiden Deliktsstufen, vgl. Maurach, AT, § 23 II B und § 38 II B 2. Für den Fall des Erlaubnisirrtums tut dies auch die „eingeschränkte" Schultheorie, vgl. etwa Jescheck, Lb, § 29 V 4 und § 41 III 1. Es war ein die methodische Attraktivität der Vorsatztheorie nicht unerheblich erhöhender Vorzug, diesen Zwiespalt vermeiden zu können.

[164] Niederschriften, Bd. 2, S. 33 und ständig.

[165] Dabei wäre freilich genaugenommen jedes einzelne Merkmal dieses Absatzes jeweils ein „negatives Tatbestandsmerkmal".

III. Entgegenstehende gesetzgeberische Absichten als Hindernis?

Mit der Hypothese, § 93 Abs. 2 könne auch einen Rechtfertigungsgrund enthalten, stößt sich allerdings die Interpretation, die der Gesetzgeber selbst jener Bestimmung gegeben hat[166]. Gleichwohl nötigt dieser Umstand nicht zu einer Diskussion der Frage, welches Gewicht legislatorischen Zielvorstellungen bei der Auslegung zukommt. Denn trotz des beachtlichen Bemühens um dogmatische Durchdringung der anstehenden Fragen ist der Strafrechtssonderausschuß zu der schließlich Gesetz gewordenen Fassung aufgrund eines verhältnismäßig kurzfristig entstandenen Kompromisses gelangt, dessen Implikationen keineswegs erneut dogmatisch überprüft worden sind[167]. Tatsache bleibt, daß der Gesetzgeber in § 97 b eine Regelung normiert hat, die seiner These von der Tatbestandsausschluß-Lösung in § 93 Abs. 2 unter Zugrundelegung der herrschenden Dogmatik nicht entspricht. Diesen inneren Widerspruch hat er normiert, ohne gleichzeitig eine neue Dogmatik konzeptionell auch nur anzudeuten[168]. Angesichts einer weitgehend unklaren systematischen Konzeption des § 97 b kann ein derartiges Zusammenzwängen der sich gegenseitig ausschließenden Tatbestandsausschluß- und Rechtfertigungs-Lösung in einem Deliktskomplex kein ernsthaftes Hindernis für eine anders geartete Kategorisierung des § 93 Abs. 2 sein. In Anlehnung an eine Auslegungsregel des zivilistischen Vertragsrechtes, daß bei formal widersprüchlichen Regelungen deren *objektiver* Erklärungswert zu ermitteln sei (vgl. § 133 BGB)[169], kann daher auch hier versucht werden, den wahren Gehalt des § 93 Abs. 2 außerhalb der gesetzgeberischen Lesart zu finden.

IV. Ergebnis

Somit ist der Weg frei für eine Neuorientierung. Entgegen den Kritiken gegenüber Jeschecks Lösungsansatz, der hier geteilt wird, ist festzustellen: § 93 Abs. 2 *könnte* als Rechtfertigungsgrund aufgefaßt werden.

Auf dieser Grundlage gilt es nunmehr, sich dem Vergleich der Bestimmungen der §§ 93 ff. mit den dogmatischen Konsequenzen jener bisher erst theoretisch eröffneten Rechtfertigungslösung zuzuwenden.

---

166 Vgl. BT Drucks. V/2860 (Bd. 121), S. 16.

167 Vgl. dazu die Darlegungen oben auf S. 18 f.

168 Es kann daher offenbleiben, ob eine solche Deutung in § 93 auch hineingelesen werden dürfte, wenn der Gesetzgeber jene Bestimmung dogmatisch eindeutig, wenn vielleicht auch mit neuartigen Elementen, untermauert hätte.

169 Vgl. Enneccerus / Nipperdey, AT II, § 205 II 1 und III.

E. Verifizierung des Lösungsansatzes

I. Vereinbarkeit von § 97 b mit den Rechtsfolgen der „eingeschränkten" und der „strengen" Schuldtheorie

a) „Eingeschränkte" Schuldtheorie

Nachdem die materielle L. v. d. n. T. als Lösungskonzeption aus der Betrachtung ausgeschieden worden ist, verbleiben nunmehr nur die sogen. „eingeschränkte" und die „strenge" Schuldtheorie als dogmatischer Maßstab, der an die §§ 93/97 b angelegt werden kann. Doch diese Alternative steht eigentlich nur noch theoretisch zu Gebote. Angesichts des Ergebnisses, das die Erörterungen zu § 93 Abs. 2 als Tatbestandsausschluß gezeitigt haben, muß nämlich gesagt werden, daß auch die „eingeschränkte" Schuldtheorie die Bestimmung des § 97 b nicht zu tragen vermag. Denn diese Theorie gelangt hinsichtlich des Erlaubnistatbestandsirrtums zum gleichen Ergebnis, das auch ein echter Tatbestandsirrtum nach sich zöge: Ausschluß der Vorsatzstrafbarkeit[170], Strafbarkeit nur bei entsprechendem Fahrlässigkeitstatbestand. Damit erhöbe sich auch gegen sie der Einwand der nicht erklärbaren Rechtsfolgen-Gleichsetzung bei vorsätzlicher wie bei fahrlässiger Deliktsbegehung. Also scheidet auch die „eingeschränkte" Schuldtheorie als dogmatischer Überbau für die §§ 93 ff. aus.

b) „Strenge" Schuldtheorie

Anders stellte sich die Ausgangssituation dar, wenn man den Standpunkt der „strengen" Schuldtheorie bezöge. Denn nach ihr vermag kein Irrtum über einen Rechtfertigungsgrund den Vorsatz zu berühren, also auch der Erlaubnistatbestandsirrtum nicht[171]. Stets liegt nur ein Verbotsirrtum i. S. d. § 17 vor. Insoweit stimmt diese Lehre in ihren Rechtsfolgen mit dem Gesetzeswortlaut des § 97 b überein. Der Verbotsirrtum erlaubt allerdings die Strafe nach dem Grade seiner Vermeidbarkeit zu mildern, bzw. schließt sie — bei Unvermeidbarkeit — sogar aus. Freilich fehlt es in der Bestimmung des § 97 b an diesen Beschränkungsmöglichkeiten. Ob dies ein gewichtiges, die Verwendung der „strengen" Schuldtheorie als Erklärungsgrund ausschließendes Hindernis ist, oder ob sich eine Möglichkeit der Harmonisierung zwischen Theorie und Gesetzeswortlaut ergibt, — dies wird noch zu klären sein[172]. Vordringlich erscheint es aber, auf die Frage einzu-

---

[170] So die im Vordringen begriffene Lehre, statt vieler Stratenwerth, Lb, RN 498; Wessels, AT, § 11 III 1 b, z. T. wird allerdings auch bereits die Vorsätzlichkeit bestritten, Blei, AT, § 36 III; Schönke / Schröder / Cramer, § 16 RN 14.

[171] Vgl. Welzel, Lb, § 22 III 1 f.

[172] Vgl. dazu unten S. 176 f.

gehen, ob es überhaupt zulässig ist, die „strenge“ Schuldtheorie als gesetzestheoretische Fundierung heranzuziehen. Immerhin wird jene Theorie trotz der gewichtigen Denkanstöße, die von ihr ausgingen, überwiegend abgelehnt[173]. Hinzu kommt, daß ihr, die sie doch gleichsam ein „Nebenprodukt“ der finalen Handlungslehre ist[174], mittlerweile gerade auch von erklärten Anhängern des Finalismus die theoretische Folgerichtigkeit bestritten wird[175].

Auf beide Fragen soll daher in den folgenden beiden Abschnitten eine Antwort gegeben werden.

II. Die „strenge“ Schuldtheorie — eine „unzulässige“ Erklärungsgrundlage?

Die „strenge“ Schuldtheorie könnte sicherlich dann nicht mehr ohne weiteres als theoretische Konzeption einem kategorisierungsbedürftigen Gesetzesabschnitt zugrundegelegt werden, wenn sich das Gesetz selbst irgendwo gegen ihre Voraussetzungen oder Rechtsfolgen ausgesprochen hätte. Dies ist aber nicht geschehen. Im Gegenteil ergibt sich aus der Gesetzgebungsgeschichte zu §§ 16 und 17, daß der Gesetzgeber den Theorienstreit über den Rechtfertigungsirrtum nicht autoritativ entscheiden, sondern bewußt einer weiteren Diskussion in Praxis und Theorie offenhalten wollte[176]. Von daher stünden einer Verwendung der „strengen“ Schuldtheorie keine grundsätzlichen Bedenken entgegen. Diese Hypothese findet eine weitere Bestätigung in der Bestimmung des § 22 Abs. 2 u. 3 WStG. Dort wird der Irrtum über die Rechtswirksamkeit eines Befehls geregelt. Glaubt der Soldat irrig, der Befehl fordere zu einer Verbrechensbegehung auf, so ist er gemäß § 22 Abs. 2 straflos, wenn der Irrtum unvermeidbar war[177]. In Absatz 3

---

[173] Und zwar auch von Autoren, die der personalen Unrechtslehre nahestehen, vgl. etwa Blei, AT, § 36 III; Eser, StrafR I, Nr. 14, A 18 ff.; Börker, JR 1960, S. 168 (169); Dreher, MDR 1962, S. 592; Jescheck, Lb, § 41 III 2 d; Gallas, ZStW 67, S. 1 (46 FN 89); Lackner, § 17 Anm. 5 b; Schönke / Schröder / Cramer, § 16 RN 14; SK-Rudolphi, § 16 RN 10 ff.; Stratenwerth, Lb, RN 497 ff.; Wessels, AT,§ 11 III 1 b. I. E. ebenso im übrigen die Anhänger der L. v. d. n. T., vgl. S. 76 (FN 107), sowie die der Vorsatztheorie, neuestens u. a. Schmidhäuser, Lb, 10/64, Otto, AT, § 16 II e 5.

[174] Immerhin glaubte Welzel trotz seines frühzeitig entwickelten finalistischen Ansatzes (vgl. ZStW 58, S. 491 [497 ff.] und in der 1. Auflage seines Lehrbuchs) entgegen all seiner Bedenken der h. M. zum Erlaubnistatbestandsirrtum (§ 59 a. F. analog) folgen zu müssen, vgl. Lb[1], § 19 IV 4, anders: Lb[2], § 19 IV 4.

[175] Stratenwerth, Lb, RN 497 ff., Zielinski, Handlungsunwert, S. 252 ff., 276 ff., jeweils von ganz unterschiedlichen dogmatischen Erwägungen ausgehend; vgl. dazu unten S. 98 ff., 103 f.

[176] Vgl. SA Prot. 87. Sitzung, S. 1740 — entsprechend der Empfehlung der Hamburger Strafrechtslehrertagung 1964.

[177] War der Irrtum vermeidbar, so soll allerdings nach Auffassung der zuständigen Referenten, Dreher, in Dreher / Lackner / Schwalm, WStG, § 22

gilt das gleiche für denjenigen, der aus anderen Gründen den Befehl für nicht verbindlich hält. Hier wird allerdings einschränkend gefordert, daß es dem Soldaten gleichzeitig nicht zumutbar gewesen sein darf, sich mit Rechtsbehelfen zur Wehr zu setzen[178]. Damit erweist sich die Regelung des Irrtums über den Rechtfertigungsgrund „verbindlicher Befehl" als Regelung auf der Grundlage der „strengen" Schuldtheorie[179]: Keine Unterscheidung zwischen Erlaubnistatbestands- und Erlaubnisirrtum, Strafbarkeit aus dem Strafrahmen des Vorsatzdeliktes mit einer — allerdings umstrittenen — Milderungsmöglichkeit.

Wenngleich von Rechtsprechung und überwiegender Lehre im Ergebnis der „eingeschränkten" Schuldtheorie gefolgt wird, diese auch bei der Neuregelung als status quo begünstigt werden sollte[180], so ist nach dem Vorstehenden die Verwendbarkeit der „strengen" Schuldtheorie keineswegs von vornherein ausgeschlossen.

RN 10, und Schölz, WStG, § 22 RN 10, keine Strafmilderung in Betracht kommen. Die dafür gegebene Begründung, es handele sich bei § 22 Abs. 2 und 3 WStG um eine „abschließende Sonderregelung", ist äußerst formal. Angesichts des Vorwurfs, die Versagung einer Analogie zu § 17 S. 2 stelle einen Verstoß gegen das Schuldprinzip dar, muß man sie sogar als nachgerade oberflächlich ansehen. In der Entstehungsgeschichte des neuen § 22 finden sich denn auch keine Anhaltspunkte dafür. Da auch die Besonderheiten des Militärs keine Durchbrechung des Schuldgrundsatzes zu rechtfertigen vermögen, so zutreffend Wiesner, Irrtum, S. 127 ff., ist § 17 S. 2 auf diese Absätze entsprechend anzuwenden; ebenso schon für den § 22 Abs. 2 a. F. WStG Kohlhaas, Wehrstrafrecht, § 22 RN 5; v. Richthofen, Handbuch, § 22 Anm. 7; Rittau, Wehrstrafgesetz, § 22 Anm. 3; Wiesner, Irrtum, S. 136 ff. (137).

(Die gegenteilige Auffassung von Eiselt, Behandlung, S. 113 ff., insbes. 125 ff. [139 ff.], der sich wenigstens mit der Durchbrechung des Schuldprinzips auseinandersetzt, überzeugt nicht. Er verkehrt das verfassungskräftige Schuldprinzip in einen bloßen Programmsatz, wenn er es bereits bei sinnvollen gesetzgeberischen Erwägungen für durchbrechbar hält, a.a.O., S. 116 ff. [119]. Außerdem muß sehr bezweifelt werden, daß die präventive Verstärkung des Gehorsamsgedankens, die durch die Versagung einer Strafmilderung bei vermeidbarem Irrtum erzielt werden soll, a.a.O., S. 116 ff. [119], durch eine schuldangemessene Bestrafung derart ausgehöhlt würde, a.a.O., S. 125 ff., daß eine interpretatorische [!] Durchbrechung eines Verfassungsgrundsatzes unausweichlich wäre.)

In die genau entgegengesetzte Richtung zielte eine früher recht verbreitete These, nach der § 22 Abs. 2 und 3 WStG sich nur auf Bewertungs-, nicht aber auf Sachverhaltsirrtümer beziehen soll, so H. Arndt, Grundriß, S. 194 f.; Kohlhaas, Wehrstrafrecht, § 22 Anm. 6. Diese Meinung wollte also die eingeschränkte Schuldtheorie auch hier anwenden. Eine solche Auffassung widerspricht heute allerdings deutlich dem Gesetzeswortlaut und den gesetzgeberischen Intentionen bei der Neufassung im Zuge des EGStGB, mit der eine Anlehnung an § 113 Abs. 4 erfolgen sollte, vgl. BT Drucks. VII/550 (Bd. 175), S. 333 ff. (337).

[178] War das zumutbar, kann das Gericht dennoch von einer Strafe absehen, § 22 Abs. 3, letzter HS WStG.

[179] Eiselt, Behandlung, S. 171 ff. und S. 205 (sub 5); Wiesner, Irrtum, S. 111.

[180] Vgl. Horstkotte, Prot. 87. Sitzung, S. 1740; für eine Lösung i. S. d. „eingeschränkten" Schuldtheorie übrigens auch § 19 Abs. 1 AE.

III. Zwischenergebnis

Es stünden also weder Gesetz noch methodologische Erwägungen der Dogmatik entgegen, wollte man die §§ 93 ff. als einen Ausfluß der „strengen“ Schuldtheorie verstehen. Trotzdem wäre eine derartige Lesart reichlich kühn angesichts des Umstandes, daß diese Theorie auf weitverbreitete Ablehnung stößt. Wenn im folgenden gleichwohl gegen den Strom der h. M. angeschwommen wird, so nicht deshalb, weil — gleichsam mit Gewalt — die Landesverratsbestimmungen in irgendein dogmatisches System gezwängt werden sollen. Kriminalpolitisch vertretbare Ergebnisse ließen sich auch durch die verschiedenen verfassungskonformen Auslegungen erzielen. Methodisch sind solche Korrekturen mit Hilfe der Verfassung jedoch erst zulässig, wenn methodische Systeme von schlichterem Rechtssatz-Rang nicht mehr weiterhelfen, da eine derartige berichtigende Auslegung die ultima ratio zur Abwendung der Verfassungswidrigkeit ist. Überdies geht es hier nicht vorrangig um eine methodenreine Problementwicklung. Vielmehr soll das Weitere zeigen, daß die „strenge“ Schuldtheorie — wenn auch mit Modifikationen — kein Prokrustusbett, sondern eine Theorie ist, die die vorgegebenen Strukturen beim Rechtfertigungsirrtum im allgemeinen am besten bewältigt.

F. Die „strenge“ Schuldtheorie und ihre Kritik

I. Die „strenge“ Schuldtheorie

Während es bisher genügte, sich mit den Rechtsfolgen dieser Theorie zu befassen, gilt es nun doch, auf ihren materiellen Gehalt einzugehen und sie auch im Spiegel der an ihr geübten Kritik zu betrachten.

Die „strenge“ Schuldtheorie[181] definiert den Tatbestandsirrtum als „Irrtum über einen objektiven Tatumstand des gesetzlichen Tatbestandes“, den Verbotsirrtum als „Irrtum über die Rechtswidrigkeit der Tat bei voller Kenntnis der Tatbestandsverwirklichung“[182]. An die oben bereits herausgearbeitete, zumindest theoretisch eröffnete Mög-

---

[181] Für diese Theorie haben sich ausgesprochen: Bockelmann, NJW 1950, S. 830 (831 f.); AT, § 16 C II c cc; Fukuda, JZ 1958, S. 143 (146 ff.); Hartung, NJW 1951, S. 209; 1952, S. 761 (764); Heitzer, NJW 1953, S. 210; Hirsch, Lehre, S. 254; Arm. Kaufmann, JZ 1955, S. 37; LK-Schroeder, § 59 RN 59; Maurach, AT, § 37 I D, § 38 II B 2; Niese, DRiZ 1953, S. 20; Eb. Schmidt, SJZ 1950, Sp. 837; Niederschriften, Bd. 2, S. 50; Warda, JR 1950, S. 546 (549); Welzel-FS, S. 499 (514 ff.); Welzel, SJZ 1948, Sp. 368; NJW 1952, S. 564; JZ 1952, S. 596; JZ 1955, S. 142; ZStW 67, S. 196; ZStW 76, S. 619; Lb, § 22 III 1 f.

Neuestens Sax, JZ 1976, S. 429 (430, FN 5). Vgl. im übrigen auch § 31 (26 a) WiStG a. F.

[182] Welzel, Lb, § 22 III (S. 166).

lichkeit, *materiell* zwischen Verbots- (bzw. Gebots-)Norm und Erlaubnissatz zu unterscheiden, knüpft diese Lehre an und unterscheidet jeweils nach dem Irrtumsobjekt auch die Irrtumsfolgen. Da der § 16 (ähnlich § 59 Abs. 1 a. F.) nur für den „Tatumstandsirrtum" den Vorsatzausschluß ausspreche, der Rechtfertigungsgrund aber kein Tatumstand sei, unterfalle dieser auch nicht der Bestimmung des § 16. Dies gehe um so weniger, als nicht bestritten werden könne, daß der z. B. in Putativnotwehr Handelnde *vorsätzlich*, d. h. wissentlich und willentlich in bezug auf die Tatbestandsverwirklichung handele[183]. Da der Täter also im Sinne jener Leitentscheidung des Großen Senates[184] ‚wisse, was er tue, aber irrig annehme, es sei erlaubt', liegt nach dieser Meinung bei jedwedem Irrtum über einen Rechtfertigungsgrund und damit auch beim Erlaubnistatbestandsirrtum ein Verbotsirrtum vor. Als solcher ziehe er im Fall der Unvermeidbarkeit des Irrtums Straflosigkeit, bzw. bei Vermeidbarkeit eine obligatorische Strafmilderung nach dem Maße seiner Vermeidbarkeit nach sich. Als Sonderfall des Verbotsirrtums weise er sich nur insofern aus, als der vermeidbare Rechtfertigungsirrtum im Urteilstenor ausdrücklich angesprochen werden solle[185].

Damit ist die „strenge" Schuldtheorie in groben Umrissen skizziert.

II. Kritik und Weiterentwicklung

Obschon jener Theorie immer wieder innere gedankliche Geschlossenheit bescheinigt wird[186], stößt sie doch überwiegend auf Ablehnung[187]. Die Argumente, die gegen sie vorgebracht werden, sind zahlreich, — die — m. E. im wesentlichen gelungenen — Versuche, sie zu entkräften, nicht minder. Diese Diskussion hier erneut auszubreiten, erscheint allerdings nicht erforderlich, ist sie doch im großen und ganzen hinlänglich bekannt. Vor allem zeugen die Auseinandersetzungen[188] von einem — bisweilen — solchen Maß an argumentativer Spitzfindigkeit, daß sie zum Teil als ein Negativbeispiel für Begriffs-

---

183 Welzel, Lb, § 22 III 1 f.

184 BGH 2, S. 194 (197).

185 Beispiel nach Welzel, Lb, § 22 III 1 f.: „Der Angeklagte wird wegen Totschlags in vermeidbar-irriger Annahme eines Notstandes ... bestraft." Diese besondere Erwähnung im Tenor fordert Welzel allerdings für jeden Verbotsirrtum, vgl. JZ 1953, S. 266 (267).

186 Eser, StrafR I, Nr. 14, A 17; Gallas, Niederschriften, Bd. 2, S. 42; Herdegen, BGH-FS, S. 195 (206); Langer, GA 1976, S. 193 (211 f.).

187 Vgl. oben FN 173.

188 Vgl. dazu etwa, ohne gleichzeitig den Standpunkt der L. v. d. n. T. zu teilen, Dreher für das BMJ in der Großen Strafrechtskommission, Niederschriften, Bd. 2, S. 26 (27 ff.) und die Replik Welzels, ebenda, S. 31 ff.

Vgl. im übrigen wiederum — umfassend — Hirsch, Lehre, S. 170 ff.

jurisprudenz dienen könnten[189]. Deshalb soll hier lediglich auf zwei Haupteinwände erneut eingegangen werden, weil ihnen besondere Überzeugungskraft innezuwohnen scheint:

(1) Die von der „strengen" Schuldtheorie erzielten Ergebnisse seien äußerst ungerecht. Denn der Irrende werde wie ein gemeiner Verbrecher bestraft[190].

(2) Überdies vernachlässige sie, daß der Täter sich subjektiv rechtstreu verhalte[191].

a) Die Unbilligkeit der „strengen" Schuldtheorie

Die These von den ungerechten Resultaten jener Lehre schien zeitweilig erhebliche Evidenz genossen zu haben, da sie häufig ohne eine weitere Erläuterung verwandt wurde. In der Regel stak dahinter eine schlichte petitio principii: Ungerecht war sie angeblich deshalb, weil der Täter aus dem Vorsatzdeliktsrahmen bestraft werden konnte. Daß Welzel schon frühzeitig[192] eine obligatorische Strafmilderung analog §§ 51/49 a. F. forderte, wurde kaum zur Kenntnis genommen. Nur die Mißachtung dieses Aspektes konnte die Mär von der Gleichbehandlung von „vorsätzlich handelndem" und „irrendem" Täter aufkommen lassen. Wenn nun wirklich der Soldat im Kriege auf Wache seinen Kameraden erschießt, weil er ihn leichtfertig für seinen Gegner hält, so ist allerdings nicht erkennbar, wieso hier eine vorsätzliche Tötung und auch deren Strafwürdigkeit geleugnet werden soll[193, 194]. Alle die

[189] So zutreffend Engisch, ZStW 70, S. 566 (567), der von „geradezu scholastischem Raffinement" spricht.

[190] Baumann, Lb, § 27 V 2; Dreher, § 16 RN 24 und Heinitz-FS, S. 207 (216 f.); Jescheck, Lb, § 41 III 2 b; Kohlrausch / Lange, § 59 Anm. V 3 d (S. 230); Schönke / Schröder / Cramer, § 16 RN 14.

[191] Vgl. sinngemäß schon Löffler, GrünhutsZ 20 (1892), S. 767 (776), später insbesondere BGH 3, S. 105 (107) und Engisch, ZStW 70, S. 566 (599 f.).

[192] Vgl. Lb², § 19 IV 4, anders z. T. noch in Lb¹, § 19 IV 3 a und b sowie 4 (80/81), wo er — übrigens für *jeden* Verbotsirrtum — „notgedrungen" mangels anderer Regelung glaubte, eine Analogie zu § 59 a. F. befürworten zu müssen, obgleich er schon damals — im Anschluß an Graf Dohna, Aufbau, S. 41 ff. — den Vorsatz für nicht berührt ansah und den Irrtum für einen Schuldminderungsgrund hielt.

[193] So schon mit Recht M. E. Mayer, Lb, S. 319 ff. (321).

[194] Paradigmatisch: Dreher, § 16 RN 24, der der „strengen" Schuldtheorie als Konsequenz unterstellt: „Mord mit Milderung nach § 49, wenn im Kriege ein Flieger mit Bomben eigene Soldaten tötet, die er vorwerfbar für Feinde hielt." Was hier in Wirklichkeit perhorreszierend wirkt, ist nicht die „strenge" Schuldtheorie, sondern die Subsumtion militärüblichen Verhaltens, nämlich das Töten von Menschen mittels Fliegerbomben, unter § 211. Diese Kategorisierung dürfte dem sozialen Phänomen „Krieg" aber nicht gerecht werden, abgesehen davon, daß es i. d. R. an dem für § 211 erforderlichen Bewußtsein einer besonderen Verwerflichkeit fehlen wird. Soweit sich Anhänger jener Lehre zu dem Problem kriegerischer Tötungen geäußert haben, gehen sie daher auch — zu Recht — von § 212 aus, vgl. Welzel, Niederschriften, Bd. 2,

zu Herzen gehenden Besonderheiten der Kathederfälle, mit denen gezeigt werden soll, wie nahe der schließlich eingetretene Irrtum gelegen habe, vermögen jedoch auch nach dieser Lehre die Schuld und Strafe über den Vermeidbarkeitsaspekt zu mindern, — und zwar direkt proportional. Liest man nicht in den Begriff „vorsätzlich" automatisch die Rechtsfolge „schwerste Strafe" gleich hinein, so kann man sehr wohl zu gerechten Ergebnissen gelangen.

Auf der anderen Seite vermeidet man mit Hilfe dieser Theorie jene z. T. groteske Ungleichbehandlung parallel liegender Fälle, bei denen einmal bestraft werden kann, ein anderes Mal trotz gleichen Rechtfertigungsirrtums nicht — mangels entsprechenden Fahrlässigkeitstatbestandes. Überdies belegen die insbesondere von Hirsch[195] zusammengetragenen Beispiele zur Genüge, daß es keineswegs die „strenge" Schuldtheorie ist, die zu unbilligen Ergebnissen zwingt. Allzusehr wurde von den Gegnern dieser Lehre auf den Umstand geblickt, daß im Fall der Putativerlaubnis das Delikt *vorsätzlich* begangen wird. Das mußte freilich vor dem Hintergrund der dolus-malus-Theorie den Täter einem schwergewichtigen Individualvorwurf aussetzen. Allzuwenig Bedeutung wurde hingegen dem durch den Finalismus geförderten[196] Gedanken beigemessen, daß die Vorsätzlichkeit der Tat diese nicht notwendig als besonders sozialwidrig abstempelt[197], daß die Schuld vielmehr noch an weitere Umstände anknüpft und sich deswegen hier Schuld und Strafe nach dem Grade der Vermeidbarkeit des Irrtums zwangsläufig mindern sollen. Jener Einwand der ungerechten Ergebnisse läßt sich denn heute auch kaum noch mit dem Hinweis stützen, der Täter werde zu Unrecht als Vorsatztäter und damit als gemeiner Verbrecher stigmatisiert. Die personale Unrechtslehre hat sich insoweit als so überzeugend erwiesen, daß die meisten Anhänger auch der „eingeschränkten" Schuldtheorie die Vorsätzlichkeit der Deliktsbegehung nicht in Abrede stellen[198].

Doch damit ist der Vorwurf der Ungerechtigkeit, dem sich die „strenge" Schuldtheorie ausgesetzt sieht, noch keineswegs gänzlich entkräftet. Die Differenzierung zwischen Tatbestand und Rechtswidrig-

---

S. 34; Hirsch, Lehre, S. 342; vgl. übrigens schon M. E. Mayer, Lb, S. 319 (321). Welzel, a.a.O., bezieht sogar § 213 ein.

195 Lehre, S. 319 ff., 336 ff.

196 Anklänge sind schon bei P. Merkel, JW 1925, S. 893 (894 f.) und Grundriß, S. 144 ff. festzustellen.

197 Vgl. dazu Welzel, ZStW 67, S. 196 (211 FN 30) und ständig; Hirsch, Lehre, S. 345.

198 Dreher, § 16 RN 27 und Heinitz-FS, S. 207 (223); Eser, StrafR I,Nr. 14, A 18; Gallas, ZStW 67, S. 1 (46 FN 89); Herdegen, BGH-FS, S. 195 (208); Jescheck, Lb, § 41 III 2 d; Stratenwerth, Lb, RN 499; Wessels, AT, § 11 III 1 b (S. 86); unklar, aber im Ergebnis wohl ebenso, Schönke / Schröder / Cramer, § 16 RN 14.

keit statt zwischen Tatbestand sowie Erlaubnistatbestand einerseits und täterschaftlicher Unrechtsbewertung andererseits wird auch aus wertenden Erwägungen vielfach für ungerechtfertigt gehalten[199].

b) *Der „Rechtstreue"-Einwand*

1. Gedanke

Das Gegenargument baut auf dem Umstand auf, daß der irrig eine Erlaubssituation annehmende Täter subjektiv im Einklang mit den Rechtsvorstellungen der Gemeinschaft stehe: Wäre die Situation tatsächlich so, wie er sie sich vorstellt, handelte er gerechtfertigt.

2. Gegeneinwand

Welzel hat den Einwand, der Täter verhalte sich subjektiv „rechtstreu", als Ausfluß einer reinen Gesinnungsethik gekennzeichnet, die im Ergebnis unannehmbar sei, da sie dem „irrenden Gewissen" einen verhängnisvollen Freiraum einräume[200]. Welzel hat dem seinen „verantwortungsethischen Schuldbegriff"[201] entgegengestellt. Es genüge nicht das subjektive Bewußtsein, nichts Unrechtes zu tun, sondern der Mensch müsse sich darum bemühen, im Rahmen des ihm Möglichen zu erkennen, ob sein Handlungsprojekt innerhalb einer rechtlich geordneten Gemeinschaft sozial-ethisch richtig ist. Für diese Entscheidungen trage er auch die Verantwortung.

3. Erwiderung

Die Replik Welzels ist nicht unwidersprochen geblieben[202]. Zum einen erscheint es nicht unproblematisch, in dogmatischen Streitfragen mit-

---

199 Vgl. etwa Stratenwerth, Lb, RN 497 f.

200 Vgl. etwa Gewissen, S. 13 ff.; Niederschriften, Bd. 2, S. 8.

201 Vgl. SJZ 1947, Sp. 409 (411); Strafrechtsprobleme, S. 15 f., unter Verwendung einer Formulierung Max Webers, Politik, S. 57 f. Kritisch zu dieser Weberschen Gegenüberstellung von „Gesinnungs-" und „Verantwortungsethik" im Politischen schon Smend, Staat, S. 363 (377 ff.), der sich für eine Einbeziehung des Sittlichen in die Erfolgsethik, für ein am sittlich *und* politisch Richtigen orientiertes Handeln des Politikers ausspricht. In diesem Sinne sind im Grunde auch Welzels Ausführungen (etwa SJZ 1947, Sp. 409 [415]) zu verstehen, nur daß er in seinem „verantwortungsethischen Schuldbegriff" diese Synthese enthalten sieht. — Vgl. demgegenüber Sax, Annales 1955, S. 415 (420), der auch diesen Begriff verwendet, jedoch aus ihm für die Fälle bloß potentiellen Unrechtsbewußtseins nur eine Fahrlässigkeitsschuld ableitet.

202 So bestreitet Engisch, daß Welzel das Begriffspaar inhaltlich im gleichen Sinne gebrauche wie M. Weber, ZStW 70, S. 566 (578 ff.). Zugleich glaubt er, es handele sich bei Welzel in Wirklichkeit um Abstufungen der Gesinnungsethik, nämlich von „subjektiv guter und objektiv guter Gesinnung" oder gar von „autonomer und hetoronomer Moral", a.a.O., S. 580). Damit wird aber

tels ethischer Bewertung entscheiden zu wollen. Denn damit würde die Lösung nur auf eine noch abstraktere und zugleich noch umstrittenere Ebene gehoben. Ein solches Vorgehen wäre wohl nur zulässig, wenn eine der Lösungsalternativen allgemein anerkannten Grundsätzen der Ethik widerspräche. Das ist aber nicht der Fall. Denn der (heute noch) wirklich umstrittene Fall ist nicht der des sich nach eigenen Normen ausrichtenden Täters[203]. Diesbezüglich teilt die inzwischen ganz h. M. und auch das Gesetz in § 17[204] die Ansichten Welzels. Umstritten ist vielmehr der Fall, in dem der Täter von der Rechtsordnung eindeutig anerkannte Rechtssätze glaubt für sich in Anspruch nehmen zu können. Dies wirft die Frage auf, wie die Unrechtsbegründung methodisch zu denken ist. Die Fragestellung läßt sich also dahin zuspitzen: Ist hinreichende Bedingung für die strafrechtliche Rechtfertigung das subjektive Wissen und Wollen, einen Rechtfertigungsgrund wahrzunehmen — oder ist zusätzlich dessen objektives Vorliegen erforderlich?

Durch diese Formulierung ist dem Problem seine etwas pathetisch anmutenden Einkleidung genommen, ohne daß ein dogmatisch wichtiger Aspekt dieses für die Tatbestandskonzeption grundsätzlichen Themas verloren gegangen wäre. Gleichwohl wird auf den zunächst einmal nur in Erinnerung gerufenen Gedanken Welzels von der täterschaftlichen Verantwortlichkeit noch zurückzukommen sein und er wird eine gewichtige Rolle spielen. Dennoch sei zuvor der Rechtstreue-Einwand dogmatisch noch weiter untermauert, da das folgende Argument mit ihm innerlich eng verwandt ist.

c) Der Einwand fehlenden Handlungsunrechtes

1. Gedanke

Dieser Einwand beruht auf folgender These: Tatbestand i. e. S. und Erlaubnistatbestand seien — cum grano salis — gleichstrukturierte Deliktsmerkmale, setzten sich insbesondere jeweils aus einem objek-

---

Welzel zu Unrecht eine Abschichtung subjektiv/objektiv unterstellt. Vgl. dagegen deutlich Gewissen, S. 22 ff.

[203] Die Hinweise Welzels (etwa in Niederschriften, Bd. 2, S. 14) auf die Argumentation RA Grimms in den Fememord-Prozessen, das Handeln zum Schutz vermeintlich gefährdeter staatlicher Belange sei gerechtfertigt, wenn es von einer staatserhaltenden patriotischen Gesinnung getragen werde (Rechtsgutachten, S. 72 ff.) — diese Hinweise richten sich in erster Linie gegen die Vorsatztheorie. Gegen einen derartigen Subjektivismus aber schon RG 63, S. 215 (224), sowie Ritter, GS 115, S. 239 (261). Im übrigen entsprechen sie der Argumentation Grimms nicht ganz, da er in Anlehnung an französische Stimmen (vgl. Rechtsgutachten, S. 74 f.) die objektive Widerrechtlichkeit ausdrücklich einräumt (a.a.O., S. 75) und lediglich einem Schuldausschluß das Wort redet, a.a.O., S. 75 ff.

[204] a. A. Langer, GA 1976, S. 193 (211 ff.).

tiven und einem subjektiven Element zusammen. In den Putativrechtfertigungsfällen entfalle daher zwar nicht der Vorsatz als subjektive Tatseite des Tatbestandes i. e. S., wohl aber der Handlungsunwert des Verhaltens[205]. Denn ähnlich, wie es am Erfolgsunwert fehle, wenn objektiver Tatbestand i. e. S. und objektiver Erlaubnistatbestand erfüllt seien[206], würden sich hier der den Aktunwert tragende und der den Aktunwert neutralisierende Faktor ausgleichen. Die Folge sei, daß allenfalls eine fahrlässige Deliktsbegehung in Betracht komme — sofern ein entsprechender Tatbestand normiert sei. Diese verbleibende Strafbarkeitsmöglichkeit wird allerdings auf sehr unterschiedliche Weise eröffnet. Während die überwiegende Meinung den verbleibenden Erfolgsunwert im Fall der vermeintlichen Rechtfertigung als Anknüpfungspunkt für eine Fahrlässigkeitshaftung betrachtet[207], glaubt Zielinski in der mangelnden Kenntnisverschaffung einen fahrlässigen Aktunwert sehen zu können, ohne auf die von ihm bestrittene Unrechtsrelevanz des Erfolges angewiesen zu sein[208].

Wie dem auch sei — maßgeblich bleibt der Umstand, daß es nach dieser These am Aktunwert des Vorsatzdeliktes fehle, wenn der Täter aufgrund einer vermeintlich eingreifenden rechtlich anerkannten Erlaubnis handele. In diesem Sinne ist es dann *auch methodisch* gerechtfertigt zu sagen, der Täter handele „subjektiv rechtstreu".

Wäre dieser Einwand zutreffend, so bliebe im Fall eines Erlaubnistatbestandsirrtums nur die Möglichkeit, auf den Fahrlässigkeitstatbestand zurückzugreifen, — soweit es einen solchen bei der jeweils einschlägigen Deliktsgruppe gibt[209]. Da § 97 b nicht in ein solches Fahr-

---

[205] Schaffstein, MDR 1951, S. 196 (199) und OLG Celle-FS, S. 175 (185 f.); Stratenwerth, Lb, RN 499; v. Weber, JZ 1951, S. 260 (262); Mezger-FS, S. 183 (190 ff.); Zielinski, Handlungsunwert, S. 224 (252 ff.).

[206] Rechtsfolge: Strafbarkeit nach Versuchsgrundsätzen, so die wohl schon herrschende Lehre, etwa Jescheck, Lb, § 31 IV 2; Rudolphi, Maurach-FS, S. 51 (57 f.); SK-Samson, vor § 32 RN 24; Schönke / Schröder / Lenckner, vor § 32 RN 15; Stratenwerth, Lb, RN 499; Wessels, AT, § 8 I 2 sowie KG GA 1975, S. 213.

A. A. eine immer noch erhebliche Zahl von Autoren, nach denen wegen Vollendung gestraft werden muß, so Blei, AT, § 38 II 3; Dreher, § 32 RN 14; Kaufmann, Normentheorie, S. 258; LK-Hirsch, vor § 51 RN 42; Maurach, AT, § 25 V B (304 f.); Nowakowski, JBl 1972, S. 19 (28 FN 55); Schmidhäuser, Lb, 9/17 (S. 292); Welzel, Lb, § 14 I 3 b.

[207] Schönke / Schröder / Cramer, § 16 RN 14 f.; SK-Rudolphi, § 16 RN 12; Stratenwerth, Lb, RN 499.

[208] Handlungsunwert, S. 276 (284 ff.).

[209] Um die Strafbarkeitslücken, die wegen der wenigen Fahrlässigkeitstatbestände entstehen, zu schließen, ist immer wieder der Vorschlag gemacht worden, einen allgemeinen Tatbestand der Rechtfertigungsfahrlässigkeit zu normieren (zuletzt Dreher, Heinitz-FS, S. 207 (226 ff.). Andere Autoren, wie etwa Stratenwerth, Lb, RN 500, der dem von Dreher vorgeschlagenen Ausweg grundsätzlich beipflichtet, hält die Strafbarkeitslücken für vernachlässigbar, ihre Betonung für eine „Dramatisierung seltener Grenzfälle".

lässigkeitsdelikt umdeutbar ist, wäre — um es zu rekapitulieren — der vorgebliche Ausweg eines Rechtfertigungsirrtums verlegt.

2. Folgen für das weitere Vorgehen

Der Einwand ist jedoch, wie schon angedeutet wurde, m. E. nicht zutreffend. Um diese These zu belegen, gilt es allerdings, das schon von verschiedenen Seiten her angeleuchtete Gefüge Tatbestand/Rechtfertigung auf seine innere Konstruktion hin zu untersuchen. Zwar besteht allenthalben Einmütigkeit darüber, daß ein tatbestandsmäßiges Verhalten ohne jegliche Rechtfertigungskomponente notwendige Voraussetzung für die Strafbarkeit aus dem vollen Strafrahmen ist, wie umgekehrt das vollständige Vorliegen eines Rechtfertigungsgrundes ein tatbestandsmäßiges Handeln zwingend rechtmäßig und damit straffrei stellt. Doch welche Mechanismen die Spanne zwischen diesen Polen überbrücken, d. h. ob und wenn ja, welche Auswirkungen es hat, wenn nur einzelne Rechtfertigungselemente vorliegen, darüber besteht mannigfacher Streit[210].

d) Die Unrechtsrelevanz einzelner Rechtfertigungselemente

Angesichts eines so sehr verästelten dogmatischen Grundlagenstreites empfiehlt es sich, zunächst einmal das Begriffsinstrumentarium zurechtzulegen, mit dem im folgenden gearbeitet werden soll. Dies erscheint um so notwendiger, als in der Diskussion wiederholt gleichlautende Begriffe und Modelle mit durchaus unterschiedlicher Bedeutung verwandt werden.

Da die „strenge" Schuldtheorie ihre rechtsmethodische Erklärung der Normentheorie Arm. Kaufmanns zu danken hat, sei diese hier auch zugrundegelegt und zu diesem Zweck noch einmal kurz umrissen.

1. Die Normentheorie Armin Kaufmanns

Nach Arm. Kaufmann[211] entwickelt sich die Norm in vier methodischen Schritten:

(1) Auf der ersten Wertungsstufe ermittelt der Normsetzer soziale Zustände, die er für positiv hält (i. e. Rechtsgüter i. S. d. allgemeinen Auffassung).

(2) Im nächsten Schritt werden diejenigen Ereignisse ermittelt, die jene Rechtsgüter beeinträchtigen oder erhalten. Diese werden ihrerseits wieder negativ bzw. positiv bewertet.

---

[210] Zu dem Fall der lediglich objektiven Rechtfertigung, vgl. den Streitstand oben in FN 206.

[211] Normentheorie, S. 69 ff.

(3) Erst auf der dritten Wertungsstufe kommt der Mensch ins Blickfeld: Menschliches Verhalten, das auf Erfolge im Sinne der zweiten Stufe abzielt, wird entsprechend dem vorangegangenen Urteil als negativ oder positiv klassifiziert.

(4) Da nur menschliches Verhalten geistig beeinflußbar ist, leiten sich dann auf der letzten Stufe aus jenen Wertungen Normen ab[212], welche die negativ bewerteten Handlungen verbieten, bzw. (seltener) positiv bewertete gebieten. Damit wandelt sich das Werturteil in ein Sollurteil, wobei deren beider Substrat nach dem Gesagten notwendig gleich ist[213].

Durch diesen Wechsel vom „Seinsollen" zum „Tunsollen" hat sich das Rechtsguts-Urteil verzweckt, es ist zum möglichen und gesollten Motiv für den handelnden Menschen geworden. Da die Norm Ausdruck eines „zeitlosen Sollens aller" ist[214], ist die Kennzeichnung des sich aus der Norm ableitenden Straftatbestandes als „Leitbildtatbestand"[215] inhaltlich völlig korrekt[216]. Wegen ihres Charakters als „Denkform der rechtlichen Gebundenheit"[217] bedarf sie als eine lediglich abstrakte Verpflichtung der Konkretisierung zur speziellen, höchstpersönlichen Pflicht, die sich jeweils nur an einen Handlungsfähigen in einer bestimmten, von einer der Norm nur allgemein erfaßten Situation richtet[218].

Ein Umstand, der die Verdichtung der Norm zur Pflicht verhindert, ist die bewußte Wahrnehmung eines objektiv gegebenen Rechtfertigungsgrundes. Denn so, wie sich die Normen aus den Werturteilen entwickeln, so entwickeln sich auch „Gegennormen" aus ihnen, die sogenannten „Erlaubnissätze". Sie sind ebenso abstrakte Rechtssätze wie die Normen, bedürfen also gleichermaßen der Konkretisierung zugunsten bestimmter Adressaten in bestimmten Situationen[219]. Diese zur Erlaubnis verdichteten Erlaubnissätze verhindern also die Konkretisierung der Norm zur Pflicht. Im Umkehrschluß ließe sich daraus normentheoretisch folgern: Vermag sich der Erlaubnissatz nicht zur Erlaubnis zu verdichten, weil deren Voraussetzungen nicht erfüllt sind,

---

212 Daß die Norm allerdings nicht notwendig unmittelbar, d. h. „durch Kausalität" rechtsgutsbezogen zu sein braucht, belegt Arm. Kaufmann mit den abstrakten Gefährdungsdelikten und den reinen Tätigkeitsdelikten, Normentheorie, S. 73.

213 a.a.O., S. 74 ff.

214 a.a.O., S. 131.

215 Vgl. etwa Arm. Kaufmann, JZ 1955, S. 37.

216 Gerade aufgrund der vorstehend entwickelten Normgenese zeigt sich deutlich, daß die These des Schöpfers dieses Ausdrucks, Belings (Lehre, S. 3 ff.), der Tatbestand sei wertfrei („inhaltsleer"), nicht zutreffend ist.

217 Arm. Kaufmann, Normentheorie, S. 129.

218 a.a.O., S. 138 ff.

219 a.a.O., S. 248 ff.

so kann die Verbesonderung der Norm zur Pflicht auch nicht verhindert werden. Die Tat wäre also verbotswidrig und damit rechtswidrig.

Ob dieser Umkehrschluß wirklich zwingend ist, bedarf im weiteren noch der Untersuchung.

2. Unrechtsminderung bei nur teilweisem Vorliegen von Rechtfertigungsgründen?

Selbst wenn man zunächst die Richtigkeit des Umkehrschlusses unterstellt, die Tat also pflichtwidrig ist, weil sie der aus der Norm resultierenden Pflicht nicht entspricht, so bedeutet dies nicht notwendig, daß die Handlung als *genauso* unwerthaft anzusehen ist wie ein vorsätzlicher Pflichtverstoß ohne jedes Teilelement einer Rechtfertigung[220]. Wer beispielsweise einen rechtswidrigen Angriff von sich abwehrt und dabei mit Verteidigungswillen ein unangemessenes Mittel einsetzt, handelt fraglos rechtswidrig. Anerkennt man aber mit der h. L., daß Unrecht ein abstufbarer Begriff ist[221], so wird man einräumen müssen, daß das dergestalt verwirklichte Unrecht hinter dem Unrecht zurückbleibt, welches bei vorsätzlicher Herbeiführung desselben Erfolges außerhalb einer Rechtfertigungssituation anzunehmen ist[222].

---

220 Die gegenteilige Auffassung würde mit ihrem „alles oder nichts", d. h. bei Vorliegen eines Rechtfertigungsgrundes Rechtmäßigkeit, bei Fehlen auch nur des geringsten Teilmomentes volles Unrecht, ein für eine normativ-empirische Disziplin völlig untypisches wissenschaftstheoretisches Modell verwenden: das von logischen Sprüngen oder Unstetigkeiten, wie sie etwa die Funktion $y = 1 : (x—1)$ enthält. Gerade wegen der evolutionären, prozeßhaften Grundlagen der Rechtswidrigkeit ist dies ein zwar nicht logisch zwingender, aber zumindest die Argumentationslast umkehrender Einwand.

221 Eine Konsequenz der unterschiedlichen Wertigkeit der Rechtsgüter einerseits, der Handlungskomponenten andererseits. Grundlegend Kern, ZStW 64, S. 255 (262, 287 ff.); Noll, ZStW 68, S. 181 ff.; ebenso Jescheck, Lb, § 24 I 3 a; Lenckner, Notstand, S. 32 ff.; LK-Hirsch, vor § 51 RN 9; Arm. Kaufmann, Normentheorie, S. 147 f.; Krümpelmann, Bagatelldelikte, S. 27 ff.; Schönke / Schröder / Lenckner, vor § 13 RN 53. Entgegen Kern, ZStW 64, S. 255 (262 und passim) ist dabei nicht von „Graden der Rechtswidrigkeit" zu sprechen, da Rechtswidrigkeit ein reiner Relationsbegriff ist, Unrecht hingegen etwas Substantielles — so zutreffend Welzel, Lb, § 10 II 3 und, im Anschluß an ihn, die h. L.; a. A. LK[8]-Mezger, Einl. Anm. III 1. Grundsätzlich a. A. Schmidhäuser, Gesinnungsmerkmale, S. 206 ff., der Unrecht als „sozialethisch-wertwidriges *Willens*verhalten, das zugleich einem staatlichen Verbot ... zuwiderläuft" (Hervorhebung vom Verf.) auffaßt, welches sich daher nicht steigern lasse. Steigerungsfähig sei — mit Rücksicht auf die Rangunterschiede der dieses Verhalten begründenden Güterwerte — nur der Unwert des sittlich-wertwidrigen *geistigen* Verhaltens (der „verwerflichen Gesinnung"). Differenzierter jedoch mittlerweile in Lb, 6/12, wo eine Relativierung des Unwertes durch andere Geschehensmomente (hier Rechtfertigungsgründe) eingeräumt wird (vgl. demgegenüber Lb[1], 6/12, wo dieser Passus fehlt), sowie ausdrücklich in Lb, 8/82.

222 Kern, ZStW 64, S. 255 (266 f.); Lenckner, Notstand, S. 35.

Wie dieses, hinsichtlich der Rechtsfolge Strafzumessung weithin akzeptierte Ergebnis methodisch zustande kommt, bleibt aber weitgehend undeutlich.

Arm. Kaufmann etwa räumt zwar ein, daß sich durch das Vorliegen subjektiver Rechtfertigungsmerkmale das Unrecht mindert[223]. Jedoch verhält er sich nicht genauer darüber. Welzel äußert sich noch dunkler zu dem Problem, anerkennt aber gleichfalls die unrechtsmindernde Wirkung eines vom Täter verfolgten rechtmäßigen Zwecks[224]. Demgegenüber hat erst jüngst Zielinski vom Boden der finalen Handlungslehre ausgehend eine in sich geschlossene Erklärung jenes Wirkungsmechanismus gegeben. Diese Erklärung widerspricht allerdings ausdrücklich in ihren Folgerungen der „strengen" Schuldtheorie[225]. Sie gelangt vielmehr eindeutig zu den Ergebnissen der herrschenden „eingeschränkten" Schuldthcorie. Sollte es sich bei dieser Deduktion um eine zwingende Folge aus der auch hier geteilten Position der finalen Handlungslehre und der personalen Unrechtslehre handeln, sich also die Welzelsche Theorie lediglich als dogmatische Inkonsequenz erweisen[226], so bliebe der Wortlaut von § 97 b mit einer Kategorisierung als potentieller Erlaubnistatbestandsirrtum unvereinbar. Dem ist jedoch nicht so. Um dies zu belegen, müssen freilich die gewichtigen Einwände Zielinskis, die den Weg der „strengen" Schuldtheorie verlegen sollen, erst überwunden werden.

2.1. Handlungsunwert und -wert bei Zielinski

Zielinski folgt der normentheoretischen Konzeption Arm. Kaufmanns und geht von dem oben geschilderten Komplementär-Verhältnis von Tatbestand i. e. S. und Rechtfertigungsgrund aus. Der Tatbestand erfasse wie der Erlaubnistatbestand finales Handeln, wobei mit dem ersteren ein Handlungsunwert, im letzteren ein Handlungswert verfolgt werde. Die Bewertung als Aktunwert bzw. -wert beruhe auf den gleichen positiven Wertentscheidungen, aus denen sich dann einerseits die Normen, andererseits die Erlaubnissätze ableiteten. Wenn der Täter nun den subjektiven Teil des Erlaubnissatzes vollständig erfülle, also einen Handlungswert anstrebe, der unter den von ihm angenommenen Umständen tatsächlich zu einer Rechtfertigung führen würde, so werde der Handlungsunwert kompensiert, der in der bewußten Verfolgung eines unwerthaften, tatbestandsmäßigen Zieles liege[227].

[223] Normentheorie, S. 246 f.

[224] Lb, § 23 (S. 178/179).

[225] Handlungsunwert, S. 79 ff. u. 218 ff.; vgl. dazu das Folgende.

[226] So u. a. auch Suarez Montes, Welzel-FS, S. 379 (386).

[227] Zielinski, Handlungsunwert, S. 269 ff.: Daß, was der Täter „zu tun glaubt, seine Handlung, ist identisch mit der Handlungsdeskription des Erlaubnissatzes", a.a.O., S. 270.

Es bleibe lediglich — möglicherweise — insofern ein unwerthaftes Verhalten übrig, als der Täter die „formellen Voraussetzungen des Unrechtsausschlusses“ nicht gewissenhaft geprüft habe. Dieses Unrecht sei aber kein Vorsatzunrecht mehr, sondern Fahrlässigkeitsunrecht, das demzufolge auch nur strafbar sei, wenn entsprechende Tatbestände normiert seien. Dabei handele es sich nicht um einen Fall von Rechtsfahrlässigkeit, sondern um Tatfahrlässigkeit. Denn der Täter bewerte sein Tun nicht rechtlich falsch, sondern er wisse nicht, was er tue[228].

Mit dieser Argumentation liegt Zielinski allerdings noch im Rahmen der Einwände, die schon früher von anderen Autoren, die sich zum Finalismus und der personalen Unrechtslehre bekannten[229] oder ihnen zumindest nahestanden[230], gegen die „strenge“ Schuldtheorie vorgebracht wurden[231]. Das Neue gegenüber diesen Äußerungen ist die radikale Subjektivierung des Handlungsunwertes bzw. -wertes, die diese Theorie erst stimmig macht. Zielinski geht von folgender Prämisse aus: Der Erfolgsunwert sei für die unmittelbare Begründung strafrechtlichen Unrechts ohne Bedeutung[232]. Dieses erschöpfe sich vielmehr im Handlungsunwert. Damit bestimme die Finalität *alleine* die Wertigkeit der Handlung — entweder als pflicht- und also normwidrig und sonach unwerthaft, oder aber als erlaubnis- und damit erlaubnissatzgemäß und somit nicht unwerthaft. Unter dieser Voraussetzung ist dann freilich nicht mehr erklärbar, wie der Handlungsunwert bei bewußter Verfolgung eines theoretisch erlaubten Ziels der einer bewußten Pflichtverletzung sein soll, selbst wenn objektiv die Erlaubnisvoraussetzungen fehlen. Da sich diese These jedoch nicht von selbst versteht, sei ihre Rechtfertigung durch Zielinski angefügt.

2.1.1. Begründung für die Erfolgsirrelevanz

Zielinskis Ausgangspunkt ist die oben bereits eingeführte Theorie der Normgenese, wie sie Arm. Kaufmann entwickelt hat[233]. Aus dem

---

[228] a.a.O., S. 277 ff. (282 f.). Das führe dazu, daß der Täter bei konkreten Zweifeln an der Erlaubnissituation bereits vorsätzlich handele, ebenda, S. 289 f.

[229] So v. Weber, vgl. etwa Grundriß, § 8.

[230] So Schaffstein, vgl. etwa OLG Celle-FS, S. 175 ff.

[231] v. Weber, Aufbau, S. 17; JZ 1951, S. 260 (262); Mezger-FS, S. 183 (190 f.); Schaffstein, MDR 1951, S. 196 (199); OLG Celle-FS, S. 175 (183 f.).

[232] Ähnlich Suarez Montes, Welzel-FS, S. 379 (388 FN 25 a. E.) sowie Kadečka, MschrKrim. 1931, S. 65 ff.

Mittelbar trägt allerdings auch nach Zielinski der Erfolgsunwert den Handlungsunwert, da der erstere in der nicht-sein-sollenden Verletzung des Rechtsgutes besteht, Handlungsunwert, S. 127.

[233] Vgl. oben, S. 100 f.

Zielinski vereinfacht das Modell jedoch insoweit, als er die dortigen Wertungsstufen (1) und (2) zu einem „primären Werturteil“ zusammenfaßt; das

Umstand jedoch, daß die Normen nur auf *menschliches Verhalten* einwirken können[234], leitet er ab, daß Unrecht auch nur *Handlungs*unrecht sein könne, nämlich normwidriges finales Verhalten[235]. Die Erfolgsverursachung („Rechtsgutsobjektsverletzung, Realisierung des Gegenstandes eines primären Werturteils") als Unrecht zu bezeichnen, erscheint ihm nicht sinnvoll, da sie keinem Imperativ, sondern bloß der Bewertungsnorm zuwiderlaufe. Unrechtskonstitutiv sei nur der Vorsatz[236], nicht aber der Erfolg. Dieser sei darüber hinaus — und entgegen anderen Anhängern der finalen Handlungslehre[237] — sogar bedeutungslos für das Unrecht, da er das Unrecht auch nicht zu erhöhen vermöge. Denn der Erfolg könne weder das Handlungsunrecht steigern noch selbständig (also neben dem Handlungsunrecht)[238] das Unrecht beeinflussen. Das erstere nicht, weil die „Erfolgsmächtigkeit" einer Handlung, also die ex post festzustellende Tatsache, daß sie einen Erfolg gezeitigt habe, sehr stark zufallsbedingt sei. Demgegenüber beeinflusse die ex ante zu ermittelnde „Erfolgsfähigkeit" bereits

---

„sekundäre Werturteil" entspricht wieder der 3. Wertungsstufe, dem Wechsel vom allgemeinen Ereignis hin zum menschlichen Verhalten. Vgl. Handlungsunwert, S. 123. Es handelt sich also um eine mehr terminologische Vereinfachung.

Vgl. im übrigen auch Horn, Gefährdungsdelikte, S. 65 ff., der diese Stufenlehre um einen gewichtigen Aspekt erweitert hat: Er hat das Gefährdungspotential von Handlungen, die sich gegen Rechtsgüter richten, mit dem Verletzungspotential derartiger Handlungen verglichen und dabei deren strukturelle Gleichwertigkeit festgestellt: „Handlungen sind also unwertig, weil und soweit aus ihnen — nach Einsicht eines Wertungszentrums — rechtsgutsverletzende und deshalb ihrerseits unwertige Ereignisse entstehen *können*", a.a.O., S. 77 (Hervorhebung im Original). Da die Handlung stets „vor dem ‚Erfolg'" ende (S. 72), könne ihre negative Rechtsgutsrelevanz nur in der *Möglichkeit* liegen, daß sich aus ihr eine Rechtsgutsverletzung entwickele (S. 69). Unter dieser Prämisse sind dann rechtsgutsverletzende und rechtsgutsgefährdende Handlung freilich nicht mehr unterscheidbar; so denn auch Horn, a.a.O., S. 197 ff. (203 f.).

234 Arm. Kaufmanns Paradigma: Dem Schnee kann nicht verboten werden, sich zur Lawine zu ballen, Normentheorie, S. 105.

235 Handlungsunwert, S. 121 ff. (127), ähnlich schon Horn, Gefährdungsdelikte, S. 79 ff.

236 Was für die Fahrlässigkeit zu gelten hat, dazu später, S. 133.

237 Zu Recht rügt Zielinski dabei allerdings die Unklarheiten in den Positionen seiner Gegner. Stratenwerth etwa scheint zwar gleichfalls den Erfolg aus dem Unrechtsbereich zu verbannen, SchwZStR 79, S 233 (246, 248, 250), anerkennt aber gleichwohl eine Schuldsteigerung bei Erfolgssteigerung, a.a.O., S. 253. (Deutlich *für* eine Qualifizierung des Erfolges als Unrechtselement allerdings jetzt in Schaffstein-FS, S. 177 [180 und passim].) Krauß wiederum geht angesichts des positiven Gesetzeszustandes direkt von der Prämisse aus, daß es Erfolgsunrecht gebe, ZStW 76, S. 19 (61 f.), denn durch den Erfolg werde erst „das soziale Miteinander" gestört (a.a.O., S. 63). Von daher konsequent hält er den finalen Unrechtsbegriff für mit der Gesetzeslage unvereinbar. Obwohl er die Möglichkeit von Einwänden gegen diese positivierte Erfolgsberücksichtigung aus dem Gedanken des Schuldprinzips sieht, hält er doch an dieser geradezu resignierenden Beschreibung des Ist-Zustandes fest.

238 Handlungsunwert, S. 129 ff.

unmittelbar den Handlungsunwert gemäß der sie leitenden Finalität[239]. Sie sei um so sicherer erfolgsfähig, je präziser die Finalität ausgeformt, je vorausschauender die Tat also geplant sei. Damit stelle sich aber die Erfolgsfähigkeit als eine Komponente des Handlungsunwertes dar, die über das, was dieser erfasse, nicht hinausgehen könne. Andererseits vermöge der Erfolgsunwert auch kein selbständiger Unrechtsbestandteil neben dem Handlungsunwert zu sein[240]. Denn das Recht sei als eine Verhaltensordnung anzusehen, das den Menschen zu bestimmten Handlungsweisen veranlassen wolle. Das könne aber nicht gelingen, wenn der Unterschied zwischen „erfolgsfähiger" und „erfolgsmächtiger" (also erfolgreicher) Handlung von objektiven, vom Täter nicht beeinflußbaren situativen Umständen abhänge. Dem Normadressaten unbekannte und ihm notwendig unerkennbar bleibende (so man ihn nicht an dem hypertrophen Maßstab eines allwissenden Beobachters messen wolle) objektive Umstände könnten ihn nicht zu einer bestimmten Entschlußfassung bewegen. Das Werturteil des Erfolgsunwertes bleibe ihm ‚unerkennbar'[241]. Damit verhindere die Impersonalität des Erfolgseintrittes, daß dieser im Unrechtsbereich eine Funktion haben könne.

Diese Deduktion gelte gleichermaßen für das Fahrlässigkeitsunrecht[242]. Denn dieses knüpfe gleichfalls an finales normwidriges Handeln an. Es sei lediglich nicht tatbestandlich hinreichend präzisiert, aber angesichts der schier unendlichen Vielzahl denkbarer Fälle auch nicht präzisierbar. Die den Tatbestand ausfüllende Sorgfaltsnorm werde mittels eines heuristischen Prinzips, der verkehrserforderlichen Sorgfalt, gefunden. Sie untersage abstrakt gefährliche Handlungen. Aber die Konkretisierung der Norm zur Pflicht erfolge nur, wenn nicht durch eine Gegenfinalität diese abstrakte Gefährlichkeit behoben bzw. auf das erlaubte Risiko gemindert werde (durch die sogen. „ohne-zu"-Komponente[243, 244].

---

239 a.a.O., S. 134.

240 a.a.O., S. 135 ff.

241 a.a.O., S. 143 und passim

242 a.a.O., S. 168 ff. (191).

243 Bsp.: Du darfst nicht überholen, *ohne* in den Rückspiegel *zu* schauen. Vgl. dazu eingehend noch unten, S. 133.

244 Vgl. Handlungsunwert, S. 168 ff. (179 ff.). Nach Zielinski gilt das Vorstehende nur für die unbewußte Fahrlässigkeit, da nach seinem Ansatz bewußte Fahrlässigkeit dem bedingten Vorsatz gleichsteht, a.a.O., S. 156 ff., insbesondere S. 162 ff. (168).

2.1.2. Kritiken

2.1.2.1. Die Kritik Stratenwerths

In einer recht polemischen Kritik hat sich Stratenwerth mit diesen Thesen Zielinskis auseinandergesetzt[245]. Er bezweifelt bereits die Richtigkeit des Ansatzes von Zielinski, indem er den Normen den Ausschließlichkeitsanspruch auf die Unrechtsbegründung bestreitet[246]. Er sucht dies durch Hinweise auf die Konsequenzen jener These zu belegen: Da sei zum einen die Widersprüchlichkeit und damit letztlich argumentative Beliebigkeit, die etwa in der These von der Erfolgsirrelevanz einerseits, andererseits in der als Zugeständnis an die Gesetzeslage eröffneten Möglichkeit[247] zu sehen sei, das Strafbedürfnis doch an dem Erfolgseintritt zu orientieren[248]. Auch bei dem Unrechtsausschluß glaubt er schwerwiegende Ungereimtheiten zu erblicken[249]. So, wenn bei der fahrlässigen Handlung nur die *Möglichkeit* eines Unrechtsausschlusses eingeräumt werde, sofern „die ‚an sich sorgfaltswidrige' Handlung zugleich ein rechtlich positiv bewertetes Handlungsziel" intendiere[250]. Damit räume Zielinski indirekt ein, daß bezüglich der Güterabwägung nicht *allein* auf die Tätervorstellungen abgehoben werden könne, da die *Wertdifferenz auf* objektiven Umständen beruhe und demnach außerhalb des Täterbewußtseins begründet sei[251].

2.1.2.2. Stellungnahme

Der letzte Einwand dürfte an der Argumentation Zielinskis insofern vorbeigehen, als dieser gar nicht bestreitet, daß die Fahrlässigkeit unter Umständen gerade auf der Verkennung der Handlungssituation und der in sie verstrickten Rechtsgüter beruht. Aber die mangelnde Sachverhaltsaufklärung kann nach Zielinskis Theorie lediglich einen *Handlungsunwert,* und zwar einen von Fahrlässigkeitsqualität begründen, — eben den der unzureichenden Prüfung der Voraussetzungen des Erlaubnistatbestandes: So wie der vermeidbare Tatbestandsirrtum „mangels Handlungsfähigkeit" die Konkretisierung der Norm zur Pflicht hindere, gleichwohl aber gemäß § 16 Abs. 2 eine Strafmög-

---

245 Schaffstein-FS, S. 177 ff.

246 a.a.O., S. 185: „Damit werden komplexe Wirkungsprozesse auf einen möglichen Motivationsvorgang reduziert, der von geringer praktischer Bedeutung sein dürfte ..."

247 Zielinski, Handlungsunrecht, S. 211.

248 Stratenwerth, Schaffstein-FS, S. 177 (186 ff.).

249 a.a.O., S. 189 ff.

250 So Zielinski, Handlungsunwert, S. 255.

251 Stratenwerth, Schaffstein-FS, S. 177 (190 ff.).

lichkeit bleibe, so konkretisiere sich aufgrund des Irrtums — also rein subjektiv — für den Täter der Erlaubnissatz zur Erlaubnis, was denn auch zur Unrechtsneutralisierung genüge[252]. Der objektiv „unnötige" Verletzungserfolg mache also nur die Verwirklichung des Handlungsunwertes sinnfällig. Er sei aber kein notwendiges Element der besagten Tatfahrlässigkeit[253], sondern ein — bloß möglicher — Bezugspunkt, da der Gesetzgeber auch an die abstrakte Gefährdung anknüpfen könne.

Unabhängig davon bleibt die Kritik Stratenwerths aber aus einem Grund besonders unbefriedigend. Sie lebt von — die Fragwürdigkeit mancher Konsequenzen in der Tat erhellenden — Evidenzappellen, ohne ein gleichermaßen in sich schlüssiges Gegenmodell erkennen zu lassen. Diese Lücke wird auch nicht durch Stratenwerths frühere Ausführungen[254] geschlossen. Denn dort eliminiert er gleichermaßen wie Zielinski den Erfolg aus dem Unrechtsbereich[255], um ihn aber — anders als dieser — im Schuldbereich gleichwohl zu berücksichtigen[256, 257]. Dabei definiert er zum Zwecke der Erfolgsberücksichtigung eine neue, weitere Verschuldensform, die sich nicht in der reinen Vorwerfbarkeit eines Verhaltens als solchem erschöpft. Vielmehr sei sie im Sinne des allgemeinen Sprachgebrauchs zu verstehen, jemand sei an etwas schuld. In diesem Schuldbegriff sei das Maß der Schuld auch „vom Ausmaß des Leides und der Einbuße an Gütern" abhängig, die der Täter dem anderen zufüge[258]. Damit wird jedoch, nachdem zuvor das Rechtsgefühl wegen einer möglicherweise trügerischen Beeinflussung durch den archaischen Gedanken der Erfolgshaftung als nicht hinreichend beweiskräftig abgetan wurde[259], die These mit dem kaum beweiskräftigeren, da nicht minder durch Archaismen geprägten Sprachgebrauch zu erhärten gesucht. Vor allem bleibt das Struktur-

---

[252] Handlungsunwert, S. 276.

Liegen hingegen diese Erlaubnistatbestandsmerkmale in Wirklichkeit vor, so ist laut Zielinski die nicht erfolgte Prüfung zwar ein Handlungsunrecht, aber nicht strafbar (a.a.O., S. 273 ff.). Denn die rechtswidrige Rechtsguts*gefährdung* sei weitestgehend nicht vertatbestandlicht.

[253] a.a.O., S. 277.

[254] SchwZStrR 79, S. 233 ff.

[255] a.a.O., S. 247.

[256] a.a.O., S. 252 f.

[257] Anders allerdings in Lb, RN 1146, wo er ausdrücklich sagt, daß der Erfolg das Unrecht mitbegründe. Die Vereinbarkeit dieser mit der früheren Äußerung wird aber nicht erklärt, ebensowenig wie die Vereinbarkeit einer Finalitätstheorie mit der Bagatellisierung der Normentheorie als zweitrangiges Strukturmodell der Unrechtsbegründung, so aber ausdrücklich derselbe, Schaffstein-FS, S. 177 (185).

[258] a.a.O., S. 254.

[259] a.a.O., S. 251.

prinzip, durch das der unrechtsunabhängige Erfolgsunwert die Schuld beeinflußt, völlig im Dunkeln.

So treffend sonach die Stratenwerthschen Argumente die Unannehmbarkeit eines derartig radikalen Subjektivismus in der Verbrechenslehre bloßlegen, — als widerlegt kann das präzise Gedankengebäude Zielinskis aufgrund dessen noch nicht angesehen werden.

2.1.2.3. Die Kritik Schünemanns

Auch Schünemann orientiert sich in seiner Kritik[260] zunächst an den Ergebnissen der Zielinskischen Thesen, weist aber zusätzlich auf einige intrasystematische Schwachstellen hin: Daß dem Erfolg über den Aspekt der Strafbedürftigkeit doch Einfluß auf die Tatsache der Bestrafung eingeräumt werde, sei vor dem Hintergrund der Bestimmungsfunktion der Normen nicht erklärlich. Die damit berücksichtigte, vom Erfolgseintritt ausgehende Wirkung einer erhöhten Strafempfänglichkeit des Täters[261] würde außerdem — wären Zielinskis subjektivistische Hypothesen zutreffend — letztlich bloß auf der „Dummheit" des im archaischen Erfolgshaftungs-Denken befangenen Menschen beruhen[262]. Jedwede Erfolgsberücksichtigung müsse angesichts dessen fragwürdig erscheinen, — was wiederum die Richtigkeit der Prämissen in Zweifel ziehe. Über diese Gesichtspunkte hinaus sucht Schünemann durch eine wissenschaftstheoretische Argumentation Zielinski zu widerlegen. Er bestreitet dessen Lehre von der Unrechtsirrelevanz des Erfolges die Substratadäquanz. Damit ist das methodologische Erfordernis angesprochen, daß ein theoretisches Modell bestimmte Gegebenheiten (hier: gesetzgeberische Entscheidungen) intrasystematisch angemessen zu erklären vermag, ohne für die auftretenden Probleme jeweils neue Zusatzerklärungen und -begriffe einführen zu müssen[263]. Diesem Kriterium genüge Zielinskis Theorie nicht, wenn sie über das Element Strafbedürfnis dem Erfolg doch noch Einfluß auf die Strafe gewähre. Denn die objektiven Strafbarkeitsbedingungen[264] empfingen „in einem substratadäquaten, d. h. die Wertungen des Gesetzgebers absorbierenden System ‚ihren Inhalt nicht aus kriminalpolitischen, sondern aus davon unabhängigen allgemein rechtspolitischen Überlegungen'"[265]. Ja, es liege sogar eine „direkte Substrat-

[260] JA 1975, S. 511 f. und Schaffstein-FS, S. 159 (171 ff.).

[261] Dies ist nach Zielinski eine der wenigen dem Erfolg verbleibenden strafrechtlich bedeutsamen Wirkungen, vgl. Handlungsunwert, S. 207 f. Ebenso schon Horn, Gefährdungsdelikte, S. 98 ff.

[262] JA 1975, S. 511.

[263] Schaffstein-FS, S. 159 (172 ff.).
Diese widersprächen dann nämlich dem wissenschaftstheoretischen Komplementär-Gebot der System- und Begriffsökonomie.

[264] In diese Kategorie reiht Zielinski funktional, wenn auch nicht ausdrücklich den Erfolgsunwert ein, Handlungsunwert, S. 212.

[265] a.a.O., S. 172/173 mit wörtlichem Zitat von Roxin, Kriminalpolitik, S. 36.

widrigkeit“ vor, weil damit die gesetzlich geregelten fahrlässigen Erfolgsdelikte in abstrakte Gefährdungsdelikte umgedeutet würden. Dies führe aber nicht nur zu einer Entleerung, sondern sogar zu einer Verzerrung der Tatbestände, könnten doch die Errungenschaften neuerer Strafrechtsdogmatik wie die Lehre vom Rechtwidrigkeitszusammenhang dann nicht mehr sinnvoll ins Gesamtgefüge eingebunden werden[266]. Insgesamt münde eine solche Interpretation in ein letztlich „polizeistaatliches Strafrecht“ und sei daher auch de lege ferenda abzulehnen[267].

2.1.2.4. Stellungnahme

Auch bei Schünemann beruht die Kritik — wenn man von dem Hinweis auf die Lehre vom Rechtwidrigkeitszusammenhang absieht — im wesentlichen auf einer rechts- und kriminalpolitisch anderen Wertung bereits von Zielinski aufgegriffener, aber als hinnehmbar gekennzeichneten Folgerungen. Auch Schünemann zieht sich auf den „herrschenden, den Erfolg im Tatbestand belassenden Verbrechensaufbau“ zurück[268], ohne diesen in seiner „Mechanik“ zu erklären. Dies ist aber deswegen unbefriedigend, weil er der Gegenmeinung — ebenso wie Stratenwerth[269] — innere gedankliche Geschlossenheit bescheinigt[270].

2.2. Die Bedeutung des Erfolges für die Unrechtsbegründung

2.2.1. Eigene Kritik an dem Zielinskischen Ansatz und Fortentwicklung bestehender Modelle

2.2.1.1. Die Vernachlässigung des objektiven Momentes in der Handlung

Wenn den Kritikern einerseits die Ergebnisse dieser Deduktion als kriminalpolitisch unannehmbar erscheinen, sie andererseits deren gedankliche Folgerichtigkeit ausdrücklich anerkennen, so steht zu vermuten, daß die Gegensätze ihren Ursprung in der Wahl der Prämisse haben. Dies ist, wie das folgende zeigen wird, auch der Fall.

Der maßgebliche Satz, von dem ab die Zielinskische Hypothese nicht mehr logisch anfechtbar erscheint, ist das Axiom, das alleine die normwidrige Finalität die Unrechtsbegründung trage[271]. Die Begründung hierfür lautet, einzig das intentionale Setzen von negativ bewerteten

---

266 a.a.O., S. 173 f.

267 JA 1975, S. 511 (512).

268 Schaffstein-FS, S. 159 (174).

269 a.a.O., S. 177 (186).

270 a.a.O., S. 159.

271 Zielinski, Handlungsunwert, S. 143.

Ereignissen sei normativ beeinflußbar[272]. „Kausierungsverbote wären sinnlos"[273]. Dem ist insofern beizupflichten, als Normen motivbildend wirken können, weil sie sich an den zwecktätig handelnden Menschen richten. Aber sie erheischen keinen Gehorsam nur um ihrer selbst, sondern um des sie begründenden Werturteils willen. Der gedungene Mörder, der sein Opfer nicht erschießt, weil zuviele Zeugen zugegen sind, verhält sich normgerecht, ohne von der Norm motiviert zu werden, — ja, sich vielmehr gerade über sie hinwegsetzen wollte. Eine wert- und normwidrige Zielsetzung liegt bei ihm also vor. Gleichwohl wird zusätzlich eine Manifestation dieser Intentionalität — und damit auch ein „Erfolg" — gefordert, um strafrechtlich gegen den Täter vorgehen zu können. Darüber hinaus beleuchtet das Beispiel noch eine andere, ebenso wichtige Subjekt-Außenwelt-Beziehung. Menschliches Denken ist zwar teleologisches, finales Denken, aber nicht in sich *kontinuierlich* prozeßhaft, vorwärtsstrebend. Es ist vielmehr kybernetisch insoweit, als es von Zwischenziel zu Zwischenziel durch beständiges Verifizieren und Falsifizieren der gedanklichen Schritte springt[274]. Diese, den „feed-back" gewährleistenden Zwischenkontrollen der Handlung knüpfen aber, anders als beim planenden Denken, in aller Regel an Außenwelt-Erfolge an (im Beispiel: Wahrnehmung der möglichen Zeugen). Damit zeigt sich, daß auch die Finalität zwar subjektiv, aber nichts notwendig von der Objektwelt Losgelöstes ist. Auf diese Objektivierung des Subjektiven geht Zielinski aber nicht ein, wenn er davon spricht, daß „der Handlungsunwert, der durch die Gerichtetheit des Verhaltens auf ein wertwidriges Ziel fundiert wird", das Unrecht konstituiere[275]. Er stellt sie allerdings auch nicht in Abrede, denn die

---

272 Arm. Kaufmann, Welzel-FS, S. 393 (395).

273 Arm. Kaufmann, ebenda.

274 Siehe schon Welzel, Maurach-FS, S. 3 (7), wo er die eigenen Bedenken gegen die Übertragung der Terminologie der Kybernetik auf die Handlungs- und Entscheidungsprozesse aufgegeben hat (vgl. dazu noch Vom Bleibenden, S. 18 FN 41).

275 Handlungsunwert, S. 143.

Es ist durchaus zuzugestehen, daß Zielinski nirgends ausdrücklich den Handlungsunwert mit der Finalität gleichsetzt. Aber man kann auch durch Nichterwähnung Aussagen machen. Da er sich nun einmal über die objektiven Handlungskomponenten nicht verhält, sich aber ständig mit dem Finalitätsaspekt der Handlung befaßt, laufen seine Aussagen auf eine derartige Identifikation hinaus; vgl. u. a. etwa Ausführungen wie diese: „Der Handlungsunwert ist zwar ‚erhöht' um den Erfolgsunwert, aber nicht weil er noch zu jenem ‚hinzukäme', sondern weil er qua Finalität von Anfang an in ihm enthalten war", a.a.O., S. 134. Oder: „... noch zu prüfen, ob die durch die objektive Situationseinbettung der Finalität bedingte Erfolgsfähigkeit den Handlungsunwert zu erhöhen geeignet ist. Bleiben diejenigen Bedingungen, die eine Handlung für ein Rechtsgutsobjekt besonders gefährlich machen, außerhalb des Finalitätszusammenhanges, weil sich der Täter ihrer nicht bewußt ist, dann kann diese (zusätzliche)" — i. e.: „im Vergleich zu der von der Finalität als solcher ausgehenden Gefahr für das Rechtsvon ihm verwandten Begriffe „Verhalten“ und „Handlung“ beinhalten etwas für Dritte Wahrnehmbares. Eine solche Objektivation ist aber nicht nur kriminalpolitisch und rechtsstaatlich geboten, um einem reinen Gesinnungsstrafrecht zu begegnen; — sie ist sogar unumgänglich, weil selbst für das terroristischste Gesinnungsstrafrecht keine Möglichkeit besteht, an nicht geäußerte Intentionalitäten anzuknüpfen[276]. Die Finalität ist also wohl eine maßgebliche, jedoch nicht die einzige Komponente, die eine Handlung und damit auch das Handlungsunrecht ausmacht. Es ist gerade die finale Handlungslehre gewesen, die die — seinerzeit allerdings noch mit Tatbestandsmäßigkeit und Schuld identifizierte — Aufteilung in objektiv und subjektiv zu überwinden getrachtet hat[277]. Indem sich der Entscheidungsbildungs-Prozeß in einer Handlung ausdrückt, wird etwas Objektives, Statisches gesetzt. Mag die Handlung selber auch dynamisch kontinuierlich, in ein prozeßhaftes Handlungsgefüge eingebettet sein, — mindestens für einen Augenblick ist der strebende Gedanke wahrnehmbare Wirklichkeit. Damit ist er aber zugleich bereits ein „Erfolg“[278]. Dieser „Erfolg“ ist natürlich in aller Regel noch keiner im Sinne des strafrechtlichen Erfolgsunrechtes. Schließlich unterfallen die meisten menschlichen Handlungen nicht dem strafrechtlich bedeutsamen Bereich. Trotzdem gilt es, sich diesen Prozeß des Entwachsens einer Intention in eine Handlung bewußt zu machen: Das Einstecken eines Messers, um den Nebenbuhler zu verletzen, ist nämlich auch strafrechtlich irrelevant, ohne zugleich belanglos in bezug auf die Norm zu sein. Eine Handlung ist nicht ohne Verwirklichung denkbar, deswegen ist Handlungsunrecht auch nicht ohne einen Niederschlag in der Außenwelt möglich. Die Verobjektivierung normwidrigen Wollens ist daher bereits ein nicht-sein-sollender „Erfolg“ im Hinblick auf die Norm und das sie tragende Werturteil. Ob dieser „Erfolg“ auch ein Erfolg im Sinne des Strafrechts ist, hängt von der kriminalpolitisch bestimmten Ausformung der betreffenden Tatbestände ab. In jedem Falle wird in dem Augenblick, in dem eine normwidrige Intention sich in einem ersten Akt niederschlägt, auch der erste Punkt einer Gradiente gesetzt[279], die

---

gutsobjekt“ — „Rechtsgutsgefährdung niemals Bestandteil des Handlungsunwertes sein“, a.a.O., S. 135.

[276] Diese können höchstens durch abgepreßte Geständnisse nachträglich „geschaffen“ werden; man denke etwa an den Slanskj-Prozeß in der Tschechoslowakei.

[277] Welzel, ZStW 58, S. 491.

Vgl. auch Krauß, Zurechnung, S. 1 ff. Es ist dogmengeschichtlich ein recht bemerkenswertes Phänomen, daß damit die neueste Entwicklung in der finalen Handlungslehre in gewisser Weise zu einem Zustand zurückführen will, wie er vor Welzels grundlegenden Schriften bestand — und den dieser bekämpft hat.

[278] Vgl. bereits Welzel, Lb, § 8 I 1 b (S. 36).

[279] Das ist selbstverständlich nicht der erste Punkt in der Handlungs-

zu der Rechtsgutsgefährdung führt. Diese Steigungslinie reicht von der allerersten Vorbereitungshandlung bis mindestens zum beendeten Versuch. Ob letzterer die Grenzmarke jener von Zielinski vernachlässigten Manifestation des Subjektiven ist, erscheint zweifelhaft. Zwar ist bei den Distanzdelikten das Risiko von Zufallseinflüssen, die ja die Erfolgszurechnung wegen ihrer Unvorhersehbarkeit unmöglich machen soll, durch die räumliche und zeitliche Entfernung erheblich vergrößert. Auch dürften durch eine wachsende Technisierung der Welt derartige Distanzdelikte rechtstatsächlich noch ständig zunehmen, — und letztlich ist selbst ein Pistolenschuß auf einen Menschen ein Distanzdelikt. Gleichwohl bleibt noch eine Vielzahl von Deliktsbegehungen, in denen die Handlung als Umsetzung des Wollens in die Tat und die Erfolgsherbeiführung im hergebrachten Sinne zusammenfallen. Es soll nicht bestritten werden, daß selbst dann, etwa beim Messerstich, begrifflich zwischen beendetem Versuch und Erfolgseintritt eine Zäsur gemacht werden kann. Trotzdem sind im Fall einer wirklichen Körperverletzung verobjektivierte Normwidrigkeit und Verletzung des Rechtsgutsobjektes letztlich nur zwei unterschiedliche Aspekte ein und derselben Handlung und damit in dem Maße berechenbar, in dem Geschehnisse von Menschen überhaupt vorhergesehen werden können. Demnach ist es auch möglich, wenn auch unter der Voraussetzung eines Wechsels der Perspektive, daß nicht der beendete Versuch, sondern das vollendete Delikt am Ende jener angesprochenen Gradiente der Rechtsgutsgefährdung steht. Allerdings stellt gerade der extrem subjektive Finalismus die Zulässigkeit dieser Blickpunktänderung in Abrede. Er kann sich dabei sogar mit gewissem Recht auf den Vater der finalen Handlungslehre, auf Welzel, berufen. In der Tat hat dieser der Tendenz der Ausblendung des Erfolgsunwertes aus dem Unrecht insofern Vorschub geleistet, als er seine Theorie in schroffer Abwehrstellung gegenüber Mezgers — wiederum einseitig — auf den Verletzten blickende Konzeption[280] entwickelt hat[281]. Zwar hat Welzel dem Erfolg nie die Daseinsberechtigung im Unrechtsbereich bestritten. Wie aber die Beziehung zwischen Erfolg und Handlung bei der Vorsatztat tatsächlich aussieht, bleibt bei ihm merkwürdig dunkel. Er stellt lediglich fest, der Erfolgsunwert habe „nur innerhalb einer personalrechtswidrigen Handlung (innerhalb des Handlungsunwertes) Bedeutung"[282] und könne auch fehlen[283] — im

---

genese. Dieser muß — für eine strafrechtlich relevante Tat — immer im Subjektiven liegen. Es ist jedoch der erste Punkt, an den das Strafrecht als *Reaktions*mechanismus anknüpfen kann.

[280] Vgl. etwa Mezger, GS 89, S. 207 (245 f.).

[281] ZStW 58, S. 491 (514).

[282] Vgl. Lb[1], § 11 II 4; Lb, § 11 II 2.

[283] ebenda.

Gegensatz zum Handlungsunwert. Andererseits hat er früher eine Interdependenz zwischen den beiden Aspekten gesehen, die er wie folgt charakterisiert hat:

„Hegelisch gesprochen handelt es sich um den Zusammenhang von objektivem und subjektivem Geist. In die Wirklichkeit tritt der objektive Geist nur durch die Taten des subjektiven, darin liegt das Recht des letzteren und mit ihm der f. Hl.", (i. e. finale Handlungslehre) „aber die *Gehalte* des objektiven Geistes sind dem Einzelwillen weitgehend vorgegeben"[284].

Während die Erfolgsrelevanz hier also zwar immerhin zugestanden wird, aber letztlich undeutlich bleibt[285], wirkt die Rolle des Erfolges bei den Fahrlässigkeitsdelikten klarer. Zwar räumt Welzel ihm auch hier keine konstitutive Bedeutung ein, wohl aber kann das Unrecht durch ihn begrenzt werden[286] — durch den Gedanken des Rechtswidrigkeitszusammenhanges[287]. Diesen Rückgriff auf den Erfolg zu gestatten kann denn auch Zielinski nicht umhin[288].

Trotzdem glaubt er, den tatsächlich eingetretenen Erfolg aus der Unrechtsbegründung ausschließen zu dürfen, weil er in seinem Sosein zufällig sei. Nun ist freilich unbestreitbar, daß die Herbeiführung eines Erfolges im gleichen Maße von der aktiven Verursachungskette abhängt wie von dem Fehlen störender Ursachen. Es ist darüber hinaus zweifelsfrei richtig, daß der aktive Ursachenzusammenhang leichter beherrschbar ist als der passive. Letzterer wird u. U. geistig noch nicht einmal überblickt, wie sich etwa an den Schwierigkeiten physikalischer Experimente im nicht konditionierten, realen Bereich zeigt. Aber selbst dies ist nur eine graduell stärkere Beherrschbarkeit. Denn — um den Zielinskischen Gedanken weiter zuzuspitzen — die Umsetzung des bloßen Gedankens in eine Handlung ist ihrerseits wieder — zufallsbeherrscht! Der Attentatsversuch beispielsweise kann nicht nur an der

---

284 Lb¹, § 8 III 5. Diese Ausführungen fehlen allerdings in den neueren Auflagen.

285 Grundsätzlich anders noch in Neues Bild, S. 14, wo er ausdrücklich ausführt, daß sich nach dem Erfolg bestimme, „ob und inwieweit die Handlung ihre Leistung — die finale Überdetermination des Geschehens —" erbringe oder verfehle. Werde die gewollte Folge verwirklicht, so trete „zu dem Handlungswert oder -unwert ein weiterer Erfolgswert oder -unwert hinzu". Mit diesem Hinweis erwehrt er sich übrigens des Vorwurfs von Eb. Schmidt, Arzt, S. 75, Anm. 29, und von H. Mayer, Lb, § 8 II 2 b (S. 44), sein Handlungsbegriff sei „subjektiv-final", weil er den sozialen Sinn einer Handlung vereinseitigend vom handelnden Willensträger her bestimme (!); vgl. dazu schon oben bei FN 275.

286 Fahrlässigkeit, S. 21; Lb, § 18 I 2 a (S. 136). So schon Engisch, Untersuchungen, S. 342.

287 Lb, § 18 I 2 a (S. 136).

288 Handlungsunwert, S. 212. Er sieht darin zwar lediglich eine Manifestierung des Strafbedürfnisses, erlaubt jedoch hier zur Aufklärung der Unrechtsrelevanz — entgegen seinen sonstigen Ausführungen — den unmittelbaren „Rückgriff auf die Werturteile, die die Pflichtwidrigkeit begründen".

kugelsicheren Weste des Opfers, am Versagen der Waffe o. ä. scheitern, sondern auch deshalb, weil sich die Waffe in der Hosentasche verhakt oder — wenn auch lebensfremd, so doch immerhin denkbar — wegen eines plötzlichen Muskelkrampfes des Täters. Ist aber die Verwirklichung des Gedankens in der Tat letztlich gleichermaßen zufallsbeherrscht wie die Verknüpfung von Handlung und eigentlichem verbrecherischen Erfolg, so erklärt sich auch das Fehlen einer Auseinandersetzung mit den „objektiven" Elementen der Handlung bei Zielinski: Die Berücksichtigung des Zufallselementes bei der Erfolgsverursachung, nämlich des Elementes fehlender erfolgs*hindernder* Ursachen, mußte *vor* dem Unrechtskonstituens „Handlung" abgebrochen werden. Sonst hätte sich der Zielinskische Handlungsbegriff nämlich als das deutlich zu erkennen gegeben, was er in Wirklichkeit ist, nämlich reine normwidrige Finalität. An diesen immaterialen Faktor allein kann das Strafrecht aber nicht anknüpfen, — so bestimmend er für das Unrecht auch ist. In diesem nicht aufgelösten Problem liegt auch die letzte Ursache für den berechtigten Vorwurf, der extrem subjektive Finalismus münde mit seiner Umdeutung der Tatbestände in abstrakte Gefährdungsdelikte in ein polizeistaatliches Strafrecht[289].

Vor diesem Hintergrund erscheint der oben angedeutete „Überstieg" der Rechtsgutsgefährdungs-Gradiente vom beendeten Versuch zum vollendeten Delikt auch theoretisch nicht mehr unzulässig. Zumindest ist auf den ersten Blick nicht ersichtlich, weshalb ein (möglicher) Bestandteil der Handlung, nämlich die Erfolgsherbeiführung, aus der Handlungsanalyse mit dem Hinweis ausgeblendet werden darf, er sei zufallsbedingt, wenn doch jegliche Objektivierung von Gedanken in Handlungen letztlich zufallsbeherrscht ist. Damit bestätigt sich induktiv, daß die gegen einen derart radikalen Finalismus ins Feld geführten Argumente des Sprachgebrauchs und der wirklichkeitsfremden Ergebnisse einen materiellen Kern haben[290].

---

289 Schünemann, JA 1975, S. 511 (512); vgl. übrigens schon Krümpelmann, Bagatelldelikte, S. 93 f.

290 Überdies wäre zu fragen, wie denn der Gesetzgeber zu jenem Urteil der Strafwürdigkeit gelangt, in dem Zielinski die letzte eigenständige Aufgabe des Erfolgsunwertes sieht. Das Schuldprinzip fordert nämlich nicht, daß Schuld auch Strafe nach sich zieht, wie auch Zielinski nicht verkennt. Dann muß sich der Gesetzgeber aber, wenn er Sanktionen androhen will, bei der Frage nach dem Strafrahmen an dem Erfolg ausrichten, — nicht an der Normwidrigkeit, die per se gegeben ist. So läßt sich der unterschiedliche Sanktionsspielraum bei § 222 und § 230 nur mit Rücksicht auf den Erfolg erklären, ist doch die Pflichtwidrigkeit u. U. gleicher Art. Anderenfalls artet die Entscheidung über den Strafrahmen in reine Willkür aus und erschüttert damit ihrerseits den Rechtsfrieden. Indem Zielinski dem Erfolg einen solchen Einfluß auf die gesetzgeberische Strafrahmenerwägungen zugesteht, erleidet seine so geschlossen wirkende Deduktion einen weiteren Bruch.

Es hat sich vielmehr gezeigt, daß das begriffliche Instrumentarium, die Trennung in objektiv und subjektiv, in Handlung und Erfolg, — einmal aus ihrer dienenden Funktion entlassen — sich zum Beherrscher der Dogmatik aufwerfen konnte. Denn das terminologische Nebeneinander von Erfolg und Handlung hat auch zu einem vermeintlich essentiellen Nebeneinander dieser beiden Komponenten geführt. Da Handeln aber ohne Objektivation nicht möglich ist, sind die Handlungserfolge notwendige Elemente der Handlung. Denn jede Handlung führt zu einem „Etwas". Dieses „Etwas" ist jedoch bereits ein Erfolg. Ist der Erfolg aber ein elementarer Bestandteil der Handlung, so muß er bei deren Bewertung auch mitberücksichtigt werden.

Zusammenfassend und überspitzend läßt sich also sagen, daß die Problematik zu einem Gutteil aus einem um gedankliche Präzision bemühten Trennungsdenken erwachsen ist[291]. Ohne Frage gilt es, unterschiedliche Phänomene begrifflich zunächst einmal derart abzuschichten und in ihren Funktionen zu untersuchen, wie dies für Finalität und Erfolg geschehen ist. Darüber darf aber nicht das sie verbindende Element der Handlung vergessen werden. Dieses Element vereinigt Dynamik und Statik, Subjektivität (Finalität) und Objektivation (Verwirklichung der Finalität) — und damit den Erfolg. Finalität und Erfolg sind sonach nur Teilstücke der Handlung. Denn erst durch die Intentionalität erfährt der äußerlich neutrale „Erfolg" (also die objektiv wahrnehmbare Handlung) seine Richtung auf das Rechtsgut und wird damit auch zum strafrechtlich bedeutsamen „Erfolg" im Sinne einer Rechtsgutsgefährdung von Menschenhand. Andererseits gewinnt die wertwidrige Finalität erst durch ihre Entäußerung, ihre Manifestation, die Möglichkeit, einen wertwidrigen Erfolg zu erzielen, ist sie doch erst damit ein *soziales* Phänomen, an das soziale Reaktionen anknüpfen können. Wie sich diese Bestandteile qualitativ ergänzen, welche Bedeutung sie innerhalb der Unrechtsbegründung haben, das bedarf jedoch noch einer Durchleuchtung.

2.2.1.2. Theoretische Rechtfertigung der herrschenden Meinung

Es konnten mit der mangelnden Berücksichtigung der objektiven Handlungselemente sowie der Erfolgsrelevanz im Rahmen der Norm-

---

[291] Diese Warnung vor den Folgen einer atomistischen Übersteigerung des Trennungsdenkens wird nicht durch den Umstand diskreditiert, daß jenes Trennungsdenken durch seine Gegnerschaft zu der „Ganzheitsbetrachtung" der „Kieler Schule" (vgl. hierzu etwa Dahm, Verbrechen, und, schon etwas vorsichtiger, ZStW 57, S. 225 ff.) historisch hinreichend legitimiert erscheint; vgl. zu der Gegenposition die Streitschrift von Schwinge / Zimmerl, Wesensschau, oder auch Welzel, ZStW 76, S. 619 (621 ff.). Sie besagt lediglich, daß über die Betrachtung der Einzelheiten die Gesamtschau nicht vergessen werden darf.

zwecktheorie bereits einige Schwachstellen auch auf der Voraussetzungsseite des extremen Finalismus aufgespürt werden. Dennoch bleibt das methodisch-begriffliche Dilemma, daß die Erfolgskomponente in der vorangestellten Theorie der Normgenese ab der 3. Wertungsstufe (Bewertung menschlicher Handlungen)[292] keine spezielle Berücksichtigung mehr findet.

Es erhebt sich daher die Frage, ob jenes recht theoretische Modell der Normgenese, das eine normentheoretisch sinnvolle Erklärung für die strafrechtlichen Ver- und Gebote bietet, sich um die als notwendig erkannte Erfolgskomponente erweitern läßt, oder ob dieses Modell aufgegeben werden muß.

2.2.1.2.1. Synthese der beiden Unrechtskomponenten bei Krümpelmann

Eine solche rechtstheoretische Synthese zwischen dem finalistischen Modell einerseits und einer Erfolgsberücksichtigung andererseits ist von Krümpelmann angeboten worden[293]. Inhaltlich stimmt er mit Arm. Kaufmann und Zielinski insofern überein, als er — vom Boden der auch von ihm geteilten personalen Unrechts- und der finalen Handlungslehre — dem Handlungsunrecht bei der Unrechtsbegründung eine hervorragende Bedeutung einräumt[294]. Anders als letzterer[295] mißt er darüber hinausgehend jedoch auch dem Erfolg eine unrechtsbestimmende Wirkung bei. Dies geschehe dadurch, daß durch die Kategorie Unrecht nicht nur das Handeln des Täters, sondern auch das Erleiden des Opfers erfaßt werden müsse. Die Notwendigkeit hierfür ergebe sich — abgesehen von den dogmatischen Spannungen, die jede eindimensionale Unrechtsbegründung nach sich ziehe[296] — aus dem Prin-

[292] Vgl. Arm. Kaufmann, Normentheorie, S. 69 ff.; Zielinski, Handlungsunrecht, S. 123 ff.; zusammenfassend oben S. 100 (101).

[293] Bagatelldelikte, S. 82 ff.

[294] a.a.O., S. 86 ff. (95) und ständig.

[295] Die Position Arm. Kaufmanns bleibt insoweit etwas undeutlich. Auch er kennzeichnet das Unrecht als eine Nichteinhaltung von Verhaltensnormen, sagt ausdrücklich, „Kausierungsverbote wären sinnlos", Welzel-FS, S. 393 (395). Gleichwohl lehnt er im Rahmen der Rechtfertigungserörterungen ein reines Abstellen auf die subjektive Tatseite ab, und sieht in dem Fall des Erlaubnistatbestandsirrtums eine Unrechtsminderung, — unter Bezugnahme auf Jescheck, Lb², § 41 III 2 c (S. 349) und seine Normentheorie, S. 246. Das entspricht auch der hier vertretenen Position. Wie dies sich jedoch mit der eingangs erwähnten Einstellung vereinbart, wird nirgends erklärt.

[296] So geriet Mezger mit seiner Ausblendung der Handlung aus dem Unrecht (Unrecht als „Veränderung eines rechtlich gebilligten bzw. Herbeiführung eines rechtlich mißbilligten Zustandes, nicht rechtlich mißbilligte Herbeiführung eines Zustandes", GS 89, 207 [245 f.]) beim Versuch und bei den maßgeblich von ihm selbst erforschten subjektiven Unrechtselementen in einige Begründungsschwierigkeiten, vgl. gegen ihn Welzel, ZStW 58, S. 491 (507). Vgl. im übrigen auch das einseitig erfolgsorientierte Modell der Un-

zip der Einheit der Rechtswidrigkeit[297]. Zwar setzten die einzelnen Rechtsgebiete unterschiedliche Schwerpunkte, das Zivilrecht oder das Entschädigungsrecht aufgrund des Schadensausgleichsgedankens etwa beim „Opfer", das Strafrecht beim Täter als Vorwirkung aus dem täterzentrierten Schuldurteil in Verbindung mit dem besonders einschneidenden Reaktionsmittel der Kriminalstrafe. Trotzdem bedürfe es stets der Ergänzung durch die jeweils andere Komponente[298]. Die Erfolgskomponente habe allerdings im strafrechtlichen Bereich nur einen limitierenden und zugleich klärenden Stellenwert im Unrechtsbereich[299]. Zum einen ergebe sich aus der Analyse der Sinnbeziehung zwischen konkreter Handlung und konkretem Erfolg überhaupt erst, ob strafrechtliches Unrecht vorliege[300]. Insoweit sei der Erfolg als eine „Interpretationsgrundlage" für das Unrecht[301] sogar unerläßlich. Demgegenüber sei die Wirkung des Erfolges als ein „Maßprinzip" nicht strukturell notwendig. Es sei durchaus denkmöglich, die strafrechtlichen Tatbestände nur nach ihrem Handlungsunwert zu unterscheiden (wie es denn Zielinski auch später vorgeschlagen hat[302]). Die „man-

---

rechtsbegründung bei Nowakowski, ZStW 63, S. 287 (310 ff.), das dieser jedoch später aufgegeben hat, JBl. 1972, S. 19 (23 FN 29 a).

[297] Bagatelldelikte, S. 87 ff.

Vgl. zu jenem Prinzip insbesondere Engisch, Einheit, S. 56 ff.; Münzberg, Verhalten, S. 120 f.

[298] Ob die These in ihrer Totalität zutreffend ist, muß allerdings bezweifelt werden, zumal das Prinzip der Einheit der Rechtsordnung ein Topos von sehr unterschiedlicher Tragweite ist, eigentlich nur dazu geeignet, den Blick für die Rechtsvoraussetzungsseiten mit ihren möglichen Parallelen oder auch Unterschieden zu schärfen. Jedenfalls ist eine *rein* objektive, also handlungsunabhängige Haftung ohne weiteres möglich, — wenn auch nicht der Regelfall angesichts des auch im Zivilrecht vielfach geltenden Verschuldensgrundsatzes. Als Beispiel für jene objektive Haftung sei nur an den Eigentumserwerb eines baufälligen Hauses durch Erbfall mit den Folgen einer Haftung aus § 836 Abs. 1 BGB erinnert. Gleichwohl ist Krümpelmann insofern zu folgen, als im Strafrecht Handlungs- *und* Erfolgsunwert für die Unrechtsbegründung von Bedeutung sind. Zu den Gründen vgl. das Folgende.

[299] Anders als etwa im Zivilrecht, wo er auch konstituierende Bedeutung hat, Bagatelldelikte, S. 87 ff.

[300] Vgl. Krümpelmann, Bagatelldelikte, S. 91: „Das Unrechtsurteil kann zwar ohne die *Verwirklichung* des Erfolges gefällt werden, setzt aber die *Sinn*beziehung der konkreten Handlung auf einen konkreten Erfolg voraus." (Hervorhebungen im Original.) Beispiel: Fall des agent provocateur: Wenn die Handlung keine Tendenz zum Erfolg habe, so liege auch kein Unrecht vor. Dabei ergibt sich die Erfolgstendenz — anders als Zielinskis Erfolgsfähigkeit (vgl. dazu oben S. 105 f.) — aus der (subjektiven) Tätervorstellung, so daß auch beim Schuß ins leere Bett eine Handlung mit Erfolgstendenz vorliegt.

[301] a.a.O., S. 86 ff., insbesondere 91.

Dies deckt sich mit dem oben angezogenen Einwand, der Rechtswidrigkeitszusammenhang lasse sich nur mit Hilfe des Erfolges ermitteln.

[302] Vor ihm bereits Kadečka, MschrKrim. 1931, S. 65 (71 f.).

gelnde Praktikabilität" einer solchen Alternative lassen Krümpelmann diese Erwägungen aber als ein argumentum ad absurdum erscheinen[303], so daß in Wirklichkeit auch diese begrenzende Wirkung des Erfolges für die Unrechtsbegründung wesentlich ist.

Die methodische Einbeziehung des Erfolgsunrechtes als im Prinzip gleichrangige Komponente neben dem Handlungsunrecht gelingt ihm dadurch, daß er aus dem von Arm. Kaufmann als erste Stufe der Normgenese bezeichneten Werturteil (Rechtsgüter-Definition) einen zweiten Rechtssatz-Strang entwickelt, der zu dem der Norm parallel läuft: Diese Stufe enthalte nicht nur ein Werturteil, sondern gleichzeitig einen Gewährungssatz, der allerdings einen anderen Adressaten habe — das Opfer der Tat — und nicht, wie die Norm, den Täter[304]. Da das Schuldurteil auf beiden Komponenten aufruhe, begrenzten sich diese wechselseitig[305]: Trete bei geringerem Handlungsunwert ein erheblicher Erfolgsunwert ein, so vermöge der letztere nicht voll auf die Schuldzurechnung durchzuschlagen. Denn die Obergrenze der möglichen Erfolgszurechnung zur Schuld sei die Obergrenze des Handlungsunrechts. Bleibe umgekehrt der Erfolgsunwert hinter dem Handlungsunwert zurück, so mindere sich das Gesamtunrecht, das vorwerfbar sei, mit Rücksicht auf diesen Umstand[306, 307].

Allerdings erscheint die hier verwandte Bezeichnung: „wechselseitige" Begrenzung nicht ganz präzise. Denn der entscheidende Rahmen für die Unrechtsqualifizierung und -quantifizierung ist auch nach Krümpelmann im Anschluß an die personale Unrechtslehre der Handlungsunwert. Dessen Obergrenze markiere nach dem Prinzip der abgeleiteten Schuldbewertung auch die äußerst mögliche Obergrenze des

---

303 Bagatelldelikte, S. 94. Ebenso Stratenwerth, SchwZStrR 79, S. 233 (255) und neuerdings Schaffstein-FS, S. 177 (186 ff.).

304 Krümpelmann, Bagatelldelikte, S. 100 ff.

305 Krümpelmann spricht vom „Prinzip der abgeleiteten Schuldbewertung", a.a.O., S. 98 ff. (99, 100 ff.).

306 Man denke etwa an das Verhältnis von § 230 zu § 222: Fast jede nicht ganz geringfügige Körperverletzung birgt die Gefahr des tödlichen Ausgangs. Ihre fahrlässige Herbeiführung ist also vom Handlungsunwert durch nichts von dem Handlungsunwert der fahrlässigen Tötung unterschieden. Dennoch knüpft der Gesetzgeber — zu Recht — mit dem unterschiedlichen Strafrahmen am unterschiedlichen Erfolg an.

307 Die Kritik Zielinskis an Krümpelmann übersieht diesen letzten Aspekt, wenn sie ihm vorhält, praktisch nur terminologisch den Erfolg in das Unrecht einzubeziehen, da er sich faktisch doch an dem Handlungsunrecht ausrichtete, Handlungsunwert, S. 146, FN 39 a. Das trifft nämlich nur für den Fall zu, daß die Erfolgskomponente überwiegt, vgl. hierzu Krümpelmann, Bagatelldelikte, S. 105. Wenn hingegen der Erfolg hinter dem Handlungsunrecht zurückbleibt, so mindert sich nach Krümpelmanns Meinung der Gesamtunwert (weswegen er ja auch, in Übereinstimmung mit Stratenwerth, Juristentag-FS, S. 247 [260; 266], eine obligatorische Strafmilderung beim Versuch fordert [Bagatelldelikte, S. 103]).

Schuldvorwurfs. Nun wachse dieser Handlungsunwert zwar bei den Vorsatzdelikten in aller Regel mit dem Schweregrad des vom Vorsatz umfaßten Erfolges, bei den Fahrlässigkeitsdelikten zumindest häufig mit einem dem Schweregrad des Erfolges entsprechenden Maß an Sorgfaltswidrigkeit. Aber die Proportionalität zwischen Erfolgsunwert und Handlungsunwert sei z. B. in den Fällen des Versuchs, des Irrtums oder der schwerwiegenden Folgen geringer Sorgfaltsverletzungen aufgehoben. Würde nun in den beiden letzten Typusgruppen der Erfolg über das Handlungsunrecht hinaus dem Täter zugerechnet, so beinhaltete die daraus folgende Strafverschärfung einen Verstoß gegen das Schuldprinzip. In Wirklichkeit gehe der Gesetzgeber aber umgekehrt vor. Er habe den Handlungsunwert nicht absolut mit der diesem zukommenden Sanktion ausgestattet, sondern — trotz eines weiterreichenden Schuldanknüpfungspunktes — die Strafhaftung durch den Erfolg begrenzt (Beispiel: §§ 1 Abs. 2, 49 Abs. 1 Nr. 1 StVO, § 24 StVG; § 230; § 222)[308, 309].

2.2.1.2.2. Stellungnahme

Den Darlegungen Krümpelmanns ist im wesentlichen zuzustimmen. Es ist die im Finalismus und insbesondere in seiner normentheoretischen Begründung angelegte Gefahr einer vereinseitigenden Betrachtung des Täters, die die zahlreichen Schwierigkeiten heraufbeschworen hat. Eine solche Einseitigkeit ist jedoch, wie schon angedeutet wurde und wie Krümpelmann nachweist[310], für den Finalismus nicht zwingend oder wesensmäßig. Zwar ist richtig, daß das Strafrecht in seinem Zwangscharakter den Täter besonders ins Auge faßt — einerseits durch den Imperativ, andererseits durch das Schulderfordernis als Strafvoraussetzung. Aber — um es nochmals zu betonen — die Normen sind nicht um ihrer selbst willen da, sondern zur Gewährleistung des Rechtsgüterschutzes[311]. Dort aber, wo dem einen die Beachtung

---

308 I. E. ebenso Preuß, Untersuchungen, S. 101, insbes. FN 82.

309 Daraus folgt, daß die eigentlichen Problemfälle der schuldangemessenen Strafe durch die Mindeststrafdrohungen erzeugt werden. Beispiel: Das erfolgsqualifizierte Delikt, etwa die leichte Körperverletzung, die zum Tod des Opfers führt. Hier sieht Krümpelmann denn auch das Prinzip der abgeleiteten Schuldbewertung als aufgehoben an, Bagatelldelikte, S. 104. Von daher erweist sich der Wegfall der Übertretungstatbestände als keineswegs vorteilhaft und die Rückfallbestimmung des § 48 als fragwürdig; vgl. im übrigen zum Vorstehenden Bagatelldelikte, S. 101 ff.

310 Vgl. dazu ausführlich Krümpelmann, Bagatelldelikte, S. 74 ff.

311 Das anerkennt auch Zielinski ausdrücklich, wenn er sagt: „Ohne einen Erfolgsunwert, auf den die Handlung gerichtet ist, ist auch ein Handlungsunwert nicht möglich. Keine Handlung ist wertvoll oder wertwidrig aus sich heraus; sie erhält ihren Wert oder Unwert immer erst aus ihrer Bezogenheit auf ein wertvolles oder wertwidriges Ziel. Daraus folgt, es gibt keine“ (S. 125) „Unrechtshandlung, deren Unwert nicht bezogen wäre auf

eines Gutes auferlegt wird, wird einem anderen die Inanspruchnahme dieses Gutes eingeräumt. Allerdings scheint die Deduktion Krümpelmanns insoweit nicht ganz zuzutreffen, als er die Gewährung glaubt unmittelbar der Bewertungsnorm selbst entnehmen zu können[312]. Zwar wird man sagen können, daß Bewertung und *generelle* Gewährung dann zusammenfallen, wenn das Werturteil der ersten Wertungsstufe schon ein reales Substrat hat. Wird beispielsweise das Eigentum als schützenswerte Institution angesehen, so bedeutet das gleichzeitig, daß irgend jemand (und sei es der Staat oder eine Gottheit) aus diesem Recht berechtigt ist. Doch wer dieser Begünstigte ist, das folgt nicht aus der Bewertungsnorm, sondern aus dem Gewährungs-Rechtssatz. Das wird noch deutlicher, wenn man ein stärker rechtsgeschichtlich im Fluß befindliches Rechtsgut betrachtet, etwa das Demokratieprinzip. Es beinhaltet zwar eine unmittelbare oder mittelbare Selbstbestimmung der Entscheidungsbetroffenen mittels einer Regierung und einer Volksvertretung, die durch Wahlen in ihren Macht- und Entscheidungsbefugnissen legitimiert sind. Es besagt aber nichts darüber, ob nur der Adel, die Reichen, die Weißen, die Männer oder auch die Gastarbeiter den legitimationsfähigen demos bilden, sprich: insbesondere wahlberechtigt sind. Gerade das Adressatenproblem, das Arm. Kaufmann für die Imperative so sorgfältig herausgearbeitet hat[313] und dessen Parallelität bei den gewährenden Sätzen Krümpelmann besonders betont[314], schichtet diese Gewährungen von den eigentlichen Bewertungsnormen ab. Das Komplementärverhältnis besteht also in Wirklichkeit zwischen gewährendem und imperativem Rechtssatz, die sich beide aus der Bewertungsnorm ableiten.

Der Übergriff in die fremde Rechtszuständigkeit verstößt daher nicht nur gegen den Imperativ, sondern wirkt störend in den einem anderen Rechtsgutsträger eingeräumten Rechtsbereich ein. Er wirkt insoweit dysfunktional, als er einen Faktor wieder in Frage stellt, der dem Rechtsgutsträger — aufgrund einer Zuweisung der befriedenden Rechtsordnung — erlauben sollte, sein Dasein vorausschauend planen und gestalten zu können. Sonach entwickelt sich aus dem abstrakten ersten Werturteil (Rechtsgutsdefinition) sowohl die Norm, die die Verletzung des Urteilsgegenstandes verhindern soll, wie auch die Gewährung, die den Urteilsgegenstand zu nutzen erlaubt. Dann aber kann sich das konkrete (Un-)Werturteil, das auf diesem rechtstheoretischen Fundament aufruht, nicht über die Zweispurigkeit jenes Begründungs-

ein Rechtsgut. Jedes strafrechtliche Verbot dient dem Schutz eines Rechtsgutes", Handlungsunwert, S. 124/125.

312 Bagatelldelikte, S. 95 ff. (97 f.).

313 Normentheorie, S. 121 ff.

314 Bagatelldelikte, S. 97.

zusammenhanges hinwegsetzen. Gleichwohl genießt der Handlungsunwert bei der Unrechtsbegründung eine Vorrangstellung, bildet er doch die absolute Obergrenze dessen, was dem Täter „zur Schuld vorgeworfen" werden kann[315]. Damit wird aber die These von der grundsätzlichen Eigenständigkeit des Erfolgsunwertes keineswegs diskreditiert. Der Handlungsunwert *muß* der entscheidende Maßstab sein. Das ist letztlich eine Vorwirkung des strafrechtlichen Schuldprinzips auf den Unrechtsbereich, eine Präformation durch den Gedanken der individuellen Verantwortung des einzelnen, welcher Ausfluß des grundgesetzlich institutionalisierten Menschenbildes ist. Diese Sicht muß daher selbst derjenige gelten lassen, der die personale Unrechtslehre nicht in der hier geteilten Ausformung hinzunehmen bereit ist. Für den hier bezogenen Standpunkt ergibt sich das freilich schon aufgrund des ontologischen Anknüpfungspunktes der finalen Handlungslehre — der Erklärung der Handlung aus ihrer Intentionalität heraus. Was es nur zu betonen galt — und zwar gerade auch gegen Angriffe aus dem Lager des Finalismus — ist die grundsätzliche Eigenwertigkeit der Erfolgskomponente schon für die Unrechtsbestimmung. Zwar ließe

---

[315] Um es noch einmal zu veranschaulichen: Beim Vorsatzdelikt sind folgende Konstellationen denkbar. Der Erfolg bleibt hinter den Intentionen zurück (a), er entspricht ihnen (b) oder er übersteigt sie (c).

a) Tritt der geplante Erfolg nicht oder nicht im erwarteten Umfang ein, so bedeutet dies, daß zwar der volle Finalitätsunwert, aber nur ein geminderter Erfolgsunwert Anknüpfungspunkt für die Schuld sein kann. Das bedeutet, daß das tatsächlich verwirklichte Gesamtunrecht gegenüber dem Unrecht, das in der Täterplanung bei im übrigen gleichbleibender Situationsbeschaffenheit als theoretisch Mögliches gewollt war, zurückbleibt. Dieses Unrechtsdefizit schlägt dann — nach dem Prinzip der abgeleiteten Schuldbewertung — notwendigerweise durch auf die Schuld: Sie muß also per se geringer sein — unbeschadet aller täterindividueller Besonderheiten bezüglich der Verantwortlichkeit.

b) Ist der Tatplan voll verwirklicht, so liegt die höchste Unwertstufe vor, die bei *dieser* Intentionalität möglich ist: Finalitäts- und Erfolgsunwert korrespondieren einander genau. Freilich würde das Handlungsunrecht wachsen, wenn Planung und Exekution noch kühner, z. B. noch gewalttätiger, die Zahl der vorgesehenen und eingetretenen Opfer noch größer wäre. Aber auf dem Niveau, das das Finalitätsunrecht vorgegeben hat, ist bei Übereinstimmung von Wille und Erfolg die höchste Unrechtsstufe erreicht, die die Tat im Systemrahmen des Deliktstypus erreichen kann. Damit ist auch gleichzeitig das maximale Schuldpotential eröffnet, das auf dieser Basis möglich ist. Ob das Schuldurteil dann seinerseits in der Strenge dem Unwerturteil korrespondiert, hängt jedoch — wie stets — davon ab, ob irgendwelche zusätzliche, die Schuld beeinflussende (und zwar mindernde) Faktoren dem Interaktionszusammenhang zu entnehmen sind, — wie z. B., als täterspezifische Elemente, Trunkenheit, Hemmungslosigkeit, Hunger — oder, als situationsspezifische Elemente, Zumutbarkeitsfragen.

c) Übersteigt der Verletzungsunwert den Verhaltensunwert, so ist der überschießende Teil nicht im Rahmen des (vorsätzlichen) Handlungsunrechtes zu berücksichtigen. Ob er als fahrlässiges Handlungsunrecht in die Vorwerfbarkeitsbetrachtung einzubeziehen ist, hängt, abgesehen von einer entsprechenden Vertatbestandlichung, davon ab, ob der Täter die ihm abgeforderten Finalitätspotentiale nicht eingesetzt hat.

sich mit der Terminologie Zielinskis insoweit eine Verständigung herbeiführen, als auch hier das Handlungsunrecht als das einzig denkbare strafrechtliche Unrecht angesehen wird. Liegt nämlich keine Handlung vor, ist das Strafrecht auch nicht auf den Plan gerufen[316]. Aber, und darin liegt der maßgebliche Unterschied zur Zielinskischen Ansicht, dieses Handlungsunrecht ist nicht dem subjektiven Unrechtselement gleichzusetzen. Es besteht aus einer Finalitäts- *und* einer Erfolgskomponente, ist also nur der Oberbegriff, der diese beiden Elemente vereinigt und zugleich auch deren wechselseitige Bedingtheit kennzeichnet. Denn Finalität ohne Objektivation ist, wie gesagt, ein soziales nullum. Andererseits ist, wie gleichfalls ausgeführt, menschliches Verhalten nur aufgrund der Tatsache als Handlung zu definieren, daß es von Finalität beherrscht wurde. Vielfach läßt sich überdies die rechtsgutsgefährdende Tendenz einer äußerlich sozialüblichen oder zumindest neutralen Handlung nur aus der sie leitenden Intentionalität heraus ermitteln (z. B. beim Versuch[317]). Diese Strukturverschlingung, die der Begriff „Handlung" einfängt, ist in den Begriffen „Erfolgswert" und „-unwert" mit der werthaften bzw. wertwidrigen Tendenz nur angedeutet. Die Begriffe „Intentionalitätswert" und „-unwert" enthalten sie sogar überhaupt nicht, denn menschliches Wissen und Wollen lassen sich als Gedanke und Strebung — zumindest modellhaft — theoretisch von dem Typus „Handlung" isolieren. Gleichwohl enthebt die Möglichkeit, dergestalt den Blickpunkt zu wechseln und jeweils nur einen Aspekt zu betrachten, nicht der Pflicht, die Mehrdimensionalität der Handlung zu berücksichtigen.

2.2.1.2.3. Folgerungen

Für den Fall der Rechtfertigung und der Putativrechtfertigung ergibt sich daher folgendes Bild: Stets ist das Urteil über die Handlung eines Menschen von der Warte eines „objektiven" Beobachters zu fällen. Dessen Beurteilungsgegenstand ist die Handlung als geschichtlich feststehender, wahrgenommener Vorgang. Das umschließt gleichermaßen die täterschaftlichen Situations- und Zielvorstellungen, also die Intentionalität[318], wie deren Niederschlag in der Außenwelt. Dies gilt daher auch für die strafrechtlich bedeutsame Handlung, d. h. eine Tat, die ihre Unrechtsrelevanz aus ihrer Wertwidrigkeit bezieht. Hier schlägt

---

[316] Der Epileptiker, der bei einem Anfall eine fremde Vase beschädigt, führt zwar einen wertwidrigen Erfolg herbei, — aber er handelt nicht. Hier fehlt der Über*griff* in die fremde Rechtszuständigkeit.

[317] Ob der den Geldtransport begleitende Wachmann zur Pistole greift, um zu prüfen, ob sie geladen und gesichert ist, oder um sich selbst in den Besitz des Geldes zu setzen, ist äußerlich ununterscheidbar. Vgl. im übrigen die Neufassung der Versuchsdefinition in § 22.

[318] Diese ist jedoch nur im Idealfall voll überschaubar.

sich also eine wertwidrige Finalität in einem äußeren, somit wahrnehmbaren Verhalten nieder, welches eine je nach den Handlungsumständen mehr oder minder ausgeprägte objektive Tendenz zur Rechtsgutsverletzung enthält[319].

Aber auch der gerechtfertigt handelnde Täter verwirklicht eine wertwidrige Handlung[320], die von einer wertwidrigen Finalität getragen ist und sich in einem wertwidrigen Erfolg dokumentiert. Denn das Abgeben eines tödlichen Schusses, das Äußern der ehrverletzenden Worte, das Aufbrechen der Haustür bleibt *stets* wertwidrig, weil rechtsgutsverletzend. Es ist aber zugleich rechtsgutsschützend und damit werthaft, sofern es von einer werthaften Finalität getragen wird und sich in einem Verhalten verwirklicht, welches objektiv auf die

---

[319] Gemeint ist also eine objektive Tendenz im Sinne jener besagten Steigungslinie: Das Potential der Rechtsgutsgefährdung/-verletzung steigert sich von der sich gerade über das rechtlich völlig Bedeutungslose hinaushebenden Vorbereitungshandlung — über den Versuch, der i. d. R. das Gefährdungspotential schon sehr deutlich macht — bis hin zur vollendeten Verletzung des Rechtsgutsobjektes (als einer der möglichen Formen der Rechtsgutsverletzung). Dabei handelt es sich stets um „Erfolge" in einem weiteren Sinne, um „Erfolge" in bezug auf die Rechtsguts-Widrigkeit. Hat der Gesetzgeber derartige „Erfolge" für strafwürdig erachtet, so handelt es sich darüber hinaus auch in einem engeren, dem herrschenden Sprachgebrauch entsprenden Sinn um eine Erfolgsherbeiführung, nämlich die Herbeiführung eines *tatbestandlich umschriebenen Erfolges.* Eine solche objektiv wertwidrige Tendenz enthält daher auch der untaugliche Versuch: Der Schuß ins leere Bett ist eine auch *objektiv* gegen das Rechtsgut Leben gerichtete Handlung. Als Manifestation einer wertwidrigen Finalität enthält sie eine Gefährdung jenes Rechtsgutes, obschon damit insoweit von der konkreten Handlungssituation abstrahiert wird, als dort kein Leben wirklich verletzt werden konnte. Trotzdem läßt sich dieser Erfolg aufgrund eines Wahrscheinlichkeitsurteils mit dem hier gefährdeten Rechtsgut in Beziehung setzen: In diesem Bett schläft üblicherweise zu dieser Zeit der X. Ein Schuß in dieses Bett hätte das Leben des X gefährdet, wenn er auch diesmal darin gelegen hätte. Hier liegt also keine objektive Gefährdung des Rechtsgutsobjektes „Leben des X" vor, sondern nur ein Angriff auf dieses Rechtsgutsobjekt. Durch diesen Angriff wird aber der Sozialwert Leben als Rechtsgut in Frage gestellt und damit gefährdet. Demnach braucht auch ein konkretes Rechtsgutsobjekt nicht den Zielpunkt der Erfolgsgradiente zu bilden. An seiner Stelle kann vielmehr unmittelbar jenes soziale Institut stehen, als das die Rechtsgüter ohnehin zunehmend aufgefaßt werden, vgl. bereits Gallas, v. Gleispach-FS, S. 50 (55 ff.), ohne allerdings die soziale Funktionalität des Rechtsgutsbegriffes immer deutlich hervorzuheben, wie Amelung, Rechtsgüterschutz, S. 344 (345 f.), zutreffend an dem Beispiel des Tierschutzes belegt; vgl. im übrigen zur Geschichte der Rechtsguts-Diskussion und zu einem systemtheoretischen Modell des Sozialschutzes eingehend Amelung, Rechtsgüterschutz.

[320] Daß dieselbe Handlung werthaft und wertwidrig zugleich sein soll, ist nur scheinbar ein Paradoxon. Denn hier werden verschiedene Rechtsgüter in Beziehung gesetzt, so daß sich der gleiche Umstand unterschiedlich auswirken kann. In Arm. Kaufmanns normentheoretischem Modell ist daher auch die Antinomie von Norm und Erlaubnissatz in der konkreten Handlungssituation aufgelöst zugunsten jeweils desjenigen abstrakten Satzes, der sich aufgrund der Tatumstände zum konkreten Satz verdichtet hat, — zum Verbot oder zur Erlaubnis, vgl. Normentheorie, S. 249 ff. und oben S. 101.

Erhaltung eines anderen Rechtsgutes abzielt, dem der Gesetzgeber abstrakt, allerdings unter Einbeziehung konkreter Handlungsmomente (Erforderlichkeit!), den Vorrang vor dem anderen, zu verletzenden Rechtsgut einräumt.

Im Fall der Putativrechtfertigung ist das zu beurteilende Handlungsgefüge bis auf einen Punkt genauso wie bei einer wirklich gerechtfertigten Tat. Dieser Punkt ist in dem Umstand zu sehen, daß auf der Rechtfertigungsebene der Erfolgswert auf einem niedrigen Niveau stecken bleibt. Zwar schlägt sich auch hier die Rechtfertigungsfinalität in einer wahrnehmbaren Handlung nieder und verobjektiviert sich somit. Diese Manifestation ist damit gleichfalls Teilstück einer Gradiente, die objektiv der Wahrnehmung eines dominanten Rechtsgutes zustrebt. Es liegt demnach der Fall eines „untauglichen Versuches" einer gerechtfertigten Handlung vor, deren Erfolgsgradiente also — gleichsam als Umkehrbild zum tatbestandlichen untauglichen Versuch[321] — in die von der konkreten Tatsituation abstrahierende Wertwahrnehmung, in die Rechtsgutsbehauptung münden würde. Doch der naheliegende Umkehrschluß: Wenn der untaugliche Versuch Unrecht darstellt, obschon er nicht erfolgsmächtig ist, dann muß der untaugliche Rechtfertigungsversuch rechtfertigend wirken, auch wenn er — gleichfalls — nicht erfolgsmächtig ist, dieser Umkehrschluß wäre fehlerhaft. Er würde nicht den im allgemeinen bestehenden Erfolgsunrechts-Überhang beachten. Denn der wertwidrige Erfolg, der eben auch bei einer wirklichen Rechtfertigung herbeigeführt wird, kann durch den bei einer Putativrechtfertigung anfallenden geringfügigeren Erfolgswert, der in der Objektivation der werthaften, auf Rechtsgutsbehauptung gerichteten Finalität besteht, nicht ausgeglichen werden. Das geistige Band zwischen der Handlung und der theoretisch möglichen, in concreto aber nicht gegebenen Wahrnehmung des Rechtsgutes stellt hier ausschließlich die Intentionalität des Täters her. Bei einem zweispurig zu begründenden objektiven Unwerturteil ist dies aber nicht ausreichend, um die Handlung mit dem Prädikat „erlaubt" = „nicht rechtswidrig" zu versehen. Fehlen die Voraussetzungen des Rechtfertigungsgrundes, so vermag sich der abstrakte Erlaubnissatz nicht zur konkreten Erlaubnis zu verdichten[322].

---

[321] Vgl. FN 319.

[322] So schon die präzise Deduktion Arm. Kaufmanns, vgl. Normentheorie, S. 249 ff. und oben S. 100 (101 f.).

Dennoch mag es befremdlich klingen, wenn hier im Zusammenhang mit der Putativrechtfertigung von der Möglichkeit eines Erfolgswertes gesprochen wird. Denn — um die Problematik anhand eines Beispiels gleich drastisch zuzuspitzen — wenn der Pseudoangreifer tot daliegt, so sträubt sich manches dagegen, einem solchen Ereignis etwas Werthaftes abzugewinnen. Doch um der These den Ruch des Zynischen zu nehmen, sei das Beispiel etwas sorgfältiger ausgeführt: Hatte der Täter wirklich in Not-

Es ist zugestandenermaßen problematisch, in der dargelegten Weise die einzelnen unwert- und wertbildenden Faktoren zu saldieren. Dies gilt um so mehr, als dabei an ein ganzheitliches Bewertungssubstrat, die Handlung, angeknüpft wird. Auf der anderen Seite erzwingen die Unklarheiten über den Begründungszusammenhang bei der herrschenden Lehre wie die überspitzten Thesen Zielinskis zu einer derartigen Faktorenanalyse. Trotz der dadurch notwendig werdenden Verkürzungen und Simplifikationen darf nach dem Bisherigen gesagt werden, daß — entgegen Zielinski[323] — die vermeintliche Rechtfertigung niemals[324] zu einer Neutralisation des mit der Handlung begründeten Unwertes führen kann.

2.2.1.2.4. Begrenzung des Erfolgsunwertes durch den Handlungsunwert auf der Unrechtsebene?

Gegen das soeben hergeleitete Zwischenergebnis könnte sich jedoch der Einwand erheben, daß gerade aufgrund der oben dargelegten „Verschränkungswirkung" von Handlungs- und Erfolgsunrecht[325] der letztere sich nicht mehr auswirken könne, sofern der Handlungsunwert fehle. Dabei bliebe jedoch unberücksichtigt, daß das Unwerturteil ein verobjektiviertes Sozialurteil ist, also ein Urteil eines Dritten (Richters) über eine Handlung in ihrer Eingebundenheit in einen sozialen

wehr zu handeln vermeint, so hatte nicht nur seine Intentionalität eine positive Tendenz, sondern die Umsetzung dieser Intentionalität in die Tat war gleichfalls auf etwas — objektiv — Werthaftes gerichtet, nämlich auf die Verteidigung des Rechts. Deren — objektive — Werthaftigkeit scheitert also nicht an dem tödlichen Ausgang der Handlung. Denn der wäre im Falle einer — ceteris paribus — wirklich gegebenen Notwehrsituation der gleiche — böse — „Erfolg". Aber da die Erfolgseite, also die handgreifliche Komponente der Handlung, gleichfalls eine gerichtete Größe, ein Vektor, im Koordinatenkreuz der Handlungsbewertung ist, muß sich der mit dem erzielten negativen Erfolg angestrebte — und im Fall echter Notwehr tatsächlich auch erzielte — positive Erfolg niederschlagen. Aus den oben im Text angegebenen Gründen kann er nicht den Betrag des positiven Erfolgs-Vektors haben, der sich bei einer sonst gleichen Handlung *in wirklicher Notwehr* ergäbe. Wie groß dieser Restbetrag ist, wird im folgenden entwikkelt werden. Vorab sei schon angedeutet, daß er sich nach dem (objektiv!) geleisteten Aufwand an Bemühungen richtet, die Handlungssituation aufzuklären und im Einklang mit dem Recht zu meistern. Vgl. im einzelnen dazu unten S. 153 f., 190, 215 f.

323 Handlungsunwert, S. 230 ff. (266 f.), sowie schon früher Kadečka, MSchrKrim. 1931, S. 65 (75).

324 Anders wahrscheinlich Krümpelmann, nach dem dann, wenn es an einem Handlungsunwert gänzlich fehlt (Täter hält fremde, weggenommene Sache ohne Fahrlässigkeit für die eigene), das Unrecht aufgrund der oben erläuterten (S. 117 ff.) Verschränkungswirkung ganz entfällt, Bagatelldelikte, S. 100 ff., insbesondere 101 FN 7. Konsequenterweise müßte er in dem Fall einer unvermeidbaren Annahme einer Putativrechtfertigungssituation, in dem also gleichermaßen der Handlungsunwert i. S. d. h. M. entfällt, genauso entscheiden. Vgl. dazu jedoch das Folgende.

325 Vgl. oben S. 117 ff. (119 f.).

Zusammenhang. Wegen des wertwidrigen Erfolges kann im Rahmen dieser Beurteilung das Unrecht nicht verneint werden, auch wenn der Handlungsunwert durch einen Handlungswert vollauf ausgeglichen wird. Wollte man das nämlich bestreiten und über die Verschränkungswirkung das Gesamtunrecht entfallen lassen[326], so gäbe man im Ergebnis den für richtig erachteten Ausgangsgedanken einer zweispurigen Unrechtsbegründung wieder auf[327]. Die wechselseitige Begrenzungswirkung führt nur dazu, daß jener wertwidrige Erfolg dem Handelnden bereits objektiv nicht als vorwerfbar, weil vermeidbar, entgegengehalten werden kann.

2.2.1.2.5. Einwände gegen die These und ihre Widerlegung

Man könnte allerdings fragen, ob mit der Einführung einer Kategorie „objektive Vorwerfbarkeit“ nicht lediglich ein begriffliches Opfer auf dem Altar der These von der zweispurigen Unrechtsbegründung erbracht wird, in praxi sich aber kein Unterschied zu der Krümpelmannschen Version ergibt[328]. Das ist jedoch nicht der Fall. Denn nur so ergibt sich die Möglichkeit, innerhalb desselben Rechtsgebietes mit einem einheitlichen Begriff der Rechtswidrigkeit zu operieren. Nur wenn auch bei „fehlendem“, d. h. neutralisiertem Finalitätsunwert ein Erfolgsunwert verbleibt, bleibt dem Opfer das Recht, Notwehr zu üben. Allerdings wird z. T. bestritten, daß die Notwehr einen in diesem Sinne rechtswidrigen Angriff voraussetze[329]. Die Anhänger dieser Ansicht lassen daher Notwehr gegen eine rechtmäßige, da keinen Handlungsunwert aufweisende Handlung zu. Das ist aus einer extrem subjektivistischen Sicht, wie sie Zielinski vertritt, auch durchaus konsequent, sind doch die menschlichen Erkenntnismöglichkeiten begrenzt und die objektiv kollidierenden Werte nicht immer überschaubar. Diese Argumentation verbietet sich aber sofort dann, wenn man dem Erfolgsunwert eine grundsätzlich gleichrangige Bedeutung bei der Unrechtsbegründung einräumt. Darüber hinaus verharmlost diese Ansicht letztlich die Bedeutung sozialer Gegebenheiten wie die des Wertkonsenses, der der Rechtsgüterdefinition zugrunde liegt. Der Beurteilungsgegenstand Handlung ist schließlich wertwidrig und zwar — anders als etwa der Blitzschlag — nicht als Tyche, sondern als *Handlung,* die gerade (auch) auf diese Wertwidrigkeit abzielt.

---

[326] So aber Krümpelmann, Bagatelldelikte, S. 100 ff.

[327] *Insoweit* erscheint der bereits zitierte Vorwurf der dogmatischen Inkonsequenz berechtigt, den Zielinski, Handlungsunwert, S. 146 FN 39 a gegen Krümpelmann erhoben hat, vgl. aber auch oben S. 119 FN 307.

[328] Was zugleich noch gegen den methodologischen Grundsatz der Begriffsökonomie verstieße, da es sich dann als überflüssig erwiese.

[329] Zielinski, Handlungsunwert, S. 297 ff., vgl. schon Engisch, Einheit, S. 53 f. FN 4.

Allerdings ist auch außerhalb jenes extrem subjektivistischen Ansatzes der Rechtswidrigkeitsbegriff im Rahmen der Notwehr äußerst umstritten. So wird eine täterbezogene[330] und eine opferbezogene[331] Auffassung vertreten. Doch diese vereinseitigenden Betrachtungsweisen der h. M. sind letztlich nicht minder inkonsequent, vernachlässigen sie doch auf einmal die vorgeblich befürwortete zweispurige Unrechtsbegründung, ohne dafür eine systemkonforme Rechtfertigung geben zu können. Sie müssen sich daher den gleichen Vorwurf gefallen lassen, mit einem doppelten Rechtswidrigkeitsbegriff und daher begriffsunökonomisch zu arbeiten. Zudem übergeht eine *rein* opferbezogene Sicht das Finalitäts- und damit das täterschaftliche Moment des Angriffs. Demgegenüber blendet eine nur auf den Handlungsunwert abstellende Betrachtung unzulässig die Gütereinbuße auf der Opferseite aus. Zwar glauben die Verfechter der letzteren Auffassung, mit § 34 hinreichend helfen zu können[332]. Dem ist jedoch zu widersprechen. Einerseits vernachlässigt man dabei auf einmal ein Unterscheidungskriterium, das ansonsten für die personale Unrechtslehre von zentraler Bedeutung ist, daß nämlich die Rechtsgutseinbuße nicht auf einem bloßen Ereignis, sondern auf einem *finalen Akt* beruht. Zum anderen wird bei dem in dieser Arbeit zugrundegelegten Modell zur Unrechtsbegründung — wie sich noch zeigen wird — dem einzelnen, der einen Rechtfertigungsgrund in Anspruch nehmen will, die Beachtung einer Fülle von Prüfungspflichten abgefordert. Ihm aber darüber hinaus

---

[330] Für diese Auffassung mehren sich die Stimmen, so etwa Maurach / Zipf, AT I, § 24 II A 4; Otto, ZStW 87, S. 539 (577); Schönke / Schröder / Lenckner, § 32 RN 19 f.; SK-Samson, § 32 RN 14; Zipf, ZStW 82, S. 633 (641 ff.).

Grundsätzlich anders ist die Auffassung von Schmidhäuser, Lb, 9/95 f., und ihm folgend Bertel, ZStW 84, S. 1 (11, insbesondere FN 40 und 41). Beide gehen von einem gänzlich anderen Rechtswidrigkeitsbegriff aus (Angriff auf die normative und empirische Geltung der Rechtsordnung, d. h. rechtswidrig ist der Angriff, durch den der Täter die Rechtsordnung offen und nachdrücklich in Frage stellt. Letzteres fehlt etwa bei Trunkenen, Geisteskranken und Kindern, sowie unbewußt rechtswidrig Handelnden, etwa Irrenden. Auch hier steht damit ein zweiter Rechtswidrigkeitsbegriff neben dem allgemeinen im Raum).

[331] RG 21, S. 168 (171); 27, S. 44 (45) OGH 1, S. 273 (274); Baumann, Lb, § 21 II 1 a (S. 311 f.); Bockelmann, AT, § 15 B I 1 d; Jescheck, Lb, § 32 II 1 c; Schönke / Schröder[17], § 53 RN 10; Stratenwerth, Lb, RN 421 f.; Welzel, Lb, § 14 II 1 c; Wessels, AT, § 8 V 1. Die Differenzierung zwischen dem, was das Opfer nicht zu dulden braucht, und dem, wozu der Angreifer nicht befugt ist, so Dreher, § 32 RN 11; Maurach, AT, § 26 II A 4; Welzel, Lb, § 14 II 1 c, beruht auf einer sprachlich nicht zwingenden Einengung des Wortes „dulden“: Zu der objektiv rechtswidrigen, aber aufgrund sorgfältiger Prüfung unvermeidbar irrig als rechtmäßig angesehenen Amtshandlung ist der Beamte „befugt“. Man vergleiche nur die Rechtsprechung zur Anscheinsgefahr im Polizeirecht, vgl. dazu die Nachweise bei Drews / Wacke / Vogel, Gefahrenabwehr, § 15 3 a (S. 467).

[332] Maurach / Zipf, AT I, § 26 II A 4 (S. 378); SK-Samson, § 32 RN 15; Schmidhäuser, Lb, 9/95; ähnlich Krümpelmann, Bagatelldelikte, S. 101 FN 7, der § 228 BGB entsprechend anwenden möchte.

auch noch die Prüfung anzusinnen, ob der Angreifer in einem unvermeidbaren Putativrechtfertigungsirrtum befangen ist, erscheint das Maß des Zumutbaren weit zu übersteigen. Deswegen ist der Rechtswidrigkeitsbegriff hier so zu verstehen, daß ein Angriff nur, aber auch stets dann rechtswidrig ist, wenn durch eine Handlung[333] eine Rechtsgutsverletzung droht und der Angegriffene dies nicht zu dulden braucht[334]. Damit sind auch hier Intentionalitäts- und Erfolgsunwert zur Begründung des Rechtswidrigkeitsurteils herangezogen, so daß ein mehrdeutiger Rechtswidrigkeitsbegriff vermieden wird[335]. Nur eine derartige vereinheitlichende Fundierung der Rechtswidrigkeit vermag den anthropologischen wie den sozialen Anforderungen der personalen Unrechtslehre wirklich gerecht zu werden.

Ein weiterer Einwand könnte lauten, daß mit einem doppelten Erfolgsbegriff gearbeitet werde: Oben sei der Erfolg als eine Größe eingeführt worden, die den Verletzten in die Gesamtbetrachtung miteinbeziehe[336] und nunmehr — auf der Rechtfertigungsebene — fehle diese Dimension. Nun ist es freilich richtig, daß jene Gradiente, als die die Objektivation der wertwidrigen Intentionalität gekennzeichnet

---

333 Entgegen Jescheck, Lb, § 32 II 1 c und Welzel, Lb, § 14 II 1 c, ist das Merkmal „Handlung" erforderlich, da nur dann die scharfen Wirkungen des „schneidigen" Notwehrrechtes annehmbar sind. (Gegen den Volltrunkenen, der gegen die teure Schaufensterscheibe zu fallen droht, Notwehr zuzulassen, erscheint wirklich bedenklich.) Im übrigen würde mit der Gegenmeinung ein der personalen Unrechtslehre immanentes Strukturprinzip, daß nämlich strafrechtliches Unrecht auf menschliches Handeln zurückführbar sein müsse, ohne ersichtlichen Grund aufgegeben, insoweit ähnlich Maurach / Zipf, AT I, § 26 II A 4 (S. 378); SK-Samson, § 32 RN 14. Andererseits ist Notwehr gegen *intentionale* Akte auch von Trunkenen, Geisteskranken und Kindern zulässig, insoweit auch die h. L., vgl. LK-Baldus, § 53 RN 7. In den Fällen offensichtlicher Beeinträchtigung der Fähigkeit zur Selbststeuerung auf seiten des „Angreifers" vermögen der Gesichtspunkt der Erforderlichkeit und das Verbot des Rechtsmißbrauchs den befürchteten Auswüchsen Einhalt zu gebieten.

334 Gegen die Formulierung „nicht zu dulden braucht" wendet sich Welzel, Lb, § 14 II 1 c, mit dem Hinweis, in ihr werde die Handlungsbefugnis des Angreifers nicht hinreichend berücksichtigt, wie sie etwa bei § 113 oder § 193 eingeräumt sei. Dem ist zu widersprechen. Denn im Fall des § 113 oder des § 193 *hat* das Opfer den Angriff *zu dulden*. Schließlich kommt es, wie stets beim Rechtswidrigkeitsurteil, auf eine objektive Bewertung der gesamten Rechtslage an. Nach ihr ist etwa dem Beamten ein vom Betroffenen hinzunehmendes Eingreifen erlaubt, sofern jener die Eingriffsvoraussetzungen pflichtgemäß geprüft und bejaht hat.

335 An einen derartigen Rechtswidrigkeitsbegriff knüpft auch das Opferentschädigungsgesetz an, § 1 Abs. 1 S. 1 OEG: „Wer ... infolge eines vorsätzlichen, rechtswidrigen tätlichen Angriffs gegen seine oder eine andere Person oder *durch dessen rechtmäßige Abwehr* eine gesundheitliche Schädigung erlitten hat, erhält ... Versorgung ..." Anschauungen, die im Fall unvermeidbarer Putativrechtfertigung die Rechtswidrigkeit bestreiten, können den Opfern dieser Übergriffe nur über die 3. Alt. des § 1 Abs. 1 S. 1 OEG helfen, die an sich lediglich die Nothelfer begünstigen soll.

336 Vgl. 117 ff., 120 ff.

wurde, auf eine Rechtsgutsverletzung zusteuert. Dadurch zielt sie in der Regel auch auf einen zu Verletzenden ab, also auf jemanden[337], der als Träger des Rechtsgutsobjektes an jenem Rechtsgut teilhat. Doch ist die wirkliche Verletzung des Rechtsgutsobjektes nur der äußerste, letzte Punkt einer derartigen Steigungsstrecke. Sie ist keine notwendige Eigenschaft des Erfolges. Charakteristisch für die Handlungsdimension „Erfolg" ist nur — um dies zu wiederholen —, daß sich eine Intentionalität entäußert, daß eine geistige Strebung wahrnehmbar wird. Ein solcher prozeßhafter Erfolgsbegriff nimmt also zwar neben dem Handelnden auch den Handlungsbetroffenen ins Blickfeld. Aber dieser bleibt möglicherweise im Hintergrund — als bloß hypothetisch Betroffener, als ein „Zu-Treffender". Ausgangsfall der Handlungserfolgstypen in einem so verstandenen Sinne ist also der untaugliche Versuch. Über den tauglichen Versuch rückt die Handlungsdimension „Erfolg" dann immer näher an den Handlungsbetroffenen heran — um ihn im Falle des vollendeten Verletzungsdeliktes erreicht zu haben.

Ist nun die Erfolgsdimension auf der Rechtfertigungsebene wirklich anders? Auch hier taucht doch das Begriffspaar Handelnder/Handlungsbetroffener als Systemrahmen auf, innerhalb dessen die Handlung betrachtet wird. Auch hier bleibt doch der Erfolg zunächst einmal nur die Objektivation der Intentionalität. Lediglich insoweit besteht ein Unterschied, als eine solche Entäußerung des Gewollten einen Rechtswert verfolgt und nicht, wie die tatbestandsmäßige Handlung, sich gegen einen solchen wendet.

Deshalb ist der Handlungsbetroffene der Rechtfertigungsebene auch nicht der „Zu-Verletzende", sondern der „Zu-Begünstigende". Dieser Blickwechsel ist also nicht zu leugnen. Nur, er folgt wesensnotwendig aus der verschiedenartigen Struktur der sich im Rahmen der Handlung durchdringenden gegenwertigen Rechtssätze. Bei dem Verletzten kann die Rechtsgütereinbuße stets und unaufhebbar nur negativ sein. Dennoch vermag die Rechtsordnung dieses Negativum durch werthafte Erfolge als aufgewogen ansehen. Ja, man wird sogar sagen müssen, daß das Prädikat der Wert- bzw. Unwerthaftigkeit sich direkt aus der Bedeutung des Handlungszieles für die Rechtsordnung als Ganze ableitet, steht doch in vielen Fällen der Rechtfertigung neben dem Schutz eines bedrohten individuellen Rechtsgutsobjektes als gleichgewichtiges Moment die Bewahrung und Bewährung des Rechtsganzen.

Doch abgesehen davon gehört auf der Rechtfertigungsebene die Vollendung der Begünstigung ebenso wenig zum Wesen des Erfolges, wie auf der Tatbestandsebene der Eintritt der Verletzung. Charakteristisch

---

[337] Dieser muß nicht unbedingt als die Person X individualisiert oder auch nur individualisierbar sein.

für den Erfolg auf dieser Ebene ist lediglich, daß er eine auf die Begünstigung *gerichtete* Größe ist. Die Handlungserfolgstypen auf der Rechtfertigungsebene beginnen demgemäß mit der Putativrechtfertigungskonstellation als einem „untauglichen Rechtsbehauptungsversuch" — und kulminieren in der wirklich gerechtfertigten Tat als erfolgreicher Rechtsbehauptung.

So bleibt methodisch der Erfolgsbegriff identisch, wechselt aber von der Tatbestands- zur Rechtfertigungsebene seinen Bezugsgegenstand. Oder — anders gewendet — es bleibt die finale Dimension des Erfolges, aber ihr Ziel ändert sich.

Aus dem letztgenannten Umstand läßt sich aber, weil er strukturbedingt ist, kein durchschlagender Einwand gegen das bisher Entwickelte herleiten.

2.2.1.2.6. Zusammenfassung

Es ist also daran festzuhalten, daß der Finalitätsunwert zwar den Erfolgsunwert und ebenso umgekehrt dieser jenen begrenzen kann. Jedoch gilt dies nur funktional in bezug auf die Vorwerfbarkeit. Das Rechtswidrigkeitsurteil fällt positiv aus, sobald auch nur eine der beiden Komponenten gegeben ist. Liegt ein strafrechtlich bedeutsamer, d. h. aber stets auch feststellbarer Finalitätsunwert vor, so liegt ohnehin notwendigerweise nach dem oben Dargelegten[338] zugleich ein Erfolgsunwert vor. Denn die Feststellbarkeit und damit der Erfolg folgen aus der Finalitätsverwirklichung. Fehlt es an einem vorwerfbaren Finalitätsunwert, weil dieser durch einen normativ übergewichtigen Finalitätswert ausgeglichen wird, wie dies beim unvermeidbaren Erlaubnistatbestandsirrtum der Fall ist, so weist die Handlung gleichwohl einen Erfolgsunwert auf. Das folgt aus dem Umstand, daß dann trotzdem noch die Objektivierung der *wert*haften Finalität hinter der Objektivierung der gleichzeitig gegebenen *unwert*haften Finalität zurückbleibt.

2.2.2. Zwischenergebnis: Minderung des Erfolgsunwertes beim Erlaubnistatbestandsirrtum

Es hat sich also gezeigt, daß der Verzicht auf das Erfolgsmoment die Unrechtsbegründung zum einen rechtssatztheoretisch verzerrt. Denn Werturteile über Handlungen können nicht nur aufgrund der diese tragenden normwidrigen Intentionalität gefällt werden, sondern müssen auch den gewährungswidrigen Erfolg einbeziehen. Zum anderen ist die Handlung als eine verobjektivierte Intentionalität bereits ein Erfolg. Die extrem subjektivistische Unrechtslehre verkennt deshalb

---

[338] Vgl. oben, S. 110 ff.

ein Wesensmerkmal der Handlung, wenn sie sich bei der Handlungsbeurteilung ausschließlich mit der Intentionalität befaßt. Ist aber der Erfolg zu berücksichtigen, dann bleibt im Putativrechtfertigungsfall ein Unrechtsüberhang, wenn man die Erfolgskomponenten des wertwidrigen und des werthaften Handlungsbestandteils miteinander vergleicht. Es ist also, um auf die Themenfrage eine erste Antwort zu geben, das *Erfolgs*unrecht beim Erlaubnistatbestandsirrtum gemindert gegenüber der vom Irrtum unbeeinflußten Tatbegehung. Aber es ist eben nur gemindert, d. h. es ist noch ein Erfolgsunwert vorhanden. Ob dieser Rest an objektivem Unrecht dem Täter als verschuldet vorwerfbar ist, hängt jedoch vom Finalitätsunwert (und von zusätzlichen, die Schuld beeinflussenden Momenten) ab. Daher gilt es nun, sich dem Finalitätsunwert dieses Tattypus zuzuwenden, um die Frage nach der Unrechtsminderung beim Erlaubnistatbestandsirrtum abschließend beantworten zu können.

2.3. Intentionalitätsunwert beim Erlaubnistatbestandsirrtum

Die Intentionalität ist ein entscheidendes Wesensmerkmal menschlicher Handlung. Dies ist ein seinsmäßiger Befund. Er muß daher auch rechtssatztheoretisch berücksichtigt werden, will man unnötige Spannungen mit den seinsmäßigen Gegebenheiten vermeiden. Schließlich zielt die Norm, die den Schutz bestimmter Rechtsgüter bezweckt, über den Adressaten — auf die Handlung. Nicht der wertwidrige Gedanke soll nicht sein, sondern seine Verwirklichung.

Intentional sind dann aber auch Verhaltensweisen, durch die *fahrlässig* eine Rechtsgutsgefährdung herbeigeführt wird. Das liegt daran, daß die Intentionalität nicht allein auf das Hauptziel einer Handlung gerichtet ist, sondern daß bei ihr auch Nebenfolgen berücksichtigt werden, die mit der Verfolgung jenes Hauptzieles verbunden sind.

> Der Familienvater, der einen Wochenendausflug mit dem Auto plant, muß in Rechnung stellen, daß der Benzintank nur noch halb gefüllt ist. Reicht diese Menge nicht für die Hin- und Rückfahrt, und führt er weder einen Reservekanister mit, noch tankt er vor Fahrtantritt, so geht er ein Risiko ein. Der Wagen könnte in der abgelegenen Gegend stehenbleiben, so daß die Aussicht, Unterstützung zu finden, unsicher, die Rückkehr noch am selben Abend also ungewiß wäre.

Dieser banale Fall zeigt die drei maßgeblichen Komponenten der Intentionalität: Antizipation des Zieles, von dort her rückschließende Auswahl der Handlungsmittel, sowie aus deren Einsatz vorherzusagende Nebenfolgen. An die letzteren schließt sich erneut jene gleiche abstrakt dreiteilbare Überlegungskette zur Minimalisierung unerwünschter Nebenfolgen an[339].

---

[339] Vgl. zum ganzen grundlegend Welzel, ZStW 58, S. 491 (502 ff.) und zusammenfassend, Lb, § 8. Dort wird zutreffend die hier gewählte abstrahierende und dadurch sehr schlichte Handlungsanalyse auf die hohe Komplexitätsebene gehoben, die ihr regelmäßig eignet: Ein ständiges Hin- und Herspringen von prognostizierten Nebenfolgen, Vergleich mit dem Haupt-

Der Beispielfall gewinnt durch eine geringfügige Ergänzung auch seine strafrechtliche Bedeutung.

Das Auto bleibt infolge Bezinmangels in einer unübersichtlichen Kurve stehen. Noch ehe der Wagen beiseite geschoben ist, fährt ein anderes Fahrzeug auf und verletzt die beiden das Fahrzeug schiebenden Söhne.

Bei dieser Fallabwandlung ist von folgendem rechtssatztheoretischen Modell auszugehen: Auch für die Fahrlässigkeit gilt, im gleichen Maße wie für die vorsätzliche Handlung, das oben dargelegte normentheoretische Prinzip, nach dem sich die generelle Norm zur handlungsspezifischen Pflicht konkretisiert haben muß[340]. Die Normen, die den Fahrlässigkeitstatbeständen zugrundeliegen, verbieten finale Handlungen, die eine abstrakte Gefährdung eines Rechtsgutes nach sich ziehen[341]. Die jeweilige Norm reicht jedoch zu weit, weil ihr Zweck nicht nur mit der gänzlichen Unterlassung der ihr zuwiderlaufenden Handlung erfüllt wird, sondern auch, wenn diese Handlung zwar vorgenommen, aber von entsprechenden Sicherheitsvorkehrungen begleitet wird. Es ist also, anders als beim Vorsatzdelikt, nicht schon *jede* normwidrige Handlung auch pflichtwidrig, — sofern sie nicht erlaubt ist. Vielmehr konkretisiert sich die Norm nur dann zur Pflicht, wenn der normwidrigen Finanlität nicht eine ihr gegenläufige Finalität im Sinne jener bereits angesprochenen „ohne-zu-Komponente“[342] die situative Gefährlichkeit nimmt oder sie auf das Niveau des erlaubten Risikos mindert (Beispiel: Wer überholt, ohne in den Rückspiegel zu gucken, handelt pflichtwidrig). Dabei kann sich — angesichts der schier unendlichen Vielfalt der möglichen Situationen — die ihrerseits wieder vielfach durch soziale Regeln normativ bestimmte „ohne-zu-Komponente“ als überflüssig (im Beispiel: Der Werksfahrer fährt auf einer zu Testzwecken abgesperrten Straße) oder als nicht ausreichend erweisen (der Autofahrer blickt zwar in den Spiegel, schert aber trotz eines von ihm wahrgenommenen, ihn überholenden Wagens aus)[343].

---

ziel und der Mittelauswahl, Risiko- und Bedürfnisabwägungen, Präferenzentscheidungen, Versuch der Optimierung der Zielvorstellungen angesichts der erkannten Schwierigkeiten, — kurz ein kybernetischer Prozeß, Lb, § 8 I 1 b (S. 37) und vertiefend Maurach-FS, S. 3 (7 f.).

[340] Vgl. zum folgenden die sorgfältigen Darlegungen von Zielinski, Handlungsunwert, S. 168 ff. Hinzuweisen ist nur auf die — hier nicht bedeutsame — Besonderheit, daß Zielinski die normentheoretische Deduktion auf die unbewußte Fahrlässigkeit beschränkt, da er die bewußte Fahrlässigkeit als Fahrlässigkeitsform nicht anerkennt, sondern als Fall des bedingten Dolus ansieht, vgl. a.a.O., S. 156 ff., insbesondere S. 162 ff. (168).

[341] Im Anschluß an Nowakowski, JZ 1958, S. 335 (337) und Armin Kaufmann, ZfRV 1964, S. 41 (46 f.) wird zutreffend vom Verbot der riskanten Handlung und nicht vom Gebot der sorgfältigen Handlung ausgegangen, a.a.O., S. 172, ähnlich Welzel, Lb, § 8 II 2, sowie ganz deutlich im hier vertretenen Sinne Hirsch, Lehre, S. 308 (FN 122). Vgl. im übrigen grundlegend: H. A. Fischer, Rechtswidrigkeit, S. 16 ff.

[342] Vgl. oben S. 106 a. E.

[343] Dogmatisch kommt der „ohne-zu-Komponente“ nach Zielinski die Funktion eines Rechtpflichtmerkmales i. S. d. von Arm. Kaufmann entwickelten Verständnisses dieses Begriffes zu, d. h. eines die Pflicht erst (mit-)begründenden Merkmals, auf das sich der Vorsatz nicht zu beziehen braucht, vgl. dessen Normentheorie, S. 134 ff., 148 ff., sowie Zielinski, Handlungsunwert, S. 168 ff. (179 ff.). Gegen diese These von den Rechtspflichtmerkmalen sind verschiedentlich Bedenken erhoben worden; vgl. grundlegend Roxin, Tatbestände, S. 53 ff. und Hirsch, Lehre, S. 296 ff. Soweit dabei gegen die

Doch zurück zur vorsätzlichen Deliktsbegehung. Bei ihr ist die Intentionalität auf ein wertwidriges Ziel gerichtet. Unter der Voraussetzung, daß sich die Intentionen wie geplant verwirklichen lassen, wird das Rechtsgut nicht „bloß“ abstrakt gefährdet, sondern es wird in der Regel sogar ein konkretes Rechtsgutsobjekt verletzt oder konkret gefährdet[344].

Das ist, wie bereits gezeigt wurde, bei der *gerechtfertigten* Handlung nicht anders: Der von einem bissigen Hund angefallene Briefträger weiß, daß er in fremde Gewährleistungsbereiche (hier: Eigentumssphären) eingreift, wenn er eine Zaunlatte abreißt und mit ihr dem Hund auf die Schnauze schlägt. Er verletzt also fremde Rechtsgutsobjekte und greift damit die diesen zugrundeliegenden Rechtsgüter an.

---

täterbezogenen Rechtspflichtmerkmale argumentiert wird, kann diese Kritik dahingestellt bleiben. Diese Gruppe ist nämlich mit der „ohne-zu-Komponente“ nicht angesprochen. Diese wird vielmehr ausdrücklich als generelles Rechtspflichtmerkmal bezeichnet, das sich auf die Handlungssituation bezieht, vgl. Zielinski, Handlungsunwert, S. 181 ff. Bezüglich solcher tatbezogener Rechtspflichtmerkmale erscheinen die Differenzen zwischen Hirsch, Lehre, S. 294 ff., und der Theorie von den Rechtspflichtmerkmalen vorwiegend begrifflicher Natur, nämlich die Frage zu betreffen, ob die Leitbildtatbestände „offen“ sein, die Rechtspflichtmerkmale also zwischen Tatbestands- und Rechtfertigungsebene als gesonderte Gruppe gestellt werden können. Hirsch spricht diesen Merkmalen lediglich zwei Aufgaben zu: Entweder hätten sie auf Umstände hinzuweisen, die für die Rechtfertigungsfrage von Belang seien und deshalb selbst dann zu berücksichtigen wären, wenn sie nicht ausdrücklich normiert worden wären — so z. B. „rechtmäßig“ bei § 113, Lehre, S. 299 f. Oder sie verwiesen als Blankettbegriffe auf außerstrafrechtliche Bestimmungen zur Tatbestandsausfüllung, z. B. „zuständig“ bei §§ 153 ff., so Lehre, S. 300 ff. Vgl. zu letzterem Merkmal — mit gleichem Ergebnis — Arm. Kaufmann, Normentheorie, S. 98 ff. Damit weist Hirsch i. E. wohl nur — mehr pragmatisch — auf den gleichen Umstand hin, den Arm. Kaufmann normentheoretisch damit umschreibt, daß sich die Norm beim Fehlen der Rechtspflichtmerkmale nicht zur Pflicht konkretisieren könne.

Den weitergehenden Angriffen von Roxin, Tatbestände, S. 111 ff., der aus seiner Ablehnung der Welzel-Kaufmannschen Begrifflichkeit Argumente für die Lehre vom Gesamttatbestand und die eingeschränkte Schuldtheorie glaubt gewinnen zu können, kann hingegen nicht gefolgt werden. Sie vernachlässigen die unterschiedlichen Wertungen der beiden Unrechtsebenen. Vgl. dagegen bereits die Verteidigung des Gedankens vom Leitbildtatbestand und dem daran anknüpfenden dreistufigen Deliktsaufbau oben S. 101 f. und 120 ff. Ob sich die Norm aufgrund eines Umstandes nicht zur Pflicht konkretisiert, der aus kriminalpolitisch bestimmten Einschränkungen des Normbereichs folgt, oder weil eine besondere Erlaubnis dieses Ergebnis herbeiführt, ist im übrigen auch nur insofern gleichgültig, als in beiden Fällen das Werturteil: „Nicht rechtswidrig!“ lautet. Aber während im ersteren Fall die Pflichten-Konkretisierung stets und immer unmöglich ist, gilt dies im zweiten Fall nur für denjenigen, bei dem auch die Erlaubnisvoraussetzungen vorliegen (der Privatmann, der unter Assistenz eines Polizisten jemanden festnimmt, bei dem die Voraussetzungen eines Haftbefehls vorliegen, handelt — anders als der Polizist [§ 127 Abs. 2 StPO] — dem Verbot der Freiheitsberaubung zuwider).

[344] Ausnahmen bilden nur die abstrakten Gefährdungsdelikte wie § 316.

Ein derartiges, wertwidriges Verhalten nimmt die Rechtsordnung jedoch hin, soweit mit ihm gleichzeitig ein Rechtsgut behauptet wird, das im konkreten Fall den bedrohten Rechtswert überwiegt und das geltend zu machen dem Handelnden zusteht. Dies ist hier der Fall. Denn als dem Träger des Rechtsgutes Gesundheit ist dem Postboten mit der Zuweisung jenes Rechtswertes auch die Befugnis zu seiner Verteidigung eingeräumt. Die Rechtsordnung nimmt also die mit einer derartigen Wertbehauptung einhergehende Aufopferung eines anderen, von ihr statuierten Rechtswertes hin. Hierfür setzt sie aber neben der dem Handelnden eingeräumten Befugnis auch dessen Wissen und Willen voraus, von dieser Befugnis Gebrauch zu machen. Das bedeutet für die subjektive Tatseite, daß neben der auf die Wertwidrigkeit gerichteten Finalität eine solche vorhanden sein muß, die auf die Wahrnehmung eines als konkret vorrangig erscheinenden Wertes abzielt.

Bezüglich des *Intentionalitäts*unwertes ist also die These richtig, die von der h. M., aber auch von Zielinski für den Handlungsunwert behauptet wird: Die subjektive Wertbehauptungstendenz gleicht die subjektive Wertwidrigkeitstendenz aus. Fehlt es nun an den objektiven Voraussetzungen einer Rechtfertigungslage, so kann aufgrund eines entsprechenden Irrtums die intentionale Seite der Handlung genauso liegen, wie wenn der Erlaubnistatbestand wirklich eingriffe. Daß diese gegenläufigen subjektiven Tendenzen sich aber nicht zwingend neutralisieren, das gesteht die h. M. ebenso wie Zielinski zu: Stets dann, wenn der Täter die tatsächlichen Voraussetzungen des Rechtfertigungsgrundes nicht gewissenhaft geprüft habe, bleibe noch ein subjektiv unwerthaftes Verhalten übrig. Dies sei jedoch kein Vorsatz-, sondern Fahrlässigkeitsunrecht und demzufolge auch nur strafbar, wenn entsprechende Tatbestände normiert seien[345]. Versucht man einmal diese Ausführungen mathematisierend als Addition von Wert- und Unwertsummanden zu fassen, so ergibt sich folgende Gleichung: Der Gesamtunwert der Handlung (g) ist gleich der Summe aus dem Unwert[346] der

---

[345] So schon auf der Basis einer Trennung von Handlungs- und Erfolgsunwert Schaffstein, MDR 1951, S. 196 (198 f.); OLG Celle-FS, S. 175 (185 f.); v. Weber, Mezger-FS, S. 183 (191). Ebenso im übrigen die früher herrschende Vorsatztheorie, z. B. Mezger, Lb[1], S. 319 ff., wenngleich dort wenig folgerichtig, da der Erfolgsunwert ja auch bei wirklich gerechtfertigter Handlung vorhersehbar ist, das fahrlässige Bejahen einer Rechtfertigungssituation aber nicht strafbar ist, so daß dem Schuldvorwurf bei konsequenter Durchführung der objektiven Unrechtslehre eigentlich ein Unrechtssubstrat fehlte; vgl. Arm. Kaufmann, Normentheorie, S. 246 FN 51. Zielinski sieht in der unsorgfältigen Prüfung der Erlaubnistatbestandsvoraussetzungen — im Gegensatz etwa zu Schröder, ZStW 65, S. 178 (209) — keine Rechts-, sondern eine reine Tatfahrlässigkeit. Denn der Täter bewerte sein Tun nicht rechtlich falsch, sondern wisse nicht, was er tue, Handlungsunwert, S. 277 ff. (282 f.). Diese Auffassung führt allerdings dazu, daß nach Zielinski der Täter bei konkreten Zweifeln an der Erlaubnissituation bereits vorsätzlich handelt, a.a.O., S. 289 f.

Tatbestandsverwirklichung (*a*) plus dem Handlungswert der vermeintlichen Erlaubnistatbestandsverwirklichung, (— *a'*), plus dem Handlungsunwert der mangelhaften Prüfung der Erlaubnisvoraussetzungen, (*b*), also

$$g = a + (-a') + b$$

Hiernach bleibt freilich als subjektiver Handlungswert der Sorgfaltsmangel übrig.

Das erscheint in dieser Form jedoch unzutreffend. Denn in einer Addition, die von der Gleichrangigkeit der Summenden ausgeht, stehen die einzelnen Unrechtskomponenten gleichsam beziehungslos nebeneinander. Ihre normative wie auch dogmatische Bedingheit wird in jener Gleichung nicht berücksichtigt. Dies sei an einem Beispiel verdeutlicht[347]:

Aufgrund eines vermeintlichen Rohrbruches brechen Feuerwehrleute eine Haustür auf, nachdem der Feuerwehrhauptmann, ein erfahrener Sachverständiger, diese angebliche Schadensquelle ermittelt hatte. Wenn jener Sachverständige bei der Überprüfung der Situation nun äußerst oberflächlich zu Werke gegangen ist, so war die Beschädigung der Haustür und der Hausfriedensbruch — bezogen auf ihn — nicht nur objektiv rechtsgutswidrig, sondern auch subjektiv vermeidbar[348].

Untersucht man nun jene Putativerlaubnissituation, so ist hier — ähnlich wie bei einer fahrlässigen Rechtsgutsverletzung zu fragen: War der Täter unsorgfältig, hat er also keine Maßnahmen i. S. d. besagten „ohne-zu-Komponente" getroffen, — jener Komponente, in der sich die im Verkehr erforderliche Sorgfalt ausdrückt, deren Beachtung bei abstrakt gefährlichen Handlungsweisen sozial nicht hinnehmbare Erfolge vermeiden hilft? Das ist hier zu bejahen. Er hat eine Erlaubnissituation angenommen, also eine Situation, die denknotwendig eine bewußte Rechtsgutsverletzung impliziert, die in ihrer Antithetik auf der Rechtssatzebene also abstrakt gefährlich ist. Dieser abstrakten Gefahr hat er nicht die sozial erforderliche Beachtung geschenkt, indem er das in der Norm geschützte Rechtsgut zugunsten des vom Erlaubnissatz erfaßten Rechtsgutes ohne hinreichende Prüfung glaubte opfern zu können. Er hat also, allgemein gesprochen, die Voraussetzungen der Erlaubnissituation nicht hinreichend geprüft, — sachverhalts-

---

346 Dabei deckt sich das Begriffspaar „Handlungsunwert/-wert" mit dem hier verwandten „Intentionalitätsunwert/-wert", da mit ihm im vorliegenden Zusammenhang die subjektiven Tatseiten gemeint sind. Zur Berechtigung dieser Gleichsetzung vgl. bereits oben S. 116, freilich auch S. 123.

347 In Anlehnung an einen Fall von Zielinski, a.a.O., S. 283.

348 Der Intentionalitätsunwert, den der Feuerwehrhauptmann verwirklicht, wäre nach der oben angeführten Summenformel:
g = [Intention der Eigentumsverletzung/Türeinschlagen (*a*) + Intention des Eigentumsschutzes/Vermeidung weiterer Wasserschäden (— *a'*) + unsorgfältige Prüfung der Notstandsvoraussetzungen (*b*)].

bezogen ausgedrückt — gehandelt, ohne die Symptome für einen Wasserrohrbruch, wie lege artis geboten und möglich, genauer zu untersuchen.

Dies ist aber, wie bereits die vorstehenden Formulierungen erkennen lassen, nicht ein gänzlich losgelöster, neuer Unwert, sondern einer, der enge Verbindungen zur Norm einerseits und zum Erlaubnissatz andererseits aufweist. Deshalb muß das einfache Anhängen des Sorgfaltsmangels als bloßen, weiteren Summanden die in Wirklichkeit gegebene Interdependenz der subjektiven Unrechtselemente verfälschen. Welcher Art jedoch diese Wechselbeziehungen sind, bedarf noch einer genaueren Untersuchung.

2.3.1. Sorgfaltsmangel in bezug auf die Norm?

Ohne Frage leitet sich die Pflicht, die Voraussetzungen eines Erlaubnissachverhaltes sorgfältig zu prüfen, aus dem gleichen primären Werturteil (Rechtsgut) ab, aus dem auch die Norm entstammt, gegen die bei Wahrnehmung der Erlaubnis zwangsläufig verstoßen wird. Aber gerade deshalb, weil auch bei der wirklich gerechtfertigten Handlung gegen diese Norm verstoßen wird, eine Norm, die sich lediglich infolge der wirksam gewordenen Erlaubnis nicht zur Pflicht verdichten konnte, gerade deshalb muß es fraglich erscheinen, ob aus dieser Norm die Kriterien für die aufzuwendende Sorgfalt zu entnehmen sind. Die Norm lautet nämlich stets gleich, bei wirklicher wie bei vermeintlicher Rechtfertigung: Du sollst nicht töten, stehlen usw. In bezug auf diese Norm kann ein Sorgfaltsmangel also gar nicht entstehen. Denn sie erheischt — abstrakt — einzig und allein Gehorsam — und keine Diligenz. Sorgfaltsanforderungen können nur konkrete Umstände aufwerfen, also Umstände, die in der besonderen Handlungssituation *hinzu*treten zu der gleichsam über dem Tatgeschehen schwebenden Norm. Ein solcher zusätzlicher Umstand ist aber der in Form einer Erlaubnis oder auch einer Putativerlaubnis in Anspruch genommene Erlaubnissatz. Nun schwebt dieser, um im Bild zu bleiben, ebenfalls über dem Handlungsrahmen, ist er doch von gleicher abstrakter Rechtssatzqualität wie die Norm. Aber der Erlaubnissatz hat eine besondere Eigenschaft, die ihn von der Norm einerseits und der Gewährung andererseits, der er im übrigen als Typus zuzuordnen ist, deutlich unterscheidet: Er hat einen „aggressiven“, gegen andere Rechtsgüter gerichteten Charakter. Seine Wahrnehmung im Wege der Erlaubnis geht notwendig mit der Verletzung oder Gefährdung anderer Rechtsgutsobjekte einher.

Aus dieser Contravalenz ließen sich daher zusätzliche normative Anforderungen in bezug auf Sorgfaltspflichten sehr wohl ableiten.

2.3.2. Sorgfaltsmangel in bezug auf den Erlaubnissatz?

Damit ist ein Ansatzpunkt aufgezeigt, an dem zusätzliche, normative Anforderungen anknüpfen könnten.

Wie schon an dem Rohrbruch-Beispiel veranschaulicht, liegt im Falle der Putativrechtfertigung eine abstrakte Gefahr vor, die mit *jeder* Inanspruchnahme eines Erlaubnistatbestandes einhergeht: die Gefahr, daß die Voraussetzungen für den zulässigen Übergriff in die fremde Rechtszuständigkeit nicht gegeben sind. Im Hinblick auf diese Gefahr handelt jeder unsorgfältig, der ohne Prüfung der Rechtfertigungsvoraussetzungen einen Erlaubnistatbestand verwirklichen will. Deswegen verlangt die Antinomie zwischen Norm und Erlaubnissatz eine neue, *zusätzliche* Norm, die — einmal ganz undifferenziert gesprochen — besagt: Du sollst keine Erlaubnissätze geltend machen, ohne ihre Voraussetzungen geprüft zu haben.

Da sich nach der zugrundegelegten rechtssatztheoretischen Konzeption die Norm nicht zur Pflicht zu konkretisieren vermag, weil sich ein Erlaubnissatz zur Erlaubnis verdichtet, können sich also jene zusätzlichen Sorgfaltsanforderungen notwendigerweise nur an eben jenen Prozeß knüpfen, aus dem heraus die Erlaubnis erwächst.

Dabei wird keineswegs übersehen, daß jenes Unsorgfaltsverbot zu der Primärnorm und Primärpflicht parallel läuft, die zu verletzen der Täter sich gerade anschickt. Die Verbote: Du sollst keine Menschen verletzen! und: Du sollst keine Notwehr üben, ohne Dich vorher vom Vorliegen eines rechtswidrigen Angriffs überzeugt zu haben! leiten sich nicht nur vom gleichen Rechtsgut ab, sondern haben auch den gleichen Schutzbereich. Dennoch zeigt bereits die Formulierung dieser Rechtssätze ihre Unterschiedlichkeit auf. Während der erste ein eigenständiges Verbot enthält, ist der zweite bedingt durch den Willen des Handelnden, einen Erlaubnissatz wahrzunehmen. In dieser Abhängigkeit liegt aber kein bloß formaler Unterschied. Er birgt vielmehr ein materiell anderes Gewicht, steht doch erst derjenige Rechtssatz, an den die Zusatznorm lediglich anknüpft und durch den sie erst auf den Plan gerufen wird, nämlich der Erlaubnissatz, der Primärnorm rechtssatzmethodisch im Range gleich.

Offen ist lediglich, inwieweit sich ein derartiges Fehlverhalten von einer fahrlässigen Deliktsbegehung unterscheidet. Immerhin wird im Zusammenhang mit der Prüfung der Erlaubnisvoraussetzungen gleichfalls von mangelnder Sorgfalt gesprochen[349]. Damit ist genau das heuristische Kriterium angesprochen, mittels dessen die Fahrlässigkeit definiert wird. In diesem Punkt läßt sich eine Verwandtschaft auch

---

[349] Vgl. z. B. für den Notstand Jescheck, Lb², § 33 IV 4 i. V. m. § 41 III 3, sowie — allgemein — Lb, § 41 III 3 d.

gar nicht leugnen. Trotzdem ist die Grundstruktur beider Unrechtstypen jeweils anders.

2.3.2.1. Unterschiede und Parallelen zur fahrlässigen Deliktsbegehung

Die Fahrlässigkeitsdelikte leiten sich aus allgemeinen Gefährdungsverboten[350] ab, wie z. B.: Du sollst keine Kurven schneiden! Du sollst keine Salzsäure in Bierflaschen aufbewahren! Du sollst im Heuschober nicht rauchen[351]! Aber diese Normen treten nicht mit dem gleichen Absolutheitsanspruch auf wie die Normen, die die Vorsatzdelikte begründen. Sie können wegen der Vielgestaltigkeit der situativen Möglichkeiten — wie schon dargestellt[352] — nicht nur durch völliges Unterlassen, sondern auch durch eine der Gefahrenkonkretisierung begegnende Zusatzhandlung, eben jene „ohne-zu-Handlung", befolgt werden. Dennoch bezwecken diese Normen zwar gleichfalls den Schutz des Lebens, der Gesundheit, des Eigentums usw. Aber nur hinsichtlich dieser Aufgabenstellung stehen sie den Normen gleich, die den Vorsatzdelikten zugrunde liegen. Im übrigen sind sie mit diesen nicht identisch, sondern nur „abstammungsmäßig" verwandt, — eben aufgrund der sie gleichermaßen erzeugenden Rechtsgutsentscheidungen.

Demgegenüber knüpft eine Handlung in Putativrechtfertigung an jene absolute Norm an, die das Vorsatzdelikt fundiert und die der Täter wissentlich und willentlich übergeht. Insofern ist der normative Bezugspunkt der Handlung ein anderer als bei der Fahrlässigkeitstat: Es wird gegen jeweils andere Normen und damit auch andere Pflichten verstoßen! Demzufolge zeitigt die jeweils erforderliche „ohne-zu-Handlung" auch unterschiedliche Primärwirkungen. Beim Fahrlässigkeits-

---

[350] Daß es sich bei Fahrlässigkeitsdelikten nicht um Sonderfälle von Unterlassungsdelikten handelt (Unterlassen, die gebotene Sorgfalt anzuwenden), erscheint normentheoretisch zwingend. Eine „Norm" (Gebot): Du sollst sorgfältig handeln in bezug auf irgendein Rechtsgut, wäre mangels hinreichender Bestimmtheit gar keine Norm. Sie könnte niemanden zum richtigen Handeln motivieren, erlegte sie dem Adressaten doch eine Pflichtigkeit auf, die angesichts des Umstandes, daß menschliches Handeln nahezu unaufhörlich fremde Rechtsgüter berührt, völlig diffus wäre. Vgl. Arm. Kaufmann, ZfRV 1964, S. 41 (46 f.), wo er sich von seinen früheren Ausführungen zu einer Unterlassungslösung (Normentheorie, S. 284) distanziert. Vgl. übrigens schon H. A. Fischer, Rechtswidrigkeit, S. 16 ff. Neuerdings hat Zielinski dies noch durch einen weiteren Hinweis ergänzt: Da unterlassen jeder könne, handeln aber nur der Handlungsfähige, könne sich die Norm, sorgfältig zu handeln, auch nur an den Sorgfaltsfähigen richten. Damit werde aber die Schuldfähigkeit zur Voraussetzung des Unrechts, was rechtsdogmatisch völlig unannehmbar sei, Handlungsunwert, S. 170 f. Beachte jedoch unten FN 353.

[351] Vgl. zum folgenden Zielinski, Handlungsunwert, S. 171 ff.

[352] Vgl. oben S. 133.

delikt soll die Beachtung der Annexpflicht[353] unmittelbar die Konkretisierung der Primärnorm zur (Unterlassungs-)Pflicht verhindern. Bei der Rechtfertigung/Putativrechtfertigung soll sie die Konkretisierung des Erlaubnissatzes zur Erlaubnis, also die gegenläufige Rechtssatzverdichtung gewährleisten. Dadurch hemmt sie die Konkretisierung der Norm zur Pflicht erst mittelbar.

---

[353] Wenn hier von Annex- oder Sonder*pflichten* gesprochen wird, so bedarf das einer Erklärung. Denn eine solche Nomenklatur stimmt mit der Terminologie und den Ergebnissen der Kaufmannschen Fahrlässigkeitsdogmatik nicht überein, und dies, obwohl sich die Arbeit im übrigen sehr stark an sich anlehnt. Wie bereits oben dargestellt wurde, FN 350, verbieten nach Arm. Kaufmann die Sorgfaltsnormen Verhaltensweisen einer bestimmten (unsorgfältigen) Art und gebieten nicht etwa bestimmte (sorgfältige) Verhaltensweisen. Faßt man den Begriff der Pflicht mit absoluter Strenge, so ist das auch zutreffend. Denn anders als die „Pflichten", die etwa aus der Norm: Du sollst nicht töten! folgen, sind jene „Pflichten" der Fahrlässigkeits-, aber eben auch der Erlaubnistatbestände nicht autonom. Sie sind vielmehr bedingt durch die Vornahme einer Handlung, welche abstrakt gefährlich ist. Diese zu verwirklichen kann daher nur bei einer entsprechenden Gegensteuerung gestattet sein. Das aber heißt, daß derjenige, welcher die abstrakt gefährliche Tat intendiert, jene Pflichtenzusätze mit berücksichtigen muß. Das Verbot, Kurven zu schneiden, ist für sich genommen zwar zum Schutz menschlichen Lebens geeignet, aber nicht erforderlich und daher unverhältnismäßig. Erst im Zusammenhang mit solchen „ohne-zu-Komponenten" wie: ‚..., ohne die Kurve zuvor eingesehen zu haben', — oder: ‚..., ohne daß vorher die Strecke abgesperrt wurde', gewinnt es den angemessenen Normumfang. Da die so ausgestalteten Verbote jedoch bedingt sind durch die Nichtvornahme der „ohne-zu-Handlung", enthalten die derart umschriebenen Sicherungsmaßnahmen Handlungs*pflichten*, wenn man die gefährliche Tätigkeit doch verwirklichen will. Insoweit umschließen die Unsorgfaltsverbote aber auch Pflichtenelemente. Deshalb ist die Folgerung unzutreffend, die Horn aus jener Kaufmannschen These glaubt ziehen zu dürfen: „Soweit wir — bei der Begehungsfahrlässigkeit — bereits eine Pflicht zum Unterlassen der Handlung (wegen Sorgfaltswidrigkeit) festzustellen imstande sind, kann eine weitere positive Pflicht zur Sachverhalts- oder Rechtsaufklärung weder in der Schuld noch im Unrecht einen Stellenwert haben.", Verbotsirrtum, S. 77. Sie verkennt eben, daß Unsorgfaltsverbotsnormen nur „halbgeschlossene Systeme" sind. Sie können zwar stets durch Unterlassen befolgt werden, aber eben auch durch Handlungen unter Beachtung einer „ohne-zu-Komponente". Insofern erscheint der Kaufmannsche Gedanke als zu modellhaft (zumal hier die nach wie vor unscharfe Grenzlinie zwischen Tun und Unterlassen hineinspielt: So etwa beim Unterlassen der Aufklärung/Handeln trotz fehlender Aufklärung). Unter Berücksichtigung dessen erweist sich die von Arm. Kaufmann früher vertretene Position doch im Kern als angemessen, wenn er meinte: „Somit teilt sich das fahrlässige Verhalten *von Fall zu Fall* auf zwischen dem Bereiche der mißbilligten *Unterlassung* und dem der mißbilligten *Aktivität*. Nur als Gesamtkomplex, d. h. so, wie wir ‚die Fahrlässigkeit' aufzufassen gewohnt sind, läßt sich das fahrlässige Verhalten weder dem Bereiche der Unterlassungen noch dem der Handlungen zuweisen", Normentheorie, S. 285 (Hervorhebung im Original); a. A., jedoch in ZfRV 1964, S. 41 (46). Man wird dies so auffassen müssen, daß das januskspfige Gebilde nicht „von Fall zu Fall", sondern je nach Blickwinkel einen Verbotscharakter aufweist oder eine Pflicht offenbart. — Bezeichnenderweise ist die „ohne-zu-Komponente" bei Zielinski denn auch ein „Rechts*pflicht*merkmal", vgl. Handlungsunrecht, S. 180 und passim.

Andererseits besteht insofern wiederum eine deutliche Ähnlichkeit, als hier die Gestattung (bei den Fahrlässigkeitsnormen: das Verbot) bedingt ist, bedingt durch eine „ohne-zu-Komponente". Denn die abstrakte Gestattung muß, wie dort das abstrakte Verbot, den nahezu unendlich vielfältigen konkreten Handlungssituationen und deren Wertgemengelagen Rechnung tragen. Weil diese nicht generalisierend berücksichtigt werden können, bedürfen die abstrakt gefährlichen Erlaubnissätze einer Einschränkung: Sie entfalten ihre gestattende Wirkung nur dann, wenn sich ihre abstrakte Gefahr nicht in einer unstatthaften konkreten Verletzung verdichtet, nämlich in einem nicht unter rechtfertigenden Umständen erfolgenden Eingriff in fremde Rechtsgutsbereiche. Dies zu verhindern ist Aufgabe jener Handlung, die die „ohne-zu-Komponente bezüglich der Erlaubnis" umschreibt.

Welchem Maßstab jener normative homunculus genügen muß, der die gesollten Verhaltensmuster der „ohne-zu-Komponente" festlegt, das zu entscheiden ist eine rein axiologische Aufgabe[354]. Da es einen (fast) allwissenden Beobachter nicht gibt, fehlt es an der Möglichkeit, dem Handelnden in dessen Entscheidungssituation eine sich an allen Gegebenheiten ausrichtende Einsicht mitzuteilen. Andererseits muß eine solche hypothetische Weisung schon für den Zeitpunkt der Handlung gefordert werden. Denn die Norm darf nicht erst aufgrund nachträglich gewonnener Erkenntnisse praktisch rückwirkend gebildet werden. Es wird daher hier — im Anschluß an die h. M. — befürwortet, als Maßstab auf einen besonnenen, erfahrenen und gewissenhaften Verkehrsteilnehmer abzuheben[355]. In die anhand eines solchen homunculus herausgebildeten Pflichten fließen freilich eine Reihe von situativen Faktoren mit ein. So erheischt die zur Rettung eines bedrohten Rechtsgutes notwendig werdende Verletzung eines so hochrangigen Wertes wie des menschlichen Lebens (oder auch der äußeren Staatssicherheit) ein höheres Maß an Überprüfung als die einer geplanten Sachbeschädigung. Andererseits schränkt eine extreme Verkürzung des Entscheidungsspielraumes, wie sie bei Notwehrsituationen häufig[356] und bei Notstands-

---

[354] Vgl. dazu sehr präzise Arm. Kaufmann, ZfRV 1964, S. 41 (49 ff.) sowie Zielinski, Handlungsunwert, S. 185 ff.

[355] Vgl. etwa Welzel, Fahrlässigkeit, S. 16 f.; Arm. Kaufmann, ZfRV 1964, S. 41 (51). Die Einengung auf den mit dem Wissen und den Fähigkeiten des Täters ausgestatteten objektiven Beobachter, die Zielinski, Handlungsunwert, S. 187 ff. (190 f.) vorgenommen wissen will, käme in diesem Fall wohl zu keinem anderen Ergebnis. Denn er definiert damit jenen Maßstabsmenschen, der das allgemeine *Gefahrenurteil* abgibt, das den Normen der Fahrlässigkeitstatbestände zugrunde liegt. Die Pflicht zur Erweiterung der Kenntnisbasis dadurch, daß zusätzliche Maßnahmen (Prüfungen/Erkundigungen) ergriffen werden, ist jedoch in der aufgrund des so gewonnenen Gefahrenurteils erst notwendig werdenden „ohne-zu-Komponente" enthalten. Hier, beim Putativerlaubnistatbestandsirrtum, geht es aber gerade um die Maßstäbe dafür, wie sich das Umschlagen der abstrakten Gefährdung in eine konkret unerlaubte Verletzung mittels einer objektiv zu definierenden Zusatzhandlung vermeiden läßt.

[356] Dies gilt aber nicht stets. So hat sich beispielsweise allein schon aufgrund der sich mehrenden Fälle von erpresserischen Geiselnahmen und der daran gewonnenen kriminaltaktischen Erfahrungen der Entscheidungsspielraum der Polizei grundsätzlich wieder vergrößert.

fällen ebenfalls nicht selten anzutreffen ist, diese normativen Anforderungen wieder ein[357]. Wenn damit Elemente der konkreten Tatsituation — generalisierend — in die Pflichtenbildung mit einbezogen werden, so ist dies nichts Ungewöhnliches, sondern uns von der vorangestellten Erörterung der Fahrlässigkeitsdelikte mit deren „ohne-zu-Komponente" bereits vertraut.

Man betrachte etwa einmal ein ähnliches doppelrelevantes Grundverhalten unter dem Aspekt der „ohne-zu-Komponente", z. B. eine gefährliche Operation, bei der die Norm: Du sollst niemanden verletzen! in jedem Fall übertreten wird. Der junge Chirurg wird seine Konzentration den besonders gefahrenträchtigen Hauptschnitten zuwenden müssen. Bei ihm würden jene Komponente etwa lauten: „..., ohne die Schnittführung vielfach ‚trocken' durchgeprobt, die Organlage und mögliche Deformationen genau studiert, sich auf mögliche Komplikationen wissensmäßig und apparativ vorbereitet zu haben." Bei dem international anerkannten Spezialisten, der täglich mehrere dieser Operationen vornimmt, würden demgegenüber die Komponenten etwa lauten müssen: „... ohne der aus der Routine erwachsenden Neigung nachzugeben, mit den Gedanken abzuschweifen, den Schritt infolge von drängenden Terminen zu hastig und daher zu weit zu führen" o. ä.

Mit dem Hinweis darauf, daß die Wahrnehmung eines Erlaubnissatzes nicht nur abstrakt gefährlich, sondern notwendigerweise konkret rechtsgutsverletzend bzw. -gefährdend ist, sowie auf den die Kriterien für die anzuwendende Sorgfalt setzenden homunculus sind zwei weitere naheliegende Einwände in diesem Zusammenhang bereits en passant entkräftet: Zum einen das beim Verbotsirrtum verschiedentlich aufgeworfene gewichtige Bedenken gegen eine „Pflicht zur Selbstableitung der Pflicht" (1), sowie zum anderen, daß es sich bei dieser „ohne-zu-Komponente" nicht um eine Unrechtskomponente handelt, wie hier vertreten wird, sondern um ein Element der Schuld (2).

2.3.2.1.1. Nicht motivierungsfähige Pflicht zur Selbstableitung der Überprüfungspflicht?

Es ist bereits frühzeitig[358] — wenn auch im Rahmen der Vorwerfbarkeit — das Bedenken laut geworden, die unbewußte Nichterfüllung irgendwelcher Prüfungs- oder Erkundigungspflichten erlaube nicht, ein Verhalten als vorsätzliche Tatbestandsverwirklichung vorzuwerfen. Anderenfalls münde eine solche Schuldbegründung in einen regressus ad infinitum. Denn die Vorwerfbarkeit eines unbewußten Verstoßes

[357] An die angesprochenen situativen Unterschiede anknüpfend, hat schon Krümpelmann, wenngleich mit anderer dogmatischer Begründung, die unterschiedliche Regelung der Erlaubnistatbestandsirrtümer im E 1960 (§ 20 als Grundsatz, § 39 Abs. 2 als Sonderfall bezüglich des Notstandes) zu rechtfertigen gesucht, GA 1968, S. 129 (142 ff.). Darauf wird noch zurückzukommen sein, vgl. unten S. 171 ff.

[358] Engisch, Untersuchungen, S. 370, vgl. auch Horn, Verbotsirrtum, S. 110 ff.; Arm. Kaufmann, Unterlassungsdelikte, S. 145; Eb. Schmidt-FS, S. 319 (330); Rudolphi, Unrechtsbewußtsein, S. 196 f.

gegen derartige Prüfungspflichten setze dann einen Rückgriff auf immer neue Prüfungspflichten voraus. Dieses Argument vom „Pflichtenturm" müßte grundsätzlich gleichermaßen für den Unrechtsbereich gelten, soll es sich nach der hier erwogenen Interpretation doch auch um einen Verbotsirrtum handeln. Ein derartiger Pflichtenturm kann beim Erlaubnistatbestandsirrtum jedoch nicht entstehen. Der Täter weiß nämlich dann, wenn er einen Rechtfertigungsgrund geltend macht, stets, daß er damit zugleich in fremde Rechtsgutsbereiche eingreift. Wenigstens hier hat die zunehmend bestrittene Appellfunktion der Tatbestandsverwirklichung[359] in jedem Fall noch ihre Daseinsberechtigung. Selbst wenn man mit Engisch und anderen davon sprechen wollte, daß in einer Putativerlaubnissituation dieser Impuls durch den Gegenimpuls des Sich-gerechtfertigt-Glaubens lahmgelegt werde, so hinderte das nicht die Feststellung, der Täter wisse um den Rechtsgutseingriff und habe von daher stets eine erkennbare Prüfungspflicht.

Deshalb vermögen auch die Angriffe, die Horn[360] und Rudolphi[361] gegen die Pflichtverletzungslehre der h. M.[362] geführt haben[363], die

---

[359] Vgl. als Verfechter einer solchen Appellfunktion etwa Jescheck, Lb, § 41 III 2 c und ständig; Welzel, Lb, § 22 III 1 f. (S. 168); ablehnend Zielinski, Handlungsunwert, S. 114 ff. und passim; zweifelnd auch Krümpelmann, GA 1968, S. 129 (134).

[360] Verbotsirrtum, S. 69 ff., 110 ff.

[361] Unrechtsbewußtsein, S. 196 f.

Rudolphi wie Horn knüpfen dabei an die Ausführungen von Arm. Kaufmann, Unterlassungsdelikte, S. 145 f. sowie Eb. Schmidt-FS, S. 319 (330) an.

[362] BGH 2, S. 194 (209).

Boldt, ZStW 68, S. 335 (366); Busch, Wandlungen, S. 27; Hartung, JZ 1955, S. 663 (665); Henkel, Mezger-FS, S. 249 (299); Art. Kaufmann, Schuldprinzip, S. 198 ff.

[363] Nach Rudolphi, Unrechtsbewußtsein, S. 196, liegt mit dem Irrtum über die Rechtswidrigkeit bereits eine objektive Abweichung von dem Gesollten vor. Dieser Pflichtverstoß könne dem Täter nicht mit Hinweis auf einen anderen Pflichtverstoß (Nichterkundigung) vorgeworfen werden, sondern müsse aus sich selbst heraus vorwerfbar sein. Darüber hinaus garantiere die Erkennbarkeit einer Pflicht nicht, daß bei ordnungsgemäßen Erkundigungen auch die richtige Auskunft u. damit Erkenntnis erzielt worden wäre. Immerhin lasse die Rechtsprechung die Erkennbarkeit auch dann als Schuldanknüpfungspunkt genügen, wenn bei Durchführung der geschuldeten Überprüfung eine falsche Auskunft sicher gewesen wäre, BGH 21, S. 18 (21); BayObLG NJW 1965, S. 1924 (1926). In Wirklichkeit sei der Verbotsirrtum nur dann als vermeidbar vorwerfbar, wenn der Täter seine Einsichtsfähigkeit nicht genutzt habe. Das setze voraus, daß er einen *Anlaß* gehabt haben müsse, die ihm objektiv offenstehende Erkenntnismöglichkeit auch zu nutzen, a.a.O., S. 207. Rudolphi will aber in Abweichung vom Vorstehenden trotzdem auch dann einen Schuldvorwurf bei im Tatzeitpunkt unvermeidbarem Verbotsirrtum zulassen, wenn beim gesondert geregelten Rechtsbereich ein Übernahmeverschulden (unzureichende Information im Hinblick auf jene Sondernormen), S. 252 ff., oder beim nicht speziell geregelten Rechtsbereich ein allgemeines Versagen in bezug auf die Verinnerlichung allgemeiner Rechtspflichten (i. S. d. Lebensentscheidungsschuld Bokkelmanns, Studien, S. 145 ff.) vorliege (a.a.O., S. 272 ff.). Demgegenüber geht

hier verfochtene These nicht zu treffen. Ja, diese nimmt einen Einwand jener Autoren geradezu in sich auf, indem sie aufgrund der Rechtssatzantinomie zwischen Norm und Erlaubnissatz und der konkreten Gefährlichkeit einer Erlaubniswahrnehmung gerade eine Prüfungspflicht im *Unrechtsbereich* begründet sieht. Damit kann der Einwand gegen die Pflichtverletzungslehre, die Prüfung eines Pflichtenverstoßes gehöre ins Unrecht und betreffe nicht die Schuldfrage[364], gegen diese Meinung nicht erhoben werden.

2.3.2.1.2. Unzulässige Ansiedlung dieser Prüfungspflicht im Unrechtsbereich?

An sich ist die Erläuterung dafür, daß die Pflicht, die Erlaubnistatbestandsvoraussetzungen sorgfältig zu prüfen sind, eine Unrechtspflicht sein muß, mit dem bisher Dargelegten schon gegeben. Zum einen kann es sich, wie schon Arm. Kaufmann schlagend ausgeführt hat, nicht um eine Pflicht im Schuldbereich handeln. Denn Pflichten und ihre Verletzung sind stets im Unrechtsbereich anzusiedeln. Kann doch „die Verletzung der Pflicht *a* (Handlungs- oder Unterlassungspflicht) nicht deswegen vorwerfbar sein, weil eine andere Pflicht, die Pflicht *b* (die Prüfungs- und Erkundigungspflicht), verletzt worden ist. Daß die eine Pflicht nicht erfüllt worden ist, gibt nicht den geringsten Grund dafür ab, eine andere Pflichtwidrigkeit als vorwerfbar zu erklären[365]."

Aber der Beweis der Unrechtsqualität jener Prüfungspflicht läßt sich nicht nur negativ führen. Zuvor war nämlich bereits dargelegt worden, daß sie als Sonderpflicht aus der rechtsgutsverletzenden (-gefährdenden) Rechtsnatur der Erlaubnis folgt. Damit gehört sie zwangsläufig zum Unrechtsbereich des Deliktsaufbaues. Schließlich entscheidet die die verkehrsgemäße Sorgfalt erläuternde „ohne-zu-Komponente", die auch die situationsspezifischen Umstände einbezieht, mit darüber, ob sich der Erlaubnissatz zu einer Erlaubnis verdichtet — und damit die Konkretisierung der Norm, die dem Tatbestand zugrundeliegt, zur Pflicht verhindert. Von daher erscheint es unausweichlich, diese Sonderpflicht und ihre Be- oder Mißachtung als ein unrechtsbestimmendes Moment zu bewerten.

Auf der anderen Seite ist die Spannung, die diese Aussage im Verhältnis zur Dogmatik des Verbotsirrtums im allgemeinen und zu der

Horn noch einen Schritt weiter und hält die Motivationsfähigkeit und damit eine vorwerfbare Vermeidbarkeit nur für gegeben, wenn der Täter das *aktuelle* Bewußtsein gehabt habe, das Tun sei „möglicherweise irgendwie verboten", Verbotsirrtum, S. 105. Entspreche die Vorstellung der Wirklichkeit, so führe das zum vollen „Schuldquantum", sei dies nicht der Fall, so zu einem ermäßigten, dessen Höhe durch die Quantifizierung des Motivationsdrucks ermittelt werden müsse, S. 161 ff.

364 Horn, Verbotsirrtum, S. 120; Rudolphi, Unrechtsbewußtsein, S. 196.

365 Unterlassungsdelikte, S. 145.

des Rechtfertigungsirrtums der „strengen“ Schuldtheorie im besonderen aufwirft, nicht zu übersehen. Während der Widerspruch zum ersteren nicht weiter erörtert werden muß[366], erscheint die letztere Diskrepanz mißlich. Denn es sollte hier ja gerade geprüft werden, ob es sich bei der Regelung der §§ 93 Abs. 2, 97 b etwa um einen Rechtfertigungsirrtum i. S. d. „strengen“ Schuldtheorie handelt. Auf der anderen Seite lassen die vorstehenden Argumente m. E. keinen anderen Schluß als den zu, daß eine solche Prüfungspflicht eine aus der Wahrnehmung eines Erlaubnissatzes resultierende, den Unrechtsbereich betreffende Sonderpflicht ist. Bei genauerem Zusehen wird man allerdings entdecken, daß das Entstehen jener Zusatzpflichten aus der Pflichten- (bzw. hier: der Erlaubnis-)Genese nichts Einzigartiges oder auch nur Besonderes ist. Schon das erfolgsqualifizierte Delikt weist genaugenommen eine derartige Konstellation auf: Bei der Vornahme einer gefährlichen Handlung deliktischen Charakters wird der Normappell jener weiteren Norm, die durch die Handlung noch nicht übertreten, aber wegen deren gefährlicher Tendenz doch berührt wird, durch eben den Vollzug der gefährlichen Grundhandlung drastisch unterstrichen: Wer einen Schlag mit einem schwereren Knüppel gegen einen Menschen führt, verwundet vorsätzlich und übertritt dadurch das Verletzungsverbot. Er läuft aber darüber hinaus gleichzeitig noch Gefahr, sein Opfer zu töten, wenn er wahllos auf dessen Kopf einprügelt, statt — was unter dem Aspekt des Tötungsverbotes „sorgfältig“ wäre — auf die Schulterpartie oder die Extremitäten zu schlagen. Zur Anwendung jener entsprechenden Sorgfalt ist er nicht allein aufgrund des allgemeinen Tötungsverbotes aufgerufen. Vielmehr wird durch das Übertreten des Verletzungsverbotes mit dessen genereller latenter Gefahr eines tödlichen Ausgangs das Tötungsverbot gleichsam wie über eine „Verstärkeranlage“ noch einmal besonders betont. D. h., sofern jemand die hinter einem Tatbestand stehende Norm übertritt und damit in einen weiteren Normbereich gefährdend hineinwirkt[367], so erhöhen sich die Anforderungen an das Merkmal der „ohne-zu-Komponente“! Denn die Gefährdungsmächtigkeit, die der Verletzung der vorgelagerten Norm innewohnt, verlangt, sich zur Vermeidung weitergehender Erfolge besonders anzustrengen.

---

366 Hier genügen die Hinweise auf die Brüchigkeit der h. M., die von Arm. Kaufmann, Unterlassungsdelikte, S. 142 ff., Horn, Verbotsirrtum, S. 69 ff., 110 ff.; Rudolphi, Unrechtsbewußtsein, S. 196 ff. nachgewiesen wurde, vgl. oben S. 142 ff.

367 Blickt man schließlich über die erfolgsqualifizierten Delikte hinaus, so kann diese Konstellation zum einen auch bei der Verletzung einer Norm auftreten, die bloß gelegentlich in den Bereich einer anderen Norm ausstrahlt (Beispiel: Verletzungs-/Ehrverletzungsverbot), es kann sich aber auch um eine in bezug auf die zweite Norm notwendig oder in der Regel zu durchlaufende Vorstufe handeln (Beispiel: Verletzungs-/Tötungsverbot).

2.3.2.2. Zwischenergebnis

Vielfach birgt die Vornahme von konkret rechtsgutsgefährdenden, u. U. Rechtsgutsobjekte sogar verletzenden Handlungen die abstrakte Gefahr einer weiteren Normübertretung. Diesbezüglich erscheint es nach all dem Dargelegten berechtigt zu verlangen, daß der Handelnde verstärkte Anstrengungen unternimmt, um die Verwirklichung jener Gefahr zu verhindern. Dies wird ihm denn auch durch eine an die erstgenannte Gefahrenverwirklichung anknüpfende Annexpflicht auferlegt. Es ändert sich mithin nicht die grundsätzliche Pflicht und schon gar nicht die Norm, die durch die abstrakte Gefährlichkeit der Handlung auf den Plan gerufen ist. Wohl aber erschwert sich die Möglichkeit ihrer Erfüllung wegen der aus der Gefahrenverursachung erwachsenden Zusatzpflichten. Eine ähnliche Grundkonstellation findet sich, wenn der Handelnde einen Erlaubnistatbestand wahrnehmen möchte. Er plant damit eine in aller Regel ein Rechtsgutsobjekt verletzende Handlung. Deshalb erweist sich sein Handlungsprojekt zugleich als abstrakt gefährlich. Denn eine Erlaubnis wahrzunehmen bedeutet wegen der Rechtssatzantinomie zwischen Norm und Erlaubnissatz notwendigerweise einen Übergriff in fremde Rechtsgüter. Ein solcher Übergriff ist sozial nur erträglich — und verhindert daher die Konkretisierung der Verbotsnorm zur Pflicht nur dann[368], wenn die Voraussetzungen der Erlaubnis auch vorliegen. Nun ist die Handlungssituation, in der solche gegenwertigen Rechtsgüter aufeinanderstoßen, stets komplex und daher schwer überschaubar. Aus dieser Wertgemengelage und der regelmäßig beschränkten Übersicht des Handelnden über sie resultiert jene, der Erlaubniswahrnehmung eigentümliche, abstrakte Gefahr, daß der Übergriff in Wirklichkeit nicht legitim ist, weil es an den Voraussetzungen seiner Zulässigkeit fehlt. Um diese Gefahr nicht zu einer konkreten werden zu lassen, sie zumindest auf ein sozial angemessenes Maß zu reduzieren, erwächst aus dem Plan, einen Erlaubnissatz in Anspruch zu nehmen, wegen der notwendig damit verbundenen Rechtsgutsgefährdung eine Sonderpflicht. Es ist keine originäre Pflicht wie das: Du sollst nicht töten!, sondern eine unselbständige Pflicht, die erst durch das Handlungsziel: Erlaubniswahrnehmung ausgelöst wird. Sie verbietet die Verwirklichung jenes Handlungsprojektes, wenn die Voraussetzungen des Erlaubnissatzes nicht so genau geprüft worden sind, wie ein normativer Maßstabsmensch es in jener Handlungssituation getan hätte. Die Erlaubnis ist also bedingt durch eine ähnliche „ohne-zu-Komponente“, wie sie auch beim Fahrlässigkeitsdelikt anzutreffen ist. Mit der inten-

---

[368] Inwieweit diese These möglicherweise kriminalpolitischen Einschränkungen unterliegt, wenn der Rechtfertigungsgrund mit Erfolg wahrgenommen wurde, wird noch zu erörtern sein. Vgl. dazu S. 154 ff.

tionalen Herbeiführung von Gefahrensituationen steigern sich also die Anforderungen an die Vorkehrungen, die Gefahrenkonkretisierung zu verhindern. Jene Annexpflicht im Erlaubnis- und damit im Unrechtsbereich dient dazu, diese Anforderungen zu definieren.

Durch die Ableitung einer derartigen Zusatzpflicht gewinnt auf einmal auch der oben[369] zitierte Gedanke Welzels von der Verantwortungsethik eine zusätzliche Dimension: Die sozial-ethische Verantwortlichkeit des Menschen für seine Handlungen ist nicht von der Hand zu weisen, — zumindest bei so deutlichen Appellen wie bei der einer sicheren Normverletzung im Rahmen eines wahrzunehmenden Rechtfertigungsgrundes. Diese Verantwortlichkeit entsteht allerdings nicht, wie Welzel meinte, erst im Rahmen der Schuld — als ein nur ethischer Aspekt, sondern bereits im Unrechtsbereich — als ein normativer. Aber abgesehen von dieser Kategorisierungsdifferenz hatte Welzel das hier herausgehobene Element der Annexpflicht bereits deutlich umschrieben.

2.3.3. Unsorgfältige Prüfung als Handlungswertminderung

Damit ist zugleich die anfangs aufgestellte These erhärtet, die unsorgfältige Prüfung der Erlaubnisvoraussetzungen sei nicht ein bloßer Summand neben den anderen Finalitätsunwert- und Finalitätswertsummanden. Er ist vielmehr ein Summand, der *in* den Intentionalitätswert als Element einer Teilsumme gehört, in ihn aufgrund des oben dargelegten Wirkungsgefüges gleichsam verwoben ist. Das bedeutet für die in der Ausgangsfrage betrachtete Addition der Intentionalitätsunwerte folgendes:

Bei einer wirklich gerechtfertigten Handlung wird der Intentionalitätsunwert der Tatbestandsverwirklichung (a) durch den Intentionalitätswert der Erlaubnistatbestandsverwirklichung ($-a'$) ausgeglichen. Für den Gesamtintentionalitätsunwert g gilt also:

$$g = a + (-a') = o$$

Dieser Intentionalitätswert ($-a'$) setzt sich aber aus dem subjektiven Rechtfertigungselement des Rechtfertigungs-„Vorsatzes“ (Wissen und Wollen der Erlaubnistatbestandsverwirklichung) (x) und der oben abgeleiteten Prüfungs-/Erkundigungsintentionalität (y) zusammen, also der Intentionalität im Sinne der gefahrenmindernden „ohne-zu-Komponente“:

$$-a' = -(x + y)$$

Setzt man dies in die Gesamtgleichung ein, so heißt dies

$$g = a - (x + y) = o^{370}$$

[369] Vgl. S. 97 f.

Da diese Gleichung den *Intentionalitäts*unwert in seinen Einzelelementen durchsichtig machen soll, muß sie gleichermaßen für den unvermeidbaren Putativrechtfertigungsirrtum gelten. Das heißt, der Gesamtintentionalitätsunwert ist gleich Null — wie bei einer wirklichen Rechtfertigung. Das aber besagt nach dem weiter oben vorgestellten Prinzip der abgeleiteten Schuldbewertung[371], daß der vorliegende Erfolgsunwert (der Rechtsgutseingriff bleibt ja objektiv unzulässig!) dem Täter nicht zur Schuld vorgeworfen werden kann, weil es an jenem Potential Intentionalitätsunwert fehlt, innerhalb dessen der Erfolgsunwert nur vorwerfbar ist. Hat der Täter hingegen nicht die gesollte „ohne-zu-Intentionalität" eingesetzt, sich also nicht erkun-

---

[370] Nicht ausdrücklich berücksichtigt ist in dieser Gleichung sowie den bisherigen Erörterungen freilich das eigentliche Element des Irrtums, nämlich die positive Fehlvorstellung. Sie wird jedoch durch die beiden angeführten Summanden mit erfaßt, da eine Rechtfertigungsintentionalität *ohne* Irrtum nicht möglich ist, sofern die objektiven Voraussetzungen der Rechtfertigung in Wirklichkeit fehlen. Aber auch das Element der sorgfältigen Prüfung dieser Voraussetzung berührt jenen Irrtum. Denn aus dieser Prüfung zieht der Handelnde schließlich seine Schlüsse über die Tatsituation. Diese brauchen nun allerdings ihrerseits nicht konsequent zu sein: Der Täter kann trotz richtiger Tatsachenermittlung falsche Schlüsse ziehen, bzw. umgekehrt trotz unvermeidbar unzutreffender Tatsachenermittlung zum richtigen Ergebnis gelangen. Bezüglich dieser Fehlvorstellungen gelten die allgemeinen Irrtumsregeln, die jedoch — weil es sich um die gegenläufige Unrechts-, nämlich die Wert-Ebene handelt — zu einem Vorzeichenwechsel führen müssen: Nimmt der Handelnde irrtümlich an, es lägen die — normativen oder deskriptiven — Erlaubnisvoraussetzungen des § 93 Abs. 2 vor, so ist die Rechtfertigungsintentionalität gegeben. (So wie der *Vorsatz entfällt*, wenn der Täter vermeint, die Tatbestandsmerkmale lägen nicht vor.) Nimmt er hingegen an, sie seien nicht gegeben, obwohl seine Recherchen, wiewohl im Ergebnis tatsächlich unzutreffend, deutlich das Gegenteil signalisieren, so fehlt es ihm an der Rechtfertigungsintentionalität. (Auf die im übrigen in diesem Zusammenhang anfallenden zusätzlichen Schwierigkeiten, präzise die Fälle von [Erlaubnis-]Tatbestandsirrtümern bezüglich normativer Tatbestandsmerkmale von Verbotsirrtümern abzuschichten, kann hier nicht eingegangen werden. Vgl. zu diesem Komplex die prägnanten Ausführungen Drehers, Heinitz-FS, S. 207 [209/210].)

Wenn dieses Moment des Irrtums dennoch nicht in die oben angeführte Gleichung eingestellt wird, so geschieht das aus folgendem Grunde: Diese Komponente durchwebt — wie gesagt — die beiden in die vorstehende Gleichung eingestellten Hauptelemente ‚Prüfung der Erlaubnisvoraussetzungen' und ‚Rechtfertigungsintentionalität'. Da sie für das eine Element das Resultat, für das andere die Voraussetzung ist, ließe sie sich nicht einfach als zusätzlicher Summand in die Gleichung einbeziehen. Das zu ihrer Berücksichtigung zu wählende Veranschaulichungsmodell wäre erheblich komplizierter und daher unübersichtlicher. Auf der anderen Seite wäre durch eine derartige Einbeziehung nicht allzuviel gewonnen, weil die dergestalt zusätzlich berücksichtigten Probleme nichts grundlegend Neues beinhalten. Erkauft würde diese Vollständigkeit aber mit einer Verundeutlichung derjenigen Relation, die in dieser Arbeit in den Mittelpunkt gerückt ist und deren Implikationen und Auswirkungen es zu überprüfen gilt: der Wechselbezüglichkeit von Prüfungs- und Rechtfertigungsintentionalität im Unrechtsbereich. Um diese Besonderheit besser im Auge behalten zu können, erscheint die vorgenommene Abstraktion als vertretbar.

[371] Vgl. oben S. 117 (119).

digt, die Tatumstände nicht geprüft, so fehlt es an dem Summand (y). Daraus folgt:

$$g = a - x$$
$$g \neq 0$$

Der Gesamtintentionalitätsunwert ist nicht gleich Null. Vielmehr bleibt ein Intentionalitäts*unwert* übrig, da der Intentionalitätswert nicht die volle Summe erreicht, die allein den Unwert zu neutralisieren vermag. Übrig bleibt also ein, wenn auch geminderter, Intentionalitätsunwert, und zwar als subjektives Element *vorsätzlichen* Handlungsunrechtes. In Höhe dieses Intentionalitätsunwertes kann auch der eingetretene Erfolgsunwert nach dem Prinzip der abgeleiteten Schuldbewertung dem Täter als vorsätzliches Handlungsunrecht vorgeworfen werden[372].

Ob ihm das dergestalt ermittelte vorsätzliche Handlungsunrecht auch zur Schuld vorgeworfen werden kann, hängt dann neben den allgemeinen Schuldelementen wie Schuldfähigkeit und Zumutbarkeit auch noch von einer individuellen Vermeidbarkeit ab. Hier spielt das Problem eine Rolle, daß der Täter mit Rechtfertigungsintentionalität gehandelt hat, obwohl ihn beispielsweise die gegen das Vorliegen einer solchen Situation sprechenden Indizien förmlich anschrieen. Gehörte also ein sozial unerträgliches Maß an Gleichgültigkeit gegenüber den Anforderungen des Rechts dazu, in der fraglichen Lage jegliche Prüfung der Rechtfertigungsvoraussetzungen zu unterlassen und trotzdem subjektiv mit Rechtfertigungstendenz zu handeln, so wird das Höchstmaß an Vorwerfbarkeit erreicht, das der auf der Grundlage jenes Unrechtsquantums abgesteckte Schuldrahmen eröffnet. Aber stets wird dieser Schuldvorwurf hinter dem zurückbleiben, der erhoben werden müßte, wenn ceteris paribus der Täter das Delikt nicht mit Recht-

372 Es wird bei dem hier unternommenen Versuch, die Probleme mathematisierend zu veranschaulichen, nicht verkannt, daß die Breviloquenz der Rechensymbole und Rechnungsarten die Komplexität des Darzustellenden verkürzt. Weder kommt der handlungstypische kybernetische Prozeß der ständigen Verobjektivierung von Subjektivem und der Rückmeldung von Objektivem ins Subjektive dadurch zum Ausdruck, noch zeigt sich die Interdependenz der einzelnen subjektiven Faktoren. So kann eine sorgfältige Überprüfung der Erlaubnisvoraussetzungen den Rechtfertigungswillen stärken, während umgekehrt große Nachlässigkeit auch für den Täter Zweifel an dem Vorliegen einer solchen Situation und damit gleichsam einen bloßen „dolus eventualis" bezüglich der Rechtfertigung entstehen lassen können. Trotz all jener Vereinfachungen erscheint aber die eine Aussage aus dem Dargelegten ableitbar zu sein, daß nämlich der verbleibende Unwertrest einen *vorsätzlichen* Handlungsunwert enthält. Der Richtigkeitsanspruch dieser These stützt sich darauf, daß Tatbestand und Erlaubnistatbestand in wesentlichen Teilen übereinstimmen. Daher tauchen jene Imponderabilien jeweils in beiden Hauptsummanden auf, so daß sich die durch ihre Nichtberücksichtigung entstehenden Fehlermöglichkeiten in etwa gegenseitig wieder aufheben.

fertigungstendenz verwirklicht hätte. Denn die oben dargelegte Unrechtsminderung durch das Vorliegen jenes positiven Wertelementes „Rechtfertigungsintentionalität" ist durch nichts aufhebbar und muß daher — nach dem Prinzip der abgeleiteten Schuldbewertung — auf die Schuld durchschlagen. Es muß daher notwendigerweise zu einer Strafminderung kommen, sobald der Täter sich irrtümlich für gerechtfertigt hält. Denn jenes Gewicht der subjektiven Rechtfertigungstendenz in der Wertschale der Unrechtswaage *muß* die Unwertschale etwas anheben. Allerdings ist die Gewichtigkeit dieses Momentes von Rechtfertigungsgrund zu Rechtfertigungsgrund verschieden. Denn wenn man einmal nur die Intentionalitätskomponenten betrachtet[373], so muß die Wertintentionalität immer nur den Betrag ausgleichen, den die Unwertintentionalität vorgibt. Im Rahmen des solchermaßen festgelegten Ausgleichsbetrages spielen der Typus des Rechtfertigungsgrundes und die situativen Besonderheiten, die die „ohne-zu-Komponente" ausprägen, eine gewichtige Rolle: Daß beim tadelnden wissenschaftlichen Urteil i. S. v. § 193 der Intentionalität in bezug auf die Prüfung der Erlaubnisvoraussetzungen ein größerer Stellenwert im Verhältnis zur Rechtfertigungsintentionalität zukommt als etwa bei der unter hohem Entscheidungsdruck stehenden Notwehr, dürfte offensichtlich sein. Andererseits spielt gerade dieser Entscheidungsdruck selbst bei denselben Rechtfertigungstypen situationsbedingt eine unterschiedliche Rolle. Während der eine Notstandsfall eine ausreichende Zeit auch für gründliche Nachforschungen bietet, verdichtet sich die Situation im anderen notwehrähnlich schnell. Demzufolge variiert die Bedeutung der Prüfungsintentionalität im Rahmen des Ausgleichsbetrages. Entsprechend wächst oder mindert sich die Funktion des Komplementärwertes „Rechtfertigungsintentionalität"[374].

2.4. Zusammenfassung

Somit hat sich aufgrund einer quantifizierenden Betrachtung gezeigt, daß der Erlaubnistatbestandsirrtum nicht nur, wie mittlerweile überwiegend anerkannt[375], den Vorsatz unberührt läßt, sondern auch zu einem Handlungsunrecht[376] führt, das dem Werte nach Handlungsunrecht einer Vorsatztat ist. Dem Betrage, der Unwerthöhe nach ist

---

[373] Wegen der herausragenden Bedeutung der Intentionalität für die Handlung wird einstweilen nur die sogen. „subjektive Tatseite" analysiert. Zu den objektiven Handlungsmomenten dieser Situation vgl. unten S. 153 f.

[374] In diesem Punkt zeigt sich schon die oben, FN 370, angedeutete Verschleifung der in der Untersuchung zur Verdeutlichung schlicht nebeneinander gestellten Komponenten.

[375] Dreher, Heinitz-FS, S. 207 (224); Geilen, AT, S. 135; Lackner, § 17 Anm. 5 b; Maurach / Zipf, AT I, § 37 I E 2 e; Wessels, AT, § 11 III 1 b m. w. N.

[376] Im hier verwandten Sprachgebrauch: Intentionalitätsunwert.

es jedoch gemindert, und zwar zwingend, weil im Unterschied zur Deliktsbegehung ohne jeglichen Rechtfertigungsirrtum stets das positiv wiegende Element der Rechtfertigungsintentionalität zu berücksichtigen ist. Welche Unwerthöhe die Deliktsverwirklichung im Erlaubnistatbestandsirrtum erreicht, läßt sich allerdings nur unter Einbeziehung der konkreten Tatsituation beurteilen, da diese die sich auf die Prüfung der Voraussetzungen des Rechtfertigungsgrundes beziehende „ohne-zu-Komponente" mit ausprägt. Demzufolge nimmt in dem subjektiven Wertausgleich die auf eine derartige „ohne-zu-Handlung" gerichtete Intentionalität einen situativ bedingt unterschiedlichen Stellenwert ein, so daß auch die sie zum Gesamtintentionalitäts*wert* ergänzende Rechtfertigungsintentionalität entsprechend unterschiedlich ins Gewicht fällt. Diese Rechtfertigungsintentionalität zuzüglich einer gegebenenfalls zu berücksichtigenden Prüfungsfinalität gleichen die unwerthafte subjektive Tendenz der Tatbestandsverwirklichung aus. Sie kompensieren diese um so vollständiger, je näher die tatsächlich aufgewandte Prüfungsintentionalität der objektiv gebotenen kommt. Hat der Täter die derart gesollte Prüfungsintentionalität eingesetzt, so ist der gleiche *Intentionalitäts*wert erreicht, der auch bei einer tatsächlichen Rechtfertigung die unwerthafte Intentionalität neutralisieren würde. Es verbleibt also kein Intentionalitätsunwert, der eine Zurechnung des tatsächlich eingetretenen Erfolgsunwertes erlaubt. Der Fall des „unvermeidbaren Erlaubnistatbestandsirrtums" ist also in Wirklichkeit weniger ein Fall der Unvermeidbarkeit des Verbotsirrtums, als vielmehr ein Fall fehlenden subjektiven Unrechts. War der Täter aber nicht oder nicht so sorgfältig, wie es die „ohne-zu-Komponente" verlangt, so bleibt der Erfolgsunwert im Rahmen des dergestalt nicht aufgewogenen Intentionalitätsunwertes zurechenbar. Da der Täter aufgrund der unzureichend aufgeklärten Tatsituation fälschlich glaubt, rechtmäßig zu handeln, bewertet er sein Tun anders als die Rechtsordnung. Das ist jedoch genau die Konstellation eines *Verbots*irrtums. Sie ist jedoch aufgrund der eingangs erwähnten Unrechtsminderung nach dem Prinzip der abgeleiteten Schuldbewertung notwendig weniger vorwerfbar, als die vom Irrtum unberührte Deliktsverwirklichung.

Es ließe sich freilich einwenden, daß dieses Ergebnis mit der „strengen" Schuldtheorie nicht mehr übereinstimme. Dort werde bezüglich der Umstände, auf die sich der Irrtum beziehe und aus denen sich dessen Vermeidbarkeit ergebe, nicht weiter differenziert. In der Tat wurden bei der hier vorgestellten Konzeption einige Kriterien, die Welzel aus der Verantwortungsethik ableitete, von der Schuldebene bereits in die Unrechtsebene vorverlagert. Denn über Welzel hinausgehend war festzustellen, daß diese Verantwortlichkeit für die Rechtsgüter anderer nicht nur ein *ethisches* Gebot, sondern eine aus dem

Antagonismus Norm/Erlaubnissatz folgende *rechtliche* Pflicht ist. Doch stellt dies nur eine Ergänzung zu Welzels Ausführungen dar und beinhaltet nicht etwa einen unüberbrückbaren Widerspruch. Hier sollte lediglich aufgezeigt werden, daß eine Argumentationskette, die Welzel selber — obschon in etwas anderem Zusammenhang — entwickelt hat, auch in ihrer Umkehrung tragfähig ist: Gegen die Angriffe der Vorsatztheorie[377], die Schuldtheorie kenne als „Einheitsschuldtheorie" keine Abstufung zwischen Vorsatz und Vorsatzmangel, hatte sich Welzel mit dem Argument gewehrt: Die Vorverlegung dieses Unterschiedes ins Unrecht nivelliere ihn nicht für die Schuld, sondern vertiefe ihn sogar noch. „Denn die in einer tieferen Stufe des Verbrechensbegriffs angelegte Verbrechensdifferenz kehrt in der höheren Stufe — nur noch fundamentaler — wieder[378]!" Damit ist von ihm genau der Aspekt ausgesprochen, der auch die hier vorgeschlagene Quantelung im Unrechtsbereich konzeptionell rechtfertigt. Die kategoriale Verschiebung läuft daher letztlich nur auf eine unrechtssystematische Fundierung des schulddogmatischen Überbaus von Welzels „strenger" Schuldtheorie hinaus. Insoweit handelt es sich allerdings tatsächlich um eine Modifikation der „strengen" Schuldtheorie.

Bevor jedoch dieses Ergebnis, das bisher im wesentlichen aufgrund einer Analyse der Rechtsvoraussetzungsseite erzielt wurde, auch auf seine Rechtsfolgen hin überprüft wird, muß auf zwei Einwände eingegangen werden, die sich nach dem Vorstehenden geradezu aufdrängen:

— Zu der objektiven Komponente der Prüfungsintentionalität wurde bisher noch nicht Stellung genommen (vgl. 2.5.).

— Die angeblich erforderliche Prüfungsintentionalität spielt bei der tatsächlich gerechtfertigten Handlung eigentümlicherweise keine Rolle (vgl. 2.6.).

Überdies liegt es nahe zu überprüfen, ob die hier entwickelte Konzeption wirklich so völlig neuartig ist, oder ob der Weg nicht doch schon durch „Vorläufer" vorbereitet ist (vgl. 2.7.). Und schließlich heißt es, auf den konkreten Anlaß zurückzukommen, aus dem diese Grundsatzfragen erörtert wurden, und die Rechtsvoraussetzungsseite des § 97 b Abs. I S. 1 Nr. 1 an der Elle des hier ausgebreiteten Konzepts zu messen (vgl. 2.8.).

---

377 So etwa LK[8]-Mezger, § 59 Anm. II 17 a im Anschluß an Oehler, Juristentag-FS, S. 255 (258).

378 Welzel, Lb, § 22 III (S. 165).

2.5. Die Unwerthöhe des Erfolgsunwertes bei der Putativrechtfertigung unter Berücksichtigung der „ohne-zu-Komponente"

Da die „ohne-zu-Komponente" ebenso wie die anderen Unwertelemente eine subjektive und eine objektive Seite hat, sei im folgenden auch noch kurz auf deren Erfolgsseite im Gefüge der Unrechts-Summe eingegangen. Insoweit bedarf nämlich die oben[379] getroffene Feststellung, der Erfolgsunwert sei beim Erlaubnistatbestandsirrtum stets gemindert, noch einer Ergänzung, die auch diese Komponente in die Betrachtung einbezieht. Dabei soll hier gleich auf den Putativrechtfertigungsfall eingegangen werden. Bei ihm liegt ein Erfolgsunwert vor. Diesem steht nach den oben entwickelten Grundsätzen ein Erfolgswert entgegen, der sich wie folgt zusammensetzt: Wenn eine positiv zu bewertende Finalität, nämlich die Rechtfertigungsintentionalität, in eine Handlung umgesetzt wird, so liegt aufgrund dieser Objektivation notwendig auch ein Erfolg vor, der dann gleichfalls positiv zu bewerten ist. Dieser Erfolg ist ebenfalls ein Punkt auf einer Gradiente, nur daß diese nicht der Rechtsgutsgefährdung zustrebt, sondern der Wahrnehmung eines dem Handelnden eingeräumten Rechtes. Insoweit erweisen sich die Handlungs*wert*-Erscheinungen als Spiegelbilder der Handlungs*unwert*-Phänomene, gespiegelt an der Symmetrieachse, die den Unwert- von dem Wert-Bereich trennt. Das aber heißt, daß auch das Erfolgsunrecht um diesen Wertbetrag gemindert ist. Diese Grundsätze müssen dann für die „ohne-zu-Komponente" gleichfalls gelten: Liegt zusätzlich der positive Erfolg der in die Tat umgesetzten „ohne-zu-Finalität", also der Prüfungsintentionalität, vor, so verringert sich der Erfolgsunwert auch noch um diesen Betrag. Bei unvermeidbarem Putativrechtfertigungsirrtum hatte sich nun gezeigt, daß die subjektive Tatseite der einer wirklich gerechtfertigten Tat entspricht, daß also der Intentionalitätsunwert durch die Summe der Intentionalitätswerte aufgewogen wird. Wenn demgegenüber der Erfolgsunwert bei der Putativrechtfertigung nicht gänzlich durch die Summe der Erfolgswerte ausgeglichen wird, so liegt das daran, daß für den objektiven Beobachter ein unaufhebbarer objektiver Rest-Unwert übrigbleibt, der nicht final hätte herbeigeführt werden dürfen, — der rechtsordnungswidrige, weil gewährungswidrige Übergriff in eine fremde Rechtsgutssphäre. Gleichwohl kann er dem Täter nicht zur Schuld vorgeworfen werden, weil es an einem hierfür erforderlichen Intentionalitätsunwert fehlt. Würde sich das Opfer jedoch dieses Verhaltens erwehren, so geschähe dies gegenüber einem rechtswidrigen Angriff und daher in rechtfertigender Notwehr[380].

---

379 Vgl. dazu oben S. 131/132.

380 Vgl. dazu oben S. 127.

Aber auch bei vermeidbar irriger Annahme eines Rechtfertigungsgrundes wäre die Wirkung tendenziell dieselbe, gleicht doch die Unrechtssumme auf der Erfolgsseite strukturell derjenigen auf der Intentionalitätsseite: Neben die das Erfolgsunrecht notwendig mindernde Verobjektivierung der Rechtfertigungsfinalität tritt gegebenenfalls noch die unrechtsmindernde Objektivation der Prüfungsintentionalität. Damit ist beim Putativrechtfertigungsfall nicht nur der Intentionalitätsunwert möglicherweise doppelt gemindert, sondern auch das in seinem Rahmen anrechenbare Erfolgsunrecht. Dies führt also möglicherweise zu einer erheblichen Reduktion des Unrechts, das im Rahmen des Verbotsirrtums vorwerfbar bleibt.

Mit dieser Ergänzung sind jedoch noch keineswegs alle Bedenken gegen das hier vorgeschlagene Konzept ausgeräumt. Gegenüber den verbleibenden Einwänden gilt es sich daher noch zu behaupten.

2.6. Rechtfertigung trotz fehlender Prüfung der Voraussetzungen des Erlaubnistatbestandes?

Dieser Einwand stellt sich angesichts der hier vorgetragenen Theorie gleichsam von selbst und lediglich die Notwendigkeit, deren Konzeption erst einmal etwas deutlichere Gestalt gewinnen zu lassen, erlaubte es überhaupt, so lange an ihm vorbeizugehen.

Es ist in der Tat nicht zu bestreiten, daß derjenige, der mit Rechtfertigungswillen einen tatsächlich vorliegenden Erlaubnistatbestand verwirklicht, ohne dessen Voraussetzungen geprüft zu haben, nach dem Gesetz gerechtfertigt ist. Ist also das Prüfungserfordernis, das oben so breit entwickelt und gerechtfertigt wurde, letztlich doch kein wirkliches Erfordernis der Rechtfertigung? Mindert es in seinem subjektiven Element entgegen den Darlegungen eben doch den Intentionalitätswert nicht, so daß schon die Rechtfertigungsintentionalität allein die wertwidrige subjektive Tatseite zu neutralisieren vermag? Das eingangs eingeräumte Faktum der vollständigen Rechtfertigung auch ohne Prüfung scheint zu diesen Konsequenzen zu zwingen. Doch so nahe jene Folgerungen auch liegen, sie sind nicht unausweichlich. Die vorgeschlagene „Unrechts-Quantenmechanik“ braucht sich im Bereich der vollendeten Rechtfertigung nicht genauso auszuwirken wie im Bereich der unvollständigen.

Liegen die Voraussetzungen eines Erlaubnistatbestandes tatsächlich vor, und handelt der Täter mit Rechtfertigungsintentionalität, so ist nach allgemeiner Meinung die Tat gerechtfertigt. Dies entspricht auch dem Wortlaut etwa der §§ 32 und 34. Nach den vorstehenden Darlegungen müßte demgegenüber immer noch ein Unrechtsüberhang bejaht werden, sofern nicht zusätzlich die „ohne-zu-Komponente“ subjektiv und objektiv verwirklicht worden ist. Da anderenfalls der volle Betrag des möglichen Handlungswertes weder in seiner intentionalen noch in seiner Erfolgs-Komponente erreicht wäre, bliebe in der Tat der besagte Rest unausgeglichenen vorsätzlichen (!) Handlungsunwertes.

Die Frage ist also, ob dieses Ergebnis die zwingende Folge aus den gewählten Prämissen ist, oder ob es nur auf einer schematischen Übertragung einer Methodik beruht, die an andere Voraussetzungen anknüpft.

Zur Beantwortung dieser Frage erscheint es sinnvoll, sich noch einmal auf die Aufgabe der „ohne-zu-Komponente" zu besinnen.

Sie dient dazu zu verhindern, daß der Handelnde ein ihm zustehendes Rechtsgut zu Lasten eines fremden Wertes zu Unrecht, weil durch eine Erlaubnis nur vermeintlich gedeckt, in Anspruch nimmt[381]. Das bedeutet aber umgekehrt auch, daß die Aufgabe dieser Komponente „leer"-läuft, wenn jene Erlaubnis-Voraussetzungen tatsächlich erfüllt sind. Die Annexpflicht verliert unter diesen Umständen ihre Funktion.

Der mit Rechtfertigungsintentionalität Handelnde nimmt also jenen Rechtswert im Ergebnis zu Recht in Anspruch. Das ist allerdings eine normative Entscheidung. Denn der Gesetzgeber könnte im Hinblick auf den fehlenden Erfolgswert der nicht erbrachten „ohne-zu-Handlung" sehr wohl sagen: Auch wenn die Erfolgswertgradiente nicht nur auf die Wertwahrnehmung tendiert, sondern diese sogar höhenmäßig erreicht, genügt uns das nicht als Wertausgleich, wenn es an der objektiven Seite der gebotenen Prüfungshandlung fehlt. Entsprechendes ließe sich auch bezüglich des mangelnden Intentionalitätswertes dekretieren. Doch damit würde die „ohne-zu-Komponente" aus ihrer dienenden Funktion gegenüber dem gewährleisteten Rechtsgut völlig entlassen. Denn die „ohne-zu-Komponente" soll ja nur sicherstellen, daß der Handelnde das gewährte Rechtsgut nicht *zu Unrecht* auf Kosten des aufzuopfernden, fremden Rechtsgutes in Anspruch nimmt, ist doch dieses Rechtsgut seinem Träger nicht minder von der Rechtsordnung gewährleistet. Wird das Ziel erreicht, obschon der „ohne-zu-Komponente" nicht genügt wurde, so wäre es allerdings eine überstrenge Konsequenz, wollte man nun den mit der Annexpflicht gerade erstrebten Erfolg auf einmal nicht mehr ausreichen lassen. Freilich könnte der Gesetzgeber auch einen allgemeinen Tatbestand schaffen, der den solchermaßen ableitbaren Unrechtsüberhang pönalisierte, gleichsam um zu erzwingen, daß die Bürger sich achtsam im Hinblick auf fremde Rechtswerte zu verhalten lernen. Aber solange es einen solchen Tatbestand nicht gibt, gilt es sich in der Dogmatik stets zu bemühen, den Anwendungsbereich der Normen auf ihren Zweck zu beschränken.

---

[381] S. 140 f.

Nun ist allerdings — gerade im Hinblick auf Zielinskis Grundeinwand — einzuräumen, daß unter dieser Voraussetzung der Zufall eine gewichtige Rolle spielen kann. Aber der Mensch handelt in eine vom „Zufall", sprich durch von ihm nicht erkannte Geschehensabläufe und Faktoren beherrschte Welt hinein. Um die daraus folgenden Schwierigkeiten zu mindern, ist dem Handelnden die Beachtung der „ohne-zu-Komponente" aufgegeben. Führt ihre Vernachlässigung gleichwohl nicht zu einem bösen Ende, so mag der Handelnde als beatus negligens davonkommen. Denn da der „Zufall" nicht immer *gegen* den Handelnden zu wirken braucht, kann das objektiv Gesollte auch einmal ohne Beachtung der Pflicht eintreten. In solchen Fällen das Fehlen des Prüfungs-Erfolgswertes nicht zu berücksichtigen, mag im Hinblick auf ein puristisch egalitäres Gerechtigkeitsideal unrichtig wirken[382], aber der Normzweck verlangt eine derart strenge Folgerichtigkeit nicht. Da die Pönalisierung von Pflichtwidrigkeiten kein Selbstzweck ist, sondern dem Rechtsgüterschutz dient, ist es statthaft, in der gerechtfertigten Handlung, die nicht zugleich die „ohne-zu-Komponente" erfüllt, ein pflichtwidriges, aber sanktionslos bleibendes Unrecht zu sehen.

Damit erweist sich der Einwand in der Tat als berechtigt, daß die „ohne-zu-Komponente" eine unterschiedliche Bedeutung hat, je nach-

---

[382] Die hier verfochtene These legt es nahe, in einem anderen, jetzt noch nicht zur Erörterung anstehenden Fall gleichfalls das Vorliegen des vollständigen Erfolgswertes zu berücksichtigen — nämlich dann, wenn der Täter nichts davon weiß, daß die Voraussetzungen eines Erlaubnistatbestandes gegeben sind. Das hätte zur Folge, daß hier der nunmehr wohl h. M. gefolgt werden müßte, die aufgrund des fehlenden Erfolgsunwertes nur wegen Versuchs strafen will; so etwa Bockelmann, AT, § 15 C I 2 c (S. 104); Jescheck, Lb, § 31 IV 2; Kohlrausch / Lange, vor § 43 Anm. IV; Lenckner, Notstand, S. 187 ff. (196 f.); LK-Baldus, § 53 RN 17; LK[8]-Mezger, vor § 51 Anm. 10 e (S. 336); Maurach / Zipf, AT I, § 25 V C 1; Rudolphi, Maurach-FS, S. 51 (58); Schönke / Schröder / Lenckner, vor § 32 RN 15; SK-Samson, vor § 32 RN 24; Stratenwerth, AT, RN 488 f.; v. Weber, JZ 1951, S. 260 (263); Wessels, AT, § 8 I 2. Vgl. auch KG GA 1975, S. 213. Nur der Kontrapunktik halber sei bereits hier darauf hingewiesen, daß dem nicht so ist. Denn in der Herbeiführung eines gestatteten Erfolges erschöpft sich auch schon die Parallelität zum o. a. Fall der wirklichen Rechtfertigung. Es kommt jedoch nicht auf die bloße Faktizität an. In jenem Fall wird schließlich ein Wert zugunsten eines von der Rechtsordnung hypothetisch-„konkret" höher bewerteten Rechtsgutes als nachrangig angesehen und *intentional* geopfert. Demgegenüber weiß der Täter hier nicht und will demzufolge auch nicht, daß er einen positiven Rechtswert wahrnimmt. Die Erfolgskomponente hat also für den objektiven Beobachter keine sich aus der Täterintentionalität entwickelnde objektive Tendenz in Richtung auf die Wertwahrnehmung. Hier stehen Erfolg und intendierte Handlung wirklich *beziehungslos* nebeneinander. Da somit auch für den objektiven Beobachter die geistige Verknüpfung zwischen Erfolg und Handeln fehlt, ist hier auch das gleiche Unrecht verwirklicht, wie wenn dieser Zufall nicht eingetreten wäre; i. E. ebenso: Blei, AT, § 38 II 2; Dreher § 32 RN 13 ff.; Foth, JR 1965, S. 366 (369); LK-Hirsch, vor § 51 RN 41; Maurach, AT, § 25 V C 1; Niese, Finalität, S. 17 f.; Schmidhäuser, Lb, 9/17 und 21; Welzel, Lb, § 14 I 3 b, vgl. auch BGH 2, S. 111 (114).

dem ob die Voraussetzungen des Erlaubnistatbestandes vorliegen oder nicht. Diese Erwägung macht es erforderlich, die früheren Darlegungen nachträglich entsprechend zu präzisieren: Die „ohne-zu-Komponente" entfaltet erst dann ihre straftatbestandliche Wirksamkeit, wenn die Voraussetzungen des Erlaubnistatbestandes *nicht* vorliegen. Unrechtstheoretisch liegt sie allerdings auch im gegenteiligen Fall vor, doch berührt ihre Nichterfüllung nicht den Schutzbereich der Norm oder — genauer gesagt — nicht den Gewährleistungsbereich des Erlaubnissatzes.

Wenn sonach der Aufgabenkreis der „ohne-zu-Komponente" sich auf die Fälle der Putativrechtfertigung beschränkt, so mag das konstruktiv unschön sein; fehlt doch auf einmal die spiegelbildliche Ergänzung im sonst so symmetrischen Theorienmodell. Dennoch erscheint die aufgezeigte Unterscheidung nicht nur vom Ergebnis her geboten, sondern sich auch aus der Funktion eben jener „ohne-zu-Komponente" zwanglos zu ergeben. In jedem Fall werden mit einer derartigen Einschränkung weder diese Komponente noch andere Prämissen der hier entworfenen Unrechtskonzeption im mindesten diskreditiert. Schließlich würde niemand die Existenz und die — auch methodische — Zweckhaftigkeit von Normen, die den Fahrlässigkeitstatbeständen zugrundeliegen, deswegen bezweifeln, weil Verhaltensweisen, die gegen die so geregelten Pflichten verstoßen, gelegentlich zu Erfolgen führen, die zu verhindern nicht Aufgabe dieser Normen ist, — und dies, obwohl jene Erfolge das gleiche Rechtsgut wie das durch die Norm zu schützende betreffen. Es ist nicht ersichtlich, wieso dieser bei den Fahrlässigkeitsdelikten gemeinhin anerkannte Gedanke vom Schutzzweck der Norm[383] hier nicht gleichermaßen Anwendung finden sollte. Jedenfalls ließe sich ihm nicht entgegenhalten, bei den Fahrlässigkeitstatbeständen seien derartige Fälle verschwindend selten, Fälle gerechtfertigten Verhaltens seien hingegen außerordentlich häufig. Einem solchen Hinweis auf die größere Zahl ist das argumentative Gewicht abzusprechen.

Akzeptiert man die so vorgeschlagene Unterscheidung, so erweist sich die „ohne-zu-Komponente" für die subjektive Tatseite als von ungleich größerer Bedeutung als für deren objektives Gegenstück: Ihre Beachtung (in Verbindung mit der Rechtfertigungsintentionalität) rechtfertigt die gleichzeitig vorliegende normwidrige Unrechtsintentionalität. Sie erst vermag das Intentionalitätsunrecht auf Null zu reduzieren. Ohne sie stünde nämlich der Intentionalitäts*wert* jedem anderen Wollen des Täters gleich, das auf etwas subjektiv Gutes, oder wenig-

---

[383] Vgl. Roxin, Honig-FS, S. 133 (140 ff.); Gallas-FS, S. 241 ff.; Rudolphi, JuS 1969, S. 549 ff.; Schönke / Schröder / Lenckner, vor §§ 13 ff. RN 101; kritisch allerdings Otto, Maurach-FS, S. 91 (98 FN 28).

stens subjektiv Nicht-Sozialwidriges gerichtet ist[384]. Gleiches läßt sich für die objektive Handlungsbewertung nicht sagen. Mit einem derartigen Funktionalitätsschwerpunkt im Subjektiven verstärkt sich überdies die Berechtigung jener These, der „ohne-zu-Komponente" wohne ein bereits im Unrechtsbereich bedeutsam werdender verantwortungsethischer Grundgedanke inne: Nimm keine Erlaubnissätze wahr, ohne deren Voraussetzungen genau geprüft zu haben, da Du sonst unberechtigt in fremde Gewährleistungsbereiche einbrechen könntest!

2.7. Die Prüfungspflicht bezüglich der Voraussetzungen des Erlaubnistatbestandes — ein völliges Novum?

Nachdem die erarbeitete Hypothese für die Fälle der vollständigen Rechtfertigung noch jener Korrektur bedurfte, die dem Schutzzweckgedanken Rechnung trug, sei nunmehr noch einmal auf die „ohne-zu-Komponente" zurückgekommen.

So ungewöhnlich die hier vorgeschlagene Interpretation nämlich zunächst wirken mag, bei genauerem Zusehen erscheint es doch so, als habe sie durchaus vertraute Elemente in sich aufgenommen. Immerhin ist zumindest beim Notstand i. S. d. § 34 eine besondere Pflicht zur Prüfung der Erlaubnisvoraussetzungen seit langem im wissenschaftlichen Gespräch und von der Rechtsprechung auch anerkannt: Die Judikative hält an dem Erfordernis einer gewissenhaften Prüfung sogar beim *Vorliegen* der Erlaubnistatbestandsmerkmale fest — mit der Folge einer Strafbarkeit aus dem Vorsatzdelikt, wenn dieser Pflicht nicht genügt wurde[385]. Demgegenüber fordert ein Gutteil der Literatur die sorgfältige Prüfung wenigstens in den Irrtumsfällen, wenngleich nur als Kriterium der Vermeidbarkeit und damit im Rahmen der Schulderörterungen[386]. — Immerhin kommt das *im Ergebnis* der hier

---

[384] Dies gilt freilich nur für eine ausschließlich auf die Sicht des Täters abstellende Betrachtung. Nur insoweit ist auch das Argument Hirschs gegen den „Rechtstreue"-Gedanken berechtigt, daß der Täter bei jedem Verbotsirrtum „an sich rechtstreu" sei, Lehre, S. 234. Bei einer verobjektivierenden Betrachtung ist der Täter aber nur dann rechtstreu gewesen, wenn er den von ihm erkannten oder für ihn erkennbaren Pflichten genügt hat.

[385] RG 61, S. 242 (255); 62, S. 137 (138 f.); 63, S. 215 (227); 64, S. 101 (104); BGH 2, S. 111 (114); 3, S. 7 (12); 14, S. 1 (2); JZ 1951, S. 696; OLG Celle NJW 1969, S. 1775; ebenso Blei, AT, § 45 IV. Allerdings weist Welzel, JZ 1955, S. 142 (143), zu Recht darauf hin, daß die Rechtsprechung nur verbal so weit geht. Auch nach dieser Äußerung Welzels ist bisher keine Entscheidung bekannt geworden, in der ein Täter bestraft worden ist, der *zutreffend* einen rechtfertigenden Notstand annahm und wahrnehmen wollte, nur weil er die Voraussetzungen nicht sorgfältig geprüft hatte. Das Reichsgericht hat sich — darüber hinausgehend — sogar gelegentlich in Putativnotstandsfällen über dieses von ihm selbst entwickelte Erfordernis der Prüfungspflicht hinweggesetzt, so in der Bauernnotentscheidung vom 28. 04. 1932, vgl. hierzu Bergenroth, Putativnotstand, S. 79 f.

[386] Dreher[34], § 54 Anm. 7 B (a. A. Dreher, § 34 RN 18); Jescheck, Lb, § 33

vertretenen Position nahe. Der Rechtsprechung kann in ihrer extensiven Ausdeutung ohne Frage nicht gefolgt werden, setzt sie sich doch damit über die Ratio der in diesen Fällen substituierten Pflicht hinweg. Insoweit ist der nahezu einhelligen Ablehnung in der Literatur im Ergebnis nur beizupflichten. Jener Kritik hingegen ist wiederum deshalb zu widersprechen, weil sie in der unterlassenen Prüfung ein Problem der Vermeidbarkeit des Irrtums und damit eine Frage der Schuld sieht. Dadurch wird der generalisierende Aspekt übergangen, daß eine *Handlungspflicht* verletzt wird und damit notwendig der Unrechtsbereich betroffen ist.

Gleichwohl kommt die h. M. *im Ergebnis* der hier vertretenen Position immerhin nahe, wenn auch z. T. in anderem Umfang bzw. auf einer anderen verbrechenssystematischen Ebene.

Darüber hinausgehend könnte sich die These von der *Unrechts*relevanz einer Verletzung derartiger Prüfungspflichten unter Umständen sogar auf ein bereits kodifiziertes Vorbild berufen, so daß auch insoweit die hier vertretene Position zumindest vorbereitet wäre. Für den Fall des § 193 ist eine derartige Prüfungspflicht nämlich über die ständige Rechtsprechung[387] hinausgehend auch von der Literatur weitestgehend[388] anerkannt. Dies sei mit den Ausführungen Lenckners belegt, welche die teilweise recht enge Verwandtschaft zur hier vertretenen Position beispielhaft deutlich machen:

„Dürften ehrenrührige Behauptungen immer nur dann aufgestellt werden, wenn sie der Täter schon im Augenblick endgültig verifizieren kann, so könnten auch wirklich berechtigte Interessen in vielen Fällen nicht wahrgenommen werden. Damit überhaupt berechtigte Kritik geübt werden kann, nimmt das Recht deshalb auch die Gefahr einer im Einzelfall von der Sache her nicht erforderlichen Ehrverletzung in Kauf, wenn die beleidigende Äußerung nicht erweislich wahr ist. Freilich nimmt es diese Gefahr nur im Rahmen des Unvermeidlichen hin, d. h. wenn in der konkreten Situation alles geschehen ist, was billigerweise getan werden mußte, um sie auf das danach mögliche Minimum zu beschränken. Darin liegt dann das ‚erlaubte‘ oder ‚maßvolle‘ Risiko, und auf diese Weise ergibt sich auch ganz zwanglos die Bedeutung der Prüfungspflicht: Nur wenn der Täter durch pflichtgemäße Prüfung der Sachlage — dazu gehört die Wahrheit der fraglichen Tatsache ebenso wie die Berechtigung des Täters zur Interessenwahrnehmung und die Erforderlichkeit der Behauptung (z. B. Presseveröffentlichung statt Anzeige) — die Gefahr einer im Ergebnis ungerechtfertigten Ehrver-

---

IV 4 und 41 III 3 d; Lackner, § 34 Anm. 2 e; Krümpelmann, GA 1968, S. 129 (145 f.); Welzel, JZ 1955, S. 142 (143); ZStW 67, S. 216 ff.; so auch § 39 Abs. 2 E 1962; vgl. im übrigen § 219 f RegE. Eine Prüfungspflicht gänzlich ablehnend: Engisch, ZStW 70, S. 566 (609); Art. Kaufmann, ZStW 76, S. 543 (573); Lange, JZ 1953, S. 9 (15); Roxin, ZStW 76, S. 582 (594); Schmidhäuser, Lb, 9/22.

[387] RG 63, S. 92 (93); S. 202 (204); BGH 14, S. 48 (51); OLG Stuttgart, JZ 1972, S. 745.

[388] Eser, Wahrnehmung, S. 64 f.; LK[8]-Schäfer, § 193 Anm. III 1 b; Wessels, BT I, § 11 V 3.

letzung soweit als möglich ausgeschlossen hat, ist das Risiko ein erlaubtes und die Tat von diesem gedeckt. Dabei ist unter ‚pflichtgemäßer Prüfung' zu verstehen, daß der Täter den Umständen nachgegangen ist, deren Berücksichtigung nach Lage des konkreten Falles für einen besonnenen und redlich denkenden Menschen möglich und zumutbar ist[389]."

Allerdings treten auch die Unterschiede offen zutage. Denn Lenckner stellt die sorgfältige Prüfung der Wahrheit mit der sorgfältigen Prüfung des berechtigten Interesses des Täters auf eine Stufe. Diese unterschiedlichen Negativ-Voraussetzungen des Rechtswidrigkeitsurteils derart gleichzusetzen entspricht zwar der h. M. Es ist aber nichtsdestoweniger unzutreffend. Denn eine derartige Interpretation des § 193 zwingt dazu, dem § 186 einen deutlich gegen das Schuldprinzip verstoßenden Inhalt beizumessen: Der Täter kann für eine bloße Erfolgsherbeiführung, vielleicht sogar (wenn die Tatsache trotz ihrer Nichterweislichkeit wahr ist) für eine bloß *möglicherweise* gegebene Erfolgsherbeiführung bestraft werden, obwohl er gutgläubig, ja nicht einmal unsorgfältig in der Überprüfung der Wahrheit des von ihm Behaupteten gewesen ist[390]. Sieht man jedoch mit Hirsch in § 186 unter anderem[391] ein Unsorgfaltsdelikt, nämlich eine vorsätzliche Behauptung

[389] Mayer-FS, S. 165 (180). Allerdings beschränkt Lenckner diese Ausführungen ausdrücklich auf die Fälle von Amtshandlungen bei Anscheinsgefahren, des Handelns bei mutmaßlicher, aber unzutreffender Einwilligung und in Wahrnehmung berechtigter Interessen, ebenda, S. 178 ff. Im übrigen lehnt er eine besondere Prüfungspflicht im hier vorgeschlagenen Sinne ab, ebenda, S. 175 und passim. Indem Lenckner eine derartige Ausnahme auf den Aspekt des erlaubten Risikos beschränkt, bringt er genau den Gesichtspunkt ins Spiel, der auch hier als — allerdings für alle Fälle der Erlaubniswahrnehmung — entscheidend angesehen wird, nämlich den Aspekt des riskanten Verhaltens. Wenn er jedoch glaubt, dies damit rechtfertigen zu können, daß es in den Fällen der Anscheinsgefahr oder einer, der mutmaßlichen in Wirklichkeit widersprechenden Interessenlage an einem tatsächlichen Interessengegensatz fehle, wie dieser für die sonstigen Rechtfertigungsgründe kennzeichnend sei (ebenda, S. 179 f. im Anschluß an Gallas, Niederschriften, Bd. 9, S. 71), so wird damit m. E. nur der Begriff „Interessenkollision" zu eng gefaßt. An dieser fehlt es nicht etwa, weil sich die Gefahr als inexistent, das wahre Interesse als entgegengesetzt erweist. Denn das sind nur ex post feststellbare Sachverhalte. In der Entscheidungslage, die für die täterschaftliche Unrechtsbewertung und den Schuldvorwurf allein maßgeblich ist, kollidieren potentiell der zu verletzende Rechtswert mit einem mutmaßlich zu rettenden, — und damit ist die für einen ex-ante-Beobachter vorherzusagende Konfliktslage vorhanden, die für die Rechtfertigungsgründe typisch ist.

[390] Vgl. eingehend Hirsch, Ehre, S. 152 ff. Dieser Verstoß gegen das Schuldprinzip wird denn auch von vielen Autoren eingeräumt, vgl. die Nachweise bei Hirsch, Ehre, S. 156 f., FN 35 und 36; z. T. glaubt man dies aber aus kriminalpolitischen Erwägungen in Kauf nehmen zu müssen, vgl. Lackner, Niederschriften, Bd. 9, S. 16 f., 42; Koffka, ebenda, S. 44, Schafheutle, ebenda, S. 125 f., sowie die verschiedenen Aspekte deutlich pointierend, Sauer, BT, § 29 V 4.

[391] Neben der im Text umschriebenen sorgfaltswidrigen üblen Nachrede enthält § 186 noch die vorsätzlich ehrverletzende üble Nachrede und die mit Vorsatz der Unwahrheit begangene üble Nachrede, vgl. Hirsch, Ehre, S. 169 f., 199, ihm folgend Welzel, Lb, § 42 II 2.

ehrenrühriger Tatsachen, deren Wahrheitsgehalt nicht sorgfältig überprüft wurde, — so werden die bei § 186 eingreifenden Sorgfaltspflichten auf die Tatbestandsebene und die Rechtfertigungsebene verteilt: Auf der einen Seite besteht die Norm, die abstrakt gefährliche Handlung einer ehrverletzenden Tatsachenbehauptung zu unterlassen. Diese konkretisiert sich jedoch nur zur Pflicht, wenn man ihre Gefährlichkeit nicht durch die Gegenfinalität einer „ohne-zu-Komponente", nämlich der Prüfung des Wahrheitsgehaltes, auf das sozial vertretbare Maß herabsenkt. Eine darüber hinausgehende Norm, die *jegliche* ehrmindernde Äußerung untersagen würde, liefe auf eine die tatsächlichen Gegebenheiten menschlicher Kommunikation völlig vernachlässigende Hypertrophie des Ehrschutzes hinaus.

Eine solch weitgehende „Unrechts"-begründung, die gelegentlich sogar auf ein Handlungsunrecht verzichten müßte[392], ließe sich letztlich nur nominell vertreten. Um sie den Erfordernissen und Gegebenheiten der Wirklichkeit anzupassen, wäre man dann nämlich gezwungen, wie die h. M. zu §§ 186, 193 auch zeigt — systematische Brüche sowie erhebliche Spannungen mit dem Schuldprinzip in Kauf zu nehmen[393]. Gerade solche Inkonsequenzen vermag aber das hier geteilte Verständnis vom Tatbestand des § 186 zu vermeiden, offenbart sich doch in der nicht eingesetzten, aber von der Rechtsordnung geforderten „ohne-zu-Intentionalität" ein unbestreitbares Handlungsunrecht[394].

---

392 Paradigma: Der Täter besitzt eine Urkunde, die die Richtigkeit seiner Behauptung beweist, die aber vor der Hauptverhandlung verbrennt.

393 Vgl. dazu eingehend Hirsch, Ehre, S. 152 ff.

394 Bedenken könnten sich gegen diese Position daraus herleiten, daß eine Handlung der dritten Alternative des § 186 (unsorgfältige ehrenrührige Tatsachenbehauptung) dann nicht mehr unterfiele, wenn der Täter die Richtigkeit seiner Behauptung sorgfältig geprüft hat, und damit ein solches Verhalten nicht einmal mehr (straf-)tatbestandsmäßig wäre. Doch auch bei Berücksichtigung des berechtigten Schutzinteresses des Opfers verschlägt dies nichts. Zum einen läßt sich beim non-liquet eben nicht feststellen, ob das Opfer diesen Angriff auf seine Ehre wirklich zu Unrecht erleidet. Zum anderen aber ist der Betroffene trotzdem, und natürlich erst recht, wenn die Unwahrheit nachgewiesen wird, nicht schutzlos gestellt: Denn obschon dann keine rechtswidrige *Handlung* vorliegt, steht der herbeigeführte Zustand dennoch nicht im Einklang mit dem vom Recht Gewünschten. Deshalb steht dem Opfer immer noch die actio quasi negatoria (§ 1004 BGB analog) zu Gebote, mit der er sich dieses Zustandes erwehren kann. Schließlich ist eine solche Zustandshaftung, deren Überwindung im Strafrecht der lange Kampf gegen den Gedanken vom Erfolgsunrecht galt, im Zivilrecht ein durchaus vertrauter Gedanke, vgl. etwa H. A. Fischer, Rechtswidrigkeit, S. 98 ff. zum Unterschied zwischen rechtswidrigen Handlungen und rechtswidrigen Zuständen. Um der begrifflichen Klarheit willen sollte man aber vielleicht derartige Beeinträchtigungen, die mit der Rechtsordnung nicht in Einklang stehen, in Anlehnung an den aus der Vindikation bekannten Begriff als „unrechtmäßig" bezeichnen, so schon Picker, Beseitigungsanspruch, S. 181 FN 34 im Anschluß an Jhering, Schuldmoment, S. 4 ff. Unabhängig von der Terminologie ist jedoch entscheidend, daß mit der Herausnahme der Abwehr von derartigen Störungen aus dem Strafrecht die *umfassende* Ehr-

Die zweite auftauchende Sorgfaltskomponente, nämlich hinsichtlich der Prüfung von berechtigten Interessen, betrifft demgegenüber wirklich einen gegenwertigen Rechtssatz, also einen Rechtfertigungsgrund, und dient nicht der Ausformung der den Tatbestand begründenden Pflicht. Denn ehrverletzende Tatsachen zu äußern, deren Richtigkeit man möglicherweise bezweifelt, oder die man nicht auf ihre Richtigkeit überprüft hat, kann gerechtfertigt sein, wenn man damit berechtigte, d. h. von der Rechtsordnung anzuerkennende Zwecke verfolgt[395]. Da aber bei Tatsachenbehauptungen stets die Gefahr des non liquet im Raume steht, billigt die Rechtsordnung ein solches Verhalten nur dann, wenn der Täter alles ihm Mögliche getan hat, um überflüssige Ehrbeeinträchtigungen zu vermeiden. Der Vermeidung derartiger ungerechtfertigter Übergriffe in die fremde Rechtszuständigkeit dient die „ohne-zu-Komponente“: „ohne sorgfältig geprüft zu haben[396], ob die betroffenen Interessen überwiegen“[397].

Ein weiterer, hier — wie bei allen anderen Rechtfertigungsgründen — bedeutsamer Punkt, der in die „ohne-zu-Finalität“ einbezogen sein muß, ist, daß die geplante Handlung zur Verfolgung dieses Interesses auch erforderlich sein muß[398]. Nur unter dieser Voraussetzung

---

Verteidigung dort angesiedelt wird, wo sie funktional auch hingehört, nämlich ins Zivilrecht. Dort ist die Haftung für einen unrechtmäßigen Erfolg, der aus rechtmäßigem oder zumindest nicht rechtswidrigem Tun folgt, schon seit langem beheimatet (vgl. Esser, Schuldrecht II, § 113 II 3 c, sowie die Nachweise bei Picker, Beseitigungsanspruch, S. 38 ff. und die von Picker geleistete Systematisierung der nicht immer klaren, z. T. sogar sehr zweifelhaften Entscheidungen und Meinungen zu diesem Problem durch den Begriff „Störer“). Nur vor dem Hintergrund einer derartigen zivilrechtlichen Zustandshaftung lassen sich die Versagung von Notwehr und Schadensersatz auch rechtspolitisch rechtfertigen, ohne daß der Betroffenen gegenüber derartigen Beeinträchtigungen gleich schutzlos gestellt werden müßte.

395 Vgl. zur Funktion des § 193 bei dem hier zugrunde gelegten Verständnis von § 186 im einzelnen: Hirsch, Ehre, S. 200 ff.

396 Das ist hiermit ganz abstrakt formuliert und entbehrt sonach der an sich erforderlichen Beziehung zur konkreten Handlungssituation. Die „ohne-zu-Komponente“ soll hier aber auch nur in ihrer Wirkungsweise gezeigt werden. Im Einzelfall müßte sie dann etwa lauten: „ohne sich bei einem kompetenten Rechtsanwalt vergewissert zu haben, ...“

397 Vgl. RG 59, S. 414 (417): „... so durfte er sich dazu straflos der „Flucht in die Öffentlichkeit“ — wie die Revision es nennt — bedienen, sofern er überzeugt war und überzeugt sein konnte, die Inanspruchnahme der Presse sei hierzu der geeignete Weg, und sofern er dabei vermied, durch die Form seiner Kundgebungen oder durch die Umstände, unter denen sie geschahen, seine Absicht, den Gegner mit deren Inhalt zu beleidigen, an den Tag zu legen.“ Bei der so erforderlich werdenden Abwägung spielt allerdings eine besondere Rolle, daß der Täter nicht nur ein elementares Recht wahrnimmt, sondern daß dieses Recht schlechthin konstitutiv für ein demokratisches Gemeinwesen ist. Angesichts dessen liegt grundsätzlich ein erhebliches Gewicht zugunsten der Werthaftigkeit der Handlung in der Waagschale.

398 Auf diesen Umstand soll hier aber nicht vertiefend eingegangen werden, da § 97 b Abs. 1, S. 1 Nr. 3 mit seiner Angemessenheitsklausel noch

kann es zulässig sein, eine abstrakt so gefährliche Handlung wie die Wahrnehmung eigener oder mittelbar eigener Interessen zu Lasten der Ehre eines Dritten vorzunehmen[399].

Mit diesen Kriterien lassen sich die intrikaten Fälle von Presseveröffentlichungen über ungesicherte Skandale[400] im Sinne der h. M. angemessen bewältigen, ohne zugleich deren systematischen Schwierigkeiten in Kauf nehmen zu müssen[401].

Wenn man also von jenem, allerdings grundlegenden Unterschied in der Normbildung und damit auch im Tatbestandsverständnis bei § 186 und bei § 193 absieht, so zeigt sich, daß es durchaus berechtigt war, die h. M. bezüglich des Prüfungserfordernisses bei § 193 als einen vergleichbaren Fall einer bereits anerkannten „ohne-zu-Komponente" heranzuziehen. Die entscheidende Parallele liegt dabei in der Tatsache, daß man in der Wahrnehmung berechtigter Interessen ein ris-

---

eine gründliche Auseinandersetzung mit diesem Fragenkreis erfordert; vgl. dazu im einzelnen unten S. 207 ff., 213 ff.

399 I. E. ebenso die h. M., vgl. etwa Hartung, NJW 1951, S. 209 (213); LK-Herdegen, § 193 RN 26; Schaffstein, NJW 1951, S. 691 (692).

400 Wie etwa die bekannte „Minister/Call-Girl"-Entscheidung, BGH 18, S. 182 ff.

401 Aufgrund der zuvor geschilderten Deutung des § 186 entstehen für das Opfer auch im Falle einer gerechtfertigten Handlung nicht etwa unerträgliche Verhältnisse. Allerdings hat gerade die gegenteilige Auffassung etwa Westermann, JZ 1960, S. 692 ff. und Erdsiek, NJW 1966, S. 1385, 1388 und JZ 1969, S. 311 ff., dazu bewogen, § 193 als bloßen Schuldausschließungsgrund anzusehen, um an die dann verbleibende Rechtswidrigkeit der Behauptung bestimmte Sanktionsmechanismen (Schadensersatz, Beseitigung, Notwehr) anbinden zu können. Allein, man würde damit Notwehr und Schadensersatz gegenüber einer Behauptung zulassen, die zwar ehrenrührig ist, mit der aber vom Recht anerkannte *berechtigte* Interessen verfolgt werden und bei der sowohl die Berechtigung der Interessen wie auch die Erforderlichkeit der Form ihrer Wahrnehmung sorgfältig geprüft und zu Recht bejaht wurden. Eine solche „Doppelzüngigkeit" kann sich die Rechtsordnung nicht erlauben. Den durchaus anzuerkennenden Interessen des Opfers ist jedoch mit der actio quasi negatoria gegen den „unrechtmäßigen Zustand" im o. a. Sinne hinreichend geholfen. Denn diesen „unrechtmäßigen Zustand", also die fortwirkenden Handlungs*folgen*, im Sinne des § 1004 Abs. 2 BGB zu dulden, ist das Opfer nicht verpflichtet. Ein solcher Beseitigungsanspruch wird weder durch das hier vorgeschlagene Tatbestandsverständnis bezüglich § 186 noch durch eine etwaige strafrechtliche Rechtfertigung einer üblen Nachrede beseitigt; i. E. ähnlich Esser, Schuldrecht II, § 113 II 3 c; Larenz, Schuldrecht II, § 76 (S. 615); Münzberg, JZ 1967, S. 689 (691); E. Schmidt, JZ 1970, S. 8 (11); aber str.; a. A. wohl noch h. M., vgl. etwa Baur, AcP 160, S. 465 (470); Soergel / Siebert / Mühl, § 1004 RN 47, wobei aber stets von einer — zumindest im Strafrecht — unerträglichen Anknüpfung an den schieren Erfolg ausgegangen wird, den man als „rechtswidrig" bezeichnet, vgl. etwa Baur, ebenda, S. 472 und passim oder Medicus, Recht, § 24 III 3, der zu Unrecht eine „Ausstrahlung" des unrechtmäßigen Erfolges auf die Handlung behauptet — mit der Folge, daß diese auch rechtswidrig werde.

kantes Verhalten erblickt[402], das nur bei entsprechender Gegensteuerung sozial vertretbar und damit nicht rechtswidrig ist.

Da dies aber, wie bereits dargelegt, ein Wesensmerkmal jedweder Wahrnehmung von Erlaubnissätzen ist — schließlich umschreiben Erlaubnissätze nichts anderes als Handlungspotentiale, die berechtigte Interessen berücksichtigen —, ist der Meinung, die hier eine Prüfungspflicht im Unrechtsbereich konstituiert[403], im Ergebnis nicht nur beizupflichten. Vielmehr ist die Erkenntnis wegen ihrer Allgültigkeit bei den Rechtsertigungsgründen auch bei jeglichem Erlaubnistatbestandsirrtum stets bereits auf der Unrechtsebene zu berücksichtigen.

2.8. Anwendung der dargelegten Unrechtslehre auf § 97 b Abs. 1 S. 1 Nr. 1

Nachdem sich zeigen ließ, daß die hier aufgestellten Grundsätze sogar schon unter der Geltung der herrschenden Maximen ihren gelegentlichen Niederschlag gefunden haben, gilt es nunmehr nach diesem Exkurs in die allgemeine Unrechtsdogmatik zu dessen Ausgangspunkt zurückzukehren. Denn sollte es sich wirklich um allgemein geltende Prinzipien der Rechtfertigung handeln, so müßten sie auch im Rahmen des hier zur Erörterung anstehenden Tatbestandskomplexes Bedeutung erlangen, sofern es sich — entsprechend der Arbeitshypothese — bei § 93 Abs. 2 um einen Rechtfertigungsgrund handeln sollte. Um dies zu überprüfen, sei die soeben entwickelte Unrechtskonzeption einmal dem § 97 b Abs. 1 S. 1 Nr. 1 unterlegt.

Das würde bedeuten, daß eine derartige Prüfungspflicht auch bei dem Irrtum über § 93 Abs. 2 anzunehmen wäre. Demnach läge in einer unzureichenden Prüfung seiner tatbestandlichen Voraussetzungen nicht nur ein Erfolgs-, sondern auch ein Intentionalitätsunrecht: eine vorsätzliche Gefährdung der äußeren Sicherheit aufgrund einer unsorgfältig vorgenommenen, bereits abstrakt gefährlichen Handlung, nämlich der Verteidigung der Verfassungsordnung. Auch hier würde der Intentionalitätswert, der in der Wahrnehmung einer vermeintlichen Rettungshandlung liegt, den entsprechenden Unwert vorsätzlichen deliktischen Verhaltens nicht aufzuwiegen vermögen, sofern die zusätzlich geforderte Prüfungsfinalität nicht, bzw. nicht im gebotenen Maße eingesetzt wurde. Der auf diese Weise, je nach angewandter

---

402 So schon Gallas, Niederschriften Bd. 9, S. 71; Welzel, Lb, § 42 III 2 (S. 320); ihnen folgend u. a. Hirsch, ZStW 74, 78 (100 FN 87 a); Lenckner, Mayer-FS, S. 165 (179 f.).

403 Coing, Ehrenschutz, S. 22, 27, Eser, Wahrnehmung, S. 64 f.; Jescheck, Lb², § 36 II 2 a (vgl. hierzu S. 74 FN 103 a); Lenckner, Mayer-FS, S. 165 (180 f.); Löffler, Pressegesetz, § 193 StGB, Anm. 17 f.; Roxin, Welzel-FS, S. 447 (453); Wessels, AT, § 9 I 3.

Sorgfalt, mehr oder minder stark verringerte vorsätzliche Intentionalitätsunwert, sowie der gleichfalls geminderte Erfolgsunwert würden dann die Unrechtsgrundlage bilden, in die der Verbotsirrtum eingebettet wäre und auf der demzufolge auch der Schuldvorwurf aufruhte. Damit entspräche die Rechtsvoraussetzungsseite — unter Zugrundelegung des hier entwickelten Modells der Unrechtsbegründung — dem, was das Gesetz in § 97 b Abs. 1 S. 1 Nr. 1 formuliert: Der Täter ist wegen vorsätzlicher Deliktsbegehung strafbar, ..., wenn „dieser Irrtum ihm vorzuwerfen ist".

Somit stünde der § 97 b Abs. I S. 1 — was die Rechtsvoraussetzungsseite anbelangt — der hier vorgeschlagenen Deutung des § 93 Abs. 2 nicht nur nicht entgegen, sondern entspräche ihr sogar direkt. Dieses Zwischenergebnis ist allerdings nur ein vorläufiges. Denn zum einen wurde bisher lediglich die erste Alternative jener Bestimmung betrachtet; zum anderen bedarf es noch einer Erörterung der Rechtsfolgenseite. Erst wenn auch sie sich einerseits in die vorgeschlagene Konzeption, andererseits in den durch die Gesetzesbestimmungen vorgegebenen Spielraum einfügte, ließe sich — wenigstens für diese Alternative — wirklich behaupten, § 93 Abs. 2 könne als Rechtfertigungsgrund aufgefaßt werden.

2.9. Die Rechtsfolgenseite

2.9.1. Welche Rechtsfolgenanordnung verlangt die hier befürwortete Unrechtslehre?

2.9.1.1. Problemaufbereitung

Bevor sich die spezielle Frage beantworten läßt, ob man § 97 b auch von der Rechtsfolgenseite her als Regelung des Putativerlaubnisirrtums verstehen kann, muß zunächst einmal generell geklärt werden, wie die Rechtsfolgenanordnung der hier skizzierten Unrechtsbegründungslehre aussieht. Es ließe sich allerdings behaupten, mit dem Ergebnis der Untersuchungen über die Unrechtsbegründung im allgemeinen und über den Rechtfertigungsirrtum im besonderen sei auch die Entscheidung über die Rechtsfolgen gefallen: Im Rechtfertigungsirrtum sei zwar das Unrecht gegenüber der gleichen, aber vom Irrtum unbeeinflußten Handlung geringer, — aber entscheidend sei, daß es sich um einen Verbotsirrtum handele. Von daher ergäbe sich dann zwingend die Rechtsfolgenanordnung aus § 17. Dabei bliebe allerdings unberücksichtigt, daß § 17 auf den Umstand einer stets vorliegenden Unrechtsminderung nicht eingeht. Es bliebe außerdem unberücksichtigt, daß nach einer beachtlichen Zahl von Stimmen in der Literatur aus einer bestimmten Rechtsvoraussetzung gerade nicht notwendig auch ein bestimmter Rechtsfolgentypus resultiert: Die „rechtsfolgeneinschränkende" Schuldtheorie setzt sich beispielsweise über den von ihr ausdrücklich anerkannten Umstand einer vorsätzlichen Deliktsbegehung hinweg, wenn sie in den Putativrechtfertigungsfällen — gegebenenfalls — nur aus dem Fahrlässigkeitstatbestand strafen will[404].

Es stellt sich also die Frage, was auf der Rechtsvoraussetzungsseite als so essentiell anzusehen ist, daß es sich auch auf der Rechtsfolgenseite niederschlagen muß. Um dies besser beurteilen zu können, seien die wesentlichen Punkte der bisherigen Untersuchung zur allgemeinen Irrtumsdogmatik noch einmal zusammengefaßt: Nach der hier vertretenen These führt jegliches subjektives Rechtfertigungselement zu einer Minderung des subjektiven Gesamtunwertes und verhindert dadurch die Zurechnung eines möglicherweise weitergehenden Erfolgsunrechtes. Da der Intentionalitätsunwert gemindert ist, ist auch das gesamte Unrecht gemindert — im Vergleich zu derjenigen Handlung, bei der es ceteris paribus an der (positiven) Rechtfertigungsintentionalität fehlt. Die Unrechtsminderung ist — auf das Ganze gesehen — sogar noch größer, da es sich weiterhin gezeigt hat, daß die Objektivation der werthaften Finalität auch noch einen Erfolgswert darstellt und daß sich deshalb auch der Gesamterfolgsunwert abschwächt. Das Schuldmaximum, das auf dem dergestalt verkleinerten Unrechtsfundament aufruht, muß daher notwendigerweise — nach dem Prinzip der abgeleiteten Schuldbewertung — gleichfalls geringer ausfallen, als wenn es an jenen positiven Elementen fehlte.

Diese Konstellation auf der Unrechtsebene zieht überdies noch eine Fehlbewertung des eigenen Verhaltens durch den Täter und damit einen Verbotsirrtum nach sich. Nach dem Grade von dessen individueller Vermeidbarkeit sowie — gegebenenfalls — durch andere, die Schuld berührende Aspekte beeinflußt, kann sich die Schuld noch weiter vermindern.

Es sind also zwei Elemente besonders charakteristisch für die Fallgestaltung beim Rechtfertigungsirrtum: einmal die Unwertverringerung, zum anderen der Bewertungsirrtum. Wenn sich aber sagen läßt, das Schuldpotential ist infolge geringeren Unrechts verkleinert, so folgt daraus nur, *daß* dann zwangsläufig auch die Strafe milder ausfallen muß, — nicht aber, um wieviel dies zu geschehen hat. Welche Höhe das Unrecht in der konkreten Situation erreicht, hängt allein von dem Wirkungsgefüge der konkret verwirklichten unrechtsbedeutsamen Elemente ab. Hat der Täter mit Rechtfertigungsintentionalität

---

404 Vgl. Dreher, Heinitz-FS, S. 207 (223 ff.); Gallas, ZStW 67, S. 1 (46 FN 89); Lackner, § 17 Anm. 56; Stratenwerth, Lb, RN 499; Wessels, AT, § 11 III 1 b; ebenso Jescheck, Lb, § 41 III 2 d; Krümpelmann, GA 1968, S. 129 (142 ff.), soweit es sich nicht um Notstandsfälle handelt.

gehandelt und gleichzeitig bei der Prüfung der Rechtfertigungsvoraussetzungen das von der Rechtsordnung Geforderte nur geringfügig unterschritten, so wird ein Intentionalitätsunwert verwirklicht, der am unteren Rande der Unrechtsskala liegt — und damit in Bereichen, in denen auch die leichte Fahrlässigkeit rangiert. War hingegen die völlig ungerechtfertigte Annahme des Täters, er nehme einen Rechtfertigungsgrund wahr, das einzige positiv ins Gewicht fallende Handlungsmoment, fehlt es also an jeglicher, situativ durchaus möglicher und daher auch gesollter Nachprüfung, so bleibt ein Großteil des Intentionalitätsunwertes jener vorsätzlichen Tatbestandsverwirklichung unausgeglichen. In derartigen Fällen ragt das Unrecht möglicherweise weit[405] in den Kernbereich vorsätzlichen deliktischen Handelns hinein, — und dies, obgleich die Rechtfertigungsintentionalität in jedem Fall das Unrecht ein wenig mindert. Mathematisch-bildlich gesprochen könnte man die Fälle dieses Typus so umschreiben: Die Unrechtsfunktionskurve nähert sich asymptotisch jener Unrechtshöhenlinie an, die für eine vom Irrtum freie Verwirklichung desselben Tatbestandes steht. Sie vermag die Höhenlinie aber nie[406] zu berühren, da zwischen beiden Linien die Wertdifferenz des positiven Wertes Rechtfertigungsintentionalität bleibt.

Im Ergebnis war also beiden Hauptströmungen in diesem Meinungsstreit jeweils teilweise Recht zu geben: Die herrschende Meinung hat insoweit zutreffend den Fahrlässigkeitsvorwurf in den Vordergrund gestellt, als es sich dem Unrechts*umfang* nach um ein gemindertes Unrecht handelt[407]. Dies hat allerdings die strenge Schuldtheorie auch nie ausdrücklich bestritten[408, 409]. Vielmehr ist sie stets von einer Milderbestrafung gem. §§ 51 Abs. 2, 44 a. F., 21, 49 Abs. 1 ausgegangen[410]

[405] Für die Höhenmarke, die tatsächlich erreicht wird, ist entscheidend, welche Bedeutung der Rechtfertigungsintentionalität bei dem jeweiligen Erlaubnissatz im allgemeinen und innerhalb der Tatsituation im besonderen zukommt; vgl. dazu oben S. 147 (150).

[406] Mathematisch richtig: nicht im endlichen Bereich.

[407] Zum gleichen Ergebnis einer Fahrlässigkeitsstrafbarkeit gelangen allerdings auch diejenigen Autoren, die lediglich die Schuld in derartigen Fällen als eine der Fahrlässigkeitsschuld vergleichbare ansehen, so etwa Dreher, § 16 RN 27; Wessels, AT, § 11 III 1 b.

[408] Vgl. Arm. Kaufmann, Welzel-FS, S. 393 (397 f., FN 11).

[409] Tatsächlich geht die These vom geminderten Unrecht beim Putativrechtfertigungsfall quer durch alle Lager, vgl. etwa: Börker, JR 1960, S. 168 (169); Jescheck, Lb, § 41 III 2 d (S. 375); Arm. Kaufmann, Normentheorie, S. 245; Kern, ZStW 64, S. 255 (266 f.); Krümpelmann, GA 1968, S. 129 (137); Lenckner, Notstand, S. 35; Noll, ZStW 68, S. 181 (184); 77, S. 1 (18); Nowakowski, JBl. 1972, S. 19 (30); Rudolphi, Maurach-FS, S. 51 (58 f.); Schönke / Schröder / Cramer, § 16 RN 14; Stratenwerth, Lb, RN 499; Zielinski, Handlungsunrecht, S. 276 ff.

[410] Welzel, Lb, § 22 III 1 f. (S. 169) spricht ausdrücklich davon, daß die Strafe gemäß §§ 51, 44 a. F. „zu ermäßigen *ist*“ (Hervorhebung vom Verf.),

und wollte jener Zwitterstellung auch in der äußeren Form insofern Rechnung tragen, als sie die ausdrückliche Erwähnung des Erlaubnistatbestandsirrtums im Urteilstenor forderte[411]. *In der Sache* aber handelt es sich um ein vorsätzlich verwirklichtes Handlungsunrecht, welches überdies in einem Bewertungsirrtum realisiert wird, — was herauszustellen Welzel und Hirsch richtigerweise nicht müde wurden.

Angesichts einer derartigen Mittelstellung[412] läßt sich die Frage nach den „richtigen" Rechtsfolgen nicht unmittelbar dem Gesetz entnehmen. Nun haben u. a. Arm. Kaufmann[413] und Stratenwerth[414] angesichts des Umstandes, daß der Erlaubnistatbestandsirrtum kein wirklicher Fall eines Tatbestandsirrtums ist, aber auch vom üblichen Verbotsirrtum etwas abweicht, die Ansicht vertreten, daß es eine Wertungsfrage sei, welchem Unrechtstypen-Komplex man diesen Irrtum hinsichtlich der Rechtsfolgen zuschlage. Würde man nur die Unrechtsquantität berücksichtigen, so könnte der Gesetzgeber die Rechtsfolgen des Putativrechtfertigungsfalles sowohl dem Vorsatzdelikts- wie dem Fahrlässigkeitsdeliktstypus zuordnen[415]. Ob diese Wahlmöglichkeit auch noch besteht, wenn man die Unrechtsqualität berücksichtigt, — das soll im folgenden untersucht werden.

---

was also eine obligatorische Strafmilderung beinhaltet. Diese sprachlich eindeutige Stellung, die Welzel seit der 3. Auflage seines Lehrbuchs (1954), § 21 A II 3 a, vertritt, kontrastiert allerdings mit seinen Ausführungen in ZStW 67, S. 196 (221), wo er ausdrücklich eine bloße „Kann"-Milderung vorschlägt; ebenso schon in SJZ 1948, Sp. 368 (371) und Lb², § 19 IV 3 b.

Daß Welzel tatsächlich von einer derartigen Unrechtsminderung ausging, läßt sich jedoch aus seinen anderweitigen Ausführungen eindeutig entnehmen: Im Zusammenhang mit der Unzumutbarkeit führt er nämlich wörtlich aus: „Zwar muß selbst hier der vom Täter verfolgte *berechtigte* Zweck (die eigene Rettung oder die der Angehörigen) bei der Beurteilung des (objektiven) Handlungsunwertes auch als *unrechtsmindernd* mit veranschlagt werden." Lb, § 23 (S. 178) (Hervorhebung im Original).

411 Welzel, Lb, § 22 III 1 f.

412 Ähnlich Niese, Finalität, S. 37; Krümpelmann, GA 1968, S. 129 (137 und 139). Daß es sich bei dem Erlaubnistatbestandsirrtum um eine besondere Form des Irrtums neben dem Verbots- und dem Tatbestandsirrtum handele, hat besonders Dreher unermüdlich verfochten, vgl. etwa Niederschriften Bd. 2, S. 27 f.; ZStW 67, S. 428 (433 f.); zusammenfassend Heinitz-FS, S. 207 (223 ff.).

413 Normentheorie, S. 246.

414 Lb, RN 496 ff.

415 In den §§ 20 und 39 E 1962 hatte der Gesetzgeber eine Annäherung an beide Konzeptionen gleichzeitig versucht, war aber auf scharfe Ablehnung gestoßen, vgl. etwa Art. Kaufmann, ZStW 76, S. 543 (562 ff.); Roxin, ZStW 76, S. 582 m. w. N. und 587 ff.; Welzel, ZStW 76, S. 619 (627 ff.). Positiver, allerdings aufgrund einer differenzierenden Betrachtung, Krümpelmann, GA 1968, S. 129 ff. — Interessanterweise hatte Jescheck seinerzeit für den Irrtum über die Legalität im Landesverratsbereich eine Vorschrift analog § 39 Abs. 2 E 1962 befürwortet, JZ 1967, S. 6 (10).

2.9.1.2. Rechtsfolgenanalogie zur Fahrlässigkeit und ihre Ablehnung

Erfolgte eine Regelung im Sinne der Fahrlässigkeits-Alternative, so läge darin fraglos *kein* Verstoß gegen das Schuldprinzip[416]. Schließlich ist der Strafrahmen der Fahrlässigkeitsdelikte in der Regel geringer und überdies fehlt ein solcher Deliktstatbestand in vielen Fällen ganz. Von daher ließe sich die von der h. M. befürwortete Fahrlässigkeitslösung als eine Rechtsfolgenanalogie in bonam partem fraglos vertreten[417]. Sie trüge von selbst und in einem deutlichen Maße dem Erfordernis einer zwingenden Strafmilderung Rechnung und zeigte zugleich, daß bei der Unrechtsbegründung die Fahrlässigkeit eine Rolle spielt. Erreichen ließe sich eine derartige Rechtsfolgenregelung auf zweierlei Weise:

— Entweder es wird — praeter legem — aus den Erwägungen über die Unrechtsbegründung eine solche Rechtsfolge aus der Rechtsvoraussetzungsseite abgeleitet[418], oder

— man führt eine ausdrückliche gesetzliche Bestimmung ein, die eine derartige Rechtsfolge für den Fall des Rechtfertigungsirrtums anordnet[419].

Der methodischen Klarstellung halber, die in dieser ebenso zentralen wie umstrittenen Frage notwendig wäre, erschiene unter den gegebenen Umständen wohl der letztere Vorschlag als der angemessenere Lösungsweg.

Gegen eine solche Fahrlässigkeitslösung spricht allerdings, daß der Schwerpunkt des Unrechts als eines nicht ausgeglichenen Intentionalitätsunwertes und dessen Objektivation kein Fahrlässigkeits-, sondern Vorsatzunrecht ist. Insofern setzt sich eine solche Lösung über die ontologischen Gegebenheiten auf der Voraussetzungsseite hinweg. Darüber hinaus geht eine solche Lösung auf den Umstand, daß das

---

[416] Entgegen gelegentlich anzutreffender gegenteiliger Meinung (vgl. etwa Art. Kaufmann, Schuldprinzip, S. 195: Das Schuldprinzip fordere „Ausschöpfung des ganzen Schuldgehaltes") folgt aus dem Schuldprinzip nicht, daß jede Schuld stets auch Strafe erfordert, vgl. etwa Müller-Dietz, Lange-FS, S. 303 (320). Es fordert lediglich, daß, wenn Strafe erfolgt, diese der Schuld proportional sein muß, vgl. Jescheck, Lb, § 3 I 3.

[417] So etwa Dreher, Heinitz-FS, S. 207 (223 ff.); Jescheck, Lb, § 41 III 2 c; Krümpelmann, GA 1968, S. 129 (142 f.); Lackner, § 17 Anm. 5 b; Maurach / Zipf, AT I, § 37 II C 1; Wessels, AT, § 11 III 1 b.

Demgegenüber ist es nicht zutreffend, wenn das Gros der Anhänger der h. M. hier einen *direkten* Fall von Fahrlässigkeit annimmt, so aber Blei, AT, § 36 III; Lang-Hinrichsen, JZ 1953, S. 362 (364); Roxin, MschrKrim 1961, S. 211 (212); Schaffstein, MDR 1951, S. 196 (199), SK-Rudolphi, § 16 RN 10. Wie die Darlegungen zur Unrechtsbegründung gezeigt haben, werden damit die tatsächlichen Gegebenheiten auf der Rechtsvoraussetzungsseite verfehlt.

[418] So i. E. Krümpelmann, GA 1968, S. 129 (142 ff.).

[419] Dafür etwa Dreher, MDR 1962, S. 592 (593) und Heinitz-FS, S. 207 (226 f.).

Unrecht in einem Verbotsirrtum verwirklicht wird, gar nicht ein. Sie ignoriert damit einfach § 17 als eine vom Gesetzgeber nunmehr ausdrücklich normierte Regelung dieser Fallgestaltung. Angesichts dieser Einwände erscheint die „rechtsfolgeneinschränkende" Schuldtheorie als den Problemen nicht hinreichend angemessen.

2.9.1.3. § 17 als Rechtsfolgenregelung?

2.9.1.3.1. Fakultative oder obligatorische Strafmilderung?

Das zuvor gezogene Fazit zwingt dazu, die Lösung der Rechtsfolgenentscheidung auf der Grundlage des § 17 zu suchen. Dort taucht jedoch sofort insofern ein Dilemma auf, als § 17 S. 2 jene obligatorische Strafmilderung nicht vorsieht, die aufgrund des — infolge geringeren Unrechts — verminderten Schuldpotentials denknotwendig eintreten muß. Eine *direkte* Anwendung des § 17 würde demzufolge das zweite Essentiale der bisherigen Darlegungen vernachlässigen, — eben das in den Rechtfertigungsirrtumsfällen stets verkleinerte Unrecht. Damit bliebe eine solche Lösung wiederum einseitig auf nur ein wesentliches Element dieser Fallgestaltung fixiert, — genauso wie die zuvor abgelehnte Rechtsfolgenanalogie zur Fahrlässigkeit, — nur daß es diesmal der andere Aspekt wäre, der berücksichtigt würde. Wollte man jedoch aufgrund des Dargelegten an dem unrechtstheoretischen Ansatz festhalten, so zwänge dies zu einer berichtigenden Auslegung des § 17. Nun könnte man geneigt sein, dem Gesetzeswortlaut des § 17 S. 2 bereits die Befugnis zur Restriktion zu entnehmen. Eine fakultative Strafmilderung ist jedoch gegenüber einer obligatorischen kein Mehr, das die letztere als ein Weniger notwendig einschließt. Vielmehr ist umgekehrt die Wahlmöglichkeit das plus gegenüber einer vorgeschriebenen, nicht zu umgehenden Entscheidung. Gleichwohl läßt der Wortlaut des § 17 S. 2 eine Strafmilderung immerhin ausdrücklich zu. Deshalb erscheint der Schritt vom Wortlaut des § 17 S. 2 zu einer zwingenden Milderung nicht sehr gewagt. Zumindest bedarf es weit weniger methodischer Finesse, um § 17 S. 2 in den Fällen von Rechtfertigungsirrtümern im genannten Sinne restriktiv auszulegen, als etwa die „rechtsfolgeneinschränkende" Schuldtheorie aufwenden muß, um ihr Ziel einer Fahrlässigkeitsstrafbarkeit zu erreichen.

2.9.1.3.2. Vergleich mit anderen Lösungswegen

Legt man die hier befürwortete Konzeption zugrunde, so bedarf es also nicht der von Zielinski für notwendig erachteten Einfügung von Fahrlässigkeitstatbeständen zum Schutz des werdenden Lebens und der persönlichen Freiheit, letzteres insbesondere gegenüber staatlichen

Übergriffen[420], um wenigstens die größten Mißhelligkeiten einer konsequenten „eingeschränkten“ Schuldtheorie zu beheben.

Es bedarf dann auch nicht, wie Dreher es fordert[421], eines allgemeinen Tatbestandes der Rechtsfolgenverweisung für den Fall des Erlaubnistatbestandsirrtums.

Im Ergebnis steht die hier dargelegte Konzeption der von Krümpelmann entwickelten These von der Rechtsfolgenverweisung[422] inhaltlich am nächsten. Dies kann auch nicht verwundern, da bereits Krümpelmann die diesbezüglichen Auswirkungen der finalen Handlungslehre Welzels und deren normentheoretische Absicherung durch Armin Kaufmann zur Grundlage seines Modells gemacht hatte[423]. Wenn dieser rechtsfolgeneinschränkenden Version der Problemlösung durch Krümpelmann nicht vollends gefolgt wird, so geschieht dies deshalb, weil die Konzeption nicht systemökonomisch erscheint, um das für richtig gehaltene Ergebnis zu erreichen, und weil sich nur so zwei Einwände vermeiden lassen, die jener rechtsfolgeneinschränkenden Lösung entgegengehalten werden können: Zum einen bleibt in jener Version die Spannung zwischen der Beurteilung der Tat als Vorsatzdelikt und ihrer Bestrafung aus dem Fahrlässigkeitstatbestand. Dies ließe sich allerdings noch als eine vernachlässigbare Größe, gleichsam als ein „Schönheitsfehler“, in Kauf nehmen[424]. Gewichtiger erscheint jedoch etwas anderes zu sein. Auch Krümpelmann betont die Bedeutung situativer Faktoren für die Unrechtsbegründung und belegt dies schlagend am Beispiel der Notwehr. Er glaubt, diesen Fall-Typus aber dem des Notstandes als generell andersgeartet gegenüberstellen zu dürfen. Dort werde nämlich einem völlig unbeteiligten Rechtsgutsträger ein Sonderopfer zugemutet. Eine solche Fallage rechtfertige es, dem Täter eine besonders sorgfältige Prüfung der Erlaubnisvoraussetzungen abzuverlangen.

Eine entsprechende gesetzgeberische Entscheidung ließe sich nun in der Tat mit diesen Argumenten verteidigen. Eine solche nachträgliche

---

420 Handlungsunwert, S. 291 ff.

421 Heinitz-FS, S. 207 (227).

422 Ihm folgend Jescheck, Lb, § 41 III 2 d (vgl. demgegenüber noch Lb[1], § 41 III 3 a [„strenge“ Schuldtheorie]). Dieser Lösungsweg war freilich durch § 20 Abs. 2 E 1962 (vgl. die Begründung hierzu, S. 134) und durch die Ausführungen Drehers, MDR 1962, S. 592 (593) schon vorgezeichnet.

423 Im Gegensatz dazu ruht der Ansatz von Dreher, Heinitz-FS, S. 207 (223 ff.), eher auf der Konzeption der herrschenden Meinung auf.

424 Immerhin konzediert Jescheck, Lb[2], § 41 III 2 c, FN 46, daß der Einwand der Fahrlässigkeitsfiktion insoweit zu Recht erhoben werde, „als freilich im Urteils*tenor* die fahrlässige Tat erscheinen“ müsse (Hervorhebung im Original); so schon Krümpelmann, GA 1968, S. 129 (143, FN 80). Wenn Jescheck nunmehr formuliert, es werde „nur die Strafdrohung der Fahrlässigkeitstatbestände verwendet“, Lb, § 41 III 2 d, so ändert das nichts an dem Erfordernis, den Fahrlässigkeitstatbestand im Tenor anzuführen.

Rechtfertigung einer Differenzierung zwischen dem grundsätzlichen Erlaubnistatbestandsirrtum und dem speziellen Putativnotstandsfall in § 20 und § 39 Abs. 2 E 1960 hat Krümpelmann denn auch zu geben versucht[425]. Er läßt allerdings erkennen, daß er eine solche Unterscheidung auch ohne entsprechende Gesetzesregelung für zutreffend halten würde[426]. Andererseits zeigt er aber selber die Parallelen zwischen den beiden Fallgruppen auf und weist dabei insbesondere auf die häufig gleichliegende Verkürzung der Zeit zur Überlegung hin[427]. Doch die Parallelen reichen noch weiter. Jenes Kriterium eines Übergriffs in die Rechtsgutssphäre eines Unbeteiligten, das Krümpelmann für maßgeblich und daher die Differenzierung tragend erachtet, liegt keineswegs bei jedem Notstandsfall vor. Nicht selten ist das zu verletzende Rechtsgutsobjekt demselben Rechtsgutsträger zugeordnet, dem auch das zu schützende Interessenobjekt gehört, — zu dessen Gunsten also der Übergriff erfolgt[428]. In derartigen Fällen richtet sich die Rechtsbehauptung somit gegen denjenigen, der für die Gefährdung verantwortlich ist. Das aber ähnelt deutlich der Güterkonstellation in den Notwehrfällen. Angesichts dessen erscheint die strikte Trennung der Irrtumssubstrate: hie Notstand, dort die übrigen Rechtfertigungsgründe, sachlich in dieser Allgemeinheit nicht gerechtfertigt. Über der je nach Tatsituation sehr wohl berechtigten Differenzierung vernachlässigt diese These nämlich die Möglichkeit einer u. U. ebenso gerechtfertigten Parallelisierung. Die von Krümpelmann vorgeschlagene Lösung setzt also an einem entscheidenden Punkt an, ohne aber alle Folgerungen daraus zu ziehen. Sie bleibt mit ihrer Typenaufspaltung zu inflexibel gegenüber der tatsächlich auftretenden Vielfalt, in der jene die Unrechtsbegründung beeinflussenden Faktoren auftreten können.

Noch schwerer jedoch wiegt gegen die Lösung von Krümpelmann, wie gegenüber allen Lösungsvorschlägen, die auf der Strafbarkeit aus Fahrlässigkeitstatbeständen aufruhen, daß es an derartigen Tatbeständen in vielen Bereichen fehlt, in denen Erlaubnistatbestandsirrtümer besonders häufig und auch besonders mißlich sind[429].

---

[425] GA 1968, S. 129 (142 ff.).

[426] a.a.O., S. 146.

[427] a.a.O., S. 145.

[428] Man denke nur an solche Konstellationen wie in dem obigen Wasserrohrbruch-Fall.

[429] So insbesondere bei §§ 218, 239, 240, den Amtsdelikten und nicht zuletzt den Staatsschutzdelikten, vgl. dazu eindringlich Welzel, ZStW 67, S. 196 (216 ff.); 76, S. 619 (629 f.). Krümpelmann entgeht mit seiner dualistischen Konzeption diesem Dilemma zwar für den weiten Bereich des Notstandes, aber eben nur für diesen. Schon allein der Fall des § 127 StPO wirft das Problem in aller Schärfe wieder auf. Die hier gern beschworene Möglichkeit einer Sanktion über das Disziplinarrecht vermag motivbildend nur dort wirken, wo die Dienstvorgesetzten eine entsprechende Souveränität an den

Ein gewichtiges Argument für Krümpelmanns Lösung ist das Anknüpfen an eine beachtliche Tradition in der Rechtsprechung[430]. Dieses Argument läßt sich der „strengen" Schuldtheorie im hier entwickelten Sinne jedoch nur sehr bedingt entgegenhalten: Der Komplex der Notstandsrechtsprechung liegt im Ergebnis durchaus auf der Linie der hier vertretenen Meinung. Soweit es um die anderen Rechtfertigungsgründe geht, so trägt das hier Entwickelte dem Anliegen der eingeschränkten Schuldtheorie hinsichtlich ihrer Rechtsfolgeneinschränkung Rechnung — und bewegt sich damit gleichfalls im Rahmen des Hergebrachten, ohne aber deren dogmatische und kriminalpolitische Mängel beizubehalten. Hier erscheint die Tradition aber bei aller Anerkennung der fragmentarischen Natur des Strafrechts und Ablehnung des Gedankens, alles sozial Abträgliche bestrafen zu wollen, selbst den Anhängern jener Theorie als gelegentlich schwere Bürde[431], die abzulegen also durchaus einen Gewinn verspräche.

Nun hat der Gesetzgeber das Problem der Putativrechtfertigung bewußt offen gelassen, um eine weitere Diskussion dieses Fragenkreises zu ermöglichen[432]. Durch das formale Offenlassen dieser Frage hat sich der Gesetzgeber allerdings der Pflicht entzogen, sich unter dem Gesichtspunkt der Einheit der Rechtsordnung Gedanken über solche Irrtumslösungen machen zu müssen, die von der dogmatischen Linie dieser Rechtspraxis abweichen, die er aber für kriminalpolitisch sinnvoll hielt, insbesondere in § 113 Abs. 4 — sowie eben auch bei § 97 b Abs. 1 Nr. 1. Tatsächlich zeigen diese Fälle bei genauerem Zusehen, daß dem Gesetzgeber die Ergebnisse der herrschenden Meinung vielfach doch nicht so „billig" erscheinen, wie von deren Befürwortern gerne behauptet wird. Obschon § 113 Abs. 4 keinen dogmatisch reinen Anwendungsfall einer Verbotsirrtums-Lösung im Sinne der „strengen" Schuldtheorie enthält, läßt sich die Bestimmung von ihrem Boden aus am zwanglosesten erklären.

Die Abweichung, die § 113 Abs. 3 S. 2 von diesem Konzept insofern statuiert, als auch derjenige straflos bleibt, der irrig eine rechtsmäßige Amts-

Tag legen und sich dieser Mittel auch bedienen, — und gilt überdies nicht für Private. Lediglich auf der Basis des Dreherschen Vorschlags, für den Erlaubnistatbestandsirrtum generell eine Fahrlässigkeitsstrafbarkeit zu eröffnen (vgl. dazu Heinitz-FS, S. 207 [223 ff., 227]), ließen sich die perhorreszierten Strafbarkeitslücken vermeiden. Im Ergebnis trifft sich die hier vertretene Position denn auch mit der Drehers. Sie ist dieser gleichwohl aufgrund der Quantifizierung der Unrechtskomponenten und damit der präziseren Berücksichtigung ontologischer Gegebenheiten vorzuziehen. Außerdem erfordert sie kein Tätigwerden des Gesetzgebers.

430 Vgl. die wegweisende Entscheidung in RG 61, 242 zur Notstandsproblematik bei § 218.

431 Vgl. deutlich Dreher, Heinitz-FS, S. 207 (227).

432 Vgl. Schriftl. Bericht des Strafrechtssonderausschusses, BT Drucks. V/4095 (Bd. 129) S. 9.

handlung annimmt, beruht nicht nur auf der Unschlüssigkeit des Gesetzgebers über die anzuwendende dogmatische Linie[433]. Sie ist ebenso Ergebnis einer sehr wohl angebrachten Nachsicht gegenüber Menschen, die sich aus verständlicher Erregung[434] gegen eine Exekutive auflehnen, die selber gefehlt hat. Auf die weitere Sonderregelung, daß der Täter auch bei unvermeidbarem Irrtum über die Rechtswidrigkeit der Amtshandlung dann bestraft werden kann, wenn er sich nicht der zumutbaren Rechtsbehelfe bedient hat, § 113 Abs. 4 S. 2, 2 HS, sei hier einstweilen nicht eingegangen. Ihre Ähnlichkeit mit dem § 97 b Abs. 1 S. 1 Nr. 3 springt ins Gesicht und soll in ihrer dogmatischen Einordnung daher bis zur Erörterung dieses Fragenkreises aufgeschoben werden[435].

Wenn man diese Besonderheiten vernachlässigt, so liegt die Parallele zum Verbotsirrtum in der Form eines notstandsähnlichen Rechtfertigungsirrtums offen[436]: Der Täter glaubt sich einem rechtswidrigen staatlichen Übergriff ausgesetzt und sucht sich dessen zu erwehren. Eine derartige Regelung taucht denn auch noch in einem anderen Fall auf, in dem ebenfalls Exekutive und einzelner in einer Konfliktlage aufeinanderprallen: § 125 Abs. 2[437].

Die Liberalität und dogmatische Offenheit des Gesetzgebers findet also dort eine Grenze, wo die *Exekutive* Opfer von Erlaubnistatbestandsirrtümern ist. Das vom Gesetzgeber bei dem Erlaß des 2. StrRG subjektiv Gewollte, alles beim alten zu lassen, widerspricht also den sich im Gesetz an anderer Stelle widerspiegelnden objektiven Tendenzen: Dort, wo sich der Gesetzgeber ausdrücklich geäußert hat, hat er sich in Wirklichkeit gegen die „eingeschränkte" Schuldtheorie ausgesprochen. Da in einem demokratischen Staat nicht ersichtlich ist, wieso der einzelne weniger geschützt werden soll als der Staatsapparat, kommt diesen Schwankungen innerhalb der hergebrachten und herrschenden Dogmatik besondere Bedeutung zu: Entgegen der Generallinie ist die einzige strafgesetzlich geregelte Lösung eines Erlaubnistatbestandsirrtums eine Gesetzesanalogie zum Verbotsirrtum. Dieses Ergebnis wird noch bestärkt, wenn man — über das Kernstrafrecht hinausblickend — etwa § 22 WStG in die Betrachtung einbezieht, der gleichfalls Parallelen zur „strengen" Schuldtheorie aufweist[438]. Auch was die Rechtsfolgenseite anbelangt, erscheint demnach die in Aussicht genommene Anwendung des § 17 nicht als ein wirklichkeitsfremdes Theorem der „strengen" Schuldtheorie, sondern als eine vom

433 Vgl. dazu SA Prot. (VI. WP) 12. Sitzung, S. 305 und 307.

434 Die allein ja die Privilegierung gegenüber der Nötigung rechtfertigt, vgl. statt vieler etwa Schriftl. Bericht BT Drucks. VI/502 (Bd. 137) S. 3 f.

435 Vgl. dazu unten S. 213 ff., insbes. Text in FN 19.

436 Vorsichtiger, aber grundsätzlich ebenso, Jescheck, § 53 I 2 b FN 14; LK-Heimann-Trosien, § 113 RN 20; siehe auch Dreher, NJW 1970, S. 1153 (1158); Horstkotte, SA Prot., 136. Sitzung, S. 2883 (2890).

437 Wenn man von der Parallelvorschrift des § 114 absieht.

438 Vgl. dazu oben S. 91 f. Text und FN 177.

Gesetzgeber selbst gelegentlich bevorzugte Lösung. Die einzige Modifikation, die es gegenüber der gesetzlichen Regelung zu machen gilt, ist die obligatorische Strafmilderung in derartigen Irrtumsfällen wegen des verminderten Unrechts. Diese Einschränkung entspricht jedoch einer weit verbreiteten Meinung, die § 17 S. 2 ohnehin in diesem Sinne verstanden wissen will[439].

2.9.1.3.3. Höhe der Mindeststrafrahmen

Allerdings muß ein Umstand noch berücksichtigt werden, der durch die Verweisung von § 17 S. 2 auf § 49 noch nicht befriedigend geklärt zu sein scheint: die in § 49 Abs. 1 ausgesprochenen Mindeststrafdrohungen. Immerhin sind bei der Putativrechtfertigung Mängel hinsichtlich der Prüfungsintentionalität vorstellbar, die ganz geringfügig sind und deshalb auch nur einen sehr geringen Rest-Unwert übriglassen. In derartigen Fällen führten die fixierten Mindestgrenzen zu schuldunangemessenen, weil das tatsächlich festzustellende subjektive Handlungsunrecht vernachlässigenden Strafen. Hier weist jedoch § 49 Abs. 2 möglicherweise einen Ausweg. Allerdings enthält er einen Gesetzesvorbehalt, weswegen eine unmittelbare Anwendung ausscheidet. Aber der Putativrechtfertigungsfall enthält auch — anders als der in § 17 ausdrücklich geregelte Standardfall eines Verbotsirrtums — stets und notwendig eine Unrechtsminderung. Dieses zusätzliche Minus bei den Faktoren, die dem Täter vorgehalten werden können, käme nicht mehr zum Ausdruck, wenn man es lediglich bei der ohnehin gegebenen Schuldminderung wegen einer einfühlbaren und von der Rechtsordnung auch verstandenen Einschränkung des Unrechtsbewußtseins bewenden ließe. Daher erscheint es — freilich nur im Fall der Putativrechtfertigung — mit Rücksicht auf das Schuldprinzip geboten, die Strafuntergrenzen bis auf die in § 49 Abs. 2 umschriebenen Möglichkeiten hin unterschreiten zu können. Die dadurch eröffneten untypisch

---

[439] Vgl. etwa Lange, Niederschriften Bd. 2, S. 37; Roxin, ZStW 76, S. 582 (605 f.); SK-Rudolphi, § 17 RN 48; ähnlich Warda, ZStW 71, S. 252 (263), wenngleich diese Autoren — insoweit in Anlehnung an die „eingeschränkte“ Vorsatztheorie — mit der Möglichkeit, von diesem Zwang zur Milderung abzuweichen, wenn der Irrtum auf „Rechtsblindleit“, also auf einer Art Lebensführungsschuld beruhte. Zu dem Problem der „Rechtsblindheit“ braucht hier jedoch nicht näher Stellung genommen zu werden. Denn die Beispiele von subkulturellen Normensystemen, für die diese Theorie ersonnen wurde, passen nicht in den hier interessierenden Zusammenhang: Die Verfassung ist in ihrem Bestand völlig unbezweifelbar ein höchst schützenswertes Rechtsgut. Daraus folgt, daß derjenige, der vermeintlich zu ihrer Verteidigung handelt (dem dies zumindest nicht zu widerlegen ist), in jedem Fall eine positiv zu bewertende Handlungsabsicht hat. Infolge dieses Intentionalitätswertes kann das verwirklichte Unrecht nicht das gleiche Ausmaß erreichen, wie wenn der Täter nicht, wenn auch fälschlich, die „Erlaubnis“-Norm auf seiner Seite geglaubt hätte.

Insoweit i. E. übereinstimmend Dreher, Heinitz-FS, S. 207 (225).

weiten Strafrahmen sind allerdings im Hinblick auf die Möglichkeit ungleicher Rechtsanwendung unbefriedigend. Andererseits tut man den komplexen Konstellationen, die bei den in vermeintlicher Erlaubnis begangenen Taten möglich sind, mit engen Grenzziehungen nur Gewalt an. In diesem unausweichlichen Antagonismus zwischen Rechtssicherheit und Schuldangemessenheit scheint m. E. der letzte Aspekt den Vorzug zu verdienen. Dann aber werden die in § 49 Abs. 2 umschriebenen Rechtsfolgen den Fallagen der Putativrechtfertigung am ehesten gerecht, deren Bandbreite beinahe von einer mit böser Absicht begangenen Tat bis zu Intentionalitätsunwerten herabreicht, die nur ganz geringfügig über die Schwelle des Unrechtsbereichs überhaupt hinausgelangen.

Damit ist aufgezeigt, welche Konsequenzen hinsichtlich der Rechtsfolgen im allgemeinen aus der hier vertretenen Unrechtsbegründungs- und Irrtumslehre zu ziehen sind. Sie knüpfen mit § 17 S. 1 und 2 sowie mit § 49 Abs. 1 und 2 — wie dies auch schon für die Voraussetzungsseite festzustellen war — an ausdrückliche gesetzgeberische Grundvorstellungen an und lassen sich deswegen in die strafrechtliche Gesamtsystematik ohne größere Spannungen einbetten. Es bleibt demnach nur noch zu prüfen, ob die derart ermittelte obligatorische Strafmilderung mit der Rechtsfolgenanordnung des § 97 b Abs. 1 S. 1 Nr. 1 in Einklang zu bringen ist.

2.9.2. Vereinbarkeit der generellen Rechtsfolgenanordnung mit der des § 97 b Abs. 1

Laut § 97 b Abs. 1 ist ein Täter, der — in einem Irrtum über § 93 Abs. 2 befangen — beispielsweise einen Landesverrat nach § 94 I Nr. 2 begeht, „nach" dieser Vorschrift zu bestrafen. Wie die Gesetzesmaterialien erkennen lassen, war damit gemeint, daß er so zu bestrafen sei, als habe er einen wirklichen Landesverrat begangen[440]. Eine derartige Gleichbehandlung ungleicher Sachverhalte spräche in der Tat jeglichem Gerechtigkeitsgefühl Hohn und verstieße somit gegen die besondere Ausformung jenes Gerechtigkeitsgedankens, nämlich das Schuldprinzip, das mit Verfassungsrang eine Proportionalität zwischen Schuld und Strafe verlangt[441]. Doch die Verfassungswidrigkeit des mit der Gesetzesfassung Intendierten braucht nicht die Nichtigkeit einer solchen Vorschrift zur Folge zu haben. Wenn der Wortlaut noch entsprechenden Spielraum läßt, kann im Wege der Auslegung der denkmögliche Sinn der Vorschrift auf das verfassungsmäßig Zulässige zurückgeführt werden[442].

---

440 Verh. BT V. WP, Sten. Ber., Bd. 67, S. 9537 (B).

441 Insoweit sind die scharfen Kritiken an dieser Gesetzeslösung nur allzu berechtigt, vgl. oben S. 20 f.

Wenn nun der entsprechend irrende Täter nur „nach" den bezeichneten Vorschriften bestraft werden soll, so besagt der Wortlaut im Grunde doch lediglich, daß von den Strafrahmen dieser Tatbestände *auszugehen* ist. Der Täter, der etwa einen Landesverrat in einem vermeidbaren Verbotsirrtum begeht, wird schließlich ebenfalls „nach" § 94 bestraft, allerdings eben mit der möglichen Einschränkung des Strafrahmens, wie sie die §§ 17 Satz 2, 49 Abs. 1 eröffnen. Daher steht der Wortlaut einer einschränkenden Auslegung nicht entgegen.

Man könnte allerdings noch einwenden, § 97 b sei eine lex specialis zu § 17. Dieser Gedanke setzt jedoch voraus, daß § 97 b auch als ausdrückliche Ausnahme zu der allgemeinen Verbotsirrtumsregelung verstanden worden wäre. Dies ist aber nicht der Fall, da man ihn, wie dargestellt, als Sonderfall eines Tatbestandsirrtums angesehen hat. Der Gesichtspunkt der Einheit der (Teil-)Rechtsordnung würde darüber hinaus verlangen, daß nicht innerhalb desselben Gesetzes verschiedene Lösungen für das gleiche Problem angewandt werden, sofern nicht besonders gewichtige Gründe dafür angegeben werden. Nun sind zwar Gründe dafür, daß die Strafe dem Vorsatzdelikt zu entnehmen ist, oben vorgetragen worden, nicht aber Gründe dafür, daß es die gleiche Strafe sein soll wie bei der vom Irrtum unberührten Tatbegehung. Solche Argumente lassen sich, wenn man dem Schuldprinzip Genüge tun will, auch unmöglich finden. Damit würde es also schon an den Voraussetzungen fehlen, die eine unterschiedliche Behandlung jener gleichgearteten Irrtumstypen erlaubten. Überdies ist der § 17 Satz 2 als Regelung des Zweiten Strafrechtsreformgesetzes systematisch in Wirklichkeit eine lex posterior. Zwar ist § 97 b im Zuge der Textanpassung durch das EGStGB vom 2. März 1974[443] auch noch Gegenstand einer Gesetzesänderung geworden. Jedoch handelt es sich dabei um eine bloß formale Änderung, bei der sich der Gesetzgeber nicht erneut mit dem Inhalt dieses Tatbestandes befaßt hat. Aufgrund der Identität der Regelungsgegenstände ergibt sich daher die von den Kritikern der Tatbestandsfassung z. T. befürwortete Korrektur des § 97 b an dem Maßstab des § 17 m. E. schon notwendig aus der Auslegungsregel: lex posterior derogat legi priori.

2.9.3. Ergebnis der Rechtsfolgenanalyse

Auch bezüglich der Rechtsfolgenseite läßt sich § 97 b nach einer verfassungskonformen Auslegung als ein ausdrücklich geregelter Fall eines Rechtfertigungsirrtums verstehen, der den Grundsätzen des § 17 nachgebildet ist. Die weitergehenden gesetzgeberischen Vorstellungen

---

[442] Vgl. zur Tragweite der verfassungskonformen Auslegung etwa Bogs, Auslegungen, S. 125 ff.

[443] BGBl. I, S. 469 ff.

mußten als mit dem Schuldprinzip unvereinbar und damit verfassungswidrig zurückgewiesen werden.

Im übrigen erweist sich auch hier die „strenge" Schuldtheorie einmal mehr nicht nur als substrat-adäquat, weil sie den ontologischen und axiologischen Elementen der Rechtsvoraussetzungen direkt entspricht[444]. Sie stellt sich auch als die kriminalpolitisch angemessenere Entscheidung dar, wenn man sie mit ihrer „rechtsfolgeneinschränkenden" Alternative vergleicht: In Ermangelung eines Fahrlässigkeitstatbestandes müßte die letztere hier zur Straflosigkeit eines entsprechend irrenden Täters führen. Das jedoch widerspräche diametral den gesetzgeberischen Vorstellungen, deren kriminalpolitische Berechtigung wohl allgemein einleuchtet. Nun ist aber bei jeglicher Auslegung, wie sie etwa hier hinsichtlich der Rechtsfolgenanordnung vorzunehmen war, auf den gesetzgeberischen Willen so weit wie möglich Rücksicht zu nehmen. Denn von diesen Intentionen ein Maximum aufrecht zu erhalten, ist schon allein ein Gebot der Gewaltenteilung[445].

Da nur bei der hier vorgeschlagenen Auslegung ein Verstoß gegen das Schuldprinzip vermieden, andererseits der gesetzgeberische Wille meistbegünstigt wird, ist diese Auslegung geboten.

G. Zwischenergebnis

Würde man § 93 und § 97 b Abs. 1 S. 1 Nr. 1 isoliert betrachten, so wäre nach dem Dargelegten folgende methodische Einordnung zulässig und sinnvoll: § 93 Abs. 2 enthielte einen Rechtfertigungsgrund, der allerdings ausdrücklich als negatives Tatbestandsmerkmal gefaßt wäre. § 97 b Abs. 1 S. 1 Nr. 1 regelte die diesbezüglich möglichen Irrtümer, indem er in Anlehnung an die „strenge" Schuldtheorie die — zwingend zu mildernde — Bestrafung wegen vorsätzlicher Deliktsbegehung eröffnete, sofern der Täter in vermeidbarem Irrtum den Rechtfertigungsgrund des § 93 Abs. 2 angenommen hat.

Die Arbeitshypothesen: § 93 Abs. 2 ist ein Rechtfertigungsgrund, läßt sich also mit der ersten Alternative des § 97 b Abs. 1 S. 1 sehr wohl in Einklang bringen. Das wirft jedoch die Frage auf, ob dies für die nächste Alternative genauso gilt.

---

444 Aus diesem Grunde erscheint die hier vorgeschlagene Lösung auch dem Dreherschen Vorschlag gegenüber vorzugswürdig, einen Tatbestand der Irrtumsfahrlässigkeit zu schaffen.

445 Vgl. im übrigen BVerfG 8, S. 28 (34): „Keinesfalls darf jedoch eine solche verfassungskonforme Auslegung das gesetzgeberische Ziel in einem wesentlichen Punkte verfehlen oder verfälschen."

2. Abschnitt

§ 97 b Abs.1 S. 1 Nr. 2

1. Kapitel

Tatbestandslösung

A. Einführung

Wenn wir uns nunmehr der zweiten Alternative zuwenden, so muß dies an sich wiederum unter der Arbeitshypothese geschehen, § 93 Abs. 2 sei ein Rechtfertigungsgrund. Immerhin hat sich diese Hypothese aus einer Strukturanalyse der beteiligten Rechtssätze und von deren Wirkungszusammenhang ergeben. Überdies erwies sie sich bereits als mit dem Wortlaut des § 97 b Abs. 1 S. 1 Nr. 1 vereinbar. Trotzdem soll hier zunächst noch nicht von dieser Prämisse ausgegangen werden. Vielmehr sei zuvor geprüft, ob sich nicht wenigstens § 97 b Abs. 1 S. 1 Nr. 2 im Sinn der Gesetzgebungsintentionen als ein wirklicher Deliktstatbestand auffassen läßt. Obschon die Strukturanalyse deutlich dagegen spricht, ist dies keineswegs ausgeschlossen. Schließlich mußte bei jener Analyse festgestellt werden, daß der Gesetzgeber in einem recht weiten Maße sich über strukturelle Vorgegebenheiten hinwegsetzen kann[1]. Gerade dies könnte hier — und zwar diesmal auch im Ergebnis zulässigerweise — der Fall sein. Ginge man über diese Möglichkeiten hinweg, so setzte man sich dem Vorwurf aus, sich die Bestätigung seiner Hypothese durch eine „finale Subsumtion" der von Scheuerle karrikierten Art[2] gleichsam erschlichen zu haben. Diese Gefahr liegt um so näher, als sich die zweite Modalität des § 97 b Abs. 1 möglicherweise gleichfalls nur mit Hilfe einer berichtigenden Auslegung in das theoretische Konzept der Arbeitshypothese einbeziehen läßt. Deshalb gilt es zunächst einmal nachzuweisen, daß die gesetzgeberischen Zielvorstellungen in der Form, die sie in § 97 b gefunden haben, nicht zu verwirklichen waren.

---

1 Vgl. oben S. 87 f.

2 AcP 167, S. 305 (325 ff., insbes. 328 f.).

B. Wortlaut und Gesetzesgenese

Um also eine präjudizierende Wirkung der bisherigen Erörterungen zu vermeiden, sei erneut von Wortlaut und Entstehungsgeschichte ausgegangen.

Der Text von § 97 b Abs. 1 S. 1 Nr. 2 lautet:

> Handelt der Täter in den Fällen der §§ 94 - 97 in der irrigen Annahme, das Staatsgeheimnis sei ein Geheimnis der in § 97 a bezeichneten Art, so wird er, wenn ...
>
> 2. er nicht in der Absicht handelt, dem vermeintlichen Verstoß entgegenzuwirken ... nach den bezeichneten Vorschriften bestraft.

Dabei sei nochmals auf die Crux der einzelnen Tatmodalitäten des § 97 b Abs. 1 hingewiesen: Jede von ihnen ist jeweils hinreichende (tatbestandsmäßige) Bedingung der Strafbarkeit, so daß selbst bei unvermeidbarem Irrtum bezüglich der Legalität der volle Strafrahmen eröffnet ist, sofern die Abwehrabsicht nach Nr. 2 fehlt.

Was die Vorgeschichte dieser Bestimmung anlangt, so sind die Materialien so unergiebig wie zur ersten Alternative. Leitmotiv war zum Schluß, um dies zu rekapitulieren, die Absicht, die weitreichende Strafbarkeitseinschränkung aufgrund des heutigen § 93 Abs. 2, die ein Kernanliegen der SPD war, in ihrer Wirkung auf ein für die CDU zustimmungsfähiges Maß zurückzuführen. Auf eine Besonderheit in den Erörterungen des Strafrechtssonderausschusses, die hier möglicherweise bedeutsam wird, sei allerdings hingewiesen: In der 103. Sitzung[3] trugen die SPD-Abgeordneten A. Arndt und Müller-Emmert einen Formulierungsvorschlag zu dem Problem des illegalen Geheimnisses und dem Irrtum über ein solches Geheimnis vor[4]. Obwohl darin die Illegalität eines Geheimnisses zum Tatbestandsausschluß führen sollte, beinhaltete die Irrtumsregelung — dogmatisch inkonsequent und insoweit deutlich als Kompromiß an die CDU-Meinung zu verstehen — die Strafbarkeit des Irrtums im Falle seiner Vorwerfbarkeit, jedoch mit der Möglichkeit, die Strafe nach Versuchsgrundsätzen zu mildern.

---

[3] SA Prot. 103. Sitzung, S. 2027 (2028).

[4] Der Formulierungsvorschlag lautete:

I. Die Mitteilung von Maßnahmen und Vorgängen, die als solche

1. gegen die freiheitliche demokratische Grundordnung, insbesondere die Grundrechte,

2. gegen die allgemeinen Regeln des Völkerrechts oder

3. ohne Kenntnis des Vertragspartners gegen Rüstungsbeschränkungen, die durch zwischenstaatliche Vereinbarungen begründet sind,

verstoßen, erfüllt nicht den Tatbestand des § 99 a (i. e. Landesverrat, Anm. des Verf.).

II. Nimmt der Täter irrig Umstände an, welche nach Abs. 1 den Tatbestand ausschließen würden, so wird er nur dann bestraft, wenn ihm der Irrtum vorzuwerfen ist; die Strafe kann nach den Vorschriften über die Bestrafung des Versuchs gemildert werden.

An die eingebrachte Neuformulierung knüpfte sich eine nochmal in aller Deutlichkeit die gegensätzlichen Standpunkte offenbarende Diskussion um die Frage an, ob nicht auch der *öffentliche* Verrat von illegalen Geheimnissen dann strafbar sein müsse, wenn er in böser Absicht erfolge[5]. Gegen einen solchen Tatbestand und insbesondere gegen die Berücksichtigung der Schädigungsabsicht wandte sich der Abgeordnete A. Arndt. Ein illegales Geheimnis öffentlich bekanntzugeben, so meinte er, stehe der Presse und jedermann frei. Ob dies in guter oder böser Absicht erfolge, „sei keine Sache des Strafrechts. Sobald ein solcher Verfassungsverstoß vorläge, könne jeder Bürger über die Sache mitreden. Man könne dann keinen Unterschied mehr machen, ob die Betreffenden in guter oder böser Absicht darüber redeten[6]."
In der 105. Sitzung wurden dem Strafrechtssonderausschuß vom Bundesjustizministerium dann die bereits erwähnten drei Formulierungshilfen vorgelegt, die sich mit dem Problem des illegalen Geheimnisses, dessen geheimer Weitergabe und dem Irrtum über die Illegalität befaßten[7]. Während aber die Irrtumsregelung außer der Bemerkung des Abgeordneten A. Arndt, daß sie am Rande des mit dem Schuldprinzip Vereinbaren liege[8], auf keinen weiteren Widerstand stieß, entzündete sich die Debatte erneut an dem Tatbestand des geheimen Verrates von illegalen Geheimnissen in einem für die vorliegende Untersuchung interessanten Punkt: In dem § 99 d Nr. 2 der Alternative B[9] sahen sowohl das FDP-MdB wie die SPD-Abgeordneten eine „rein subjektive Tatbestandskonstruktion"[10]. Während der Abgeordnete Köppler dies arglos damit verteidigte, es gebe auch anderweitig Tatbestände, bei denen Absichten als „innere Tatbestandsmerkmale" hinzuträten[11], entgegnete Arndt: „Während in anderen Fällen stets die Erfüllung eines objektiven Tatbestandes als Indiz für die Rechtswidrigkeit der Tat

---

[5] So der Ausschußvorsitzende CDU-MdB Güde, SA Prot. 103. Sitzung, S. 2032 und zusammenfassend S. 2034.

[6] Ebenda, S. 2033.

[7] SA Prot. 105. Sitzung, S. 2041 (2058 ff.).

[8] Ebenda, S. 2059.

[9] Der später auch angenommene § 99 d in der Formulierungshilfe A entspricht dem heutigen § 97 a; § 99 d in der Version B (die Version C wich hiervon nur sprachlich ab) lautete:

> Wer ein Geheimnis, das nur wegen eines der in § 98 b Abs. 2 bezeichneten Verstöße kein Staatsgeheimnis ist,
> 1. einer fremden Macht oder einem ihrer Mittelsmänner mitteilt, oder
> 2. sonst an einen Unbefugten gelangen läßt oder öffentlich bekanntmacht, um die Bundesrepublik Deutschland zu benachteiligen oder eine fremde Macht zu begünstigen, und dadurch die Gefahr eines schweren Nachteils für die äußere Sicherheit der Bundesrepublik herbeiführt, wird wie ein Landesverräter (§ 99) bestraft.

Vgl. SA Prot. 105. Sitzung, S. 2067.

[10] So MdB Diemer-Nicolaus, ebenda, S. 2061.

[11] Ebenda, S. 2062.

gefordert werde, sei hier der objektive Tatbestand völlig neutral, und die Absicht sei das einzige, die Tat als Unrecht qualifizierende Moment[12]."

Während also um die Zulässigkeit solcher subjektiver Merkmale im Zusammenhang mit dem geheimen Verrat von illegalen Geheimnissen heftig gerungen wurde, ging das gleiche Merkmal bei der Regelung bezüglich vermeintlich illegaler Geheimnisse beinahe kommentarlos durch, obwohl es eine erhebliche Abweichung zu dem SPD-Vorschlag beinhaltete. Dieser auffallende Unterschied erklärt sich wohl nur daraus, daß man in der Großen Koalition dieses Unfrieden stiftende Problem des illegalen Geheimnisses vom Tisch haben wollte, nachdem sich bereits das Justizministerium außerstande gesehen hatte, die divergierenden Meinungen zu einer Synthese zu bringen[13]. Ein Hinweis darauf, daß die Nachgiebigkeit in diesem Punkte möglicherweise das Resultat eines Koalitions-Gespräches[14] gewesen ist, ergibt sich aus der Bemerkung des Abgeordneten Müller-Emmert, daß die SPD-Mitglieder des Ausschusses im Interesse einer Einigung bezüglich des § 99 e (entspricht § 97 b der geltenden Fassung) „weitgehendes Entgegenkommen" gezeigt hätten[15]. Dies war wohl die Konzession dafür, daß man in dem Punkt des wirklichen Verrates illegaler Geheimnisse unnachgiebig blieb und auch — trotz Großer Koalition — mit Hilfe des FDP-Mitglieds im Strafrechts-Sonderausschuß die weitergehenden Regelungen im Sinne der oben bei FN 9 aufgeführten Tatbestände des § 99 d zugunsten der jetzt geltenden Fassung des § 97 a verhinderte[16]. Ansonsten findet sich jedoch zur dogmatischen Einordnung der 2. Alternative nur die Äußerung von Maassen (BMJ), die in § 97 b Abs. 1 Nr. 2 umschriebene Absicht sei ein negatives[17] Tatbestandsmerkmal[18], der der Strafrechtsausschuß einmütig beipflichtete. Diese These wurde allerdings bloß im Hinblick auf den In-dubio-pro-reo-Grundsatz aufgestellt, d. h. um sicherzustellen, daß dem Täter das Fehlen jener

---

[12] Ebenda, S. 2062.

[13] Vgl. die entsprechende Äußerung von Maassen (BMJ) in der 103. Sitzung, SA Prot., S. 2033, sowie seine Bemerkungen bei der Einbringung der letzten Formulierungshilfen, dabei handele es sich nach Meinung seines Hauses „um die letzte ‚Auffangstellung' ", SA Prot. 105. Sitzung, S. 2059.

[14] Das der Sonderausschuß-Vorsitzende Güde in dieser Frage bereits avisierte, vgl. SA Prot. 103. Sitzung, S. 2033.

[15] SA Prot. 105. Sitzung, S. 2064.

[16] Das Abstimmungsergebnis war bei 5 CDU-, 5 SPD-Mitgliedern und einem FDP-Mitglied 5 : 6 zuungunsten des den § 99 d in der Fassung B favorisierenden Antrages des Abgeordneten Köppler, CDU, vgl. ebenda., S. 2064 f.

[17] In der hier verwendeten Terminologie: ein negativ gefaßtes Tatbestandsmerkmal.

[18] SA Prot. 105. Sitzung, S. 2064.

Abwehrabsicht nachgewiesen werden müsse. Immerhin liegt hierin ein deutliches Bekenntnis zu einer Tatbestandslösung.

Infolge der in den vorigen Abschnitten aufgezeigten Schwierigkeiten, die sich aus einer solchen Kategorisierung ergeben, kann man sich mit einer derartigen, zwar nicht „authentischen“, aber immerhin von den Autoren stammenden Interpretation allein noch nicht zufrieden geben. Deshalb sei auch hier der verbrechenssystematische Gehalt untersucht, den die zweite Modalität des § 97 b Abs. 1 S. 1 aufweist, wenn man eine der beiden Hauptlösungsvarianten (§ 93 Abs. 2 als Tatbestandsausschluß oder als Rechtfertigungsgrund[19]) zugrundelegt.

C. Strukturanalyse

Dic Strukturanalyse geht sinnvollerweise vom Unrechtsgehalt dieser Tatbestandsmodalität aus. Dieser setzt sich nach den früheren Darlegungen[20] aus Erfolgs- und Intentionalitätsunwert zusammen.

I. Erfolgsunwert

Das Erfolgsunrecht eines im Sinne des § 97 b I Nr. 2 tatbestandlichen Verhaltens liegt in der Gefährdung der äußeren Sicherheit der Bundesrepublik Deutschland.

II. Intentionalitätsunwert

Sehr viel komplizierter stellt sich demgegenüber der Intentionalitätsunwert dieses Tatbestandes dar. Ein Element ist zweifelsfrei die bewußte Preisgabe eines Geheimnisses. Die Wertigkeit dieses Umstandes ist aber problematisch, wenn man mit der These Arndts annimmt, § 93 Abs. 2 beinhalte ein negativ gefaßtes Tatbestandsmerkmal. Betrachtet man nur die subjektive Tatseite, so will der Täter lediglich etwas tun, was er, wenn seine irrigen Annahmen zuträfen, völlig straflos tun dürfte — und zwar unabhängig davon, ob er noch so unseriöse oder gar böse Absichten hegte. Will man die Problematik noch weiter zuspitzen, so braucht der Täter nur im unvermeidbaren Irrtum über die Voraussetzungen des § 93 Abs. 2 und damit über die Tatbestandsmäßigkeit gehandelt haben. In derartigen Fällen hülfe nach jeglicher dogmatischen Konzeption selbst ein Fahrlässigkeitstatbestand nicht mehr; der Täter bliebe straflos. Denn auf der subjektiven Tatseite bliebe nur das bewußte Bekanntmachen eines illegalen Geheimnisses übrig. Die so umschriebene Intentionalität enthielte kein strafrechtlich vertat-

[19] Auf die Möglichkeit, es könne sich bei § 93 Abs. 2 um eine objektive Strafbarkeitsbedingung handeln, braucht hier nicht erneut eingegangen zu werden. Die 2. Alternative läßt insoweit keine neuen Argumente erkennen.

[20] Vgl. oben S. 117 ff.

bestandlichtes Handlungsunrecht. Schließlich gibt es, wenn man von den §§ 99 und 201 f. absieht, zumindest nach Ansicht des Gesetzgebers kein strafwürdiges Unrecht, das darin besteht, Geheimnisse überhaupt zu erlangen oder zu verbreiten. Im Gegenteil entspräche in einem solchen Fall das vom Täter Gewollte im Ergebnis dem, was auch der Gesetzgeber will: Publikation der Illegalität, — wenngleich beider Motive voneinander abweichen. Deshalb ist der subjektive Handlungsunwert eines derartigen Verhaltens insoweit gleich Null zu setzen.

III. Abwehrabsicht

Ob damit der Intentionalitätsunwert einer solchen Handlung wirklich schon ausgeschöpft ist, hängt allerdings noch davon ab, wie sich das Merkmal der Abwehrabsicht in das Gesamtgefüge einordnen läßt. Es liegt nahe, sie ebenfalls als ein Element des subjektiven Tatbestandes anzusehen. Für diese Annahme spricht u. a. der Umstand, daß die Absicht im Sonderausschuß ausdrücklich als negativ gefaßtes Tatbestandsmerkmal klassifiziert wurde[21]. Trotzdem erscheint eine solche Kategorisierung nicht unproblematisch.

Handelte es sich nämlich wirklich um ein Tatbestandsmerkmal, so wäre es auch an der Elle des Bestimmtheitsgrundsatzes (Art. 103 GG) zu messen. Diesbezüglich könnten hier deshalb Zweifel erwachsen, weil das Merkmal negativ gefaßt ist und daher theoretisch eine Vielzahl von Absichten in die Tatbestandlichkeit einbezieht.

Allerdings hat der Gesetzgeber sich stets nur von zwei Beispielsfällen für eine solche negative Absicht leiten lassen: denen eines Täters (Journalisten), der entweder mit dem Verrat Geld verdienen will (also aus gewinnsüchtiger Absicht handelt), oder der berühmt werden will (also aus Sensationslust publiziert)[22]. Daß weitere Absichten nicht ins Blickfeld kamen, lag vielleicht daran, daß man andere mögliche Konstellationen mit anderen Tatbeständen erfaßt zu haben glaubte. Insbesondere für die SPD-Parlamentarier war durch den Tatbestand des § 97 a mit einer Pönalisierung der geheimen Weitergabe von illegalen Geheimnissen die Absicht der Fremdstaaten-Begünstigung erledigt. Das erscheint aber als fragwürdig. Denn nicht nur der geheime, auch der *offene* Verrat von illegalen Geheimnissen kann von der Absicht geleitet sein, fremde Mächte zu Interventionen oder zumindest Pressionen gegenüber Deutschland zu veranlassen[23]. Dies gilt insbesondere

---

[21] Vgl. SA Prot. 105. Sitzung, S. 2064.

[22] Vgl. etwa SA Prot. 105. Sitzung, S. 2063.

[23] Dies war der zutreffende Gedanke, der hinter der Argumentation der CDU stand, wenn sie auch den offenen Verrat von illegalen Geheimnissen pönalisieren wollte. Die andere, hiervon streng zu unterscheidende und letztlich nur politisch entscheidbare Frage ist allerdings, ob man einem

bezüglich der Alternative der Rüstungsbeschränkungen in § 93 Abs. 2. Damit ist die Palette der vorstellbaren Absichten aber noch keineswegs erschöpft. Ein weiteres mögliches Motiv könnte sein, durch Publizierung der Vergehen der jeweiligen Staatsführung die Korrumpierung der illegal handelnden Institutionen aufzudecken und damit die Voraussetzungen für eine Verfassungsüberwindung, eine Revolution, zu schaffen. Als weitere, immerhin denkbare Alternative bleibt der Fall eines kleinen Beamten, der gegen einen verhältnismäßig geringen Geldbetrag oder aus momentaner Verärgerung über seine Vorgesetzten eine solche Tat begeht. Es würde sich also um den Verrat eines Täters handeln, dem das Resultat seines Verrates letztlich gleichgültig bliebe, dessen Tun also dem eines absichtslos dolosen Werkzeuges bei einer mittelbaren Täterschaft nahe verwandt wäre, ohne daß ihm aber wegen der eigenen vollen Tatherrschaft dessen geminderte Verantwortung zugebilligt werden könnte. Weitere Motivations-Fallagen sind die im Zusammenhang mit Spionage-, Landes- und Hochverrats-Fällen nachgerade als „klassisch" zu bezeichnenden Fälle von Liebesbeziehungen oder Erpressungen zwischen dem Täter und fremden Agenten. Wenngleich hier die Tatbegehung in der Regel in dem *geheimen* Erwerb von Nachrichten bestehen dürfte und damit § 97 a unterfiele, so sind doch Fälle einer öffentlichen Bekanntgabe solcher Geheimnisse nicht unvorstellbar. Vielmehr könnten die Agenten etwa auf die oben schon angeführte paralysierende Wirkung einer dadurch entfachten öffentlichen Diskussion hoffen.

Damit ist nur eine kleine Zahl von denkmöglichen Motivationen angeführt. Sollte ihnen tatsächlich Bedeutung schon im Rahmen der Unrechtsbegründung zukommen, erschiene es angesichts ihrer Verschiedenheit fraglich, ob ein Gesetz dem Schuldgrundsatz genügen könnte, das sie alle gleich behandeln will. Reichte aber der vom Gesetzeswortlaut abgedeckte Bereich möglicher Sachverhalte über das nach dem Schuldgrundsatz Zulässige hinaus, so wäre der Tatbestand zu unbestimmt gefaßt und verstieße gegen das Gebot des Artikel 103 Abs. 2 GG. Ob eine derartige Regelung vor Artikel 103 GG bestehen kann, wird am ehesten deutlich, wenn man — gewissermaßen als „Gegenprobe" — versucht, deren Inhalt positiv (u. U. in einer Kombination mit der Negativfassung, wie sie der Gesetzgeber normiert hat) zu formulieren. Sie würde dann etwa lauten:

> Handelt der Täter ... (Text wie bei § 97 b Abs. 1 S. 1) ..., so wird er, wenn
>
> 2. er aus Gewinnsucht, Sensationslust oder einer ähnlichen Absicht handelt, die nicht auf die Bekämpfung des vermeintlichen Verstoßes

---

solchen Verhalten mit Strafandrohung begegnen soll, wird doch aufgrund einer öffentlichen Diskussion am ehesten der Verstoß wieder behoben. Vgl. dazu bereits oben S. 63 f., insbes. FN 57.

gerichtet ist, ...
... bestraft.

Bei einer solchen Fassung hätte die Absicht durch die Beispiele eine Bedeutung im Sinne von niedrigen Motiven erhalten. Zumindest die Fälle des Täters aus Liebe, des Erpressungsopfers, u. U. auch der Fall des gleichgültigen Täters oder desjenigen Informanten, der damit eine Revolution anzetteln will, wären dann kaum noch unter eine so gefaßte Vorschrift zu subsumieren[24]. Der positiv gefaßte Tatbestand reichte also erheblich weniger weit als der negativ formulierte.

Eine mit dieser aufgedeckten Problematik vergleichbare Konstellation findet sich in den Fällen der sogen. „offenen Tatbestände" wieder: Der Gesetzeswortlaut reicht sprachlich weit über das vom Gesetzgeber Gemeinte und vor allem das nach der Verfassung Zulässige hinaus. Mögen Begriff und Bedeutung der „offenen Tatbestände" auch umstritten sein[25], unzweifelhaft ist wohl, daß Tatbestände, die einer derartigen Einzelfall-Konkretisierung bedürfen, um vollständige Tatbestände zu werden, im Hinblick auf Art. 103 GG problematisch sind[26]. Ihnen fehlt mit jener sprachlichen Unbestimmtheit zunächst einmal die wesentliche Qualität, die einer Norm zukommen soll, nämlich motivbildend auf die Normadressaten einwirken zu können. Sie sind in ihrer Fragwürdigkeit nur dann hinzunehmen, wenn der Gesetzgeber an die legislatorische „ultra-posse"-Grenze stößt, die angesichts einer schier unendlichen Vielfalt von möglichen Fallkonstellationen eine größere gesetzliche Präzisierung verhindert. Allerdings muß gleichzeitig die erhebliche Sozialschädlichkeit der gemeinten Verhaltensweisen deren Strafbarkeit aus kriminalpolitischen Gründen erfordern. Trotzdem ist auch dann die Vagheit einer derartigen Bestimmung nur hinnehmbar, wenn sie in ein Gefüge von sozialen Pflichten zur Rücksichtnahme und von Verantwortlichkeiten für Gefahren eingebettet ist. Dies gilt etwa für die Fälle der Fahrlässigkeit, der Unterlassungsdelikte oder der Nötigung im Sinne des § 240. Der „ultra-posse"-Grundsatz verhindert hier die sonst übliche, durch Art. 103 Abs. 2 GG auch gebotene strenge Tatbestandsbestimmtheit.

Die rechtfertigende Voraussetzung für eine solche Entlastung fehlt aber, wenn sich die denkbaren Fallgestaltungen auf eine überschau-

---

[24] Es erweist sich damit zugleich, daß der Gesetzgeber nicht beliebig in Negativdefinitionen ausweichen darf.

Auf diesen Aspekt geht allerdings Kohlmann, Staatsgeheimnis, S. 252 ff. bemerkenswerterweise nicht ein.

[25] Vgl. — befürwortend — Welzel, Lb, § 14 I 2; Arm. Kaufmann, Normentheorie, S. 257 f.; — dagegen — Roxin, Offene Tatbestände, S. 53 ff.; Jescheck, Lb, § 25 II 1.

[26] So bestreitet etwa H. Mayer, Lb, § 13 V 2 (S. 86), mit ernstzunehmenden Hinweisen die Verfassungsmäßigkeit von § 240.

bare Ansicht von *Fall-Typen* beschränken. Zumindest hätte sich der Gesetzgeber nicht der Antwort auf die Frage entziehen dürfen, ob über die von ihm perhorreszierten niedrigen Beweggründe hinaus wirklich jede andersgeartete Absicht den gleichen — vollen (!) — Sanktionsrahmen wie den des vorsätzlichen, vom Irrtum unberührten Verrates eröffnen können soll. Da hier die Möglichkeit einer Konkretisierung bestand, etwa im Sinne der o. a. Kombination von positiv gefaßten Beispielsfällen mit einer negativ umschriebenen „Auffang-Definition" hat der Gesetzgeber jedenfalls jene faktische „ultra-posse"-Grenze nicht erreicht, die ihm die Verwendung derartig weiter Tatbestandsmerkmale erlaubt.

Die Einordnung der Abwehrabsicht als negativ gefaßtes Tatbestandsmerkmal verbietet sich daher mangels hinreichender Bestimmtheit[27].

Aber selbst wenn man sich über diese Zweifel hinwegsetzen wollte, — dahinter tauchte gleich ein weiteres Bedenken auf: Wie vereinbart sich die — auf die Strafrahmen bezogen — grundsätzliche Gleichbehandlung von nicht irrendem und irrendem, aber nicht gutwilligen Täter mit dem Schuldgrundsatz? Denn wenn die Nicht-Verteidigungsabsicht ein subjektives Unrechtselement wäre, sie bliebe — zumindest in den Fällen des unvermeidbaren Irrtums über die Voraussetzungen des § 93 Abs. 2 — das einzige, einen Intentionalitätsunwert tragende Moment. Es fehlte an einer Konstellation, wie sie bei den übrigen mit Absichten, Tendenzen und Gesinnungsmerkmalen besetzten Tatbeständen ansonsten stets vorliegt: Die *Betätigung* der unwerthaften Absicht muß ihrerseits unwerthaft sein — oder, umgekehrt gewandt, die Verwirklichung des im Kerntatbestand umschriebenen Handlungsunrechtes muß Rückschlüsse auf jenes weitere, den Unrechtsgehalt steigernde Intentionalitätsunrecht zulassen. An einem derartigen Kern-Intentionalitätsunwert fehlt es jedoch hier, wie bereits oben dargelegt wurde. Mit einer als Tatbestandsmerkmal verstandenen Absicht würde also das Intentionalitätsunrecht nicht ergänzt, sondern überhaupt erst begründet. Über das Defizit im Handlungsunrecht, das insbesondere der unvermeidbare Irrtum über die Illegalität des Staatsgeheimnisses nach sich zieht, kann jedoch keine noch so verwerfliche Absicht hinweghelfen: Der Täter will etwas tun, was, wenn seine nicht vorwerfbar irrige Einschätzung der Umstände zuträfe, die Rechtsordnung für nicht strafwürdig hielte.

Als Parallele mag der Fall dienen, daß jemand, unvermeidbar über das Fortbestehen eines entsprechenden Einverständnisses irrend, ein fremdes

---

[27] Vgl. in diesem Zusammenhang die eingangs des Abschnitts bereits zitierten Bedenken Arndts, SA Prot. 105. Sitzung, S. 2062 gegen die insoweit vergleichbare Benachteiligungsabsicht in § 99 d Nr. 2 der Formulierungshilfe B (ebenda, S. 2067), die den geheimen Verrat von Illegalitäten — jetzt § 97 a — betraf. Sie laufen im Ergebnis auf den hier entwickelten Einwand hinaus.

Hausrecht verletzt. Wenn man mit der wohl mittlerweile h. M.[28] davon ausgeht, daß das Fehlen der Zustimmung Tatbestandsmerkmal ist — auf die sich demzufolge auch der Vorsatz beziehen muß[29] — so entfiele hier das Handlungsunrecht. Dies würde auch dann gelten, wenn der Täter mit dem Betreten des Gebäudes finstere Absichten verfolgte. Das ergibt sich daraus, daß bei tatsächlich vorliegendem, ja selbst bei erschlichenem[30] Einverständnis die verfolgte feindliche Absicht allein den Strafvorwurf *nicht* begründen kann[31].

Daher böte auch die weitere Möglichkeit, die fehlende Abwehrabsicht als Gesinnungsmerkmal und damit im Sinne der herrschenden Meinung als Schuldmerkmal[32] zu deuten, keinen wirklichen Ausweg. Eine solche Einordnung läge an sich — in Parallele zu den niedrigen Beweggründen in § 211 — durchaus nahe. Dann wäre jedoch — für den Fall des unvermeidbaren Irrtums — der Tatbestand des § 97 b Abs. 1 Nr. 2 nur noch deutlicher auf einen einzigen Faktor zurückzuführen: das Erfolgsunrecht der Sicherheitsgefährdung. Hinzu träte dann — aber eben erst auf der Schuldebene — die negativ bewertete Absicht. Damit läge in schönster Reinheit ein Fall jenes allenthalben zu Recht befehdeten „Gesinnungsstrafrechtes" vor: Der Erfolg träfe den Täter wegen „seiner bösen Gesinnung" — und zwar in gleichem Maße wie den, der bewußt ein Staatsgeheimnis verriete. Demgegenüber ginge der Täter mit „guter Gesinnung" — bei gleichartiger Erfolgsherbeiführung — straffrei aus[33].

IV. Zwischenergebnis

Handelte es sich bei § 93 Abs. 2 um ein Tatbestandsmerkmal, so setzte sich der Unrechtsgehalt des § 97 b Abs. 1 S. 1 Nr. 2 wie folgt zusammen: Das Erfolgsunrecht der Sicherheitsgefährdung sowie ein Intentionalitätsunwert, der durch einen möglicherweise unvermeidbaren Irrtum über einen den Tatbestand ausschließenden Umstand völlig aufgehoben

---

[28] Dreher, § 123 RN 10; LK-Schäfer, § 123 RN 21; Maurach, BT, § 23 II A 1; Otto, NJW 1973, S. 668; Schönke / Schröder / Lenckner, § 123 RN 22; Stückemann, JR 1973, S. 414 f.

[29] Kohlrausch / Lange, § 123 Anm. V; Welzel, Lb, § 44 I 2.

[30] So zutreffend Stückemann, JR 1973, S. 414 f.

[31] Welzel, Lb, § 44 I 1 b, vgl. ähnlich RG 20, S. 150 (155). Für den Fall des Testkäufers ebenso Hanack, JuS 1964, S. 352 (354 f.); a. A. etwa LK-Schäfer, § 123 RN 25/26.

[32] Vgl. zu einer derartigen Klassifizierung der Gesinnungsmerkmale Gallas, ZStW 67, S. 1 (46); Schmidhäuser, Gesinnungsmerkmale, S. 217 ff.; Oehler, Zweckmoment, S. 140 f., 148 f.; Würtenberger, Situation, S. 56 f. Allerdings ist eine differenzierende Ansicht, die die Gesinnungsmerkmale als Richtlinien zur Gesamtwertung über Elemente von Unrechts- und Schuldcharakter ansieht, im Vordringen begriffen, vgl. grundlegend Stratenwerth, v. Weber-FS, S. 171 (187 ff.); Jescheck, Lb, § 42 II 3 a m. w. N.; in diesem Sinne jetzt auch Schmidhäuser, Lb, 8/92 ff., insbesondere FN 62.

[33] Allerdings nur, sofern er auch die übrigen Voraussetzungen, also die Nr. 1 und 3 des § 97 b Abs. 1, erfüllt.

sein kann, verknüpften sich mit jener in ihrer Unbestimmtheit und dogmatischen Funktion zweifelhaften Abwehrabsicht. Wenn der Gesetzgeber diese Summe als ebenso strafwürdig gewichten wollte wie die vorsätzliche Deliktsverwirklichung des jeweiligen Grundtatbestandes, also die Summe aus dem vollen Intentionalitäts- und Erfolgsunrecht bei den vorsätzlich begangenen, von Irrtum nicht beeinflußten Delikten der §§ 94 ff., so erschiene das als ein Evidenzfall einer Gleichbehandlung von ungleichen Sachverhalten und damit als klarer Verstoß gegen das aus dem Rechtsstaatsprinzip folgende Gerechtigkeitsgebot[34, 35].

Damit spricht auch die zweite Alternative des § 97 b Abs. 1 gegen die gesetzgeberische Kategorisierung des § 93 Abs. 2 als Tatbestandsmerkmal.

---

[34] Wenn in diesem Abschnitt ständig von dem Sonderfall des *unvermeidbaren* Irrtums ausgegangen wurde, so diente dies nur zur Pointierung der These von der fehlenden Proportionalität zwischen Unrecht und Schuld. War der Irrtum nicht unvermeidbar, so ist damit jedoch dies geforderte Gleichgewicht keineswegs schon hergestellt. Sofern man der h. M. folgt, versteht sich das von selbst. Aber auch wenn man, wie hier dargelegt, einige Elemente der Vermeidbarkeit im Unrechtsbereich ansiedelt, so vermag dies allein die Strafrahmen nicht zu tragen.

[35] Unter Zugrundelegung der Theorie vom Tatbestandscharakter des § 93 Abs. 2 gelangt Wiedmann, § 97 b, S. 133, zu dem gleichen Ergebnis wie die vorliegende Untersuchung. Wiedmann begründet die Verfassungswidrigkeit einer so verstandenen Verbindung von § 93 Abs. 2 und § 97 b Abs. 1 S. 1 Nr. 2 allerdings nicht nur aus dem Verstoß gegen das Schuldprinzip heraus (ebenda, S. 122 ff.; 130 ff.), sondern auch aus dem Grundrecht des Art. 3 Abs. 3 GG heraus: Wer ein illegales Geheimnis offenbare, handele objektiv grundrechtskonform und dürfe wegen der damit verfolgten politischen Einstellung nicht diskriminiert werden (ebenda, S. 73 ff.). Deswegen dürfe die die Handlung tragende Absicht schlechthin nicht berücksichtigt werden.

Damit wirkt — in sich durchaus folgerichtig — der eingangs erwähnte Irrtum weiter, die Offenbarung von illegalen Geheimnissen sei eine stets grundrechtskonforme, ja gewünschte Handlung. In Wirklichkeit gebietet jedoch auch Art. 5 GG nicht, einen derartigen Verrat sanktionslos zu lassen, da der abzustellende Verfassungsverstoß und das Recht auf Meinungsäußerung nur zwei der zu wägenden Faktoren sind, — der Schutz der äußeren Sicherheit ein anderer. Lediglich die konkretisierende Güterabwägung kann hier den Ausschlag für die eine oder andere Seite ergeben. In deren Rahmen kommt dann freilich der herausragenden Bedeutung der Meinungsfreiheit in einem demokratischen Staat auch besonderes Gewicht zu.

2. Kapitel

§ 93 Abs. 2 als Rechtfertigungsgrund

A. Strukturanalyse

Es erhebt sich jedoch die Frage, ob sich vergleichbare Schwierigkeiten und Spannungen ergeben, sofern man § 93 Abs. 2 als Rechtfertigungsgrund auffaßt. Schlägt man die Bahnen des oben vorgezeichneten Prüfungsschemas ein, so ergibt sich folgendes:

I. Erfolgsunwert

Wie bereits im vorherigen Abschnitt dargelegt, setzt sich der Erfolgsunwert im Fall einer vermeintlich wie auch einer wirklich gerechtfertigten Handlung aus verschiedenen Komponenten zusammen. Dem Erfolgsunwert der objektiven Tatbestandsverwirklichung stehen Erfolgswerte gegenüber, die in der Objektivation der verschiedenen möglichen positiv bewerteten Intentionen bestehen. Aufgrund der Prämissen der zweiten Alternative entfällt freilich mit dem Fehlen der Rechtfertigungsintentionalität auch deren Objektivation. Aber bei dem Hauptproblemfall, dem unvermeidbaren Irrtum über die Illegalität, mindert sich der Erfolgsunwert wenigstens — normativ betrachtet — um den Erfolgswert der in der Regel eingesetzten, also verwirklichten Prüfungsintentionalität. Von dem in dieser Konstellation theoretisch möglichen niedrigsten objektiven Unrechtsniveau wächst der Erfolgsunwert entsprechend der sich vergrößernden Differenz zwischen der aufzuwendenden und der tatsächlich aufgewandten Prüfungsintentionalität. Er nähert sich so von unten der Höhenmarke, die erreicht würde, wenn überhaupt kein Erfolgs*wert* zu verzeichnen wäre.

In jedem Fall aber ist der Erfolgsunwert verringert, sobald sich ein subjektives Rechtfertigungselement manifestiert hat.

II. Intentionalitätsunwert

Auch dieser setzt sich aus verschiedenen Bestandteilen zusammen. Da ist zunächst der Intentionalitätsunwert der Tatbestandsverwirklichung, dem dann als Intentionalitätswert die Prüfung der Rechtfertigungsvoraussetzungen sowie die finale Wahrnehmung des Erlaubnissatzes entgegentreten.

Auf der Grundlage dieses Modells drängt sich die Einordnung der Abwehrabsicht geradezu auf: Es könnte sich um die Rechtfertigungsintentionalität handeln. Doch so stimmig dieses These wirken mag, sie muß zuvor auf den Prüfstand der Einwendungen gebracht werden, an denen die Tatbestandslösung scheiterte.

a) Bestimmtheitsgrundsatz

Würden sich vergleichbare Schwierigkeiten aus der Berücksichtigung des Art. 103 Abs. 2 GG einstellen, wenn es sich bei der Abwehrabsicht um ein subjektives Rechtfertigungselement handelte? Hier muß ins Gewicht fallen, daß, anders als bei der Tatbestandsmäßigkeit, ein Rechtfertigungsgrund die Strafbarkeit nicht begründet, sondern gerade ausschließt. Es ist für einen Rechtsstaat ein konstitutives Prinzip, daß abschließend geregelte Sachverhalte nicht nachträglich in einer Weise verändert werden dürfen, die die Position des einzelnen gegenüber dem Zeitpunkt der Entscheidung *verschlechtert*[1]. Dann aber kann der Gesichtspunkt der vorherigen Bestimmtheit der Strafbarkeitsvoraussetzungen hier gar nicht im gleichen Maße eingreifen[2]. Anderenfalls verstieße schon der Umstand, daß es neben den geschriebenen eine Reihe nicht kodifizierter Rechtfertigungsgründe gibt, gegen Art. 103 Abs. 2 GG (lex scripta). Außerdem scheint es offensichtlich richtig, daß ein neuer Rechtfertigungsgrund ohne gesetzgeberisches Eingreifen entstehen könnte, etwa durch eine richterliche Rechtsfortbildung. Die Berufung auf einen derartigen neuen Rechtfertigungsgrund könnte dem Angeklagten nicht etwa damit abgeschnitten werden, daß dieser Erlaubnistatbestand im Sinne des Art. 103 Abs. 2 GG ihm gar nicht „bekannt" gewesen sein könne, weil das Gericht ihn in diesem Verfahren erstmals entwickelt habe[3]. Vielmehr würde hier der allgemein befürwortete Gesichtspunkt, daß eine Analogie in bonam partem jederzeit zulässig ist[4], zu einer Straflosigkeit mangels Unrechtssachverhaltes führen[5]. Das Gebot der lex praevia ist also insoweit gleichfalls nicht

---

[1] Vgl. etwa BVerfG 13, S. 261 (271); 18, S. 429 (439); Wolff / Bachof I, § 27 I c 2.

[2] Ganz h. M., vgl. etwa Dreher, Heinitz-FS, S. 207 (222); Lenckner, JuS 1968, S. 249 (253). Gegen dieses Ergebnis wendet Eser in Schönke / Schröder, § 1 RN 24 ein, damit würde die Strafbarkeit insoweit erweitert, als die Gegenwehr gegen einen derartigen, neugeschaffenen Rechtfertigungsgrund nicht mehr zulässig sei, so daß sich nunmehr der beteiligte Dritte strafbar mache. Diese Bedenken sind insofern nicht begründet, als sich ein derartiger, nach gewandelter Rechtsansicht unrechtmäßig handelnder „Angreifer" in einem unvermeidbaren Verbotsirrtum befunden hat.

[3] Als Beispiel zwar keiner Neuschöpfung, aber einer Erweiterung, wäre — zur Zeit freilich sehr theoretisch — die Ausdehnung des Züchtigungsrechtes der Lehrer denkbar.

[4] Vgl. statt vieler Jescheck, Lb, § 15 III 2 d.

[5] Darin liegt übrigens ein Aspekt mehr, der — ganz im Sinne der oben

anwendbar. Von Bedeutung bleibt der Bestimmtheitsgrundsatz jedoch für die Frage der Verschärfung der Anforderungen von Rechtfertigungsgründen. Denn damit würde die Strafbarkeit im Einzelfall ausgeweitet[6]. Darüber hinaus verbietet sich auch für die Rechtfertigungsgründe angesichts ihrer unmittelbaren Auswirkung auf die Strafbarkeit eine weitgehende inhaltliche Unbestimmtheit. Sofern aber der Leitgedanke des Erlaubnissachverhaltes umrissen ist, sind bereits grundsätzlich die Voraussetzungen geschaffen, den Erlaubnissatz anzuwenden. Allein schon deshalb, weil er sich auf viele Tatbestände gleichermaßen anwenden lassen muß, kann er dem Gebot der lex certa nicht in dem strengen Sinne genügen, wie das für Tatbestandsmerkmale erforderlich ist.

Der Grundsatz des Art. 103 Abs. 2 GG steht demnach einer Einordnung der Abwehrabsicht als subjektives Rechtfertigungselement nicht entgegen.

b) Schuldprinzip

Der zweite Einwand gegen eine Tatbestandslösung lautete, es fehle ein Unrechtssubstrat, das einen derart gewichtigen Schuldvorwurf und einen entsprechend drakonischen Strafrahmen rechtfertigen könne. Handelt es sich jedoch bei der Verteidigungsabsicht um ein subjektives Rechtfertigungselement, so bedeutet ihr Fehlen, daß ein beträchtlicher Teil des Intentionalitätsunwertes eben nicht durch eine korrespondierende werthafte Intentionalität ausgeglichen wird. Ja, es wird in aller Regel sogar so sein, daß der Täter, der ohne Rechtfertigungsintentionalität handelt, auch die aus der Wahrnehmung des Erlaubnissatzes folgenden Annexpflichten nicht beachtet, also auch ohne jene oben dargelegte „ohne-zu-Finalität" vorgeht. In diesen Fällen fehlt es dann sogar gänzlich an einem Intentionalitätswert. Demzufolge trifft einen solchen Täter zu Recht die volle Härte des Gesetzes. Hat der Täter hingegen jene Prüfungsintentionalität gehabt und auch verwirklicht, obschon er die Verfassung nicht hat schützen wollen (Beispiel: der geschäftemacherische Journalist), so wird allerdings der Gesamtintentionalitätsunwert — und damit auch das Gesamtunrecht — um diese werthafte Komponente gemindert. Infolgedessen kann der Schuldvorwurf, der gegen ihn zu erheben ist, auch nicht mehr auf jenes Niveau steigen, das bei fehlender Prüfung ceteris paribus erreicht worden

S. 88 entwickelten Meinung — gegen einen auf die Rechtfertigungsgründe übergreifenden Tatbestandsbegriff spricht, so auch Dreher, Heinitz-FS, S. 207 (222).

[6] Dies würde sich für die gewohnheitsrechtlichen Rechtfertigungsgründe zudem aus allgemeinen rechtsmethodischen Gründen verbieten: Anders als die communis opinio ist die für die Begründung neuen, schärferen Gewohnheitsrechts ebenfalls erforderliche longua consuetudo nicht denkbar; i. E. ebenso LK-Hirsch, vor § 51 RN 28.

wäre. Da sich aus einer derartigen Unrechts- und damit zugleich Schuldminderung zwangsläufig eine Milderung der Strafe ergibt, besteht insoweit kein Widerspruch dieser Lösungsvariante zum Schuldprinzip. Freilich wiegt diese Unrechtsminderung grundsätzlich nicht so schwer, daß es etwa gerechtfertigt wäre, den Strafrahmen zwingend auf den Bereich des § 49 Abs. 1 abzusenken. Vielmehr ist diese Milderung im Rahmen der allgemeinen Strafzumessungserwägungen zu berücksichtigen, — dort allerdings auch unbedingt.

So zu verfahren ist jedoch nichts Ungewöhnliches beim Zusammentreffen von irriger Annahme einer Erlaubnissituation mit Irrtümern oder Fehlbewertungen hinsichtlich anderer Tatbestandsmerkmale eines Rechtfertigungsgrundes.

Der Volksschullehrer, der infolge einer unvermeidlichen Personenverwechselung die sachlichen Voraussetzungen für eine gerechtfertigte Züchtigung annimmt, aber nicht aus erzieherischen Zwecken, sondern zur Befriedigung perverser Gelüste und daher erheblich zu heftig zuschlägt, handelt nicht im Erlaubnistatbestandsirrtum. Selbst wenn er geglaubt haben sollte, eine Rechtfertigungsintentionalität sei nicht erforderlich und bei besonders renitenten Schülern dürfe man auch einmal etwas kräftiger „zulangen", wären dies stets nur Irrtümer über Inhalt und Reichweite von Rechtfertigungsgründen; und das sind Verbotsirrtümer[7].

Man könnte sich nun fragen, ob damit nicht der so sorgsam aufgebaute Unterschied zwischen den beiden Irrtümern wieder eingeebnet wird. Schließlich wird hier ja im Einklang mit der „strengen" Schuldtheorie auch der Erlaubnistatbestandsirrtum als ein *Unter*fall des Verbotsirrtums angesehen. Andererseits soll wegen der besonderen Unrechtskonstellation der Erlaubnistatbestandsirrtum auch ein *Sonder*fall dieses Verbotsirrtums sein, weswegen mit Rücksicht auf das geminderte Unrecht der Strafrahmen zwingend zu mildern sei. Und dann wird, obwohl in der zuletzt erörterten Fallkonstellation ein Verbotsirrtum vorliegt, bei dem gleichfalls das Unrecht (wegen der aufgewandten Sorgfalt bei der Prüfung der Erlaubnissituation) gemindert ist, — dann wird dieser Fall gleichwohl nicht der Gruppe des besonderen Irrtums zugeschlagen?! Nun, er darf diesem Typus nicht zugeordnet werden. Anderenfalls müßte man nämlich Ungleiches sinnwidrig gleichbehandeln. Denn ein Erlaubnistatbestandsirrtum, der ja in seinen Voraussetzungen — nicht in seinen Rechtsfolgen — hier genauso verstanden wird, wie ihn die herrschende Meinung definiert, — dieser Irrtum liegt in dem durch das Beispiel veranschaulichten Falltypus nicht vor. Die Summe aus nicht-pflichtwidriger Verkennung der Erlaubnissituation und einem Bewertungsirrtum ergibt eben noch keinen derartigen Irrtum. Ob der Unrechtsgehalt einer solchen Tat eine Sonderbehandlung (sprich: zwingende Strafmilderung) erfordert, hängt darüber hin-

[7] Vgl. etwa Jescheck, Lb, § 41 III 1; Welzel, Lb, § 22 III 1 f.

ausgehend von einer Zusatzbedingung ab: Das, was der Täter sich über die Handlungssituation vorstellt und was er mit seiner Tat will, müßte ihn, wenn es zuträfe, auch in den Augen der Rechtsordnung rechtfertigen. Daraus folgt aber, daß es nicht genügt, wenn er irrig — und sei es auch unvermeidbar irrig — die Voraussetzungen einer Erlaubnissituation annimmt. Er muß zugleich mit Rechtfertigungsintentionalität[8] und, wie sich noch zeigen wird[9], unter Einsatz des — zumindest subjektiv — angemessenen Mittels handeln. Liegt einer der letzten beiden Faktoren nicht vor, so handelt es sich nicht mehr um einen Erlaubnistatbestandsirrtum. Dann ist lediglich eine Irrtumskombination gegeben, deren Behandlung sich nach den jeweils verwirklichten Unrechts- und Schuldquanten richtet. Damit unterfällt diese Konstellation auch nicht mehr dem § 97 b, so wie er hier gedeutet werden soll, nämlich als eine ausdrückliche Regelung des Erlaubnistatbestandsirrtums in dem Sinne und mit den Rechtsfolgen, die im vorigen Abschnitt entwickelt wurden[10].

In diesem Zusammenhang erweist sich dann auch ein Umstand auf einmal als völlig systemgerecht, der im Rahmen der Tatbestandslösung so verwirrend wirkte[11], daß nämlich die Alternativen 1 bis 3 des § 97 b jeweils für sich bereits die Strafbarkeit auslösen sollen, bzw. umgekehrt nur die Kumulation des in ihnen negativ umschriebenen Verhaltens zur Straffreiheit führt. Für den Erlaubnistatbestandsirrtum ist dieses Kumulationserfordernis eine Selbstverständlichkeit.

Diese Darlegungen seien zum Schluß noch an einem Beispielsfall aus dem Landesverratsbereich veranschaulicht:

Ein Journalist nimmt unvermeidbar irrig an, ein Staatsgeheimnis sei in Wirklichkeit illegal i. S. d. § 93 Abs. 2. Die vermeintliche Gefahr für den verfassungsmäßigen Bestand des Staates berührt ihn überhaupt nicht. Er will mit seinen Kenntnissen lediglich das ganz große Geld machen, vergewissert sich jedoch vorher bei zwei renommierten Anwälten, ob er diese

---

8 Zu deren Umfang vergleiche unten S. 196 ff.

9 Vgl. S. 213 ff. (216 ff.).

10 Hier kommt nun, wie nicht verkannt wird, der Strafrahmen, der in § 97 b für das Fehlen der Abwehrabsicht ausgeworfen wird, der in diesen Fällen vorliegenden Unrechtssituation sehr nahe. Aber daß die Rechtsfolgenanordnung dem Wortlaut nach auf einmal besser „paßt" als die in der 1. Alternative, kann der Berechtigung, § 97 b funktionsorientiert als ausschließliche Regelung eines Erlaubnistatbestandsirrtums aufzufassen, keinen Abbruch tun. Erstens setzt diese plötzliche „Stimmigkeit" zunächst einmal die Annahme der hier verfochtenen These voraus, § 93 Abs. 2 enthalte einen Rechtfertigungsgrund. Dann aber wäre es angesichts der hier behaupteten Differenz im Unrechtsbereich von nichtssagender Allgemeinheit, wollte man den Erlaubnistatbestands- und den Erlaubnisirrtum ohne jegliche, auch sprachliche Abschichtung in einer Vorschrift vereinigen. Zum anderen ist sie ganz stimmig nun auch wieder nicht, da ihr die Strafmilderungsmöglichkeit des § 17 S. 2 fehlt. Dieser geht dem § 97 b als lex posterior jedoch vor.

11 Es sei noch einmal an die Verwechselung des Berichterstatters des Strafrechts-Sonderausschusses, A. Arndt, bei der Erläuterung der Vorschrift im Plenum erinnert, vgl. oben S. 25, FN 4.

Kenntnisse auch in dieser Weise kapitalisieren darf. Diese teilen unabhängig voneinander nach eingehender Befassung mit dem Thema den Standpunkt der wohl h. M., die die Nr. 2 und 3 für verfassungswidrig hält. Der Journalist handelt wie geplant. Im späteren Verfahren gegen ihn verneinen BGH und BVerfG die Verfassungswidrigkeit der Bestimmungen.

Dieser Beispielsfall läßt sich nunmehr verhältnismäßig zwanglos lösen: Da der Journalist ohne Rechtfertigungsintentionalität gehandelt hat, liegt ein Erlaubnistatbestandsirrtum nicht vor, — und dies, obschon der Täter die Umstände der Illegalität sorgfältigst recherchiert hat. Es liegt vielmehr ein „einfacher" Verbotsirrtum über die Rechtfertigung seines Tuns vor, der nach § 17 zu behandeln ist[12].

Für alle anderen Fälle der §§ 94 ff., in denen ein Verbotsirrtum in Betracht kommen könnte, sind dem § 97 b ohnehin keine zusätzlichen Kriterien zu entnehmen. Dem steht unmittelbar § 17 als lex posterior entgegen[13].

Insgesamt betrachtet bildet das Schuldprinzip demnach ebenfalls kein Hindernis für eine Kategorisierung des § 97 b Abs. 1 S. 1 Nr. 2 als subjektives Rechtfertigungselement. Angesichts dessen scheint sich die Arbeitshypothese auch in der zweiten Alternative als richtig zu erweisen.

III. Weitere Einwände

Auch wenn die Hürden, an denen die Tatbestandslösung scheiterte, hier bereits genommen sind, so heißt das jedoch noch nicht, daß damit die Vertretbarkeit der Rechtfertigungslösung schon bestätigt wäre.

Vielmehr müßte die Klassifizierung der Abwehrabsicht als subjektives Rechtfertigungselement mit weiteren Einwänden rechnen:

(1) Der Täter, der wirklich ein illegales Geheimnis bekannt gibt, braucht nicht mit Abwehrabsicht zu handeln. Das subjektive Rechtfertigungselement wäre demnach nur dann maßgeblich, wenn das Tatobjekt kein Staatsgeheimnis wäre. Damit unterschiede sich die tatsächliche Rechtfertigung von der lediglich vermeintlichen in ihren subjektiven Anforderungen (dazu sub a).

---

[12] Aufgrund der besonders sachkundigen und überdies zweifach gleichlautenden Auskunft erscheint der Verbotsirrtum in diesem speziellen Fall allerdings als unvereinbar.

[13] Vgl. dazu schon oben S. 176 f.

Für die Fortgeltung der allgemeinen Regeln im Falle des Verbotsirrtums sprechen sich — ohne Begründung — die meisten Autoren aus: Dreher, § 97 b RN 10; Schönke / Schröder / Stree, § 97 b RN 1 sowie Schönke / Schröder[17], ebenda; SK-Rudolphi, § 97 b RN 12; a. A. lediglich: LK-Hengsberger, § 976 RN 10, der meint: „Wenn das schon für die irrtümliche Annahme eines Verstoßes von der Schwere des § 93 Abs. 2 gilt, muß es erst recht gelten, wenn die irrtümliche Annahme eines leichteren Verstoßes zur (unberechtigten) Preisgabe eines Staatsgeheimnisses führt". — Ein schönes Beispiel für eine verfassungswidrige analogia in malam partem.

(2) Muß man die These: „Das Motiv desjenigen, dessen Verhalten sich objektiv in den Grenzen des Rechts hält, ist rechtlich stets belanglos“[14] nicht auch umgekehrt für den Fall gelten lassen, daß der Täter nur *glaubt*, in den Grenzen des Rechts zu handeln? Ist aber unter diesen Voraussetzungen die Berücksichtigung der Tätermotive nicht ein Rückfall in ein — allenthalben verpöntes — Gesinnungsstrafrecht? (Dazu sub b)

a) Unterschiedliche subjektive Anforderungen bei wirklicher und bei vermeintlicher Rechtfertigung?

Der Einwand, die Abwehrabsicht sei nur bei Fehlen der objektiven „Rechtfertigungs“-Elemente als subjektives Merkmal erforderlich, ist der Sache nach zutreffend. Die Gesetzesfassung ist insoweit völlig eindeutig: Wer ein wirklich illegales Geheimnis publiziert, bleibt auch dann straflos, wenn es ihm ausschließlich um ein exorbitantes Honorar oder um eine wesentliche Auflagenerhöhung ging. Das ist fraglos untypisch für einen Rechtfertigungsgrund. Doch von der Unüblichkeit auf die Unzulässigkeit zu schließen, erscheint nicht gerechtfertigt.

Wenn man nämlich mit der personalen Unrechtslehre die (geistige) Handlungssteuerung als ein Wesensmerkmal menschlichen Handelns ansieht, so kann diese Erkenntnis nicht bei der Verwirklichung von *Handlungsunwerten* haltmachen. Auch die Wahrnehmung eines *Rechtfertigungsgrundes* setzt die finale Überformung des Verhaltens in Richtung auf den Schutz des Rechtswertes voraus[15]. Absicht ist in einem solchen Fall nicht im tatbestandlichen Sinne etwa von „überschießender Innentendenz“ gemeint. Vielmehr ist sie als ein Synonym für „Vorsatz“, „Finalität“, „Intentionalität“ zu verstehen. Daß der Gesetzgeber ausdrücklich das Wort „Absicht“ verwandt hat, steht einer solchen Klassifizierung nicht entgegen. Auch bei § 43 a. F. war „Absicht“ im Sinne von Vorsatz verstanden worden.

Das heißt umgekehrt, wer ohne die entsprechende Rechtfertigungsintentionalität handelt, handelt nicht mit dem größtmöglichen (Gesamt-) Intentionalitätswert, gleicht also auch den Unwert der subjektiven Tatbestandsverwirklichung nicht vollends aus. Seine Tat ist deshalb subjektiv pflichtwidrig und somit unrechtsmäßig.

---

[14] Stratenwerth, Lb, RN 483.

[15] So übereinstimmend: Arm. Kaufmann, Normentheorie, S. 258; LK-Hirsch, vor § 51 RN 39; Maurach, AT, § 25 V B 1; Niese, Finalität, S. 17; Welzel, Lb, § 14 I 3 b; Zielinski, Handlungsunrecht, S. 233 f.; aber auch Jescheck, Lb, § 31 IV 1 und Schönke / Schröder[17], vor § 51 RN 75. Stratenwerth, Lb, RN 478 (anders noch in Juristenjahrbuch II, S. 195 [201]); sowie SK-Samson, vor § 32 RN 23, können trotz ihrer Forderung nach subjektiven Rechtfertigungselementen nicht hierher gezählt werden, da sie eine derartige Intentionalität ablehnen und sich mit der bloßen Kenntnis der Erlaubnissituation begnügen, vgl. dazu unten S. 197 ff. und in FN 18.

Wenn er dennoch nicht bestraft wird, so liegt die Ursache also nicht im fehlenden Unrecht[16]. Der Gesetzgeber ist vielmehr nur nicht gehalten, diese Pflichtwidrigkeit auch mit Sanktionen zu ahnden. Es wurde bereits oben[17] festgestellt, daß er berechtigt ist, um des gewünschten und auch eingetretenen Erfolges willen auf Strafe zu verzichten. Ein solcher Verzicht, der in einer ausdrücklichen, wenn auch negativ gefaßten Exemtion von der Vertatbestandlichung läge, bestätigte lediglich den Gedanken von der fragmentarischen Natur des Strafrechts: weg vom Strafmöglichen, hin zum Strafwürdigen/Strafnotwendigen. Handelte es sich bei § 93 Abs. 2 also wirklich um einen Rechtfertigungsgrund, so knüpfte eine differenzierende Lösung lediglich an kriminalpolitisch schwerwiegend voneinander abweichende Sachverhalte unterschiedliche Rechtsfolgen. Deshalb läge darin kein Verstoß gegen den Gleichbehandlungsgrundsatz und damit gegen eine elementare Forderung der Gerechtigkeit. Aus diesem Grunde steht der Einwand der Annahme, § 97 b Abs. 1 S. 1 Nr. 2 enthalte ein subjektives Rechtfertigungselement, nicht entgegen. Allerdings klingt in der Erörterung bereits die Problematik des zweiten Einwandes an, dem es sich daher jetzt zuzuwenden gilt.

b) Die Berücksichtigung der Motivation — ein Fall von Gesinnungsstrafrecht?

Als komplizierter erweisen sich die Dinge bei dem zweiten Einwand, die Motive einer Handlung, die sich objektiv in den Grenzen des Erlaubten halte, seien irrelevant[18], sofern der Täter wenigstens um das

[16] In diesem Punkt liegt der entscheidende Unterschied zu den Meinungen A. Arndts und auch Wiedmanns.

[17] Vgl. S. 154 ff.

[18] So Stratenwerth, Lb, RN 482 f.; ebenso Schönke / Schröder / Lenckner, vor § 32 RN 14; Rudolphi, Maurach-FS, S. 51 (57).

Stratenwerth sucht diese These mit folgendem Beispielsfall zu belegen: Der Arzt, „dem das Schicksal des Verunglückten, dem er unter Verletzung von Verkehrsvorschriften zu Hilfe eilt, gleichgültig ist, nicht aber das Honorar, das ihm rechtzeitige Hilfe einträgt", werde schließlich nicht bestraft. Er wird jedoch auch nach der gegenteiligen Ansicht nicht bestraft. Denn die Habgier, die ihn bewegt hat, schließt nicht aus, daß er mit Hilfeleistungswillen tätig geworden ist, setzt diesen vielmehr sogar voraus (nur wenn er zum Kranken gelangt, kann er das erstrebte Honorar verdienen). Die Rechtfertigungsintentionalität braucht also keineswegs das einzige, ja nicht einmal das wichtigste Motiv für die Handlung gewesen zu sein. Deswegen ist der Fall für die Stratenwerthsche These auch nicht beweiskräftig. Andererseits ist zuzugeben, daß wirklichkeitsnahe Fälle, in denen es auf diesen Unterschied ankommt, äußerst selten sein dürften. Immerhin sind sie aber nicht unvorstellbar: Zwei Gangster sind über die Beuteteilung in Streit geraten, so daß jeder den anderen zu beseitigen gedenkt, um alleiniger Besitzer des Geldes zu werden. Obwohl beide ausgeprägte Fähigkeiten im schnellen und treffsicheren Schießen aufweisen, erschießt A aufgrund seiner größeren Kaltblütigkeit den B bei ihrem nächsten Aufeinandertreffen. — Dem A hier einen Verteidigungswillen zu unterstellen, wäre eine Verharm-

Vorliegen der Erlaubnis gewußt habe. Denn dann stellt sich die bereits eingangs aufgeworfene Frage, ob das nicht gleichfalls zu gelten hat, wenn der Täter die Rechtfertigungsvoraussetzungen nur irrig, aber eben unvermeidbar annimmt. Ist dann nicht auch nach der hier vertretenen Position der Intentionalitätsunwert nicht minder durch einen gleichgewichtigen Intentionalitätswert neutralisiert, als wenn die Erlaubnissituation wirklich vorläge[19]? Das Ergebnis wäre in der Tat unausweichlich, sofern die letztgenannte Prämisse zuträfe. Hier gilt es jedoch, die Sonde anzusetzen. Dem Begriff der Handlung wohnt der personalen Unrechtslehre zufolge das Moment der Steuerung inne[20]. Die geistige Überformung des Verhaltens auf ein bestimmtes Ziel hin darf sich jedoch nicht auf die Tatbestandsebene i. e. S. beschränken, wie bereits im Zusammenhang mit dem vorigen Einwand geklärt wurde. Ist nun eine Handlung doppelrelevant, hat sie also gleichzeitig mehrere objektive Tendenzen, so verlangt ihre ontologische Struktur, in bezug auf beide Ziele eine entsprechende Finalität zu fordern, um sie auch in beiden Richtungen als Handlungen zu qualifizieren. Andernfalls wäre die zweite objektive, z. B. positive Tendenz lediglich ein Reflex einer einzigen final überformten negativen Verhaltensweise. Hier knüpft nun der neue Fragenkreis an die Problematik des zuvor erörterten Einwandes an, weswegen diese noch einmal — vertiefend — aufbereitet werden soll.

Schon bei der Bekanntgabe von wirklich illegalen Geheimnissen ohne Rechtfertigungstendenz wird die wertwidrige Intentionalität nicht durch eine werthafte ausgeglichen. Ihrer Manifestation (in den Fällen der §§ 94 ff.: die Gefährdung der äußeren Sicherheit) steht zwar ein werthafter Erfolg gegenüber (hier: die in Gang kommende öffentliche Diskussion über die Verfassungsverstöße). Dieser Erfolg kann aber funktionell grundsätzlich den unwerthaften Erfolg nicht ausgleichen, weil jener nicht intentional herbeigeführt worden ist[21]. Es bleibt also ein Angriff auf das Rechtsgut der äußeren Sicherheit übrig[22]. Daß

---

losung seiner Zielvorstellungen. Seine Handlungsweise andererseits schon aufgrund der bloßen Kenntnis der Gefahrensituation als gerechtfertigt zu bewerten, erscheint unannehmbar.

[19] Insoweit im Ergebnis ähnlich: Stratenwerth, Lb, RN 498 f.: „... der sonst durch den Vorsatz begründete Handlungsunwert (wird) aufgehoben, wenn der Täter von einer rechtfertigenden Sachlage ausgeht." Umstritten ist lediglich, welche subjektiven Kriterien diesen Effekt bewirken.

[20] So auch ausdrücklich Stratenwerth, Lb, RN 136 sowie Welzel-FS, S. 289 (299 und passim).

[21] Hierin zeigt sich einmal mehr die oben verschiedentlich angesprochene Interdependenz der einzelnen Handlungselemente. Ohne dieses Beziehungsgefüge ist das Phänomen Handlung nicht zu erfassen. Ob man dieses relationale Moment als weiteren Unrechtssummanden in die Quantenaddition einstellt, oder wie hier im Wege von Axiomen (hier: Saldierungsverbot) einbezieht, ist letztlich unerheblich.

eine derartige Saldierung der schieren Erfolgselemente abgeschnitten wird, sobald es an der Finalsteuerung fehlt, ist freilich eine zwar an ontologische Gegebenheiten anknüpfende, aber letztlich normative Entscheidung. Das Erfordernis einer Intentionalität auch auf der Rechtfertigungsebene hat zwar immerhin erst neuestens in § 34 seinen ausdrücklichen tatbestandlichen Niederschlag gefunden („..., um ... abzuwenden ..."). Aber er ist nicht zwingend. Der Gesetzgeber kann sich im Rahmen seines — insbesondere kriminalpolitischen — Ermessens über die ontologischen Strukturen hinwegsetzen[23]. Hält er die tatsächlich eingetretene äußere Wirkung für so positiv, daß er glaubt, darüber die Betätigung einer rechtsgüterfeindlichen und damit sozialwidrigen Gesinnung vernachlässigen zu können, so vermag er auf die Strafbarkeit zu verzichten. Dies wäre bei den §§ 94 ff. geschehen, sofern es sich bei § 93 Abs. 2 um einen Rechtfertigungsgrund handeln würde und der Täter ohne Rechtfertigungsintentionalität gehandelt hätte.

Maßgeblich ist nun, ob sich der Gesetzgeber mit seiner Entscheidung zugunsten einer — hier sehr wohl vertretbaren — Nachsicht gegenüber dem Täter auch für alle anderen, ähnlich gelagerten Konstellationen

---

[22] Das ist aber, um es nochmals zu betonen, der entscheidende Unterschied zu der Meinung etwa A. Arndts, der sich auf den Standpunkt gestellt hat, die Bekanntgabe illegaler Geheimnisse „bedürfe ... keiner Rechtfertigung" (Arndt, SA Prot. 105. Sitzung, S. 2062 und passim): Es liegt sehr wohl Unrecht vor, nämlich das Unrecht, die äußere Sicherheit des Staates gefährdet zu haben. Ob dieses Unrecht kompensiert werden kann, ist im Einzelfall abhängig vom Gewicht der herbeizuführenden positiven Werte. In diesem Aspekt liegt zugleich auch die Abweichung gegenüber Wiedmann, der behauptet: „Politische Handlungssachverhalte, die sich ihrem objektiven Gehalt nach innerhalb des Bereichs demokratiekonformer Grundrechtsausübung halten, dürfen nicht mit Rücksicht auf die politischen Überzeugungen ungleich behandelt werden, die das Handeln des Individuums motivieren, und zwar selbst dann nicht, wenn diese politischen Überzeugungen auf eine Ablehnung unserer freiheitlichen demokratischen Grundordnung gerichtet sind.", § 97 b, S. 80/81. Er glaubt, diese These im Anschluß an Čopić, Grundgesetz, S. 213, dem Art. 3 Abs. 3 GG entnehmen zu können. Dieser Artikel verbiete nämlich „nicht nur die Diskriminierung wegen der politischen Einstellung an sich, sondern auch die Diskriminierung wegen gesinnungsmotivierter Handlungen, die sich im Rahmen der für alle geltenden Rechtsordnungen halten.", a.a.O., S. 79.

Im Ergebnis ist dieses Verhalten zwar — das sei Wiedmann zugegeben — demokratiekonform, weil der Erfolg, der eintreten soll, auch tatsächlich eintritt: Die Möglichkeit einer öffentlichen Diskussion ist eröffnet. Aber eine solche Beschränkung auf den schieren objektiven Sachverhalt abstrahiert in unzulässiger Weise von der Intentionalitätskomponente der Handlung, ist dieses subjektive Element doch ein konstitutiver Bestandteil menschlichen Handelns. Es liegt also lediglich ein den verfassungsmäßigen status quo ante begünstigendes *Verhalten* vor, ohne daß es eine den status quo ante begünstigende *Handlung* wäre.

[23] Er beschwört dadurch freilich, wie zu sehen ist und wie bereits früher ganz grundsätzlich festgestellt werden mußte (vgl. oben S. 87 f.), erhebliche dogmatische Verunsicherungen und Spannungen.

auf den Standpunkt der Nachsicht festgelegt hat. Dabei interessiert hier nur der Fall des unvermeidbaren Erlaubnistatbestandsirrtums. Dies zu beantworten ist im Grund ein Problem der Rechtsmethodik, insbesondere der Handhabung des Gleichbehandlungsgrundsatzes. Im Hinblick auf die subjektive Tatseite ist, daran besteht nach allem Bisherigen kein Zweifel, die Situation genau die gleiche wie bei der oben umschriebenen, straflos bleibenden Tat. Im Objektiven ergibt sich jedoch ein Unterschied: Es fehlt hier an der positiven Auswirkung jener wertwidrigen (Verrats-)Handlung, die bei einer Bekanntgabe wirklicher Illegalitäten gleichsam als „Nebenprodukt“ abfällt, nämlich an dem Erfolgswert einer öffentlichen Erörterung. Entscheidend ist also, ob diese Differenz wesentlich ist, so daß sie eine Ungleichbehandlung rechtfertigt — oder nicht.

Nun wurde in dieser Arbeit freilich ständig vertreten, daß im Rahmen jeglicher Handlungsbewertung der subjektiven Tatseite maßgebliche Bedeutung zukomme. Das würde eine Gleichbehandlung der Fälle ausgesprochen nahelegen. Es ließe sich hier zudem um so eher vertreten, als der Umstand, daß es sich in Wirklichkeit nicht um einen Verfassungsverstoß handelt, zumindest für den unvermeidbar irrenden Täter geradezu zufällig ist.

Andererseits ist zu beachten, daß das täterschaftliche Verhalten nicht grundrechtskonform oder auch nur unrechtsneutral ist. Es ist vielmehr norm- und pflichtwidrig, wie soeben noch einmal umrissen wurde. Angesichts dessen ist für den Analogieschluß nicht die täterschaftliche Entscheidungssituation erheblich, sondern die gesetzgeberische. In deren Zusammenhang läßt sich aber wohl kaum bestreiten, daß es ein ganz erhebliches aliud zur zuvor analysierten Fallage darstellt, wenn es an dem werthaften Erfolg einer durch die Bekanntmachung ermöglichten öffentlichen Erörterung der Verfassungsverstöße fehlt. Damit entfällt nämlich der kriminalpolitische Grund für die Straffreistellung. Dieser gravierende Unterschied rechtfertigt daher auch eine andere Entscheidung hinsichtlich der Rechtsfolgen: Fehlt es an der Rechtfertigungsintentionalität *und* dem positiven Erfolg, so ist der Gesetzgeber berechtigt, diese Verhaltensweise unter Strafe zu stellen.

Eine solche Rechtfertigungsfinalität im Erlaubnistatbestand ausdrücklich zu fordern, gesteht Stratenwerth dem Gesetzgeber denn auch zu[24], und zwar speziell für den Fall des Notstandes, — also für einen Erlaubnistatbestand, mit dem ein als Rechtfertigungsgrund verstandener § 93 Abs. 2 ohnehin strukturell verwandt wäre. Da in § 97 b Abs. 1 S. 1 Nr. 2 die Abwehrabsicht eindeutig zur strafbefreienden Voraussetzung er-

---

[24] „Weitergehende Anforderungen sind, *soweit sie der Gesetzeswortlaut nicht* (wie in § 34) *erzwingt*, in aller Regel unbegründet,“ Lb, RN 485 (Hervorhebung vom Verf.).

hoben ist, ließe sich der Einwand also unter Hinweis auf den Gesetzeswortlaut und das Wesen der Intentionalität überspielen. Ein Blick auf einen weiteren Rechtfertigungsgrund, zu dem gewisse Ähnlichkeiten bestehen und der deswegen auch wiederholt als Parallele herangezogen wurde, nämlich § 193, mag das zuvor Dargelegte noch absichern: Eine mit der Tatumschreibung in § 97 b Abs. 1 S. 1 Nr. 2 vergleichbare Konstellation läge bei den Beleidigungsdelikten etwa vor, wenn der Täter unvermeidbar irrig die Voraussetzungen der Wahrnehmung berechtigter Interessen annähme, die beleidigenden Tatsachen aber aus Rache oder Sensationslust verbreitete. Hier ist nun nahezu allgemeine Meinung, daß ein Täter, der nicht in der Absicht handelt, (zumindest auch) berechtigte Interessen wahrzunehmen, nicht den Schutz des § 193 genießt[25]. An diesem Ergebnis kann auch die irrige Annahme, die Voraussetzungen für § 193 lägen vor, nichts ändern. Denn weiter, als der Schutz reicht, wenn die objektive Erlaubnissituation wirklich gegeben ist, kann er bei deren irrigen Annahme nicht gehen.

Damit ergibt sich in einem weiteren, der zu untersuchenden Problematik vergleichbaren Fall nach ganz herrschender Meinung das gleiche Ergebnis, das dem vom Gesetzgeber in § 97 b Abs. 1 Nr. 2 angeordnete Lösungsweg entspricht.

Dennoch erscheint es einer genaueren Prüfung wert, ob sich die beiden angeführten gegensätzlichen Positionen im Ergebnis nicht vielleicht doch näher stehen, als es nach der bisherigen Argumentation den Anschein hat. Die Kontroverse könnte sich um eine Auswirkung der schon früher angesprochenen Interdependenz von Prüfungsintentionalität und Rechtfertigungsfinalität drehen[26]. Stratenwerth vertritt die Ansicht, daß der Täter, der die objektive Erlaubnissituation als sicher annehme, nicht zugleich die Verwirklichung des Unrechtstatbestandes intendieren könne. Aber auch wer ihr Vorliegen nur für möglich halte, könne, wenn er darauf vertraue, nicht gleichzeitig die Verwirklichung des bloßen Unrechtstatbestandes in Kauf nehmen[27]. Das soll besagen,

[25] Vgl. etwa RG 34, S. 216; 50, S. 321; 61, S. 400 (401); BGH 1 StR 584/52 bei Dallinger, MDR 1953, S. 401; BGH 18, S. 183 (186 f.); Dreher, § 193 RN 17; Eser, Wahrnehmung, S. 25 f.; Kohlrausch / Lange, § 193 Anm. V; Lackner, § 193 Anm. 4; LK-Herdegen, § 193 RN 25; Maurach, BT, § 19 II C 4; Otto, BT, § 32 II 1 e; Schönke / Schröder / Lenckner, § 193 RN 21; Welzel, Lb, § 42 III 2 a. Bemerkenswerterweise ist dieses Ergebnis für Lenckner in Schönke / Schröder, § 193 RN 21, hier völlig unproblematisch, obwohl er a.a.O., vor § 32 RN 14, eine grundsätzlich andere Position vertritt. Dabei gebietet der Wortlaut von § 193 keineswegs eine derartige subjektivierende Interpretation. — Stratenwerth äußert sich leider nicht zu diesem Rechtfertigungsfall.

Gegenteiliger Ansicht (also rein auf das objektive Vorliegen eines berechtigten Interesses abstellend) Dagtoglou, ÖV 1963, S. 636 ff.; Wenzel, Recht, S. 168, die in der Angemessenheitsklausel einen (verfassungsrechtlich!) hinreichenden Schutz vor ausufernden Beleidigungen sehen.

[26] Vgl. S. 148 FN 370.

[27] Lb, RN 485; ebenso Schönke / Schröder / Lenckner, vor § 32 RN 14.

daß es allzu akademisch gedacht wäre, wenn hier noch zwischen der Richtung des Bewußtseins und der des Wollens unterschieden würde. Dem ist in aller Regel zuzustimmen. Das gleiche hat dann auch für die Rechtfertigungsintentionalität zu gelten. Maßgeblich ist hier jedoch — insoweit bleibt in jedem Fall ein Unterschied zu der Stratenwerthschen Auffassung bestehen — nicht allein die Kenntnis, sondern auch deren Absicherung. Wenn der Täter sorgfältig prüft, ob die Erlaubnisvoraussetzungen vorliegen, aufgrund seiner Prüfung dies als sicher annimmt bzw. zumindest darauf vertraut — und daraufhin erst die Tat verwirklicht, — dann handelt ein solcher Täter mit Rechtfertigungsintentionalität, d. h. mit Erlaubniswahrnehmungswillen. Dies gilt unabhängig davon, ob sein Tatmotiv Eitelkeit, Rachsucht, Geldgier — oder lauterste rechtswahrende Gesinnung ist[28]. Eine solche These ist um so berechtigter, als diese Intentionalität als „innere Tatsache" ohnehin meist nur aus äußeren Tatsachen und dabei insbesondere aus der an den Tag gelegten Prüfungsintensität gefolgert werden kann[29]. Überdies stimmt die Entscheidungsregel der herrschenden Meinung, die Rechtfertigungsintention brauche nicht die *einzige* Handlungsmaxime gewesen zu sein[30], mit diesem Ergebnis vollauf überein. In dieser Regel verwischen sich bereits die scharfen Unterschiede zwischen den aufgezeigten Positionen. Es erscheint deshalb zulässig, sie auch hier zu vernachlässigen.

c) Zwischenergebnis

Demnach bleibt festzustellen, daß eine Verteidigungsabsicht[31] nicht nur vom Gesetzeswortlaut verlangt wird und im Rahmen eines Recht-

---

28 Die Situation ist durchaus der beim Tatbestandsvorsatz vergleichbar. Auch dort ist ohne Belang, ob der Täter die untersagte Handlungsweise aus Angst vor Strafe, wegen einer ihm in Aussicht gestellten Belohnung oder aus überzeugter Anerkennung der Werthaftigkeit des betroffenen Rechtsguts unterläßt. So in bezug auf den Landesverrat schon zutreffend zu Dohna, DJZ 1925, S. 146 (147).

29 Lediglich in den — wie bereits eingeräumt — seltenen Fällen, in denen man zwischen der sorgfältigen Überprüfung der Rechtfertigungsvoraussetzungen und dem unmittelbaren Handlungsziel unterscheiden kann (vgl. dazu S. 197 FN 18 a. E.), — in diesen Fällen ergäben sich dann die zuvor dargelegten unterschiedlichen Konsequenzen.

30 Vgl. für Notwehr: RG 60, S. 261 (262); Dreher, § 32 RN 14; Kohlrausch / Lange, § 53 Anm. VI; — für § 193: RG 61, S. 400 (401); LK-Herdegen, § 193 RN 25.

31 Im übrigen setzten viele der Begriffe, wie etwa der der „Verteidigung", ihrem Sprachsinn nach bereits notwendig einen Rechtfertigungswillen voraus. So richtig LK-Hirsch, vor § 51 RN 39 a. E. Eine solche subjektive Tendenz wohnt freilich auch dem Worte „Angriff" inne. Wenn Welzel, Lb, § 14 II 1 a, — im Gegensatz zur strengeren Auffassung etwa von H. Mayer, Lb, § 30 IV 4 — trotzdem bei diesem Kriterium auf die Finalität verzichtet, so stützt das, entgegen R. Schmitt, JuS 1963, S. 64 (65), noch keineswegs die Gegenmeinung. Hier wird lediglich der Anwendungsbereich der Notwehr in einem

fertigungsgrundes auch verlangt werden darf, sondern daß darüber hinaus nur sie dem Wesen der Handlung gerecht wird[32]. Ein Verzicht auf dieses Element bei der Vertatbestandlichung des Erlaubnissatzes kann zwar kriminalpolitisch vertretbar oder gar sinnvoll sein, — mit den seinsmäßigen Gegebenheiten steht es nicht im Einklang.

Von daher verschiebt sich nachgerade die gesetzgeberische Argumentationslast: Es muß im Einzelfall dargetan werden, aus welchen Gründen auf die Rechtfertigungsintentionalität verzichtet werden soll. Unterwirft man die §§ 93 ff. der hier entworfenen Konzeption, so ergibt sich folgendes Bild: Für den Fall des wirklich illegalen Geheimnisses hätte der Gesetzgeber diese Gründe auch aufgezeigt. Für den Fall des bloß vermeintlich illegalen Geheimnisses hätte er es hingegen bei der Regelsituation belassen und eine entsprechende Intentionalität zur Bedingung für die Straflosigkeit gemacht.

Was die Rechtsvoraussetzungsseite anlangt, ließen sich somit Wortlaut und Sinn von § 93 Abs. 1 S. 1 Nr. 2 gleichfalls durchaus mit der Hypothese in Einklang bringen, § 93 Abs. 2 sei ein Rechtfertigungsgrund.

IV. Rechtsfolgenübereinstimmung

Unterstellt man einmal, § 97 b Abs. 1 S. 1 Nr. 2 spreche die Rechtfertigungsintentionalität an, so erhöbe sich wieder die grundsätzliche Frage: Ist es zulässig, den Täter aus dem vollen Strafrahmen des Vorsatzdeliktes zu bestrafen, wenn es an diesem subjektiven Rechtfertigungselement fehlt? Nach den früheren Darlegungen ist hierauf sehr schnell eine Antwort gefunden: Dem Intentionalitätsunwert der Tatbestandsverwirklichung steht nunmehr kein Intentionalitätswert einer Verteidigungsabsicht entgegen. Daher richtet sich die subjektive Wertkomponente völlig nach dem Grad der aufgewandten Prüfungsinten-

---

solchen Punkt zugunsten des Täters (!) erweitert, der nicht in dessen eigenem (!) Verantwortungsbereich liegt. Insoweit besteht also ein wesentlicher Unterschied z. B. zum Begriff der „Verteidigung“.

[32] Für einige Fälle räumt das Stratenwerth sogar selbst ein, so etwa für das Züchtigungsrecht, Lb, RN 482 und 486. D. h., daß etwa ein Lehrer in einer Situation, die ihn zur Züchtigung eines Schülers berechtigt, rechtswidrig handelt, wenn er — trotz Wissens um die Erlaubnissituation — den Schüler aus Sadismus schlägt. Stratenwerth spricht allerdings von einem Lehrer, der „seinem Sadismus freien Lauf läßt“ (Lb, RN 486). Die damit vielleicht angedeutete Überschreitung der Grenze des Erforderlichen führt aber ohnehin zum Ausschluß der Rechtfertigung. Erfolgt die Züchtigung jedoch in der allein zulässigen maßvollen Form, so unterscheidet sich dieser Fall normativ in nichts mehr von jenem, in dem der Grenzpolizist in zulässiger Weise (das sei unterstellt) auf einen mehrfach angerufenen und zum Stehenbleiben aufgeforderten Grenzverletzer schießt, in dem er seinen Todfeind erkannt hat und den er — in Kenntnis der Erlaubnissituation — verletzen will; (abgewandelter Fall nach OLG Frankfurt NJW 1950, S. 119, bei Niese, Finalität, S. 47 FN 72 [a. E.]).

tionalität. War der Irrtum unvermeidbar, so ist der Intentionalitätsunwert erheblich gemindert und es muß zwingend zu einer Strafmilderung kommen. Gleiches gilt allerdings auch, wenn der Irrtum vermeidbar war. Nur daß dann — angesichts eines entsprechend geringeren Intentionalitätswertes und eines dadurch proportional größeren Überhanges an subjektivem Unwert — die Strafmilderung schwächer ausfällt. Denn nach dem Grade der Vermeidbarkeit des Irrtums nähert sich der verbleibende Unwert zwar asymptotisch dem Unwert der vom Irrtum unberührten Deliktsbegehung. Er muß aber wiederum stets unterhalb dieser Höhenmarke bleiben, weil anderenfalls, d. h. wenn der Intentionalitätsunwert überhaupt nicht mehr gemindert wäre, subjektiv auch dieselbe Unrechtssituation vorläge wie beim „regulären" Vorsatzdelikt. Dennoch erreichen die Fallkonstellationen, in denen es an einer Rechtfertigungsintentionalität fehlt, hinsichtlich der subjektiven Handlungs*wert*elemente niemals das Niveau einer Putativrechtfertigungssituation. Entsprechendes gilt für den Erfolgsunwert. Auch er mindert sich nur in dem Maß, in dem sich eine Prüfungsfinalität geäußert hat, bleibt aber gleichfalls stets unter der Unrechts-Höhenmarke eines — im übrigen gleichgearteten — wirklichen Erlaubnistatbestandsirrtums. Die so zu verzeichnende Wertquantität ist aber nicht von solchem Gewicht, daß sie in eine andere Qualität umschlägt, — wie dies etwa beim Erlaubnistatbestandsirrtum der Fall ist. Vielmehr handelt es sich um eine Unrechtsminderung, die — wie jede andere Unrechtsverringerung — im Rahmen der Strafzumessung berücksichtigt werden muß. Insoweit bleibt es bei den allgemeinen Regeln. Das heißt aber auch, daß dann, wenn der Täter sein Verhalten in einer derartigen Situation für nicht rechtswidrig hält, ein reiner Verbotsirrtum vorliegt, der in aller Regel vermeidbar sein dürfte.

Demnach steht auch das Ergebnis der Überprüfung der Rechtsfolgenseite jener Arbeitshypothese nicht entgegen, bei § 97 b handele es sich um einen ausdrücklich geregelten Fall eines Erlaubnistatbestandsirrtums.

B. Ergebnis

Damit ist der Nachweis erbracht, daß sich die zweite Alternative des § 97 b Abs. 1 S. 1 gleichfalls in eine Rechtfertigungskonzeption einfügen würde. Dennoch läßt sich das endgültige Urteil erst fällen, wenn auch die dritte Modalität auf ihre Vereinbarkeit mit diesem Lösungsmodell überprüft worden ist.

3. Abschnitt

§ 97 b Abs. 1 S. 1 Nr. 3

1. Kapitel

Tatbestandslösung

A. Einführung

Obschon die bisherigen Ausführungen die Rechtfertigungslösung als den dem § 97 b innewohnenden Rechtsgedanken ausweisen, sei auch bei der dritten Alternative zunächst von der gesetzgeberischen Konzeption einer Tatbestandslösung ausgegangen. Erst wenn auch hier nachgewiesen ist, daß die legislativen Absichten in der Form, in die sie gegossen wurden, mit höherrangigem Recht unvereinbar sind, — erst dann wäre endgültig der Weg zu einer anderen Kategorisierung eröffnet.

B. Wortlaut und Gesetzesgenese

Die dritte Alternative des § 97 b Abs. 1 lautet:

> Handelt der Täter in den Fällen der §§ 94 bis 97 in der irrigen Annahme, das Staatsgeheimnis sei ein Geheimnis der in § 97 a bezeichneten Art, so wird er, wenn
>
> ...
>
> 3. die Tat nach den Umständen kein angemessenes Mittel zu diesem Zweck ist, nach den bezeichneten Vorschriften bestraft. Die Tat ist in der Regel kein angemessenes Mittel, wenn der Täter nicht zuvor ein Mitglied des Bundestages um Abhilfe angerufen hat.

Blickt man auf die historische Entwicklung dieser Vorschrift, so ist zu erkennen, daß der Begriff der Angemessenheit in einem weiten Sinn verstanden wurde. Er umfaßt gleichermaßen die Gefahrenabwägung wie den Einsatz des mildesten Mittels[1].

---

[1] Vgl. SA Bericht, BT Drucks. IV/2860 (Bd. 121), S. 20 f.: „Damit wird eine Abwägung insbesondere nach der Schwere des vermuteten Verfassungsverstoßes und dem Maß der durch die Offenbarung drohenden konkreten Gefährdung der äußeren Sicherheit des Staates gefordert. Bei dieser Abwägung wird zu berücksichtigen sein, ob die durch die Tat verursachte Gefahr mit hoher Wahrscheinlichkeit zu einem baldigen Schaden führen wird oder nicht. Der Abwägungsklausel ist auch zu entnehmen, daß der Täter den schonendsten Weg zu wählen hat, der die drohende Gefahr so

Im übrigen ist die Entstehungsgeschichte der endgültig Gesetz gewordenen Fassung ebenso kurz und unergiebig wie bei den anderen Alternativen. Allerdings vermag der Angemessenheitsgesichtspunkt im Bereich der Landesverratsdelikte auf eine recht lange Tradition zurückzublicken[2]. Deswegen wurde er auch in einige der Reformbestrebungen ausdrücklich einbezogen. Schon § 99 a des SPD-Entwurfes[3] wollte den Abgeordneten, der ein vermeintlich illegales Geheimnis im Bundestag öffentlich rügt, gerechtfertigt sein lassen, sofern er „nach gewissenhafter Prüfung der Sach- und Rechtslage und nach sorgfältiger Abwägung der widerstreitenden Interessen den Sachverhalt für einen Verstoß gegen die verfassungsmäßige Ordnung des Bundes oder eines Landes hält und ihn deswegen rügt". Der Regierungsentwurf zum 8. StrÄG vom 5. September 1966[4] hatte — auf der Basis einer generellen Rechtfertigungslösung im Fall einer Publizierung von illegalen Geheimnissen — in § 99 a Abs. 5 S. 1 gleichfalls einen Angemessenheitsvorbehalt ausgesprochen. Im Rahmen der Expertenanhörungen vor dem Sonderausschuß wurde ein solcher Vorbehalt ebenfalls immer wieder gefordert[5].

Schon die Entstehungsgeschichte legt somit die Annahme nahe, eine solche Angemessenheitsklausel trete nur im systematischen Zusammenhang mit einem Rechtfertigungsgrund auf[6]. Zumindest wurde ein solcher Vorbehalt stets nur dann in den Entwürfen wie auch in der Diskussion[7] erwogen, wenn ein Erlaubnistatbestand in Betracht gezogen

gering wie möglich hält. Deshalb weist der Gesetzestext ausdrücklich darauf hin, daß der Täter in der Regel vorher einen Abgeordneten des Deutschen Bundestages um Abhilfe anrufen muß, ehe er sich unmittelbar an die Öffentlichkeit wendet. Daß die vorherige Einschaltung einer zuständigen Behörde ein angemessenes Mittel ist, wird als selbstverständlich vorausgesetzt und nicht mehr besonders erwähnt."

2 Schon in der Zeitfreiwilligen-Entscheidung des RG, RG 62, S. 65 (67), hieß es: „Ist das Staatswohl oberstes Gesetz und Richtschnur, dann muß gewissenhaft und ohne parteipolitische Voreingenommenheit geprüft werden, welches Interesse im Einzelfall schutzbedürftiger und schutzwürdiger ist."

Vgl. auch die Angemessenheitserwägungen im Paetsch-Urteil, BGH 20, S. 342 (368 ff.).

3 BT Drucks. V/102 (Bd. 101), S. 2.

4 BT Drucks. V/898 (Bd. 106).

5 Unter Anknüpfung an den SPD-Entwurf etwa Lange, SA Prot. 10. Sitzung, S. 161 mit dem ausdrücklichen Hinweis auf das Petitionsrecht, sowie S. 162, Baumann, ebenda, S. 173 und 175; Lackner, ebenda, S. 180.

6 Bezeichnenderweise glaubte Stratenwerth seinerzeit (1963) noch, eine Güterabwägung auf der Tatbestandsebene innerhalb einer „Staatswohl-Klausel", wie sie etwa v. Weber, Reichsgericht-FS, S. 173 (199) und H. Arndt, ZStW 66, S. 41 (65) vorgeschlagen haben, mit dem Hinweis ablehnen zu können, in diesem Falle könne die *Erforderlichkeit* des Geheimnisbruches nicht berücksichtigt werden, Landesverrat, S. 55. Diesen Punkt übersieht auch Krey, wenn er sich gleichfalls für eine Güterabwägung im Rahmen des Staatswohl-Merkmals ausspricht, ZStW 79, S. 103 (119).

7 Maihofer, SA Prot. 10. Sitzung, S. 152; Heinitz, ebenda, S. 159; Lange,

wurde. Überdies kennzeichnete Maassen diesen Vorbehalt als Rechtswidrigkeitsmerkmal[8], als er dem Strafrechtssonderausschuß jene Formulierungshilfen vorlegte, in denen erstmals der § 97 b in seiner heutigen Fassung auftauchte[9]. Ihm wurde in dieser Beurteilung bis zur Annahme des Gesetzesvorschlages in derselben Sitzung nicht widersprochen. Dennoch glaubte der Gesetzgeber am Schluß, mit § 97 b Abs. 1 S. 1 Nr. 3 einen eigenständigen Tatbestand geschaffen zu haben. Deswegen gilt es auch hier, dessen Unrechtsgehalt aufzuschlüsseln.

C. Strukturanalyse

I. Erfolgsunwert

Wiederum ist das Erfolgsunrecht in den Fällen des als Tatbestand aufgefaßten § 97 b die Gefährdung der äußeren Sicherheit.

II. Intentionalitätsunwert

Prüfstein für das Intentionalitätsunrecht ist hier erneut der Fall des unvermeidbaren Irrtums über die Illegalität, in dem der Täter nunmehr sogar noch mit Abwehrabsicht gehandelt hat. Damit ist nach ganz herrschender Meinung derjenige Intentionalitätswert erbracht, der den subjektiven Unwert ausgleicht. Der Täter hat subjektiv das geleistet, was ihm normativ abverlangt werden konnte. Es fehlt also insoweit an einem Intentionalitätsunwert, der die Zurechnung des Erfolgsunwertes gestattet.

III. Angemessenheitsklausel als Tatbestandselement?

Das aber bedeutet, daß die Verletzung des Angemessenheitserfordernisses diejenigen Elemente enthalten muß, die es erlauben, den Erfolgsunwert auch subjektiv zuzurechnen. Anderenfalls wäre der allenthalben erhobene Vorwurf unabweisbar, die dritte Alternative verletze das Schuldprinzip[10]. Denn ohne ein gleichwertiges neues subjektives

---

ebenda, S. 162; Lackner, ebenda, S. 180, (der aber grundsätzlich glaubte, auch mit einer Tatbestandsausschluß-Lösung auskommen zu können, da dem Täter in der Regel ein entsprechender Tatbestandsirrtum nicht abgenommen werde); wohl auch Baumann, ebenda, S. 172 und 175. Vgl. im übrigen Jescheck, Pressefreiheit, S. 28 f.; Stratenwerth, Landesverrat, S. 55 und passim.

[8] SA Prot. 105. Sitzung, S. 2059.

[9] Damals noch als § 99 e. Er lautet übrigens in allen drei Formulierungshilfen gleich, vgl. SA Prot., Anlage zur 105. Sitzung, S. 2065 f.

[10] So etwa Dreher, § 97 b RN 10; Lüttger, JR 1969, S. 127 (129); Lackner, § 97 b Anm. 4; Maurach, BT, § 62 II G 2 b; Schönke / Schröder / Stree, § 97 b RN 1; Stree, Strafrechtsreform, S. 171 (180); SK-Rudolphi, § 97 b RN 11 ff.; vorsichtige Bedenken auch bei LK-Hengsberger, § 93 RN 31.

Unrechtselement bliebe es bei dem zuvor dargelegten Mangel an vorwerfbarem Intentionalitätsunwert. Doch diesen Gedanken zu erwägen heißt schon, ihn zu verneinen. Wie sollte das bloße Verkennen der Angemessenheit den gleichen Schweregrad auf der Unrechtsskala erreichen wie der Finalitätsunwert einer vom Irrtum unbeeinflußten und ohne positive Handlungstendenz begangenen Tat?

Hinzu käme noch ein weiteres. Der Begriff „angemessenes Mittel" wäre als Tatbestandsmerkmal zu verstehen. Dann müßte er folgerichtig auch dem Bestimmtheitsgebot des Art. 103 Abs. 2 GG genügen. Dies erscheint zumindest sehr zweifelhaft. Um es aber wirklich verneinen zu können, muß erst einmal der Begriff der „Angemessenheit" verdeutlicht werden.

Im Strafrecht wirkt der Begriff reichlich schillernd und diffus, wenn man an die Meinungsverschiedenheiten um dieses Kriterium etwa in § 34 S. 2 denkt. Demgegenüber stößt man im öffentlichen Recht auf ein weithin anerkanntes Verständnis von dem Verhältnismäßigkeits- bzw. Angemessenheitsgrundsatz als einem Unterfall des Übermaßverbotes[11]. Danach ist es unzulässig, eine „zur Erreichung eines konkreten Zwecks geeignete und erforderliche Maßnahme zu verwenden, wenn sämtliche mit ihr verbundenen Nachteile erkennbar außer Verhältnis zu dem angestrebten und erreichbaren Erfolge stehen"[12]. Diese Definition setzt zwei wichtige Tatbestandsmerkmale voraus, die nicht immer deutlich von der Angemessenheit abgeschichtet werden: die Geeignetheit[13] und die Erforderlichkeit[14]. Sie berühren sich in der Tat auch vielfältig mit ihr, sollten aber nicht nur um der terminologischen Klarheit willen von ihr geschieden werden, schließt doch jeweils die Erforderlichkeit die Geeignetheit, die Angemessenheit die beiden vorgenannten Merk-

---

[11] Zwischen Angemessenheit und Verhältnismäßigkeit auch begrifflich zu unterscheiden — etwa in dem im folgenden Text vorgeschlagenen Sinne, daß man unter Angemessenheit die Verhältnismäßigkeit i. e. S. versteht —, wäre allein aus terminologischen Gründen wünschenswert. Eine Abschichtung wird aber im Strafrecht weitgehend abgelehnt, vgl. die Ausführungen von Schönke / Schröder / Lenckner, § 34 RN 46, Schröder, Schmidt-FS, S. 289 (293) und im einzelnen dazu unten S. 209 ff. Sie würde sich jedoch dringend empfehlen, da mit einer präziseren Begriffsbestimmung manche Probleme in diesem Zusammenhang klarer zutage träten und sich demzufolge auch eher lösen ließen. Ebenso unter verfassungsrechtlichen Aspekten, Lerche, Übermaß, S. 20 FN 4.

[12] Wolff, Verwaltungsrecht III, § 138 V c; BVerfG 13, S. 248 (257); Lerche, Übermaß, S. 19 f.

[13] Der Grundsatz der Geeignetheit beinhaltet das Verbot, Mittel zu verwenden, die zur Erreichung des angestrebten Zweckes untauglich sind; vgl. Grabitz, AöR 98, S. 568 (571 ff.); Wolff, Verwaltungsrecht III, § 138 V a.

[14] Ein Mittel ist dann erforderlich, wenn es zur Erzielung des erstrebten Zweckes kein anderes, gleich wirksames, aber die Grundrechte Dritter weniger einschränkendes Mittel gibt; vgl. BVerfG 30, S. 292 (316); Grabitz, AöR 98, S. 568 (573 f.); Wolff, Verwaltungsrecht III, § 138 V b.

male mit ein[15]. Um es an einem — etwas makabren — Beispielsfall zu verdeutlichen:

Das Fahrrad eines siebenjährigen Obstdiebes zu zerstören, ist keine geeignete Maßnahme, den gegenwärtigen Diebstahl zu unterbinden. Sehr wohl geeignet, aber nicht erforderlich wäre es hingegen, das Kind zu diesem Zweck zu töten. Ist der Geschädigte aber querschnittsgelähmt und vermag überdies keine Hilfe zu holen, so wäre — mangels Handlungsalternative — die Tötung auch erforderlich. Unter Berücksichtigung des gemeinhin anerkannten Wertverständnisses wäre dies aber zweifelsohne eine unangemessene Reaktion.

Würde man diesen Fall mit seinen Modifikationen unter dem Aspekt des Notstandes würdigen, so unterfielen zumindest die ersten beiden Gesichtspunkte nach ganz herrschender Meinung dem Inhalt des § 34 S. 1 („nicht anders abwendbar")[16]. Sehr umstritten ist hingegen, ob der dritte Gesichtspunkt, die Angemessenheit i. e. S. trotz ihrer ausdrücklichen Erwähnung in Satz 2 damit nicht schon miterfaßt ist[17], ob sie immerhin noch eine zusätzliche Kontrolle gewährleisten soll[18], oder ob es sich bei ihr gar um eine eigene Wertungsstufe handelt[19]. Zumindest die erste Auffassung interpretiert die Interessenabwägung in § 34 S. 1 so weit, wie sie in § 97 b Abs. 1 S. 1 Nr. 3 unter dem Begriff „angemessen" auch sprachlich gefaßt ist. Demgegenüber machen die Fallabwandlungen m. E. deutlich, daß jene Unterscheidung nicht bloß begrifflicher Natur ist. Die Frage nach der Geeignetheit erfaßt das Ziel und das jeweils geplante *einzelne* Mittel zu seiner Erreichung. Demgegenüber betrifft die Erforderlichkeit die Fragen, ob es *verschiedene* Möglichkeiten gibt, welche es sind, welche Nebenfolgen sie haben und dann wiederum den Vergleich dieser Nebenfolge unter dem Gesichtspunkt des geringsten Schadens[20]. Hingegen stellt die Angemessen-

[15] Diese dreifache Abstufung der Verhältnismäßigkeit i. w. S. entspricht der ständigen Rechtsprechung des BVerfG, etwa BVerfG 26, S. 215 (228); 27, S. 211 (219); S. 344 (352); 28, S. 264 (280); 30, S. 292 (316). Die etwas andere Bedeutung, die Lerche, Übermaß, S. 19 ff. und 346 ff. sowie passim, dem Kriterium der Geeignetheit einräumt, wirkt sich bei dem hier in Frage stehenden Problem nicht aus.

[16] Vgl. etwa Schönke / Schröder / Lenckner, § 34 RN 19 f., der — wie auch hier vorgeschlagen — zwischen geeignetem und schonendstem Mittel unterscheidet. Vgl. demgegenüber SK-Samson, § 34 RN 9, der beide Aspekte unter dem Begriff der Erforderlichkeit zusammenfaßt, sie aber auch unter die Kriterien des Satzes 1 zählt; ähnlich Dreher, § 34 RN 5.

[17] Vgl. Schröder, Schmidt-FS, S. 289 (293); ebenso Begründung AE zu § 15, S. 51 in Anlehnung an Lenckners Vorschlag einer umfassenden Interessenabwägung, vgl. Notstand, S. 90, 123 ff., und jetzt in Schönke / Schröder, § 34 RN 46, sowie Baumann, Lb, § 22 II 1 b (S. 357).

[18] LK-Hirsch, vor § 51 RN 81; Maurach, AT, § 27 III 6, SK-Samson, § 34 RN 22; Stratenwerth, AT, RN 454.

[19] Bockelmann, AT, § 15 B II 3 c; Horstkotte, SA Prot. 90. Sitzung, S. 1796 f.; Jescheck, Lb, § 33 IV 3 d; Wessels, AT, § 8 IV 3.

heitsprüfung einen letzten Filter vor dem Handlungsentschluß dar, dessen normativ-soziales „Sieb“ Entscheidungen, deren Folgen sozial unannehmbar sind, verhindern soll. Damit zeigt sich, daß die ersten beiden Komponenten der Verhältnismäßigkeit i. w. S. geistig zu erforschen, naturwissenschaftlich überprüfbar, also intersubjektiv geistig erkennbar sind. Dabei fließt allerdings bei dem zweiten Kriterium durch die Notwendigkeit, die potentiellen Auswirkungen *miteinander zu vergleichen*, bereits ein deutliches Element der Wertung in den Entscheidungsprozeß ein. Hingegen ist das Angemessenheitsurteil eine nahezu reine Wertung, daher nicht im gleichen Maße intersubjektiv, weil es ein gleichgeartetes Wertverständnis voraussetzt. Es ist also im Hinblick auf das richtige Ergebnis nicht empirisch, sondern nur normativ falsifizierbar. Das erstere ist also ein Seins-Urteil, das letztere ein Sollens-Urteil, die Erforderlichkeit ein mixtum compositum.

Demzufolge ist bereits der Begriff der Erforderlichkeit mit seinen implizierten Wertungen in einem solchen Maße gesamttatbewertend, daß seine Qualifikation als Tatbestandsmerkmal im Hinblick auf das Bestimmtheitsgebot zweifelhaft erscheinen muß. Immerhin ist er nicht, wie etwa der Rechtswidrigkeits-Begriff bei der Zueignungs- und der Bereicherungsabsicht, in einer zwar normativ überformten, aber in ihrem Kernbereich sehr gegenständlichen Ordnung wie der der Eigentums- und Vermögenszuweisung des BGB rückgegründet. Der Täter kann bei seiner Entschlußfassung daher nicht an ihm „geläufige“ Wertentscheidungen anknüpfen und dazu die entsprechenden Analogieschlüsse ziehen, wenn es etwa um die Frage geht, welches Mittel das schonendste ist. Er ist vielmehr auf die Gesamtwertordnung zurückgeworfen.

Dieses Phänomen wird bei dem dritten Element der Verhältnismäßigkeit, dem der Angemessenheit i. e. S., noch deutlicher. Dieses Kriterium ist von einer Abstraktionshöhe, die der des allgemeinen Rechtswidrigkeitsurteils gleicht, bezieht es doch von vornherein die Gesamtwertordnung in die Urteilsbasis mit ein. Wie nun oben bereits ausgeführt wurde[21], ist es, wenn überhaupt, im Hinblick auf das Verfassungsgebot des Art. 103 Abs. 2 GG nur dann hinnehmbar, einen solch hochabstrakten Begriff in den Tatbestand i. e. S. hineinzunehmen, wenn der Gesetzgeber nur mit dessen Hilfe imstande ist, ein sozial bedeutsames

---

[20] Diese intellektuelle Erfaßbarkeit meint auch Grabitz, AöR 98, S. 568 (583), wenn er die Geeignetheits- und Erforderlichkeits-Regel als „Entscheidungsregeln“ bezeichnet. Im Gegensatz zu seinen Darlegungen ist aber der Verhältnismäßigkeitsgrundsatz nicht nur eine „Verfahrensregel“, die die Abwägungsmechanismen modalisiert, sondern ebenfalls eine Entscheidungsregel. Nur eine solche, die erheblich offener für Dritteinflüsse ist, also für Aspekte, die außerhalb des unmittelbaren Kollisionszusammenhanges ihre Ursachen — und unter Umständen auch ihre Wirkungsbereiche haben.

[21] Siehe S. 184 (186 f.).

dysfunktionales Verhalten sprachlich zu fassen (Beispiel: die Verwerflichkeitsklausel in § 240). Nun hat allerdings der Gesetzgeber mit dem Hinweis auf den in solchen Fällen tunlichst einzuschaltenden Bundestagsabgeordneten seine Zielvorstellungen über das, was angemessen ist, schon etwas konkretisiert. Eben unter dieser Voraussetzung, daß sie durch Beispiele erläutert sind, werden denn auch sehr abstrakte normative Tatbestandsmerkmale für zulässig gehalten[22], sofern sie „im Rechtsraum verankert sind“[23]. Doch daran fehlt es hier bereits. Das Merkmal der Angemessenheit ist nicht spezifisch „im Bewußtsein der Rechtsgemeinschaft rückgegründet“[24] wie etwa die Begriffe „Ehebruch“ in § 172 a. F., oder „fremd“ in § 242. Allerdings sollen auch Begriffe, die im außerrechtlichen Bereich verankert sind, ebenfalls als Tatbestandsmerkmale verwendbar sein und zwar ausnahmsweise auch unter Verwendung von erläuternden Beispielsfällen[25]. Weitere Bedingung hierfür ist jedoch, daß für den Gesetzgeber keine weitere Normierungsmöglichkeit bestand. Denn anderenfalls bürdete er den Normadressaten das Risiko auf, das jeweils Gemeinte, durch das sie zu dem normativ geforderten Handeln bestimmt werden sollen, erst selber zu ermitteln. Er wälzte damit eine enorme Verantwortung auf diese ab, obwohl es seine verfassungsmäßige Pflicht ist, selbst die jeweilige Entscheidung generalisierend im Rahmen des ihm Möglichen zu treffen. Hier aber besteht die Möglichkeit, das Erfordernis der Angemessenheit auf die Rechtfertigungsebene zu heben, die nicht im gleichen Maße unter dem Vorbehalt des Art. 103 Abs. 2 GG steht[26]. Somit fehlte es zumindest bezüglich der Elemente „Erforderlichkeit“ und „Angemessenheit i. e. S.“ an den Voraussetzungen, die es gestatten würden, den

[22] Staatsgeheimnis, S. 252 ff. (260) im Anschluß an Grünhut, Begriffsbildung, S. 5 f., 21 f.; Mezger, Träger-FS, S. 187 (191).

[23] d. h. Normativ-Begriffe, die durch andere rechtlich geregelte Materien ausgefüllt werden können, wie etwa verfassungsmäßige Ordnung, Urkunde, Beamter, Fremdheit. Kohlmann unterscheidet sie von den grundsätzlich stets zulässigen deskriptiven Tatbestandsmerkmalen (vgl. Staatsgeheimnis, S. 256 f.; ebenso Lenckner, JuS 1968, S. 304 [305]) einerseits und den normativen, im nichtrechtlichen, ethisch-sittlichen Bereich begründeten Tatbestandsmerkmal andererseits (so etwa gute Sitten, Unzucht, vgl. Staatsgeheimnis, S. 263 ff.). Auf diese Abschichtung stützt er eine Stufentheorie, nach der sich die Zulässigkeit der Verwendung der jeweiligen Merkmalsgruppen ermitteln läßt, a.a.O., S. 267 f. Vgl. im übrigen hierzu Engisch, Mezger-FS, S. 127 (144 ff.).

[24] Kohlmann, Staatsgeheimnis, S. 261.

[25] Paradigma: § 152 E 1962 — Einwilligung — „Willigt der Verletzte in die Körperverletzung ein, so ist die Tat nur dann rechtswidrig, wenn sie nach den Umständen, namentlich im Hinblick auf die Beweggründe und die Ziele des Täters und des Verletzten sowie die angewandten Mittel und den voraussehbaren Umfang der Verletzung, trotz der Einwilligung verwerflich ist.“; vgl. Kohlmann, ebenda, S. 266.

[26] Vgl. dazu schon oben S. 191 f.

Begriff „Angemessenheit i. w. S." als Tatbestandsmerkmal zu verwenden.

Wollte man dennoch mit den gesetzgeberischen Intentionen in § 97 b Abs. 1 Nr. 3 einen Tatbestand sehen, so läse man in ihn eine grundgesetzwidrige Fassung hinein. Da jedoch noch die Rechtfertigungslösung als Alternative zu einem derartigen Verständnis und dem sich daraus zwangsläufig ergebenden, von anderer Seite auch schon ausgesprochenen Verdikt zur Verfügung steht, sei diese nunmehr überprüft.

2. Kapitel

§ 93 Abs. 2 als Rechtfertigungsgrund

A. Einleitung: Die Angemessenheit als allgemeines Element der Rechtfertigung

Im Rahmen der Rechtfertigungsgründe spielt der Aspekt der Angemessenheit eine große Rolle. Wie bereits im vorigen Kapitel verdeutlicht wurde, ist gerade in Erlaubnisregeln wie dem Notstand und der Interessenwahrnehmung mit ihrer schon früher aufgezeigten strukturellen Ähnlichkeit zu der hier zu erörternden Problemkonstellation ein Angemessenheitsvorbehalt gemeinhin anerkannt, im Notstand sogar ausdrücklich enthalten. Ja, es ließe sich sogar die These vertreten, daß ein jeder Rechtfertigungsgrund nur unter dem Vorbehalt seiner situationsbedingten Angemessenheit wirklich rechtfertigend wirke. Allerdings könnte man gegen diese These einwenden, ein solcher Vorbehalt sei bei den einzelnen Erlaubnissätzen unterschiedlich streng und fehle bei einigen sogar gänzlich. So wird bei der Notwehr das Regulativ der Verhältnismäßigkeit immer noch weithin bestritten[1]. Auf der anderen Seite werden selbst dort einige Ausnahmen von dem Gedanken „Recht braucht Unrecht nicht zu weichen“ wiederum allgemein anerkannt: beim Angriff von Geisteskranken und Kindern[2] sowie bei dem sogenannten Rechtsmißbrauch, d. h. bei einem „unerträglichen Mißverhältnis“ zwischen dem angegriffenen und dem aufgrund der Notwehrhandlung verletzten Rechtsgut[3]. Bei beiden Aspek-

---

[1] Baumann, Lb, § 21 II 1 a (S. 317 f.); Bockelmann, Engisch-FS, S. 456 (463); Kratzsch, Grenzen, S. 52; H. Mayer, Strafrecht, S. 255; Schönke / Schröder[17], § 52 RN 21; Welzel, Lb, § 14 II 2 (S. 86). Aus der früheren Rechtsprechung vgl. RG 55, S. 82 (85 f.): Schuß mit der Schrotflinte auf flüchtende Obstdiebe als Notwehr.

[2] Nachweise bei Schönke / Schröder / Lenckner, § 32 RN 52.

[3] Schönke / Schröder / Lenckner, § 32 RN 50. Wenn Schönke / Schröder[17], § 53 RN 21 diese Ausnahmen anerkennt, ohne seine Position gegenüber dem Verhältnismäßigkeitsgedanken zu relativieren, so liegt darin ein venire contra dictum proprium. Die Widersprüchlichkeit der h. M. belegt schlagend die Äußerung des Bayerischen Obersten Landesgerichts in seiner Parklücken-Entscheidung NJW 1963, S. 824 (825): „Eine Verhältnismäßigkeit zwischen dem angegriffenen und dem durch die Verteidigung verletzten Rechtsgut ist grundsätzlich nicht notwendig; jedoch ist eine Verteidigung, bei der der angerichtete Schaden außer Verhältnis (!) zu dem durch den Angriff drohenden Schaden steht, ein Rechtsmißbrauch und daher rechtswidrig.“

ten handelt es sich aber letztlich um Verhältnismäßigkeitserwägungen. Dennoch wird immer wieder behauptet, die Proportionalität brauche nicht berücksichtigt zu werden, das angegriffene Rechtsgut das zu verletzende nicht zu überwiegen[4]. Dabei wird jedoch die Doppelfunktionalität der Notwehrhandlung übergangen. Sie schützt zum einen das konkret angegriffene Rechtsgutsobjekt und damit den dahinterstehenden Rechtswert. Zugleich aber, und das ist allenthalben anerkannt, verteidigt der in Notwehr Handelnde auch die Rechtsordnung in ihrer Gesamtheit[5]. Indem dieser Gesichtspunkt bei der Wertabwägung dann jedoch vielfach wieder ausgeblendet wird, kann es zu jener Disproportionalität zwischen den zu verteidigenden und den zu verletzenden Gütern kommen. Da aber derartige Werte zu behaupten gleichwohl offensichtlich als billig erscheint, ist man dann gezwungen, auf das Kriterium der Verhältnismäßigkeit zu verzichten. In Wirklichkeit ist für die Rechtsordnung ihre eigene Bewährung ein existentielles, ja das höchste Rechtsgut überhaupt[6], so daß durch die Zusammenfassung der involvierten Rechtswerte auch die Wertabwägung bei der Notwehr in der Regel zu einem Übergewicht der zu verteidigenden Güter führt[7].

Somit ist die These vom Verhältnismäßigkeitsvorbehalt als allgemeinem Rechtfertigungselement durchaus begründet[8]. Daraus folgt wiederum ein zusätzliches Indiz dafür, daß es sich bei § 93 Abs. 2 systematisch allein um einen Rechtfertigungsgrund handeln kann. Daher

---

[4] Wohl aber müsse die Verteidigung in einem angemessenen Verhältnis zum Angriff stehen, so etwa LK[8]-Mezger, § 53 Anm. 3 e.

[5] Statt vieler Dreher, § 32 RN 2. Anders in der neueren Literatur wohl nur Schmidhäuser, Lb, 9/86 f.; Honig-FS, S. 183 (192 ff.): *Nur* die „empirische Geltung der Rechtsordnung" werde verteidigt. Das impliziert allerdings einen *schuldhaften* (i. S. v. Schmidhäuser: vorsätzlichen) Angriff; dagegen zu Recht etwa Roxin, ZStW 83, S. 369 (386 ff.). Bei der Abwehr eines Angriffs eines Geistesgestörten liegt kein Fall der Putativnotwehr vor. Nur wird die Rechtsordnung durch dessen Verhalten nicht so herausgefordert wie durch das eines Gesunden.

[6] Insoweit zutreffend Schmidhäuser, Lb 9/86 (S. 341).

[7] Zutreffend zur Interdependenz dieser beiden Wertfaktoren Eser, StrafR I, Nr. 9 A 32 ff.

[8] Vgl. für den ursprünglich im Polizeirecht entwickelten Grundsatz der Verhältnismäßigkeit z. B. PrOVG 13, S. 424 ff., 426 ff.; 37, S. 401 (403 f.); Drews / Wacke / Vogel, Gefahrenabwehr, § 6 Anm. 6 (S. 154 ff.); nach ständiger Rechtsprechung des BVerfG hat sich mittlerweile dieser Grundsatz als ein Verfassungsgrundsatz herausgebildet, der für die gesamte Tätigkeit der Exekutive und darüber hinaus selbst für den Gesetzgeber gilt. BVerfG 11, S. 30 (42 f.); 15, S. 226 (234); 16, S. 194 (202); vgl. auch v. Krauss, Grundsatz, S. 26 ff., sowie Lerche, Übermaß, insbes. S. 53 ff.

Ob sich dieser Grundsatz aus dem Rechtsstaatsprinzip (Art. 20 Abs. 1 GG) herleitet, so etwa BVerfG 19, S. 342 (348 f.); 29, S. 312 (316), oder ob er sich — wohl zutreffender — aus der Wesensgehaltsgarantie des Art. 19 Abs. 2 GG ergibt, dafür Dürig, AöR 81, S. 117 (146 f.); Zippelius, DVBl. 1956, S. 353 (354), kann hier dahinstehen. In jedem Fall ist es ein Prinzip von überragender Bedeutung für die Konkretisierung der Idee der Gerechtigkeit.

heißt es nunmehr, die systematische Bedeutung des Merkmals der Angemessenheit i. w. S. für den Unrechtsbereich zu durchleuchten.

B. Strukturanalyse

I. Erfolgsunwert

Wiederum sei von dem Fall des Geheimnisverrates im unvermeidbaren Irrtum über die Legalität ausgegangen, der die Problematik des Unrechtssachverhaltes am besten erhellt. Entsprechend den früheren Ausführungen stellt sich die Erfolgsseite[9] der Handlung wie folgt dar: Dem Erfolgsunwert der Tatbestandsverwirklichung steht der Erfolgswert der Manifestation der Rechtfertigungs- sowie der Prüfungsintentionalität entgegen. Das gesollte Maximum an Intentionalität ist also erbracht, die subjektive Tatseite entspricht der einer tatsächlich gerechtfertigten Tat. Demzufolge wird durch die Verwirklichung jener positiven Intentionen auch dasjenige Maximum an Erfolgswerten erzielt, das in einer Putativrechtfertigungssituation erreichbar ist. Es bleibt lediglich der unaufhebbare objektive Rest-Unwert jenes der Rechtsordnung widersprechenden, nämlich gewährungswidrigen Übergriffes in eine fremde Rechtszuständigkeit. Doch das im vorigen Kapitel angezogene Beispiel von der Abwehr eines jugendlichen Obstdiebes macht bereits deutlich, daß noch weitere Schattierungen auf der Unrechtsskala denkbar und demzufolge immer noch nicht alle Unrechtsquanten mit der bisher gebildeten Summenformel erfaßt sind: Die Tat kann mehr oder weniger unangemessen sein, wie die Alternative zwischen Zerstörung des Rades und Tötung des Jungen im genannten Beispiel zeigt. Sie kann also mehr oder weniger schwerwiegend in von der Rechtsordnung gewährleistete Bereiche eingreifen, bzw. höher- oder minderrangige Rechtsgüter auf der Opferseite berühren[10]. Die Angemessenheit i. w. S. ist demnach in jedem Fall ein unrechtsbedeutsames Element, vor allem aber ein in seiner Unrechtsrelevanz abstufbares Kriterium.

Je weniger angemessen das Mittel zur Wahrnehmung eines an sich durchaus berechtigten Zweckes ist, desto weniger vermag schon bei der wirklichen Rechtfertigungslage der Erfolgswert den Erfolgsunwert zu neutralisieren[11]. Dies gilt dann um so mehr im Fall der bloß vermeint-

---

[9] Wobei sich deren Umfang wiederum nur unter Einblendung der subjektiven Tatseite erschließen läßt, vgl. oben S. 153 f. und S. 190.

[10] Zur Frage, ob dieser Gewährungswidrigkeit eine Pflichtwidrigkeit korrespondiert, siehe nachstehend II.

[11] Dies entspricht im Fall des § 193 sogar der Gesetzeslage, wenn selbst bei berechtigter Interessenwahrnehmung die — unangemessene — Formalbeleidigung strafbar bleibt.

lichen Rechtfertigung, in dem ohnehin ein Unrechtsüberhang verbleibt. Inwieweit ein derart vergrößertes Erfolgsunrecht als schuldhaft vorgeworfen werden kann, hängt aber nach dem Prinzip der abgeleiteten Schuldbewertung zusätzlich von dem gleichzeitig vorliegenden Intentionalitätsunwert ab.

II. Intentionalitätsunwert

Nach den bisherigen Erörterungen sind auch auf der subjektiven Tatseite die bereits bekannten Summanden: wertwidrige Tatbestandsintentionalität einerseits, sowie werthafte Rechtfertigungs- und Prüfungsintentionalität andererseits um weitere Elemente zu ergänzen. Zugleich wirkt sich hier die oben entwickelte Mehrdimensionalität des Begriffes „Angemessenheit i. w. S.“[12] aus. Wenn es nämlich richtig ist, daß die in der Handlungssituation verstrickten „Interessen“ zu ermitteln eine vorrangige intellektuelle Leistung ist[13], so muß sich dieses subjektive Moment auch auf der subjektiven Tatseite wiederfinden. Die Geeignetheit des Mittels zur Verfolgung des berechtigten Zweckes muß vom Täter geprüft und bejaht werden. Gleiches gilt bezüglich der Erforderlichkeit: Der Täter muß sich vergewissern, daß er das bei den zu Gebote stehenden Handlungsmöglichkeiten schonendste Mittel verwendet. Dies setzt zumindest insoweit eine voluntative und intellektuelle Anstrengung voraus, als es für ihn jene Alternativen zu ermitteln und ihre Wirkungen und Nebenfolgen „hochzurechnen“ gilt. Lediglich die sich auf einer solchen Erkenntnisgrundlage aufbauende Abwägung der Werte ist weniger eine geistige als eine ethische Leistung. Ob die daraus folgende individuelle Wahl mit den Anforderungen der Rechtsgemeinschaft in Einklang steht, hängt daher vornehmlich davon ab, ob der Täter die sozialen Anschauungen so zutreffend verinnerlicht hat, daß er zu einer richtigen „Parallelwertung“ gelangen konnte. Demzufolge handelt es sich bei diesbezüglichen Irrtümern — anders als bei solchen über die zuvor genannten Punkte — in aller Regel um Verbotsirrtümer.

Diese Aussage trifft in noch stärkerem Maße für den letzten Punkt der Verhältnismäßigkeit, den der Angemessenheit i. e. S., zu. Als letztes Korrektiv der Handlung, in das das gesamte juridifizierbare Wertgefüge einfließt, birgt sie weniger die Gefahr einer unzutreffenden Analyse als vielmehr die einer falschen Bewertung. Daher gehört sie gleichfalls in den stärker individualisierenden Schuldbereich.

Die Prüfungsintentionalität hingegen, die sich auf die Ermittlung des geeigneten und erforderlichen Mittels bezieht, — sie ist eine wei-

---

[12] Vgl. S. 207 (208 ff.).

[13] Vgl. dazu oben S. 209 f.

tere einschränkende (subjektive) Vorbedingung, unter der nur sich der zu weit reichende Erlaubnissatz zur konkreten Erlaubnis verdichtet.

Sie ist also gleichermaßen eine „ohne-zu-Finalität" wie die Prüfung der tatbestandlichen Voraussetzungen des Rechtfertigungsgrundes[14]. Daraus folgt, daß die Intentionalitätswert-Summe insoweit zu ergänzen ist, als zusätzlich die Prüfung der Geeignetheit und Erforderlichkeit intendiert sein muß. Erst dann vermag die Gesamtsumme dieser subjektiven Wertelemente den subjektiven Unwert der Tatbestandsverwirklichung zu neutralisieren[15].

Auch insoweit erweist sich also die These als richtig, die Wahrnehmung eines strafrechtlichen Erlaubnistatbestandes sei eine gefährliche Verhaltensweise: Sie ist mit einer Rechtsgutsverletzung notwendig verbunden und immer besteht die Möglichkeit, daß entweder die Voraussetzung des Erlaubnissachverhaltes nicht gegeben sind — dazu bereits oben —, oder daß das eingesetzte Gegenmittel unverhältnismäßig ist. So droht bei derartigen Handlungsprojekten stets das Risiko, eine letztlich sozial unerwünschte = unrechtmäßige Handlung zu begehen. Wer es nun unterläßt, nach Handlungsalternativen zu forschen, oder erkannte Alternativen auf ihre Abwehrtauglichkeit zu überprüfen, der begibt sich also fahrlässig der Möglichkeit, sich den sozialen Sollensanforderungen gemäß zu verhalten. Aber obschon hier ein Fall von Tatfahrlässigkeit vorliegt, so führt diese doch nicht zu einem Fahrlässigkeitsunrecht. Ein derartiges Unterlassen aus mangelnder Sorgfalt fügt sich vielmehr folgendermaßen in die Gesamtkonstellation der Intentionalitätsunwerte und -werte ein: Der vom Täter mit seiner Handlung zulässigerweise intendierte Finalitätswert (Wahrnehmung eines an sich gegebenen Erlaubnistatbestandes) vermag den maximalen Betrag nicht zu erreichen, durch den erst der gleichzeitig realisierte Finalitätsunwert der vorsätzlichen Tatbestandsverwirklichung aufgewogen würde. Die erforderliche maximale Werthöhe wird dem Umfang nach um denjenigen Finalitätsunwert verfehlt, der in dem fahrlässigen Unterlassen liegt, die Geeignetheit des Handlungsprojektes und die Handlungsalternativen zu prüfen. Daher bleibt es bei einem Unwert-Rest von vorsätzlichem Handlungsunwert. So ist etwa der gezielte Schuß auf einen Menschen im vermeidbaren Exzeß einer unvermeidbar

[14] Vgl. dazu oben S. 146 f.

[15] Entsprechend läßt sich die oben angesprochene Erfolgswertkomponente jetzt so präzisieren: Erst wenn sich auch diese Prüfungsfinalitäten bezüglich der Geeignetheit und der Erforderlichkeit verobjektiviert haben (in Form von Handlungen), und zusätzlich die Rechtsordnung das konkret eingesetzte Mittel im Hinblick auf den berechtigten Zweck für angemessen i. e. S. hält, erst dann ist das objektive Wert-Maximum erreicht. Bei der vermeintlichen Rechtfertigung ist die Bewertung der Angemessenheit i. e. S. dann freilich auch für die Rechtsordnung nur aufgrund des Bildes möglich, das der *Täter* sich von der Handlungssituation gemacht hat.

irrig angenommenen Notstandssituation eine vorsätzliche Körperverletzung. Ihr Intentionalitätsunwert richtet sich jedoch nach der Schwere der Sorgfaltsmängel bei der Prüfung der Angemessenheitsvoraussetzungen. Er ist daher notwendig geringer als der Unwert einer Tat ohne Rechtfertigungsirrtum und entspricht auf der subjektiven Tatseite im Unrechtsniveau der gleichen Tat im reinen Rechtfertigungsexzeß.

III. Verbrechenssystematische Aufspaltung des Angemessenheitsmerkmals?

Mit der vorgeschlagenen Interpretation erweist sich das Merkmal der Angemessenheit als ein höchst komplexes Gebilde. Es setzt sich nicht nur aus drei Teilelementen zusammen — der Geeignetheit, der Erforderlichkeit und der Angemessenheit i. e. S. —, die jeweils eine objektive und eine subjektive Dimension haben. Neben dieser, bei Verbrechensmerkmalen durchaus vertrauten vertikalen Untergliederung stellte sich bei der vorangehenden Analyse der subjektiven Tatseite noch eine gleichsam horizontale, verbrechenssystematische Abschichtung heraus: Der Wertvergleich im Rahmen der Erforderlichkeit bei der Frage nach dem schonendsten Mittel, insbesondere aber jenes Schlußurteil der Angemessenheit i. e. S. am Maßstab „letzter" sozialer und ethischer Werte, — beide Beurteilungen waren, soweit sie der individuelle Täter leistet, dem Schuldbereich zugewiesen worden, — als Bewertung des eigenen Verhaltens. Zu fragen bleibt daher, ob diese verbrechenssystematische Grenze innerhalb desselben Merkmals „Angemessenheit i. w. S." sich auch in dessen objektiver Dimension fortsetzt.

Da es sich bei der Angemessenheitsbeurteilung um eine reine Wertentscheidung handelt, entfällt hier das den subjektiven Unrechtskomponenten korrelierende Element der Objektivation. Vielmehr entspricht auf der objektiven Tatseite der täterindividuellen Bewertung jene generelle Angemessenheitsbeurteilung durch die personifizierte Gesamtrechtsordnung. Damit handelt es sich zwar um eine konkretisierende, d. h. an die jeweils besondere Tatsituation anknüpfende, aber gleichwohl generelle, sich vom Täter lösende und verobjektivierende Betrachtung. Schon von daher ist sie systematisch dem Unrechtsbereich zuzuweisen. Sie beinhaltet lediglich insoweit eine Besonderheit, als das Vorliegen der Tatbestands- und der übrigen Rechtfertigungs-Tatbestandsmerkmale das Rechtswidrigkeitsverdikt alleine noch nicht zu tragen vermag. Dies ist im Sinne der Logik nur eine notwendige, aber keine hinreichende Bedingung, um das abschließende Urteil: „rechtswidrig!" abzugeben. Für ein solches Urteil ist vielmehr — angesichts der „offenen", d. h. konkretisierungsbedürftigen Entscheidungslage, die mit dem Vorliegen der genannten Merkmale in jeder Rechtfertigungssituation aufgeworfen wird — jene synoptische Schlußbetrachtung vonnöten, die in der Angemessenheitsbewertung liegt.

Die schöne Symmetrie ist also tatsächlich gestört: Die objektive Komponente der Angemessenheit i. e. S. gehört noch zur Rechtswidrigkeitsstufe, ihr subjektives Gegenstück bereits zur Schuld. Aber es ist nicht Aufgabe struktureller Denkmodelle, auf formale Ästhetik abzuzielen. Jene verbrechenssystematische Parallelverschiebung diskreditiert das hier entwickelte Theorem jedenfalls nicht, drängt sich doch sofort die Parallele zum allgemeinen Verbrechensmerkmal Rechtswidrigkeit auf. Wie dort ändert die auf den tatbestandlichen Voraussetzungen aufruhende Wertung mit dem Wechsel des Standortes — weg von der Rechtsgemeinschaft, hin zum Täter — auch ihre verbrechenssystematische Qualität. Daß das solcherart die verbrechenssystematischen Grenzen überschreitende Werturteil und seine tatbestandlichen Voraussetzungen mit einem einzigen Begriff gekennzeichnet werden — dem der Angemessenheit i. w. S., bzw. dort dem der Rechtswidrigkeit —, ist lediglich dessen jeweiliger Abstraktionshöhe zu danken. Nur diese erlaubt es, einen derart komplexen Sachverhalt mit einem einzelnen Wort zu umschreiben.

Auch in diesem Punkt paßt also eine Rechtfertigungslösung in das Gesamtgefüge, das die §§ 93 und 97 b bilden.

IV. Weitere Einwände

Trotzdem ist auch hier noch auf die Einwände einzugehen, an denen die Tatbestandslösung gescheitert ist (Bestimmtheitsgrundsatz), oder die sich allgemein einer Rechtfertigungslösung entgegenstellen (unterschiedliche Voraussetzungen bei einer wirklich und einer vermeintlich „gerechtfertigten“ Tat sowie die Strafrahmengleichheit bei Vorliegen und bei Fehlen eines Irrtums über die Legalität).

a) Bestimmtheitsgrundsatz

Hier darf vollinhaltlich auf die Ausführungen im 2. Kapitel des 2. Abschnitts verwiesen werden[16]: Die Rechtfertigungsgründe unterliegen in einem weit weniger strengen Sinne dem Vorbehalt des Art. 103 Abs. 2 GG. Deshalb ist ein Begriff von dem Abstraktionsniveau der „Angemessenheit i. w. S.“ zwar auf der Tatbestandsebene rechtsstaatlich unerträglich, auf der grundsätzlich den Täter begünstigenden Rechtfertigungsebene jedoch hinnehmbar.

[16] Vgl. oben S. 191 f.

b) Ungleichbehandlung von Rechtfertigung und Putativrechtfertigung

In diesem Punkt ergeben sich gleichfalls keine Besonderheiten zu dem bereits früher Ausgeführten[17]: Der Täter, der ein wirklich illegales Geheimnis publiziert, ohne etwa einen Abgeordneten eingeschaltet zu haben, handelt zwar im Hinblick auf den Erfolg angemessen. Gleichwohl geht er nicht mit der gebotenen Sorgfalt vor. Er handelt daher im Hinblick auf die Norm gefährlich, im Hinblick auf den Erlaubnissatz sogar pflichtwidrig, weil er die Annexpflichten nicht beachtet. Trotzdem steht es dem Gesetzgeber frei, über diese Pflichtwidrigkeit mit Rücksicht auf den gewünschten und auch eingetretenen Erfolg bereits normativ hinwegzusehen[18]. An der Ursache für eine derartige, durchaus weise Selbstbeschränkung fehlt es aber, wenn in Wirklichkeit ein Staatsgeheimnis preisgegeben wird. Angesichts eines derart schwergewichtigen Erfolgsunwertes erscheint dieselbe Nachsicht gegenüber dem Intentionalitätsunwert in der Tat fehl am Platze[19].

c) Rechtsfolgengleichsetzung

Auch für die dritte Alternative heißt es, zu der Möglichkeit der Gleichbestrafung von irriger und vom Irrtum unbeeinflußter Verratshandlung Stellung zu nehmen. Dabei erweist sich die Analyse der herrschenden Meinung zu den Putativerlaubnisexzessen als wenig ergiebig. Der unter diesem Stichwort meist abgehandelte Fall des § 33 stellt wegen der bei solchen Handlungen involvierten Fülle von sthenischen und asthenischen Affekten ein besonderes Schuldproblem dar, vor dessen Hintergrund die Besonderheiten auf der Unrechtsebene völlig verschwimmen. Vom § 33 abgesehen[20] schweigt die Literatur jedoch weitgehend zu dem Fragenkreis der Überschreitung des vermeintlich Erlaubten[21].

---

17 Vgl. oben S. 196 f.

18 Nur weil diese Entscheidung so naheliegt, nicht aber mangels eines Unrechtssubstrates, trifft die Behauptung Lenckners zu, es sei noch niemandem eingefallen, in derartigen Fällen wegen Verstoßes gegen das Gebot sorgfältiger Prüfung zu bestrafen, Notstand, S. 201 FN 45.

19 Hierin läge übrigens eine deutliche Parallele zu einem bereits kodifizierten Fall, — dem des § 113 Abs. 4 S. 2, 2. HS. Auch dort hat der Gesetzgeber im Hinblick auf die im Vergleich zu § 113 Abs. 1 S. 1 andersgelagerte Erfolgsunwertkonstellation an den grundsätzlich gegebenen situativen Intentionalitätsunwert angeknüpft und das Verhalten pönalisiert. Wiederum war mit dem geänderten Erfolgsunwert der Grund für seine in § 113 Abs. 3 S. 1 gezeigte Nachsicht entfallen.

20 Vgl. hierzu neuestens Roxin, Schaffstein-FS, S. 105 (118 ff.). Vgl. im übrigen auch BGH GA 1975, S. 305.

21 Lediglich Maurach deutete seine Auffassung zu dem Problemkreis Putativnotstandsexzeß an, wenn er unmittelbar nach der Erläuterung, wie

Wie die Lösung in diesen Fällen lauten könnte, müßte sich allerdings zweifelsfrei durch einen Erst-Recht-Schluß aus der Bewältigung der Erlaubnisexzeß-Fälle ergeben. Denn die irrtümliche Annahme, es liegen die Voraussetzungen eines Rechtfertigungsgrundes vor, kann den Täter nicht günstiger stellen, als wenn dem wirklich so wäre. Dann aber bieten sich auf einmal deutliche Anhaltspunkte dafür, diese Fälle der Angemessenheitsüberschreitung als Fälle reiner Vorsatzdelikte aufzufassen:

(1) Züchtigungsrecht:

Gegenüber einem Schüler überschreitet der Lehrer gröblich die Grenzen eines an sich gegebenen und gebotenen Züchtigungsrechtes.

(2) Wahrnehmung berechtigter Interessen:

Der Dienstvorgesetzte tadelt den ihm untergebenen Beamten wegen eines Fehlverhaltens. Um die abschreckende Wirkung zu erhöhen, spricht er den Tadel vor allen versammelten Behördenangehörigen aus.

(3) Rechtfertigender Notstand:

Dem Klinikbesucher mit einer seltenen Blutgruppe wird gewaltsam das für eine bevorstehende schwierige Operation dringend benötigte Blut abgenommen.

In all diesen Fällen ist es weitestgehend anerkannt[22], im Fall der Formalbeleidigung sogar gesetzlich geregelt, daß, sobald die Angemessenheitsgrenze überschritten wird, die Rechtfertigung ausgeschlossen ist und das Verhalten damit als Fall einer vorsätzlichen Deliktsbegehung anzusehen ist. Aufgrund des oben bereits angedeuteten Erst-Recht-Schlusses müßten die Entscheidungen bei einem Putativ-Rechtfertigungsfall genauso lauten, selbst dann, wenn der Erlaubnistatbestands-

---

der Putativnotwehrexzeß nach der strengen Schuldtheorie zu behandeln ist (AT, § 38 II B 2 a bb), fortfährt: „Den gleichen Grundsätzen unterliegen die irrige Annahme der Voraussetzungen des rechtfertigenden Notstandes (§ 34) sowie der Irrtum über Art und Umfang der erforderlichen Rettungshandlung (Putativnotstand)“, AT, § 39 II B 2 b. Daraus ist zu folgern, daß er für die Kombination beider Irrtümer gleichfalls die zuvor für die Notwehr entwickelten Grundsätze angewandt wissen wollte. Das aber heißt:

(a) Waren sowohl der Irrtum über die vermeintliche Notstandssituation wie auch der über die Angemessenheit des Mittels unvermeidbar, so ist der Täter gemäß § 17 S. 1 straflos.

(b) Waren einer von diesen Irrtümern oder gar beide vermeidbar, so wird der Täter wegen *vorsätzlicher* Deliktsbegehung bestraft.

[22] Vgl. etwa Gallas, Mezger-FS, S. 311 (325); Schönke / Schröder / Lenckner, § 34 RN 41; SK-Samson, § 34 RN 18; Stratenwerth, Lb, RN 455 i. V. m. 452 a. E.; Wessels, AT, § 8 IV 4 (S. 58 f.). Die gegenteilige Ansicht von Roxin, Kriminalpolitik, S. 27 f., ist nicht zu halten. Die Berufung auf § 81 a StPO zieht einen in seinen Voraussetzungen nicht vergleichbaren Sachverhalt heran.

irrtum unvermeidbar gewesen sein sollte. Ein Grund, diese Fälle unterschiedlich zu behandeln, ist nicht ersichtlich.

Demnach verkehrt ein solcher Vergleich mit der herrschenden Meinung über die Behandlung von Rechtfertigungsexzeß-Fällen in merkwürdiger Weise die Argumentationslast: Die herrschende Meinung käme für den Fall, daß es sich bei § 93 Abs. 2 um einen Rechtfertigungsgrund handelte, genau zu dem Ergebnis, das § 97 b Abs. 1 S. 1 Nr. 3 auch anordnet: Strafbarkeit aus dem vollen Deliktsrahmen des Vorsatzdeliktes[23]. Wenigstens in diesem Punkt befände sich die vorgeschlagene Kategorisierung also in Übereinstimmung mit der vorherrschenden Meinung. Fraglich könnte allerdings erscheinen, ob man mit dieser Lösung der subtilen Unrechtsproblematik des Putativrechtfertigungsexzesses gerecht wird. Insbesondere beim Exzeß in unvermeidbar irriger Annahme einer Rechtfertigungssituation bliebe damit die zuvor herausgearbeitete Besonderheit unberücksichtigt, daß der Intentionalitätsunwert durch die positiven Elemente „Prüfung der Rechtfertigungssituation“ und „Rechtfertigungsintentionalität“ erheblich gemindert ist. Eine zusätzliche Minderung des subjektiven Handlungsunwertes kommt darüber hinausgehend noch mit jedem weiteren möglichen positiven Intentionalitätsmoment in Betracht, wie etwa dem der Prüfung der Geeignetheit. Daraus folgt nach dem Prinzip der abgeleiteten Schuldbewertung notwendig auch eine geringere Schuld und demnach auch eine geringere Strafe.

Das wirft die Frage auf, ob im „Putativrechtfertigungsexzeß“ etwa auch jene zwingende Strafrahmenabsenkung geboten ist, wie sie oben für den Putativrechtfertigungsfall hergeleitet wurde[24], — für den Fall also, in dem die Angemessenheit i. w. S. hypothetisch, d. h. bei Zugrundelegung der irrigen Auffassung des Täters von der Situation, gewahrt wäre. Das zuvor angezogene Beispiel eines Exzesses im unvermeidbaren Irrtum über das Vorliegen der Erlaubnisvoraussetzungen scheint eine solche Folgerung zu rechtfertigen. Dennoch darf nicht vergessen werden, daß es einen Fall erfaßt, dessen Summe subjektiver Unrechtsquanten am unteren Ende der Skala der bei dieser Typengruppe möglichen Fälle liegt. Üblicherweise dürften sich in derartigen Putativrechtfertigungsexzeß-Fällen Mängel bei der Situationsaufklä-

---

[23] Das ist zumindest in den Fällen des „einfachen“ Rechtfertigungsexzesses deshalb verwunderlich, weil dort durch das Vorliegen einer wirklichen Notwehrsituation an sich der Erfolgsunwert gemindert ist. Gleichwohl will wohl interessanterweise niemand darauf eine generelle Strafmilderungsmöglichkeit, etwa nach Versuchsgrundsätzen, stützen. Dies läge jedoch zumindest für diejenigen Autoren nahe, die im Falle einer objektiven Rechtfertigungssituation bei fehlendem subjektiven Rechtfertigungselement nur nach Versuchsgrundsätzen strafen wollen; so etwa Schönke / Schröder / Lenckner, vor § 32 RN 15; SK-Samson, vor § 32 RN 24; Stratenwerth, Lb, RN 489.

[24] Vgl. S. 165 ff. (170 ff.).

rung mit solchen bei der Überprüfung der Gegenmittel verbinden. Die Addition der infolgedessen verringerten Intentionalitätswerte wie auch von deren Objektivationen, also den Erfolgswerten, führt zu einem Unrechtsüberhang, der im Durchschnitt deutlich über dem der wirklichen Putativrechtfertigungsfälle liegt. Da er in den negativsten Fällen bis fast an die Untergrenze der — ceteris paribus — von Irrtümern unbeeinflußten Deliktsbegehung reichen kann, würde eine zwingende Strafmilderung gemäß § 49 den möglicherweise auftretenden Unwertsummen nicht gerecht werden können. Es muß daher — wie auch sonst bei derartigen Abschattungen des Unrechts — dem Richter überlassen bleiben, das in den Fällen des Putativrechtfertigungsexzesses stets geminderte Unrecht im Rahmen der Strafzumessung angemessen zu berücksichtigen.

Insoweit bleibt es also bei den allgemeinen Regeln.

d) Bedeutung des § 97 b Abs. 2?

Der Absatz 2 des § 97 b erfährt in diesem Zusammenhang gleichfalls eine etwas geänderte Deutung. In ihm wird für diejenigen, die in einem besonderen Pflichtenverhältnis zum Staat stehen (Beamte, Soldaten usw.), zusätzlich noch die Verpflichtung ausgesprochen, vor der „Flucht in die Öffentlichkeit" den jeweiligen Vorgesetzten um Abhilfe zu ersuchen. Damit wird die Auslegungsrichtlinie des § 97 b Abs. 1 S. 2 über das, was grundsätzlich als „angemessene" Reaktion anzusehen ist, zu einer bindenden Auslegungsweisung ausgeweitet. Im Grunde versteht sich diese Einschränkung freilich von selbst, sei es als öffentlich rechtliche Loyalitätspflicht des Soldaten bzw. des Beamten im dienstrechtlichen Sinne, sei es als vertragliche Nebenpflicht aus den Sonderbeziehungen des einzelnen zum Staat. Das gilt nicht minder für die nach § 353 c Abs. 2 Verpflichteten. Auch hier muß eine Sonderbeziehung aufgrund der Geschäftsordnung der Parlamente bestehen, da eine solche Satzung einen Extraneus nicht verpflichten kann[25]. Immerhin könnte man § 97 b Abs. 2 insoweit als nochmaligen drakonischen Hinweis auf diese Pflicht auffassen. Trotzdem erscheint er dann wiederum wegen seines Ausschließlichkeitsanspruches bedenklich. Es sind sehr wohl Fälle denkbar, in denen gerade die Dienstvorgesetzten in den Verfassungsverstoß verwickelt sind[26]. In derartigen Fällen wegen der Nichteinschaltung der Vorgesetzten strafen zu wollen, wäre völlig unerträglich. Eine Korrektur der ausdrücklichen Gesetzesstrenge erscheint in derartigen Fällen zwar mit Hilfe allgemeiner Notstandserwägungen möglich. Sie ist aber rechtsmethodisch gleichwohl nicht

[25] Vgl. zutreffend Lüttger, JZ 1969, S. 578 (584 f.).

[26] Man braucht nur den Fall Paetsch so abzuwandeln, daß das BfV tatsächlich verfassungswidrige Abhörmaßnahmen durchgeführt hat.

unproblematisch. Angesichts dessen empfiehlt es sich m. E. de lege ferenda, diesen Absatz zu streichen.

V. Funktion des § 97 a

Als letztes sei noch auf die Bedeutung des § 97 a in dem Gesamtgefüge der §§ 93 ff. und der so ausgestalteten Unrechtskonzeption eingegangen. Dabei drängt sich das Bedenken auf, diese Bestimmung sei bei der hier entworfenen Sicht der Dinge überflüssig[27].

§ 97 a statuiert die Strafbarkeit einer geheimen Weitergabe von illegalen Geheimnissen. Damit normiert er etwas, was nach der hier vertretenen Position ohnehin strafbares Unrecht ist: Derartige Illegalitäten fremden Mächten oder deren Mittelsmännern insgeheim mitzuteilen, wäre in jedem Fall ein unangemessenes Mittel und würde den Täter bereits im Hinblick auf § 97 b Abs. 1 S. 1 Nr. 3 nicht rechtfertigen können. Überdies dürfte der Täter kaum beabsichtigen, durch eine so geartete Bekanntgabe dem Mißstand abzuhelfen. Dann aber würde zusätzlich der Aspekt des § 97 b Abs. 1 S. 1 Nr. 2 eingreifen, so daß der Täter überdies wegen fehlender Rechtfertigungsintentionalität nach dem tatsächlich verwirklichten Grunddelikt strafbar wäre. Insoweit bedürfte es also des § 97 a gar nicht. Nun läßt sich nicht bestreiten, daß eine dogmatische Konzeption, die nur durch ihre andere Lesart einen Straftatbestand gegenstandslos macht, selbst im Falle bestechendster Folgerichtigkeit problematisch erscheinen muß. Aber — wie bereits früher angedeutet[28] — kommt dem § 97 a in Wirklichkeit doch eine eigenständige Funktion zu.

Im dritten Abschnitt erforderte es immerhin einigen Begründungsaufwand, um zu erklären, wieso die öffentliche Preisgabe eines illegalen Geheimnisses keine Rechtfertigungsintentionalität erfordere, um „rechtfertigend" zu wirken. Dort wurde nachgewiesen, daß es in derartigen Fällen keineswegs an einem Intentionalitätsunrecht fehlt. Daß gleichwohl eine solche Tat straflos bleiben soll, wurde einfach angenommen. Es entsprach ja auch den Zielvorstellungen des Gesetzgebers. Nur, diese legislatorische Absicht hat weder in § 93 Abs. 2 noch in § 97 b, noch in den Verratstatbeständen der §§ 94 ff. ihren Niederschlag gefunden. Wenn man auf dieses Ergebnis jedoch nicht erst mit Hilfe der historischen Auslegungsmethode stoßen will, so bedarf es einer entsprechenden Klarstellung. Eben diese besteht bereits — in § 97 a. Durch die ausdrückliche Pönalisierung des geheimen Verrates von Illegalitäten befreit er indirekt den öffentlichen Verrat von dem Erfordernis der Abwehrabsicht. § 97 a kommt dadurch eine durchaus wichtige Prä-

---

27 So in der Tat Jescheck, Engisch-FS, S. 584 (597).

28 Vgl. oben S. 69, 73 und 154 ff.

klusionswirkung zu: Er ist ein negativ gefaßter Strafausschließungsgrund. Auch wenn es sich dabei um ein dogmatisches Novum handelt, so steht das einer derartigen Kategorisierung nicht entgegen. Da der Verzicht auf das subjektive Rechtfertigungselement ohnehin etwas atypisches ist, bedarf es zu seiner Normierung auch unüblicher Methoden — um so mehr, als dieser Verzicht auf bestimmte Fallgestaltungen beschränkt bleiben soll.

Somit läuft die Bestimmung des § 97 a nicht nur nicht leer[29], sondern sie paßt vollauf in die hier entworfene Gesamtkonzeption und erscheint sogar kriminalpolitisch ausgesprochen sinnvoll[30].

VI. Abschließende Exemplifikation der hier dargelegten Unrechtslehre

Da die einzelnen Unwert- und Wertelemente im bisherigen nur stufenweise, nämlich aus der jeweiligen tatbestandlichen Ausformung der Alternativen des § 97 b heraus entwickelt wurden, sei zum Abschluß noch einmal das ganze Wirkungsgefüge der Unrechtssummanden an einem Beispielsfall verdeutlicht. Nachdem hier die These aufgestellt wurde, daß es sich bei den am Fall des § 97 b aufgespürten Strukturen um allgemeingültige Grundsätze der Rechtfertigungs- und Putativrechtfertigungssituationen handelt, sei diese Exemplifikation an einem anderen Fall durchgespielt, einem schwerwiegenden und gefährlichen ärztlichen Heileingriff:

(1) Vorangestellt sei ein Fall des Rechtfertigungsexzesses:

Ein Arzt diagnostiziert bei einem Patienten eine schwere Erkrankung des Fußes. Statt der lege artis indizierten Bestrahlung amputiert er den Fuß[31].

(a) Der Erfolgsunwert ist zunächst einmal der Verlust eines Fußes.

---

[29] Nicht zuletzt darin dürfte ein Vorzug der dargelegten Kategorisierung gegenüber dem Vorschlag Jeschecks in der Engisch-FS, S. 584 (596 f.), liegen, mit dem sie im übrigen den dogmatischen Ansatz teilt.

[30] In bezug auf die 3. Alternative des § 97 b hat der § 97 a nicht die gleiche wichtige Bedeutung. Mit Wiedmann, § 97 b, S. 83 i. V. m. 68 ff., ist nämlich davon auszugehen, daß die öffentliche Bekanntgabe derartiger Illegalitäten grundsätzlich stets das (allerdings äußerste) *angemessene* Mittel zu ihrer Beseitigung ist. Immerhin kommt § 97 a aber auch in diesem Punkt eine klarstellende Funktion zu, die nicht nur für Zweifelsfälle in der konkreten Abwägung von Bedeutung sein könnte, sondern auch als Gegengewicht, wenn die Wertschätzung der äußeren Sicherheit wieder zu den etatistischen Höhen früherer Zeiten mutieren sollte. Vgl. zu einer sehr konservativen Sicht der Landesverratstatbestände immerhin H. Arndt, ZStW 66, S. 41 (59).

[31] Die Sonderprobleme, die bei derartigen Arzt-Fällen durch den alten Streit entstehen, ob die Heilbehandlung eine tatbestandsmäßige, aber erlaubte, oder eine tatbestandslose Handlung sei, wird dabei apodiktisch im ersten Sinne entschieden. Im Ergebnis ebenso Baumann, NJW 1958, S. 2092 (2093 f.), wohl auch Dreher, § 223 RN 9; a. A. LK-Hirsch, vor § 223 RN 2 (jeweils m. w. N.).

(b) Der Intentionalitätsunwert wird zum einen durch die Entscheidung für die Amputation, also die Tatfinalität, gebildet. Dem stehen unrechtsmindernd diejenige Finalität, die die sorgfältige Diagnose der Krankheit, also die Prüfung der Erlaubnisvoraussetzungen, getragen hat, und die Rechtfertigungsintentionalität, also der Wille entgegen, als Arzt lege artis helfend tätig zu werden.

(Hier wird nun eine Rückblende auf den Erfolgsunwert erforderlich, denn die Objektivation dieser beiden positiv zu wertenden Intentionen stellt einen Erfolgs*wert* dar, der den Erfolgsunwert der Handlung in der Bewertung durch die Rechtsordnung zumindest etwas zu verringern vermag.)

Zurück zum Intentionalitätsunwert: Für dessen vollen Ausgleich wäre weiterhin die Prüfung der Geeignetheit des Rechtfertigungsmittels sowie möglicher Handlungsalternativen erforderlich gewesen. Während die erstere Finalität noch unterstellt werden kann (die radikale Methode beseitigt den Krankheitsherd, wie der Arzt weiß und auch will), fehlt es jedoch am letzteren: Aus dem klar erkannten Umstand, den Patienten in nachhaltig beeinträchtigender Weise verletzen zu müssen, wenn er ihm helfen wollte, ergab sich für den Arzt die Pflicht, schonendere Mittel zu erwägen und auf ihre Wirksamkeit zu überprüfen. Nachforschungen in der Fachliteratur, Anfragen bei erfahreneren Kollegen hätten ihn die richtige Behandlung erkennen lassen. Um dieses Element fehlender, nicht aufgewandter Sorgfalt kann der vorsätzliche Aktunwert nicht aufgewogen werden. In Höhe dieses verbleibenden Differenzbetrages an subjektivem Handlungsunwert darf dem Täter der — erhebliche — Erfolgsunwert zugerechnet werden.

(2) Wie Fall (1), nur daß unter den medizinischen Kapazitäten keine Einigkeit über die Effektivität der Bestrahlungsbehandlung besteht. Erst später stellt sich deren absolute Verläßlichkeit heraus.

(a) Der Erfolgsunwert ähnelt dem im Fall (1). Er ist ihm jedoch nicht gleich, sondern geringer, wie sich noch im Rahmen der Intentionalitätsunwert-Betrachtung zeigen wird.

(b) Der Intentionalitätsunwert ähnelt ebenfalls dem der vorherigen Alternative. Lediglich bei dem Sorgfaltsverstoß hinsichtlich des schonendsten Mittels ergibt sich eine Änderung: Jeder, selbst der Sorgfältigste, hätte die Handlungsalternativen im Zeitpunkt der Entscheidung nur so ermitteln können, wie es der Arzt tat. Im Hinblick auf die seinerzeit noch legitimerweise angezweifelte Wirksamkeit der Bestrahlung handelte er nicht unsorgfältig, als er amputierte. Damit ist hinsichtlich der subjektiven Tatseite die gleiche Situation gegeben, wie wenn er auch ex post betrachtet richtig gehandelt hätte. Mangels vorwerfbaren Intentionalitätsunwertes darf das verwirklichte Erfolgsunrecht nicht zugerechnet werden.

Die vorstehenden Erläuterungen wirken sich aber auch auf den Betrag des Erfolgsunrechtes aus[32]: Denn die Objektivation jener positiven Intentionen ist ihrerseits ein objektives positives Wertelement. Es kann nur nicht die Werthöhe erreichen, die eine sich ex post als zutreffend erweisende Entscheidung erreicht hätte, auch wenn sich die getroffene seinerzeit nachgerade aufgedrängt hat. So unvermeidbar sie gewesen sein mag — aus dem besseren, weil umfassenderen rückblickenden Wissen war sie objektiv falsch und konnte daher — objektiv — die Aufopferung des betroffenen Rechtsgutsobjektes nicht legitimieren.

(3) Wie Fall (1), bloß diesmal war auch noch die Diagnose vermeidbar unzutreffend.

(a) Der Erfolgsunwert ist höher als in den vorigen beiden Fällen, da es hier an der Objektivation einer sorgfaltsgerechten Prüfung der Erlaubnisvoraussetzungen fehlt und daher der Unwert der objektiven Erfolgsherbeiführung nicht im gleichen Maße wie zuvor gemindert wird.

(b) Gleiches gilt für den subjektiven Handlungsunwert. Die mit der Wahrnehmung eines Erlaubnissatzes (hier: Heilbehandlung) verbundenen Risiken legten dem Arzt zusätzliche Pflichten auf, insbesondere die, die Voraussetzungen der vermeintlichen Erlaubnissituation gründlich zu überprüfen. Geschah dies nicht in dem situativ möglichen und objektiv (lege artis) gebotenen Maße, so erreicht der die Handlung tragende Intentionalitätswert nicht das Niveau der vorherigen Fälle, so daß ein Mehr an Intentionalitätsunwert unaufgewogen bleibt. Demzufolge ist auch ein Mehr an Erfolgsunrecht im Rahmen des derart erweiterten subjektiven Unrechts zurechenbar.

(4) Wie Fall (3), nur daß sich die Fehldiagnose bei diesem Patienten infolge einer sehr ungewöhnlichen Symptomähnlichkeit mit der diagnostizierten Krankheit auch für einen erfahrenen Facharzt geradezu aufdrängte.

(a) Der Erfolgsunwert steht zwischen denen der Fälle (2) und (3). Da angesichts der ungewöhnlichen phänotypischen Ähnlichkeit die Diagnose nicht sorgfaltswidrig war, ist die Objektivation der Prüfungsintentionalität von unter diesen Umständen (Irrtum) maximaler Werthöhe. Dennoch kann sie nicht den objektiven Wert einer zutreffenden Diagnose erreichen, weil es für die Entscheidung des verobjektivierenden Beobachters (Richters/Rechtsgemeinschaft) an dem optimalen Wertniveau der *wirklichen* Rechtfertigungssituation fehlt, das allein — bei Hinzutreten der weiteren Voraussetzungen — das Opfer des Geschädigten ausgleichen könnte. Darüber hinaus fehlt es für einen vollen Ausgleich noch an der Objektivation der Erforderlichkeitsprüfung.

---

[32] Wenngleich sich das wegen der ohnehin gegebenen Zäsur infolge fehlenden subjektiven Handlungsunwertes im Schuldvorwurf nicht mehr widerspiegeln kann.

(b) Der Intentionalitätsunwert entspricht hingegen genau dem des Falles (1).

Da kein Sorgfaltsverstoß vorliegt, hat der Täter hinsichtlich der subjektiven Prüfung der Rechtfertigungsvoraussetzungen den gleichen Intentionalitätswert verwirklicht, als wenn er eine zutreffende Diagnose gestellt hätte. Weiterhin handelte er mit Rechtfertigungsintentionalität. Für eine volle Neutralisation fehlt es lediglich an einer sorgfältigen Prüfung des schonendsten Mittels. Insoweit bleibt der Intentionalitätsunwert unausgeglichen und damit vorwerfbar.

(5) Wie Fall (4), nur daß zusätzlich — wie schon in Fall (2) — die Effektivität der Bestrahlung unter den medizinischen Koryphäen umstritten ist.

(a) Der Erfolgsunwert gleicht nunmehr beinahe schon dem des Falles (2). Denn die Objektivation sämtlicher subjektiver Rechtfertigungselemente erreicht mangels Sorgfaltsverstoßes das Höchstmaß des im Falle eines Irrtums Möglichen. Er unterscheidet sich von jenem nur noch durch die Unwertdifferenz, die zwischen sorgfältiger, aber unzutreffender Beurteilung einerseits und richtiger Diagnose andererseits besteht.

(b) Der Intentionalitätsunwert entspricht genau dem des Falles (2). Da alle erforderlichen subjektiven Rechtfertigungselemente in der nötigen Werthöhe vorhanden sind, beläuft sich ihre Summe auf den gleichen Betrag, der auch bei einer wirklichen Rechtfertigung maximal erreichbar wäre. Somit wird der Intentionalitätsunwert vollständig aufgewogen, was eine Zurechnung des trotzdem verwirklichten Erfolgsunrechtes verhindert.

Dritter Teil

Schluß

Die Arbeit kommt also zu einem Ergebnis, das mit der Gesetzesfassung im wesentlichen — wenn man von der zwingenden Strafmilderung im Falle der Putativrechtfertigung absieht — in Einklang steht:

- § 93 Abs. 2 enthält einen ausdrücklich als negatives Tatbestandsmerkmal gefaßten Rechtfertigungsgrund.
- § 97 b regelt den diesbezüglichen Erlaubnistatbestandsirrtum im Sinne einer modifizierten „strengen" Schuldtheorie. Nach ihr ergibt sich die obligatorische Minderung des Strafrahmens nicht erst aufgrund von schulddogmatischen Erwägungen, sondern bereits wegen des geminderten Unrechtsgehaltes[1].

M. E. ist mit den vorstehenden Seiten dargetan, daß sich die §§ 93 Abs. 2 und 97 b sehr wohl in eine logisch in sich schlüssige, mit dem Schuldprinzip vereinbare Konzeption einbinden lassen. Man muß sich freilich erst einmal von den dogmatischen Prämissen lösen, unter denen der Gesetzgeber diese Tatbestände erlassen hat — insbesondere von der These vom Tatbestandsausschluß. Doch erwiesen sich sowohl jene anderslautende gesetzgeberische Intention wie auch der Gesetzeswortlaut schließlich als keine wirklichen Hindernisse für das behauptete dogmatische Verständnis. Der Wortlaut läßt immerhin die hier vorgeschlagene Deutung zu; die gesetzgeberische Intention kann — soweit sie methodische Fragen betrifft — in diesem Falle nicht wirklich maßgeblich sein, weil sie sich in zahlreiche Widersprüche verstrickt hat. Bei widersprüchlichen Sachverhalten ist jedoch, um eine zivilrechtliche Auslegungsrichtlinie heranzuziehen, auf den objektiven Erklärungswert des Gesetzes abzustellen. Wenn dabei die zu Gebote stehenden Alternativen nur die Wahl zwischen Verfassungswidrigkeit und Verfassungskonformität lassen, so ist gemäß dem Grundsatz der benigna interpretatio diejenige Auslegung, die mit der Verfassung im

---

[1] Beide Thesen, also die Verwendung der „strengen" Schuldtheorie und die Kategorisierung von § 93 Abs. 2 als negatives Tatbestandsmerkmal ließen sich deswegen ohne Widerspruch miteinander verknüpfen, weil sich die Verwendung von negativen Tatbestandsmerkmalen als eine materiell neutrale Technik zur Auflösung von Rechtssatzkonkurrenzen erwies und sie damit — entgegen der h. M. — keine bestimmte Irrtumslösung nach sich zieht, vgl. oben S. 80 ff. (88).

Einklang steht, gegenüber derjenigen Auslegung zu bevorzugen, die das Gesetz dem Vorwurf der Verfassungswidrigkeit und damit der Nichtigkeit preisgibt. Das Zwielicht, in das die legislatorischen Zielvorstellungen die Bestimmungen gebracht haben, ergab sich aus der Verknüpfung der sich in Wirklichkeit gegenseitig ausschließenden Ansätze, die die an der Gesetzgebung beteiligten großen Parteien zugrunde legten: des pragmatischen Ansatzes der CDU, dem das Gros der traditionell gesonnenen Strafrechtslehre sekundierte, und dem puristischen der SPD, der in einer Reihe von wichtigen Einzelpunkten die Unterstützung der jüngeren Strafrechtslehre fand. Bei der Definition des Staatsgeheimnisses vermochte sich der puristische Standpunkt durchzusetzen. In der ehrenwerten Tradition einer alten Partei stehend, die in ihrem Gedankengut den Prinzipien des Internationalismus und des Pazifismus sehr verbunden war und die deshalb bereits in der Weimarer Republik diesen Standpunkt mit allem Nachdruck vertreten hatte, sowie unter dem Einfluß einer der großen Juristenpersönlichkeiten der deutschen Parlamentsgeschichte, Adolf Arndts, dem dieses Thema, wie seine zahlreichen Veröffentlichungen hierzu zeigen, besonders am Herzen lag, vermochte die SPD die programmatisch wirkende Ausnahme aus der Definition des Staatsgeheimnisbegriffes durchzusetzen: Etwas Verfassungswidriges oder ein Verstoß gegen internationale Rüstungsbeschränkungen darf nicht unter dem Schutz des Strafrechts stehen! Doch völlig durchzusetzen vermochte sie sich nicht, — zumal sie nur der Juniorpartner in jener Großen Koalition war. Und wahrscheinlich konnte sie sich auch der pragmatischen Logik der Gegenargumentation, deren klarer Ausdruck die Regelung des § 97 a war, nicht ganz verschließen. Damit waren aber zwei Gesetzeskonzeptionen, die in sich unvereinbar waren, miteinander und nebeneinander Gesetz geworden.

Eine Auflösung dieser Spannung ergibt sich jedoch, wenn man sich von der von beiden Seiten mit methodischen Inkonsequenzen beladenen Kompromißlösung alleine leiten läßt, ohne aber die dogmatischen Implikationen beider Seiten zu akzeptieren. Dann offenbart dieses scheinbare Labyrinth aber eine durchaus klare, stringente innere Logik, deren Grundlage die „strenge" Schuldtheorie ist.

Um zu diesem Ergebnis zu gelangen, war freilich fernerhin erforderlich, das Zusammenspiel von Tatbestands- und Rechtfertigungselementen grundsätzlich zu durchleuchten[2]. Dabei ergaben sich neue, die tatsächlichen Interdependenzen fraglos stark vereinfachende Summenformeln für jeweils die Intentionalitäts-[3] und die Erfolgsseite[4] der

---

[2] S. 100 ff.

[3] S. 147 ff.

[4] S. 153 f.

Handlung, die trotz ihrer abstrahierenden Modellhaftigkeit eine weit komplexere Struktur der Unrechtsbegründung offenbarten, als bisher vertreten wurde:

Die bereits von Arm. Kaufmann herausgearbeitete Genese vom Rechtsgut über die Norm zur Pflicht[5] fand ihre spiegelbildliche Entsprechung in der Entwicklung vom Rechtsgut über den Erlaubnissatz zur Erlaubnis[6]. Die Rechtsordnung sieht einen möglichen Wertkonflikt und entscheidet ihn generell — unter bestimmten Kautelen (z. B. Rechtfertigungsintentionalität) — für den mit dem Rechtfertigungsgrund verfolgten Wert. Jedoch geht die Wahrnehmung eines Erlaubnissatzes und damit die Behauptung eines Wertes aufgrund der der Situation zugrunde liegenden Contravalenz zweier Rechtsgüter notwendig einher mit der Verletzung des anderen Wertes. Daß dies in den Augen der Rechtsordnung zu Unrecht geschehen könnte, macht die abstrakte Gefahr aus, die jede derartige Rechtsbehauptung birgt. Dieser Gefahr vorzubeugen und deshalb die Voraussetzungen der Erlaubnis sorgfältig zu prüfen, verlangt somit mittelbar der Anspruch des aufzuopfernden Rechtsgutes auf Achtung, unmittelbar die Wahrnehmung des Erlaubnissatzes selber, der sich nur unter dieser Voraussetzung zur Erlaubnis zu verdichten vermag[7]. Die so umrissene, im Anschluß an Zielinski als „ohne-zu-Komponente" bezeichnete Annexpflicht[8] betrifft einerseits die sorgfältige Prüfung der situativen Voraussetzungen der Erlaubnis[9], andererseits die der Angemessenheit des Abwehrmittels[10]. Prüft der Täter in der gebotenen Weise die Erlaubnisvoraussetzungen, so vermindert sich durch diese Intentionalität und ihre Verwirklichung der subjektive und der objektive Unwert seiner Tat, auch wenn in Wirklichkeit diese Voraussetzungen nicht vorliegen. Hat er darüber hinaus auch mit Rechtfertigungsintentionalität gehandelt, so hat er auf der subjektiven Tatseite diejenige maximale Werthöhe erreicht, die auch im Falle einer tatsächlichen Rechtfertigung nicht überboten wird. Damit neutralisiert aber der subjektive Handlungs*wert* den subjektiven Handlungs*unwert* in genau der gleichen Weise wie bei einer wirklichen Erlaubnissituation. Infolgedessen fehlt es an einem vorwerfbaren subjektiven Handlungsunwert, der es zuließe, den in der vermeintlichen Erlaubnissituation verbleibenden objektiven Handlungsunwert zuzurechnen[11]. War die Prüfung hingegen unsorgfältig,

---

[5] Vgl. ihre Skizzierung S. 100 f.

[6] S. 117 (120 ff.).

[7] S. 132 ff.

[8] S. 120 (121 ff.) und 139 ff.

[9] S. 138 ff.

[10] S. 216 ff.

[11] S. 147 ff.

so verbleibt auch ein Rest unaufgewogenen Intentionalitätsunwertes, der aber wegen der zahlreichen subjektiven und auch objektiven Wertelemente eine zwingende Strafrahmenmilderung erheischt, soll die Strafe nicht gegen das Schuldprinzip verstoßen[12]. Dies ist der der „strengen“ Schuldtheorie entlehnte, allerdings bereits auf der Unrechtsebene eingeordnete Kerngedanke. In diesem Punkt gab es auch die einzige Abweichung vom Gesetzeswortlaut des § 97 b, der insoweit verfassungskonform eingeschränkt werden mußte[13]. Im übrigen erwies sich die Rechtfertigungsintentionalität als ein konstitutiver Bestandteil gerechtfertigten Handelns[14], auf den der Gesetzgeber jedoch — insbesondere aus (kriminal-)politischen Gründen — verzichten kann[15]. Dies ist im Fall des öffentlichen Verrates illegaler Staatsgeheimnisse auch geschehen, wie sich im Umkehrschluß aus § 97 a ergab[16].

Im Ergebnis erwies sich somit der Gedanke Jeschecks, in § 93 Abs. 2 einen Rechtfertigungsgrund zu sehen, als zutreffend. Die an diesem Vorschlag geübte Kritik erlag der Faszination des vermeintlich eindeutigen Wortlautes und den gesetzgeberischen Absichten, ohne den normierten Sachstrukturen die ihnen zukommende[17] Bedeutung beizumessen.

Einem letzten Vorwurf soll allerdings noch begegnet werden. Es könnte nämlich aufgrund der mannigfach geäußerten Meinung, die Regelung des § 97 b verstoße gegen das Schuldprinzip, der Gedanke aufkommen, eine Interpretation, die dieses Verdikt vermeide, beinhalte nichts als hemmungslose Pragmatik und diskreditiere damit nicht nur sich, sondern auch die von ihr verwandte Theorie: Was kann an einer Theorie schon sein, der es mit rein begrifflichen Mitteln gelingt, etwas Verfassungswidriges als verfassungskonform zu erklären? Nun, es ist während der Erörterungen der verschiedenen Alternativen immer wieder versucht worden, die sowohl ontologischen wie auch normentheoretischen Begründungen dieser Theorie im Spiegel des hier anstehenden Problemkreises zu beleuchten. Es hat sich m. E. gezeigt, daß diese Theorie imstande ist, seinsmäßige Gegebenheiten und normative Ansprüche zu sinnvollen Ergebnissen zu verknüpfen. Sie vermag dies um so mehr, als sie gegenüber den Varianten der herrschenden „eingeschränkten“ Schuldtheorie eine kriminalpolitisch sehr viel flexiblere Lösungsmethode ist. Sie erweist sich deswegen als elastischer, weil sie eine für alle Tatbestände gleichermaßen anwendbare Konzeption ent-

---

12 S. 165 ff.

13 S. 170 (176 f.).

14 S. 123 ff.

15 S. 196 f.

16 S. 224 f.

17 Vgl. hierzu Welzel, Vom Bleibenden, S. 21.

hält, die keine zusätzlichen Gesetzesregelungen erfordert und trotzdem keine bedeutsamen Strafbarkeitslücken in diesen Fallagen hinterläßt. Auf der anderen Seite ermöglicht sie mit Hilfe der Unrechtsabstufung, wie sie hier vorgeschlagen wurde, eine sehr feine Abstufung auch im Rahmen der Vorwerfbarkeit. Die Gefahr, die in dieser Lösung liegt, tritt dabei natürlich gleichermaßen offen zutage: Es ist die Gefahr, daß von diesem feinen Raster der Unrechtsabstufung nicht der entsprechende Gebrauch gemacht wird. Diese Gefahr ist aber bei der Rechtsanwendung immer gegeben, da es Tatbestände von jener „hanebüchenen Deutlichkeit" und Eindeutigkeit, wie sie gerade auch in diesem Zusammenhang verschiedentlich[18] gefordert worden sind, nicht gibt. Aber auch in Anerkennung dieser Unzulänglichkeit bleibt dennoch diese Theorie vorzugswürdig vor einer anderen Theorie, deren Anforderungen erheblich strenger wären. Denn eine solche voraussetzungsvollere Theorie liefe die deutliche Gefahr, im Falle ihres ersten Versagens beseitigt zu werden. Daß die dann mit heißer Nadel genähte Ersatzlösung — ganz unter dem Einfluß dieses Versagens zustande gekommen — eine erhebliche Verschärfung mit sich brächte, dies vorherzusagen bedarf keiner besonders prophetischer Gaben.

Auf ein nicht unwesentliches Nebenprodukt der hier vorgeschlagenen Interpretation sei abschließend noch kurz hingewiesen: Im Falle eines vermeintlichen Verstoßes gegen die Verfassung, der nicht die in § 93 Abs. 2 umschriebene Intensität erreicht, — wenn der Täter also in einem echten Putativnotstand handelt — wird dieser nicht anders behandelt als in dem besonderen Falle des § 97 b. Demgegenüber käme es bei Zugrundelegung der herrschenden Meinung („eingeschränkte" Schuldtheorie) einerseits und der Auffassung, § 97 b enthalte eine besondere Tatbestandsirrtums-Regelung, in der Tat zu einer geradezu grotesken Ungleichbehandlung verhältnismäßig ähnlicher Sachverhalte: Bei der Bekämpfung des vermeintlich viel schwerer wiegenden Verfassungsverstoßes müßte der Täter gleichwohl den Kautelen des § 97 b genügen. Hingegen ginge er bei der irrigen Annahme leichterer Verfassungsverstöße oder Gesetzeswidrigkeiten — mangels eines Fahrlässigkeitstatbestandes im Landesverratsbereich — trotz unter Umständen gleichermaßen vermeidbaren Irrtums straffrei aus[19]. Demgegenüber spricht § 97 b, so wie er hier gesehen wird, ausdrücklich aus, was ohnehin für die Unrechts- und Schuldbeziehungen in den Fällen der Putativrechtfertigung gilt. Demzufolge gehorchen auch alle anderen Rechtfertigungsgründe diesen Regeln, sind also auch bei allen anderen Putativerlaubnisirrtümern die gleichen Grundsätze anzuwenden. Damit werden strukturell gleichgelagerte Fälle auch gleichbehan-

---

18 Vgl. etwa Radbruch, Justiz III, S. 103 (109).

19 Dies ist ein häufig erhobener Einwand gegen die Tatbestandslösung,

delt. Das führt zu einer „Einheit der (Strafrechts-)Ordnung" in einem Punkt, in dem alle anderen Lösungsvorschläge versagen müssen[20]. Schon dies allein spricht für die Richtigkeit der vorgestellten Thesen.

vgl. etwa Schönke / Schröder[17], § 97 b RN 1; Stree, Strafrechtsreform, S. 175 (178 f.).

[20] Denn auch diejenigen, die lediglich § 97 b Abs. 1 S. 1 Nr. 1 für verfassungskonform halten, so etwa Wiedmann, § 97 b, S. 134, 211 ff., bzw. die Grundsätze des § 17 in die Bestimmung des § 97 b hineinlesen wollen, so etwa Dreher, § 97 b RN 11, kommen im Falle eines vermeidbaren Erlaubnistatbestandsirrtum bei §§ 94 ff. nicht um eine Ungleichbehandlung strukturell gleichgearteter Sachverhalte herum: Während bei § 97 b günstigstenfalls eine Strafmilderung nach §§ 17 S. 2, 49 in Betracht kommt, geht der in Putativnotstand Handelnde mangels Fahrlässigkeitstatbestands straffrei aus.

Literaturverzeichnis

Zeitschriftenaufsätze werden nach ihren Fundstellen zitiert, Kommentare nur mit dem Namen des Verfassers, monographische Abhandlungen und Lehrbücher nach dem ersten Hauptwort des Titels. Nur soweit davon abgewichen wird, ist die Zitierweise in einer Klammer an die nun folgenden Fundstellenangaben angefügt. Bis auf die letzte Auflage werden unterschiedliche Auflagen durch Hochzahlen gekennzeichnet.

Titel

Ahrens, Jörn Hans Peter: Der Begriff des Staatsgeheimnisses im deutschen und ausländischen Staatsschutzrecht, Diss. Hamburg, 1966.

Amelung, Knut: Rechtsgüterschutz und Schutz der Gesellschaft, Frankfurt, 1972.

Arndt, Adolf: Umwelt und Recht,
1. Das Geheimnis im Recht,
2. Das Recht auf Arbeit im Gefängnis, NJW 1960, S. 2040 f.

— Das Staatsgeheimnis als Rechtsbegriff und als Beweisfrage, NJW 1963, S. 465 ff.

— Umwelt und Recht. Demokr. Rechtsauslegung am Beispiel des Begriffs „Staatsgeheimnis", NJW 1963, S. 24 ff.

— Landesverrat, Berlin und Neuwied, 1966.

— Umwelt und Recht,
1. Der BGH und das Selbstverständliche (§ 100 StGB),
2. Die Kunst im Recht, NJW 1966, S. 25 ff.

Arndt, Herbert: Die landesverräterische Geheimnisverletzung. ZStW 66 (1954), S. 41 ff.

— Grundriß des Wehrstrafrechtes, 2. Aufl., München und Berlin, 1966.

Arzt, Gunther: Die Reform unseres politischen Strafrechts, Frankfurter Hefte 1966, S. 823 ff.

Baumann, Jürgen: Körperverletzung oder Freiheitsdelikt? NJW 1958, S. 2092 ff.

— Zur Reform des politischen Strafrechts, JZ 1966, S. 329 ff.

— Strafrecht, Allgemeiner Teil, 5. Aufl., Bielefeld, 1968, 8. Aufl., 1977. (zit.: Lb).

Baur, Fritz: Der Beseitigungsanspruch nach § 1004 BGB, AcP 160 (1961), S. 465 ff.

Beling, Ernst: Die Lehre vom Tatbestand, Tübingen, 1930.

Bemmann, Günter: Zur Frage der objektiven Bedingungen der Strafbarkeit, Göttingen, 1957, (zit.: Bedingungen).

Bemmann, Günter: Welche Bedeutung hat das Erfordernis der Rauschtat, GA 1961, S. 65 ff.

Bergenroth, Alfred: Übergesetzlicher Putativnotstand, Breslau-Neukirch, 1933.

Bertel, Christian: Notwehr gegen verschuldete Angriffe, ZStW 84 (1972), S. 1 ff.

Bertram, Karl Friedrich: Das Widerstandsrecht des Grundgesetzes, Berlin, 1970.

Binavince, Emilio S.: Die vier Momente der Fahrlässigkeitslehre, Bielefeld, 1969, (zit.: Fahrlässigkeit).

Binding, Karl: Die Normen und ihre Übertretung, Bd. III, Der Irrtum, Leipzig, 1918.

Blei, Hermann: Aufsätze in Zeitschriften (zu M. Hirsch, NJW 1968, S. 2330), JA 1969, S. 89 (Strafrecht, S. 25).

— Zum Nachdenken, JA 1971, S. 311 ff. (Strafrecht, S. 87 ff.).

— Strafrecht I, Allgemeiner Teil, 17. Aufl., München, 1976 (zit.: AT).

— Strafrecht II, Besonderer Teil, 10. Aufl., München, 1976 (zit.: BT).

Bockelmann, Paul: Studien zum Täterstrafrecht, 2. Teil, Berlin, 1940.

— Urteilsanmerkung (zu OGH, NJW 1950, S. 551), NJW 1950, S. 830 ff.

— Menschenrechtskonvention und Notwehrrecht, Festschrift für Karl Engisch, Frankfurt, 1969, S. 456 ff. (zit.: Engisch-FS).

— Strafrecht, Allgemeiner Teil, 2. Aufl., München, 1976.

Böckenförde, Ernst-Wolfgang: Grundrechtstheorie und Grundrechtsinterpretation, NJW 1974, S. 1529 ff.

Börker, Rudolf: Ein Vorschlag zu der Rechtsprechung über die irrtümliche Annahme der tatbestandlichen Merkmale eines anerkannten Rechtfertigungsgrundes, JR 1960, S. 168 ff.

Bogs, Harald: Die verfassungskonforme Auslegung von Gesetzen, Stuttgart u. a., 1966.

Boldt, Gottfried: Staatsnotwehr und Staatsnotstand, ZStW 56 (1937), S. 183 ff.

— Zur Struktur der Fahrlässigkeitstat, ZStW 68 (1956), S. 335 ff.

Bonner Kommentar: Kommentar zum Bonner Grundgesetz, bearbeitet von H. J. Abraham u. a., Hamburg, 1950 ff.

Breithaupt, Walter: „Das illegale Staatsgeheimnis", Kritische Bemerkungen zur Neufassung der §§ 93 ff. StGB, NJW 1968, S. 1712 f.

— Nochmals: Das illegale Staatsgeheimnis, NJW 1969, S. 266.

Busch, Richard: Über die Abgrenzung von Tatbestands- und Verbotsirrtum, Festschrift für Edmund Mezger, München—Berlin, 1954, S. 165 ff. (zit.: Mezger-FS).

— Moderne Wandlungen der Verbrechenslehre. Recht und Staat, Heft 137, Tübingen, 1949.

van Calker, Fritz: Der Landesverrat. Rechtspolitische Bemerkungen zum Entwurf von 1929, Festgabe für Reinhard von Frank, Bd. II, Tübingen, 1930, S. 245 ff. (zit.: Frank-FS).

Coing, Helmut: Ehrenschutz und Presserecht, Karlsruhe, 1959.

Čopić, Hans: Grundgesetz und politisches Strafrecht neuer Art, Tübingen, 1967.

Dagtoglou, Prodromos: Motiv der Pressekritik und Pressefreiheit, ÖV 1963, S. 636 ff.

Dahm, Georg: Verbrechen und Tatbestand, in: Grundfragen der neuen Rechtswissenschaft, Berlin, 1935, S. 62 ff.

— Der Methodenstreit in der heutigen Strafrechtswissenschaft, ZStW 57 (1938), S. 225 ff.

Denkschrift der Reichsanwaltschaft: Der „Landesverrat" in der Rechtsprechung des Reichsgerichtes bearbeitet von der Reichsanwaltschaft, Drucks. Nr. 110 des 21. Ausschusses des Reichstages, 4. WP, 1928.

zu Dohna, Alexander Graf: Vorsatz beim Landesverrat, DJZ 1925, S. 146 ff.

— Der Aufbau der Verbrechenslehre, 4. Aufl., Bonn, 1950.

Dreher, Eduard: Die vierte Arbeitstagung der Großen Strafrechtskommission 1. bis 4. Februar 1955, ZStW 67 (1955), S. 428 ff.

— Anmerkung (zu OLG Köln, MDR 1962, S. 591 f.), MDR 1962, S. 592 f.

— Das 3. Strafrechtsreformgesetz und seine Probleme, NJW 1970, S. 1153 ff.

— Der Irrtum über Rechtfertigungsgründe, Festschrift für Ernst Heinitz, Berlin, 1972, S. 207 ff. (zit.: Heinitz-FS).

— Strafgesetzbuch, Kommentar, 34. Aufl., München, 1974; 37. Aufl., 1977.

Dreher, Eduard / *Lackner,* Karl / *Schwalm,* Georg: Wehrstrafgesetz, Kommentar, München und Berlin, 1958.

Drews, Bill / *Wacke,* Gerhard / *Vogel,* Klaus: Gefahrenabwehr, Allgemeines Polizeirecht (Ordnungsrecht) des Bundes und der Länder, 8. Aufl., Köln u. a., 1975.

Dürig, Günter: Der Grundrechtssatz von der Menschenwürde, AöR 81 (1956), S. 117 f.

Eiselt, Peter: Die Behandlung des Irrtums über die Verbindlichkeit eines Befehls nach dem § 22 des Wehrstrafgesetzes, Diss. Göttingen, 1974.

Engisch, Karl: Untersuchungen über Vorsatz und Fahrlässigkeit im Strafrecht, Neudruck der Ausgabe Berlin, 1930.

— Die Einheit der Rechtsordnung, Heidelberg, 1935.

— Die normativen Tatbestandselemente im Strafrecht, Festschrift für Edmund Mezger, München und Berlin, 1954, S. 127 ff. (zit.: Mezger-FS).

— Tatbestandsirrtum und Verbotsirrtum bei Rechtfertigungsgründen, ZStW 70 (1958), S. 566 ff.

— Einführung in das juristische Denken, 7. Aufl., Stuttgart u. a., 1977.

— Auf der Suche nach der Gerechtigkeit, Hauptthemen der Rechtsphilosophie, München, 1971.

Enneccerus, Ludwig / *Nipperdey,* Hans Carl: Allgemeiner Teil des Bürgerlichen Rechts. Ein Lehrbuch, 15. Aufl., 1. Bd., 2. Halbband, Tübingen, 1960 (zit.: II).

Epstein, Max: Der Landesverrat in historischer, dogmatischer und rechtsvergleichender Darstellung, Breslau, 1898.

Erdsiek, Gerhard: Unvollkommenheiten des zivilrechtlichen Ehrenschutzes, NJW 1966, S. 1385 ff.

Erdsiek, Gerhard: Wahrnehmung berechtigter Interessen, ein Rechtfertigungsgrund? JZ 1969, S. 311 ff.

Eser, Albin: Wahrnehmung berechtigter Interessen als allgemeiner Rechtfertigungsgrund, Bad Homburg v. d. H.—Berlin—Zürich, 1969.

— Strafrecht I, Juristischer Studienkurs, 2. Aufl., München, 1976 (zit.: StrafR I).

Esser, Josef: Schuldrecht, Band II: Besonderer Teil, 4. Aufl., Karlsruhe, 1971 (zit.: Schuldrecht II).

Fischer, Hans-Albrecht: Die Rechtswidrigkeit mit besonderer Berücksichtigung des Privatrechts, München, 1911.

Finger, August: Die Problematik des Tatbestandes des Landesverrates, GS 102 (1933), S. 227 ff.

Foth, Heinrich: Neuere Kontroversen um den Begriff des Wahnverbrechens, JR 1965, S. 366 ff.

v. Frank, Reinhard: Das Strafgesetzbuch für das Deutsche Reich, 18. Aufl., Tübingen, 1931.

Freiesleben: Einzelne Fragen aus dem Gebiet des Landesverrates und der Spionage, ZStW 45 (1925), S. 237 ff.

Freymuth, A.: Fechenbach — Feststellungen für die Geschichte, Die Justiz, Bd. II (1926/7), S. 366 ff.

Friedensburg, F.: Der neue Staat im Strafgesetzbuchentwurf, Die Justiz, Bd. I (1925/6), S. 464 ff.

Frind, Josef Walter: Der Landesverrat im deutschen Strafrecht, Breslau, 1931.

Fuchs: Die Wahlfeststellung zwischen Vorsatz und Fahrlässigkeit im Strafrecht, GA 1964, S. 65 ff.

Fukuda, Taira: Das Problem des Irrtums über Rechtfertigungsgründe, JZ 1958, S. 143 ff.

Fuss, Ernst-Werner: Pressefreiheit und Geheimnisschutz, NJW 1962, S. 2225 ff.

Gallas, Wilhelm: Kritik der Lehre vom Verbrechen als Rechtsgutsverletzung, Festschrift für Graf Gleispach, Berlin—Leipzig, 1936, S. 50 ff. (zit.: Gleispach-FS).

— Pflichtenkollision als Schuldausschließungsgrund, Festschrift für Eduard Mezger, München und Berlin, 1954, S. 311 ff. (zit.: Mezger-FS).

— Zum gegenwärtigen Stand der Lehre vom Verbrechen, ZStW 67 (1955), S. 1 ff.

Geilen, Gerd: Strafrecht, Allgemeiner Teil, 2. Aufl., Bochum, 1976.

Gerland, Heinrich B.: Deutsches Reichsstrafrecht, 2. Aufl., Berlin und Leipzig, 1932 (zit.: Lb).

Goldmann, Heinz Gerd: Die behördliche Genehmigung als Rechtfertigungsgrund, Diss. Freiburg, 1967.

Grabitz, Eberhard: Der Grundsatz der Verhältnismäßigkeit in der Rechtsprechung des Bundesverfassungsgerichtes, AöR 98 (1973), S. 568 ff.

Grimm, Friedrich: Rechtsgutachten in der Strafsache des Oberleutnant Paul Schulz, München, 1928.

Grossmann, Kurt R.: Ossietzky. Ein deutscher Patriot, München, 1973.

Grundgesetz: Vgl. Maunz / Dürig / Herzog / Scholz.

Grünhut, Max: Begriffsbildung und Rechtsanwendung im Strafrecht, Tübingen, 1926.

Gumbel, Emil J.: Landesverrat, begangen durch die Presse, Die Justiz, Bd. II (1926/7), S. 75 ff.

— Landesverrats-Statistik, Die Justiz, Bd. III (1927/8), S. 386 ff.

Hälschner, Hugo: Das gemeine deutsche Strafrecht, 2. Band, 2. Abteilung, Bonn, 1887.

Hamann, Andreas: Der „Staatsschutz" im Strafgesetzentwurf und das Grundgesetz, NJW 1962, S. 1845 ff.

Hamann, Andreas / *Lenz*, Helmut: Grundgesetz und Strafgesetzgebung, 3. Aufl., Neuwied und Berlin, 1970.

Hamm: Zu dem Entwurf eines neuen Gesetzes gegen den Verrat militärischer Geheimnisse, ZStW 35 (1914), S. 247 ff.

Hanack, Ernst-Walter: Hausfriedensbruch durch Testkäufer — LG Frankfurt, NJW 1963, S. 1022 —, JuS 1964, S. 352 ff.

Hartung, Fritz: Irrtum über „negative Tatumstände", NJW 1951, S. 209 ff.

— Die Entscheidung des Bundesgerichtshofes zur Frage des Verbotsirrtums, NJW 1952, S. 761 ff.

— Zweifelsfragen des Verbotsirrtums, JZ 1955, S. 663 ff.

Hausmann, Manfred: Der militärische Geheimnisverrat und die Pressefreiheit, Diss. Freiburg, 1967.

Haß, Gerhard: Zu Wesen und Funktion der objektiven Strafbarkeitsbedingungen, Bemerkungen zur Entstehungsgeschichte des Begriffes, Rechtstheorie, 1972, S. 23 ff.

Hegler, August: Subjektive Rechtswidrigkeitsmomente im Rahmen des allgemeinen Verbrechensbegriffs. Festgabe für Reinhard von Frank, Bd. I, Tübingen, 1930, S. 251 ff. (zit.: Frank-FS).

Heinitz, Ernst: Anmerkung (zu BGH JR 1957, S. 346 f.), JR 1957, S. 347 ff.

Heinitz, Ernst / *Ridder*, Helmut: Staatsgeheimnis und Pressefreiheit, Bonn, 1963, S. 7 ff.

Heitzer, A.: Ist der putative Rechtfertigungsgrund als Verbotsirrtum zu behandeln? NJW 1953, S. 210 f.

Henkel, Heinrich: Zumutbarkeit und Unzumutbarkeit als regulatives Rechtsprinzip, Festschrift für Eduard Mezger, München und Berlin, 1954, S. 249 ff. (zit.: Mezger-FS).

Herdegen, Gerhard: Der Verbotsirrtum in der Rechtsprechung des Bundesgerichtshofes, Festschrift 25 Jahre Bundesgerichtshof, München, 1975, S. 195 ff. (zit.: BGH-FS).

v. Hippel, Robert: Deutsches Strafrecht, Bd. I: Allgemeine Grundlagen, Berlin, 1925.

Hirsch, Hans-Joachim: Die Lehre von den negativen Tatbestandsmerkmalen, Bonn, 1960.

Hirsch, Hans-Joachim: Soziale Adäquanz und Unrechtslehre, ZStW 74 (1962), S. 78 ff.

— Ehre und Beleidigung, Karlsruhe, 1967.

Hirsch, Martin: Das sog. „illegale Staatsgeheimnis", NJW 1968, S. 2330.

Hirschberg, Max: Der Fall Fechenbach, Justiz I (1925/6), S. 46 ff.

— Das Fehlurteil im Strafprozeß, Stuttgart, 1960.

Hoegner, Wilhelm: Die bayerische Justiz vor dem Untersuchungsausschuß, Justiz III (1927/8), S. 315 ff.

Hold von Ferneck, Alexander: Die Rechtswidrigkeit. Eine Untersuchung zu den allgemeinen Lehren des Strafrechts, Bd. I, Jena, 1903.

Horn, Eckart: Verbotsirrtum und Vorwerfbarkeit, Berlin, 1969.

— Konkrete Gefährdungsdelikte, Köln, 1973.

Huber, Ernst Rudolf: Dokumente zur deutschen Verfassungsgeschichte, Bd. 3, Stuttgart u. a., 1966.

v. Jhering, Rudolf: Das Schuldelement im römischen Privatrecht, Gießen, 1867.

Isensee, Josef: Das legalisierte Widerstandsrecht, Bad Homburg v. d. H.—Berlin—Zürich, 1969.

Jäger, Heinz (i. e. Kreiser, Walter): Windiges aus der deutschen Luftfahrt, Weltbühne, Jahrgang 25/I (1929), S. 402 ff.

Jagusch, Heinrich: Pressefreiheit, Redaktionsgeheimnis, Bekanntmachen von Staatsgeheimnissen, NJW 1963, S. 177 ff.

Jescheck, Hans-Heinrich: Pressefreiheit und militärisches Staatsgeheimnis, Berlin, 1964.

— Zur Reform des Politischen Strafrechts, JZ 1967, S. 6 ff.

— Lehrbuch des Strafrechts, Allgemeiner Teil, 1. Aufl., Berlin, 1969; 2. Aufl., 1972; 3. Aufl., 1978 (zit.: Lb).

— Die Behandlung des sog. illegalen Staatsgeheimnisses im neueren politischen Strafrecht, Festschrift für Karl Engisch, Frankfurt, 1969, S. 584 ff. (zit.: Engisch-FS).

Jescheck, Hans-Heinrich / *Mattes*, Heinz: Die strafrechtlichen Staatsschutzbestimmungen des Auslandes, hrsg. von Jescheck, Mattes u. a., 2. Aufl., Bonn, 1968 (zit.: Staatsschutzrecht).

Jorns: Landesverrat, DRiZ 1928, S. 105 ff.

Kadečka, Ferdinand: Verkappte Zufallshaftung, MschrKrim. 1931, S. 65 ff.

Kantorowicz, Hermann: Der Landesverrat im deutschen Strafrecht, Die Justiz, Bd. II (1926/27), S. 92 ff.

Kaufmann, Armin: Lebendiges und Totes in Bindings Normentheorie. Normenlogik und moderne Strafrechtsdogmatik, Göttingen, 1954 (zit.: Normentheorie).

— Tatbestandseinschränkung und Rechtfertigung, JZ 1955, S. 37 ff.

— Die Dogmatik der Unterlassungsdelikte, Göttingen, 1959.

— Schuldfähigkeit und Verbotsirrtum, Festschrift für Eberhardt Schmidt, Göttingen, 1961, S. 319 ff. (zit.: Schmidt-FS).

— Das fahrlässige Delikt. ZfRV (Zeitschr. f. Rechtsvergleichung) 1964, S. 41.

Kaufmann, Armin: Die Dogmatik im Alternativ-Entwurf, ZStW 80 (1968), S. 34 ff.

— Zum Stand der Lehre vom personalen Unrecht, Festschrift für Hans Welzel, Berlin, 1974, S. 393 ff. (zit.: Welzel-FS).

Kaufmann, Arthur: Zur Lehre von den negativen Tatbestandsmerkmalen, JZ 1954, S. 653 ff.

— Tatbestand, Rechtfertigungsgründe und Irrtum, JZ 1956, S. 354 ff.

— Das Schuldprinzip, Heidelberg, 1961.

— Unrecht und Schuld beim Delikt der Volltrunkenheit, JZ 1963, S. 425 ff.

— Die Irrtumsregelung im StGB-Entwurf 1962; ZStW 76 (1964), S. 543 ff.

Kern, Eduard: Grade der Rechtswidrigkeit, ZStW 64 (1952), S. 255.

— Der Strafschutz des Staats und seine Problematik, Tübingen, 1963.

Kersten, Klaus Ulrich: Die Entwicklung der allgemeinen Strafbestimmungen gegen den Landesverrat in Deutschland vom Preußischen Strafgesetzbuch von 1851 bis zur Gegenwart, Diss. Köln, 1975.

Kientzy, Dieter: Der Mangel am Straftatbestand infolge Einwilligung des Rechtsgutsträgers, Tübingen, 1970.

Kirchheimer, Otto: Politische Justiz. Verwendung juristischer Verfahrensmöglichkeiten zu politischen Zwecken, Neuwied und Berlin, 1965.

Kitzinger, Friedrich: Der Fall Fechenbach, ZStW 44 (1924), S. 136 ff.

Klee, Karl: Anmerkung zu Kurzweg, Über ein Notrecht zur Verteidigung der öffentlichen Ordnung, GA Bd. 70 (1926), S. 72.

Klug, Ulrich: Zum Begriff der Gesetzeskonkurrenz, ZStW 68 (1956), S. 399 ff.

— Ungeschriebene Tatbestandsmerkmale beim Staatsgeheimnisbegriff, Festschrift für Karl Engisch, Frankfurt, 1969, S. 570 ff. (zit.: Engisch-FS).

Kohlhaas, Max: Kommentar zum Wehrstrafrecht, Wiesbaden-Dotzheim, 1969 (zit.: Wehrstrafrecht).

Kohlmann, Günter: Der Begriff des Staatsgeheimnisses (§§ 93 StGB und § 99 Abs. 1 StGB a. F.) und das verfassungsrechtliche Gebot der Bestimmtheit von Strafvorschriften (Art. 103 Abs. 2 GG), Köln—Marienburg, 1969 (zit.: Staatsgeheimnis).

Kohlrausch, Eduard: Irrtum und Schuldbegriff im Strafrecht, I. Teil, Berlin, 1903.

— Der Spionagegesetz-Entwurf, ZStW 35 (1914), S. 250 ff.

Kohlrausch, Eduard / *Lange,* Richard: Strafgesetzbuch, 43. Aufl., Berlin, 1961.

Kratzsch, Dietrich: Grenzen der Strafbarkeit im Notwehrrecht, Berlin, 1968.

Krauß, Detlef: Die Zurechnung des Erfolges im Unrechtstatbestand, Diss. Göttingen, 1962.

— Erfolgsunwert und Handlungsunwert im Unrecht, ZStW 76 (1964), S. 19 ff.

v. Krauss, Rupprecht: Der Grundsatz der Verhältnismäßigkeit, Hamburg, 1955.

Krauth, Hermann / *Kurfess,* Werner / *Wulf,* Helmut: Zur Reform des Staatsschutz-Strafrechts durch das Achte Strafrechtsänderungsgesetz, JZ 1968, S. 577 ff., S. 609 ff.

Kreutzer, Paul: Zum Irrtum über normative Tatbestandsmerkmale, NJW 1955, S. 1307 ff.

Krey, Volker: Zum Begriff des „Wohls der Bundesrepublik Deutschland" in § 99 Abs. 1 und 2 StGB. Gleichzeitig ein Beitrag zur Problematik des „illegalen Staatsgeheimnis", ZStW 79 (1967), S. 103 ff.

Kröger, Klaus: Widerstandsrecht und demokratische Verfassung, Tübingen, 1971.

Krümpelmann, Justus: Die Bagatelldelikte. Untersuchung zum Verbrechen als Steigerungsbegriff, Berlin, 1966.

— Stufen der Schuld beim Verbotsirrtum. Zugleich eine Stellungnahme zur Behandlung des Irrtums über Rechtfertigungsgründe im Entwurf 1962 und im Alternativentwurf, GA 1968, S. 129 ff.

Kunert, Karl Heinz: Die normativen Merkmale der strafrechtlichen Tatbestände, Berlin, 1958.

Lackner, Karl: Landesverräterische Agententätigkeit, ZStW 78 (1966), S. 695 ff.

— Die Neuregelung des Schwangerschaftsabbruchs, NJW 1976, S. 1233 ff.

— StGB Kommentar, 11. Aufl., München, 1977.

Lang-Hinrichsen, Dietrich: Zur Problematik von Tatbestands- und Verbotsirrtum, JR 1952, S. 184 ff.

— Tatbestandslehre und Verbotsirrtum, JR 1952, S. 302 ff., S. 356 ff.

— Die irrtümliche Annahme eines Rechtfertigungsgrundes in der Rechtsprechung des Bundesgerichtshofes, JZ 1953, S. 362 ff.

Lange, Richard: Irrtumsfragen bei der ärztlichen Schwangerschaftsunterbrechung, JZ 1953, S. 9 ff.

Langer, Winrich: Das Sonderverbrechen, Berlin, 1972.

— Vorsatztheorie und strafgesetzliche Irrtumsregelung, GA 1976, S. 193 ff.

Larenz, Karl: Lehrbuch des Schuldrechts, Band II, Besonderer Teil, 11. Aufl., München, 1977 (zit.: Schuldrecht II).

Leipziger Kommentar: Kommentar zum Reichs-Strafgesetzbuch, erläutert von Ludwig Ebermayer, Adolf Lobe, Werner Rosenberg, 4. Aufl., Berlin und Leipzig, 1929 (zit.: LK^4-Bearbeiter).

— Kommentar zum Reichs-Strafgesetzbuch, hrsg. von Johannes Nagler, Bd. I, 6. Aufl., Berlin, 1944 (zit.: LK^6-Bearbeiter).

— Strafgesetzbuch, hrsg. von Heinrich Jagusch und Edmund Mezger, Bd. I und II, 8. Aufl., Berlin, 1957 (zit.: LK^8-Bearbeiter).

— Strafgesetzbuch, hrsg. von Paulheinz Baldus und Günther Willms, Bd. I, II und III, 9. Aufl., Berlin, New York, 1974 (zit.: LK-Bearbeiter).

Lenckner, Theodor: Der rechtfertigende Notstand, Zur Problematik der Notstandsregelung im Entwurf eines Strafgesetzbuches (E 1962), Tübingen, 1965.

— Die Rechtfertigungsgründe und das Erfordernis pflichtgemäßer Prüfung. Festschrift für Hellmuth Mayer, Berlin, 1966, S. 165 ff. (zit.: Mayer-FS).

— Wertausfüllungsbedürftige Begriffe im Strafrecht und der Satz „nulla poena sine lege", JuS 1968, S. 304 ff.

Lerche, Peter: Übermaß und Verfassungsrecht, Köln u. a., 1961.

Liebmann, Otto: Offener Brief an den Reichsjustizminister a. D., ordentlicher Professor der Rechte an der Universität Kiel, Herrn Dr. Gustav Radbruch, DJZ 1926, S. 146 ff.

v. Liszt, Franz: Der Begriff des militärischen Geheimnisses. Festschrift für Heinrich Brunner, München—Leipzig, 1917, S. 207 ff. (zit.: Brunner-FS).

v. Liszt, Franz / *Schmidt*, Eberhard: Lehrbuch des deutschen Strafrechts, 26. Aufl., Berlin—Leipzig, 1932 (zit.: Lb).

Löffler, Alexander: Literatur (Lehrbuch des deutschen Strafrechts, von F. v. Liszt, 5. Aufl., Berlin, 1892), Grünhuts Zeitschrift für Privat- und öffentliches Recht, Bd. 20 (1892), S. 767 ff.

Löffler, Martin: Presserecht, Kommentar zum Reichsgesetz über die Presse und zum Presserecht der Länder sowie den sonstigen die Presse betreffenden Vorschriften, 2. Aufl., München und Berlin, 1969.

Löwenthal: Der Landesverrat im StGB-Entwurf, Die Justiz, Bd. III (1927/8), S. 120 ff.

Lüttger, Hans: Das Staatsschutzstrafrecht gestern und heute, JR 1969, S. 121 ff.

— Zur Reform des § 353 c StGB, JZ 1969, S. 578 ff.

Maihofer, Werner: Pressefreiheit und Landesverrat, Blätter für deutsche und internationale Politik, 1963, S. 1 ff.

— Staatsschutz im Rechtsstaat, Blätter für deutsche und internationale Politik, 1964, S. 32 ff., S. 123 ff. (jeweils zit.: Bl. Politik).

v. Mangoldt, Hermann / *Klein*, Friedrich: Das Bonner Grundgesetz, Bd. I, 2. Aufl., Berlin und Frankfurt, 1966.

Maunz, Theodor / *Dürig*, Günter / *Herzog*, Roman / *Scholz*, Rupert: Kommentar zum Grundgesetz, 3. Aufl., (1. - 15. Lieferung) München, 1977 (zit.: Bearbeiter in Maunz u. a., Grundgesetz).

Maurach, Reinhart: Deutsches Strafrecht, Besonderer Teil, 5. Aufl., Karlsruhe, 1969 (zit.: BT).

— Deutsches Strafrecht, Allgemeiner Teil, 4. Aufl., Karlsruhe, 1971 (zit.: AT).

Maurach, Reinhart / *Zipf*, Heinz: Strafrecht, Allgemeiner Teil, Teilband 1, 5. Aufl., Karlsruhe, 1977 (zit.: AT I).

Mayer, Hellmuth: Die Staatsverbrechen in der Reichstagsvorlage, GS 98 (1929), S. 32 ff.

— Das Strafrecht des deutschen Volkes, Stuttgart, 1936.

— Strafrecht, Allgemeiner Teil, Stuttgart—Köln, 1953 (zit.: Lb).

— Strafrecht, Allgemeiner Teil, Stuttgart u. a., 1967 (zit.: AT).

Mayer, Max Ernst: Der Allgemeine Teil des deutschen Strafrechts, 2. Aufl., Heidelberg, 1923 (zit.: Lb).

Medicus, Dieter: Bürgerliches Recht, 7. Aufl., Köln u. a., 1975.

Merkel, Adolf: Kriminalistische Abhandlungen, 2. Bd., Leipzig, 1867.

— Lehrbuch des deutschen Strafrechts, Stuttgart, 1889 (zit.: Lb).

Merkel, Paul: Schuld, Vorsatz, Fahrlässigkeit, Irrtum, JW 1925, S. 893 ff.

— Grundriß des Strafrechts, Teil I, Allgemeiner Teil, Bonn, 1927.

Mezger, Edmund: Die subjektiven Unrechtselemente, GS 89 (1924), S. 207 ff.

— Vom Sinn der strafrechtlichen Tatbestände, Festschrift für Ludwig Traeger, 1926, S. 187 ff. (zit.: Traeger-FS).

Mezger, Edmund: Strafrecht. Ein Lehrbuch, 1. Aufl., München—Leipzig, 1931; 3. Aufl., Berlin—München, 1949 (zit.: Lb).

— Moderne Wege der Strafrechtsdogmatik. Eine ergänzende Betrachtung zum Lehrbuch des Strafrechts in seiner 3. Aufl., (1949), Berlin—München, 1950.

— Vom Sinn der strafbaren Handlung, JZ 1952, S. 675 ff.

— Wandlungen der strafrechtlichen Tatbestandslehre, NJW 1953, S. 3 ff.

Mezger, Edmund / *Blei*, Hermann: Strafrecht. Ein Studienbuch, Besonderer Teil, 9. Aufl., München und Berlin, 1966.

Minas-v. Savigny, Jutta: Negative Tatbestandsmerkmale. Ein Beitrag zur Rechtssatz- und Konkurrenzlehre, Köln u. a., 1972.

Mommsen, Theodor: Römisches Strafrecht, Leipzig, 1889.

Müller-Dietz, Heinz: Absehen von Strafe (§ 60 StGB n. F.). Dogmatische und kriminalpolitische Probleme einer neuen Rechtsfigur, Festschrift für Richard Lange, Berlin, 1976, S. 197 ff. (zit.: Lange-FS).

Münzberg, Wolfgang: Verhalten und Erfolg als Grundlage der Rechtswidrigkeit und Haftung, Frankfurt, 1966.

— Bemerkungen zum Haftungsgrund der Unterlassungsklage, JZ 1967, S. 689 ff.

v. Münch, Ingo: Grundgesetz, Kommentar, hrsg. von Ingo v. Münch u. a., Bd. I, Frankfurt, 1974 (zit.: v. Münch-Bearbeiter).

Nagler, Johannes: Volksverrat (Hochverrat, Landesverrat). Angriffe auf die Ehre des deutschen Volkes, in: Das kommende deutsche Strafrecht, Besonderer Teil, hrsg. von Franz Gürtner, 2. Aufl., Berlin, 1936, S. 78 ff. (zit.: Kommendes Strafrecht).

Niese, Werner: Finalität, Vorsatz und Fahrlässigkeit, Tübingen, 1951.

— Der Irrtum über Rechtfertigungsgründe, DRiZ 1953, S. 21 ff.

Noll, Peter: Übergesetzliche Milderungsgründe aus vermindertem Unrecht, ZStW 68 (1956), S. 181 ff.

— Tatbestand und Rechtswidrigkeit, ZStW 77 (1965), S. 1 ff.

Nowakowski, Friedrich: Zur Lehre von der Rechtswidrigkeit, ZStW 63 (1951), S. 287 ff.

— Rechtsfeindlichkeit, Schuld und Vorsatz, ZStW 65 (1953), S. 379.

— Zu Welzels Lehre von der Fahrlässigkeit, JZ 1958, S. 335 ff., S. 389 ff.

— Probleme der Strafrechtsdogmatik, JBl (Juristische Blätter) 1972, S. 19 ff.

Oehler, Dietrich: Die mit Strafe bedrohte tatvorsätzliche Handlung im Rahmen der Teilnahme, Festschrift der Juristischen Fakultät der Freien Universität Berlin zum 41. Deutschen Juristentag 1955, S. 255 ff. (zit.: Juristentag-FS).

— Das objektive Zweckmoment in der rechtswidrigen Handlung, Berlin, 1959.

Oetker, Friedrich: Hilfeleistung in Staatsnotwehr und Staatsnotstand, GS 97 (1928), S. 411 ff.

v. Olshausen, Justus: Kommentar zum Strafgesetzbuch, bearbeitet von Karl Lorenz, Hans Freiesleben, Emil Niethammer, Carl Kirchner, Georg Gutjahr, Bd. I, 11. Aufl., Berlin, 1927.

v. Olshausen, Justus: Kommentar zum Strafgesetzbuch, bearbeitet von Hans Freiesleben, Max Hörchner, Carl Kirchner, Emil Niethammer, Bd. I, 12. Aufl., Berlin, 1942.

Otto, Harro: Kausaldiagnose und Erfolgszurechnung im Strafrecht, Festschrift für Reinhart Maurach, Karlsruhe, 1972, S. 91 ff. (zit.: Maurach-FS).

— Anmerkung (zu OLG München, NJW 1972, S. 2275), NJW 1973, S. 668.

— Personales Unrecht, Schuld und Strafe, ZStW 87 (1975), S. 539 ff.

— Grundkurs Strafrecht Allgemeine Strafrechtslehre, Berlin, New York, 1976 (zit.: AT).

— Grundkurs Strafrecht Besonderes Strafrechtslehre, Berlin, New York, 1977 (zit.: BT).

Picker, Eduard: Der negatorische Beseitigungsanspruch, Bonn, 1972.

Platzgummer, Winfried: Die Bewußtseinsform des Vorsatzes. Eine strafrechtsdogmatische Untersuchung auf psychologischer Grundlage, Wien, 1964.

Preuß, Wilhelm: Untersuchungen zum erlaubten Risiko im Strafrecht, Berlin, 1974.

Procurator (i.e. Kempner, Robert M. W.): Zum Hochverratsprozeß gegen die Ulmer Reichswehroffiziere, Justiz VI (1930/1), S. 62 ff.

Protokolle: Beratungen des Sonderausschusses für Strafrechtsreform Deutscher Bundestag, 5. Wahlperiode (zit.: SA Prot.), Bonn, 1969; 6. Wahlperiode, 1972 (zit.: SA Prot. [VI. WP]).

Radbruch, Gustav: Offener Brief an Herrn Dr. Otto Liebmann, Die Justiz, Bd. I (1925/6), S. 193 ff.

— Der Landesverrat im Strafgesetzentwurf, Die Justiz, Bd. III (1927/8), S. 103 ff.

— Landesverrat und kein Ende, Die Justiz, Bd. III (1927/8), S. 384 ff.

— Erwiderung (auf: Grimm, Staatsnotstand, Staatsnotwehr und Fememord, Die Justiz Bd. V [1929/30], S. 329 ff.), Die Justiz Bd. V (1929/30), S. 333 ff.

— Zur Systematik der Verbrechenslehre, Festgabe für Reinhard von Frank, Bd. I, Tübingen, 1930, S. 158 ff. (zit.: Frank-FS).

v. Richthofen, Gotthard: Erläuterung zum Wehrstrafgesetzbuch mit Einführungsgesetz, in Brandstetter, Handbuch des Wehrrechtes, Bd. 3, Köln, Berlin, 1957 (zit.: Handbuch).

Ridder, Helmut / *Heinitz*, Ernst: Staatsgeheimnis und Pressefreiheit, Bonn, 1963, S. 21 ff.

Rittau, Martin: Wehrstrafgesetz, Berlin, 1958.

Ritter, Johannes Martin: Der Volksgenosse als Helfer in der Volksnot, GS 115 (1941), S. 239 ff.

— Verrat und Untreue an Volk, Reich und Staat, Berlin, 1942.

Roxin, Claus: Offene Tatbestände und Rechtspflichtmerkmale, 1. Aufl., Hamburg, 1959.

— Die Irrtumsregelung des E 1962 und die strenge Schuldtheorie, MschrKrim. 1961, S. 211 ff.

— Zur Kritik der finalen Handlungslehre, ZStW 74 (1962), S. 515 ff.

Roxin, Claus: Die Behandlung des Irrtums im Entwurf 1962, ZStW 76 (1964), S. 582 ff.

— Literaturbericht Allgemeiner Teil (Besprechung von Platzgummer, Winfried, Bewußtseinsformen des Vorsatzes), ZStW 78 (1966), S. 215 (248 ff.).

— Gedanken zur Problematik der Zurechnung im Strafrecht. Festschrift für Richard Honig, Göttingen, 1970, S. 133 ff. (zit.: Honig-FS).

— Literaturbericht Strafrecht — Allgemeiner Teil (Besprechung von Jescheck, Hans-Heinrich, Lehrbuch, 1969), ZStW 82 (1970), S. 675 ff.

— Ein „neues Bild" des Strafrechtssystems, ZStW 83 (1971), S. 369 ff.

— Zum Schutzzweck der Norm bei Fahrlässigkeitsdelikten, Festschrift für Wilhelm Gallas, Berlin, New York, 1973, S. 241 ff. (zit.: Gallas-FS).

— Kriminalpolitik und Strafrechtssystem, 2. Aufl., Berlin, New York, 1973.

— Über die mutmaßliche Einwilligung, Festschrift für Hans Welzel, Berlin, New York, 1974, S. 447 ff. (zit.: Welzel-FS).

— Über den Notwehrexzeß, Festschrift für Friedrich Schaffstein, Göttingen, 1975, S. 105 ff. (zit.: Schaffstein-FS).

— Täterschaft und Tatherrschaft, 3. Aufl., Hamburg, 1975.

Rudolphi, Hans-Joachim: Unrechtsbewußtsein, Verbotsirrtum und Vermeidbarkeit des Verbotsirrtums, Göttingen, 1969.

— Vorhersehbarkeit und Schutzzweck der Norm in der strafrechtlichen Fahrlässigkeitslehre, JuS 1969, S. 549 ff.

— Inhalt und Funktion des Handlungsunwertes innerhalb der personalen Unrechtslehre. Festschrift für Reinhard Maurach, München, 1972, S. 51 ff. (zit.: Maurach-FS).

Samson, Erich: Hypothetische Kausalverläufe im Strafrecht. Zugleich ein Beitrag zur Kausalität der Beihilfe. Frankfurt/M., 1972.

— Strafrecht I, Frankfurt, 1974 (zit.: StrafR I).

Sauer, Wilhelm: Grundlagen des Strafrechts nebst Umriß einer Rechts- und Sozialphilosophie, Berlin, 1921.

— System des Strafrechts, Besonderer Teil, Köln—Berlin, 1954 (zit.: BT).

— Allgemeine Strafrechtslehre, 3. Aufl., Berlin, 1955 (zit.: AT).

— Die beiden Tatbestandsbegriffe — Zur Lehre von den äußeren Strafbarkeitsvoraussetzungen, Festschrift für Edmund Mezger, München und Berlin, 1954, S. 117 ff. (zit.: Mezger-FS).

Sax, Walter: Der Verbotsirrtum als strafrechtsdogmatisches Grenzproblem, Annales Universitatis Saraviensis, Rechts- und Wirtschaftswissenschaften, Teil IV, 1955, S. 415 ff.

— Grundsätze der Strafrechtspflege, Die Grundrechte, 3. Bd., 2. Halbbd., Berlin, 1959, S. 909 ff. (zit.: Grundsätze).

— Tatbestand und Rechtsgutsverletzung, JZ 1976, S. 9 ff., 80 ff., 429 ff.

Schaffstein, Friedrich: Rechtswidrigkeit und Schuld im Aufbau des neuen Strafrechtssystems, ZStW 57 (1938), S. 295 ff.

— Putative Rechtfertigungsgründe und finale Handlungslehre, MDR 1951, S. 196 ff.

— Der Irrtum bei der Wahrnehmung berechtigter Interessen, NJW 1951, S. 691 ff.

— Tatbestandsirrtum und Verbotsirrtum, Göttinger Festschrift für das OLG Celle, Göttingen, 1961, S. 175 ff. (zit.: OLG Celle-FS).

Schaffstein, Friedrich: Die Risikoerhöhung als objektives Zurechnungsprinzip im Strafrecht, insbes. bei der Beihilfe, Festschrift für Richard Honig, Göttingen, 1970, S. 169 ff. (zit.: Honig-FS).

Schafheutle: Das Strafrechtsänderungsgesetz, JZ 1951, S. 609 ff.

Scheuerle, Wilhelm: Finale Subsumtion, AcP 167 (1967), S. 305 ff.

Scheuner, Ulrich: Pressefreiheit, Veröffentlichungen der Vereinigung Deutscher Staatsrechtslehrer, Heft 22 (1965), S. 1 ff.

Schewe, Günther: Bewußtsein und Vorsatz, Neuwied und Berlin, 1967.

Schlosser, Peter: Zur verfassungsrechtlichen Problematik der Irrtumsregelung in § 22 Wehrstrafgesetz, JZ 1958, S. 526 ff.

Schmidhäuser, Eberhard: Gesinnungsmerkmale im Strafrecht, Tübingen, 1958.

— Objektive Strafbarkeitsbedingungen, ZStW 71 (1959), S. 545 ff.

— Über Aktualität und Potentialität des Unrechtsbewußtseins, Beiträge zur gesamten Strafrechtswissenschaft, Festschrift für Hellmuth Mayer, Berlin, 1966, S. 317 ff. (zit.: Mayer-FS).

— Der Unrechtstatbestand, Festschrift für Karl Engisch, Frankfurt, 1969, S. 437 ff. (zit.: Engisch-FS).

— Über die Wertstruktur der Notwehr. Festschrift für Richard Honig, Göttingen, 1970, S. 185 ff. (zit.: Honig-FS).

— Strafrecht, Allgemeiner Teil, Lehrbuch, 1. Aufl., Tübingen, 1970; 2. Aufl., 1975 (zit.: Lb).

Schmidt, Eberhard: Der Arzt im Strafrecht, Leipzig, 1939.

— Anmerkung (zu OLG Oldenburg SJZ 1950, Sp. 834 ff.), SJZ 1950, Sp. 837 ff.

Schmidt, Eike: Wahrnehmung berechtigter Interessen als Rechtfertigungsgrund? JZ 1970, S. 8 ff.

Schmitt, Rudolf: Subjektive Rechtfertigungselemente bei Fahrlässigkeitsdelikten? — OLG Hamm NJW 1967, S. 116 ff., JuS 1963, S. 64 ff.

Schmitt Glaeser, Walter: Mißbrauch und Verwirklichung von Grundrechten im politischen Meinungskampf, Bad Homburg v. d. H.—Berlin—Zürich, 1969.

Schneider, Hans: Widerstand im Rechtsstaat, Karlsruhe, 1969.

Schneider, Peter: Widerstandsrecht und Rechtsstaat, AöR 89, S. 1 ff. hier zitiert nach Widerstandsrecht, hrsg. von Arthur Kaufmann u. Leonhard E. Backmann, Darmstadt, 1972, S. 362 ff.

Schneidewin, Karl: Zur Auslegung der Begriffe Verfassungsverrat und Landesverrat, JR 1954, S. 241 ff.

Schnur, Roman: Pressefreiheit, Veröffentlichungen der Vereinigung der Deutschen Staatsrechtslehrer, Heft 22 (1965), S. 101 ff.

Schölz, Joachim: Wehrstrafgesetz, Kommentar, 2. Aufl., München, 1975.

Schoenbaum, David: „Ein Abgrund von Landesverrat“, Wien, München, Zürich, 1968.

Schönke, Adolf / *Schröder*, Horst: Strafgesetzbuch, Kommentar, 12. Aufl., München und Berlin, 1965; 13. Aufl., 1967; 17. Aufl., 1974.

Schönke, Adolf / *Schröder*, Horst: Strafgesetzbuch, Kommentar, 18. Aufl., bearbeitet von Peter Cramer, Albin Eser, Theodor Lenckner, Walter Stree, München, 1976; 19. Aufl., 1977 (zit.: Schönke / Schröder / Bearbeiter).

Schröder, Horst: Vorsatz und Schuld, MDR 1950, S. 646 ff.

— Tatbestands- und Verbotsirrtum, MDR 1951, S. 387 ff.

— Der Irrtum über Rechtfertigungsgründe nach dem BGH, MDR 1953, S. 70 ff

— Die Irrtumsrechtsprechung des BGH, ZStW 65 (1953), S. 178 ff.

— Die Notstandsregelung des Entwurfs 1959, Festschrift für Eberhard Schmidt, Göttingen, 1961, S. 290 ff. (zit.: Schmidt-FS).

Schroeder, Friedrich-Christian: Der Schutz von Staat und Verfassung im Strafrecht, München, 1970.

Schubert, Joachim: Staatsnothilfe, Breslau—Neukirch, 1933.

Schücking, Lothar: Landesverrat und Friedensvertrag, Die Justiz, Bd. III (1927/28), S. 509 ff.

Schünemann, Bernd: Moderne Tendenzen in der Dogmatik der Fahrlässigkeits- und Gefährdungsdelikte, JA 1975, S. 435 ff., 511 ff., 575 ff., 647 ff., 715 ff., 787 ff.

— Neue Horizonte der Fahrlässigkeitsdogmatik? — Zur Stellung der individuellen Sorfaltswidrigkeit und des Handlungserfolges im Verbrechensaufbau, Festschrift für Friedrich Schaffstein, Göttingen, 1975, S. 159 ff. (zit.: Schaffstein-FS).

Schweikert, Heinrich: Die Wandlungen der Tatbestandslehre seit Beling, Karlsruhe, 1957.

— Strafrechtliche Haftung für riskantes Verhalten? ZStW 70 (1958), S. 394 ff.

Schweitzer, Ernst Emil: Ein Seitenstück zum Magdeburger Mordprozeß, Justiz II (1926/7), S. 213 ff.

Schwinge, Erich / *Zimmerl*, Leopold: Wesensschau und konkretes Ordnungsdenken im Strafrecht, Bonn, 1937.

Seifert, Jürgen: Die Spiegel-Affäre als Staatskrise, Die Spiegelaffäre, Bd. I, Olten, Freiburg/Brs., 1966, S. 37 ff.

Seuffert, Hermann: Die deutsche Strafgesetzgebung von 1893, ZStW 14 (1894), S. 532 ff.

Siegert, Karl: Notstand und Putativnotstand, Tübingen, 1931.

Sieverts, Rudolf: Beiträge zur Lehre von den subjektiven Unrechtselementen im Strafrecht, Hamburg, 1934.

Sinzheimer, Hugo: Chronik, Die Justiz, Bd. III (1927/8), S. 196 ff.

— Chronik, Die Justiz, Bd. III (1927/8), S. 374 ff.

Smend, Rudolf: Staat und Politik (1945) in: Staatsrechtliche Abhandlungen, 2. Aufl., Berlin, 1968, S. 363 ff.

Soergel, Hans Theodor / *Siebert*, Wolfgang: Bürgerliches Gesetzbuch, Kommentar, Bd. 4, Sachenrecht, 10. Aufl., Stuttgart u. a., 1968 (zit.: Soergel / Siebert / Bearbeiter).

Speidel, Helm: Reichswehr und Rote Armee, Vierteljahresheft für Zeitgeschichte, 1953, S. 9 (17 ff.).

Spiegel-Affäre, Die: Bd. I, hrsg. von Jürgen Seifert, Olten, Freiburg/Brs., 1966.

Staatsschutz: Der strafrechtliche Staatsschutz in der Sowjetunion, der Tschechoslowakei, Ungarn und Polen, hrsg. von Reinhard Maurach, Studien des Instituts für Ostrecht/München, Bd. 15, Herrenalb, 1968 (zit.: Staatsschutz).

Stratenwerth, Günter: Prinzipien der Rechtfertigung, ZStW 68 (1956), S. 41 ff.

— Objektive Strafbarkeitsbedingungen im Entwurf eines Strafgesetzbuches, 1959, ZStW 71 (1959), S. 565 ff.

— Entwicklungstendenzen in der neueren deutschen Strafrechtsdogmatik, Juristen-Jahrbuch, Bd. 2 (1961/2), S. 195 ff.

— Die fakultative Strafmilderung beim Versuch, Festgabe zum Schweizerischen Juristentag 1962, Basel, 1963, S. 247 ff. (zit.: Juristentag-FS).

— Zur Funktion strafrechtlicher Gesinnungsmerkmale, Festschrift für Hellmuth v. Weber, Bonn, 1963, S. 171 (zit.: v. Weber-FS).

— Handlungs- und Erfolgsunwert im Strafrecht, SchwZStrR 79 (1963), S. 233 ff.

— Publizistischer Landesverrat, Göttingen, 1965.

— Unbewußte Finalität, Festschrift für Hans Welzel, Berlin, 1974, S. 289 ff. (zit.: Welzel-FS).

— Zur Relevanz des Erfolgsunwertes im Strafrecht, Festschrift für Friedrich Schaffstein, Göttingen, 1975, S. 177 ff. (zit.: Schaffstein-FS).

— Strafrecht. Allgemeiner Teil, I. Die Straftat, 2. Aufl., Köln u. a., 1976.

Stree, Walter: Deliktsfolgen und Grundgesetz, Tübingen, 1960.

— Zur Problematik des Publizistischen Landesverrats, JZ 1963, S. 527 ff.

— Publizistischer Geheimnisverrat im Bereich des Staatsschutzes, ZStW 78 (1966), S. 663 ff.

— Die neuen Vorschriften über Landesverrat und Gefährdung der äußeren Sicherheit — eine halbherzige Reform. In: Mißlingt die Strafrechtsreform? hrsg. von Jürgen Baumann, Neuwied und Berlin 1969, S. 171 ff. (zit.: Strafrechtsreform).

Strafrecht, Politisches: Zusammengestellt von Jürgen Burghardt, Bad Homburg v. d. H., Berlin, Zürich, 1968 (zit.: Polit. Strafrecht).

Stückemann, Wolfgang: Der getäuschte Hausrechtsinhaber, JR 1973, S. 414 f.

Suarez Montes, Rodrigo Fabio: Weiterentwicklung der finalen Unrechtslehre? Festschrift für Hans Welzel, Berlin, 1974, S. 379 ff. (zit.: Welzel-FS).

Systematischer Kommentar: Kommentar zum Strafgesetzbuch von Hans-Joachim Rudolphi; Eckhard Horn; Erich Samson; Hans-Ludwig Schreiber, — Bd. I, 2. Aufl., Frankfurt, 1977; Bd. II, Frankfurt, 1977 (jeweils zit.: SK-Bearbeiter).

Thon, August: Rechtsnorm und subjektives Recht, Untersuchungen zur allgemeinen Rechtslehre, Weimar, 1878.

Traeger, Ludwig: Rechtsgutachten betreffend den Prozeß des Reichspräsidenten Ebert, GS 91 (1921), S. 435 ff.

Der Schutz des Staates: Der Schutz des Staates, Verhandlungen des 38. Deutschen Juristentages, Teil E, Referate von Hellmuth v. Weber und Karl Siegfried Bader sowie Diskussionsbeiträge und Beschlüsse, Tübingen, 1951 (zit.: Schutz).

Waider, Heribert: Die Bedeutung der Lehre von den subjektiven Rechtfertigungselementen für Methodologie und Systematik des Strafrechts, Berlin, 1970.

Warda, Günter: Die Verbotsirrtumsregelung des § 31 WiStG in ihrer Abgrenzung gegen die allgemeine Irrtumsbestimmung des § 59 StGB, JR 1950, S. 546 ff.

— Zur gesetzlichen Regelung des vermeidbaren Verbotsirrtums, ZStW 71 (1959), S. 252 ff.

— Schuld und Strafe beim Handeln mit bedingtem Unrechtsbewußtsein, Festschrift für Hans Welzel, Berlin, 1974, S. 499 ff. (zit.: Welzel-FS).

v. Weber, Hellmuth: Die Verbrechen gegen den Staat in der Rechtsprechung des Reichsgerichts, Die Reichsgerichtspraxis im deutschen Rechtsleben, Festgabe der juristischen Fakultäten zum fünfzigjährigen Bestehen des Reichsgerichts, Bd. V., Berlin und Leipzig, 1929, S. 173 ff. (zit.: Reichsgericht-FS).

— Zum Aufbau des Strafrechtssystems, Jena, 1935.

— Grundriß des Deutschen Strafrechts, Bonn, 1948.

— Der Irrtum über einen Rechtfertigungsgrund, JZ 1951, S. 260 ff.

— Das Strafrechtsänderungsgesetz, MDR 1951, S. 517 ff.

— Negative Tatbestandsmerkmale, Festschrift für Edmund Mezger, München und Berlin 1954, S. 183 ff. (zit.: Mezger-FS).

— Zum illegalen Staatsgeheimnis, JZ 1966, S. 249 ff.

— Bemerkungen zur Lehre vom Handlungsbegriff, Festschrift für Karl Engisch, Frankfurt/M., 1969, S. 328 ff. (zit.: Engisch-FS).

Weber, Max: Politik als Beruf, 3. Aufl., Berlin, 1958.

Wegner, Artur: Kriminelles Unrecht, Staatsunrecht und Völkerrecht, Hamburg, 1925.

Weigt, Norbert: Die Stellung der Rechtfertigungsgründe im Verbrechensaufbau. Ein Beitrag zur Lehre von den negativen Tatbestandsmerkmalen, Diss. Saarbrücken, 1969.

Weiske, Julius: Hochverrat und Majestätsverbrechen, das Crimen majestatis der Römer, Leipzig, 1836 (zit.: Crimen).

Welzel, Hans: Studien zum System des Strafrechts, ZStW 58 (1939), S. 491 ff.

— Über den substantiellen Begriff des Strafgesetzes, Probleme der Strafrechtserneuerung (Festschrift für Eduard Kohlrausch), Berlin, 1944, S. 101 ff. (zit.: Kohlrausch-FS).

— Das deutsche Strafrecht, 1. Aufl., Berlin, 1947; 2. Aufl., 1949; 3. Aufl., 1954; 4. Aufl., 1954; 9. Aufl., 1965; 11. Aufl., 1969 (zit.: Lb).

— Über die ethischen Grundlagen der sozialen Ordnung, SJZ 1947, Sp. 409 ff.

— Der Irrtum über die Rechtswidrigkeit des Handelns, SJZ 1948, Sp. 368 ff.

— Vom irrenden Gewissen, Tübingen, 1949.

— Um die finale Handlungslehre. Eine Auseinandersetzung mit ihren Kritikern, Tübingen, 1949.

Welzel, Hans: Der Irrtum über die Rechtmäßigkeit der Amtsausübung, JZ 1952, S. 19 f.

— Der Irrtum über einen Rechtfertigungsgrund, NJW 1952, S. 584 ff.

— Anmerkung (zu BGHSt 3, 105 und 194), JZ 1952, S. 596 ff.

— Das neue Bild des Strafrechtssystems, 2. Aufl., Göttingen, 1952; 4. Aufl., 1961 (zit.: Neues Bild).

— Zur Abgrenzung des Tatbestandsirrtums vom Verbotsirrtum, MDR 1952, S. 584 ff.

— Arten des Verbotsirrtums, JZ 1953, S. 266 ff.

— Aktuelle Strafrechtsprobleme im Rahmen der finalen Handlungslehre, Karlsruhe, 1953.

— Der übergesetzliche Notstand und die Irrtumsproblematik, JZ 1955, S. 142 ff.

— Die Regelung von Vorsatz und Irrtum als legislatorisches Problem, ZStW 67 (1955), S. 196 ff.

— Fahrlässigkeit und Verkehrsdelikte. Zur Dogmatik der fahrlässigen Delikte, Karlsruhe, 1961.

— Diskussionsbemerkungen zum Thema „Die Irrtumsregelung im Entwurf", ZStW 76 (1964), S. 619 ff.

— Vom Bleibenden und vom Vergänglichen in der Strafrechtswissenschaft, Marburg, 1964 (zit.: Vom Bleibenden).

— Ein unausrottbares Mißverständnis? Zur Interpretation der finalen Handlungslehre, NJW 1968, S. 425 ff.

— Zur Dogmatik im Strafrecht, Festschrift für Reinhard Maurach, Karlsruhe, 1972, S. 3 ff. (zit.: Maurach-FS).

Wenzel, Karl Egbert: Das Recht der Wort- und Bildberichterstattung, Köln, 1967.

Wertenbruch, Wilhelm: Zur Rechtfertigung des Widerstandes, in: Festgabe für Ernst v. Hippel, Bonn, 1965, S. 318 ff. (zit.: v. Hippel-FS).

Wessels, Johannes: Strafrecht, Allgemeiner Teil, 6. Aufl., Karlsruhe und Heidelberg, 1976 (zit.: AT).

— Strafrecht, Besonderer Teil - 1, Karlsruhe und Heidelberg, 1976 (zit.: BT I).

Westermann, Harry: Der Anspruch auf Rücknahme ehrenkränkender, in Wahrung berechtigter Interessen aufgestellter Behauptungen, JZ 1960, S. 692 ff.

Willms, Günther: Zum Tatbestandsmerkmal der verfassungsfeindlichen Absicht, NJW 1966, S. 1303 f.

— Verfassungsrechtliche Konzeption des strafrechtlichen Staatsschutzes als Kernfrage der Reform, JZ 1967, S. 246 f.

— Staatsschutz im Geiste der Verfassung, Köln, 1962.

Wiedmann, Bernhard Robert: Inwieweit widerspricht § 97 b StGB allgemeinen strafrechtlichen Grundsätzen? Diss. Tübingen, 1971 (zit.: § 97 b).

Wiesner, Siegfried: Der Irrtum im Wehrstrafrecht § 22 WStG, Diss. Münster, 1972.

Woesner, Horst: Das neue Staatsschutzstrafrecht, NJW 1968, S. 2129 ff.

Wolff, Hans-Julius: Verwaltungsrecht III, 3. Aufl., München, 1973.

Wolff, Hans-Julius / *Bachof*, Otto: Verwaltungsrecht I, 9. Aufl., München, 1974.

Würtenberger, Thomas: Die geistige Situation der deutschen Strafrechtswissenschaft, 2. Aufl., Karlsruhe, 1959.

Zillmer: Ist die Preisgabe illegaler Staatsgeheimnisse strafbar? NJW 1966, S. 910 ff.

Zipf, Heinz: Einwilligung und Risikoübernahme im Strafrecht, Neuwied und Berlin, 1970.

Zippelius, Reinhold: Erfolgsunrecht oder Handlungsunrecht, NJW 1957, S. 1707 ff.

— Das Verbot übermäßiger gesetzlicher Beschränkung von Grundrechten, DVBl 1956, S. 353 ff.

Zielinski, Diethart: Handlungs- und Erfolgsunwert im Unrechtsbegriff, Berlin, 1972.

Materialien zur Strafrechtsreform

Vorentwurf 1909

Vorentwurf zu einem Deutschen Strafgesetzbuch, bearbeitet von der hierzu bestellten Sachverständigen-Kommission, mit Begründung, Berlin, 1909.

Gegenentwurf 1911

Gegenentwurf zum Vorentwurf eines Deutschen Strafgesetzbuches, aufgestellt von Kahl, v. Lilienthal, v. Liszt, Goldschmidt, Berlin, 1911.

E SpionageG 1913

Entwurf eines Gesetzes gegen Verrat militärischer Geheimnisse, Reichstagsdrucksache Nr. 1003, vom 23. Mai 1913, 13. Legislaturperiode, 1. Session, Verhandlungen des Reichstages, Anlage zum Stenographischen Bericht, Bd. 302.

E 1913/E 1919

Entwürfe zu einem Deutschen Strafgesetzbuch, veröffentlicht auf Anordnung des Reichsjustizministeriums, Teil I: Entwurf der Strafrechtskommission (1913), Teil II: Entwurf von 1919, Teil III: Denkschrift zu dem Entwurf von 1919; Berlin, 1921.

E 1925

Amtlicher Entwurf eines Allgemeinen Deutschen Strafgesetzbuches nebst Begründung 1925 (Reichsratsvorlage), Nachdruck: Materialien zur Strafrechtsreform, Bd. 3, Bonn, 1954.

E 1927

Entwurf eines Deutschen Strafgesetzbuches 1927 mit Begründung und zwei Anlagen (Reichstagsvorlage), Reichstagsdrucksache Nr. 3390 vom 19. Mai 1927, III. Wahlperiode 1924/27, Verhandlungen des Reichstags, Anlage zum Stenographischen Bericht, Bd. 415; Nachdruck: Materialien zur Strafrechtsreform, Bd. 4, Bonn, 1954.

E 1930

Entwurf eines Allgemeinen Deutschen Strafgesetzbuches 1930 (Entwurf Kahl). Reichstagsdrucksache Nr. 395, V. Wahlperiode 1930, Verhandlungen des Reichstags, Anlage zum Stenographischen Bericht, Bd. 448; Nachdruck: Materialien zur Strafrechtsreform, Bd. 5, Bonn, 1954.

E 1960

Entwurf eines Strafgesetzbuches mit Begründung, Bundestagsdrucksache III/2150 vom 3. November 1960 (Bd. 70).

E 1962

Entwurf eines Strafgesetzbuches (StGB) E 1962 mit Begründung, Bundestagsdrucksache IV/650 vom 4. Oktober 1962 (Bd. 80) (= Bundestagsdrucksache V/32 vom 11. November 1965 [Bd. 101]).

E-SPD

Entwurf eines Gesetzes zur Änderung des Strafgesetzbuches (Antrag der Fraktion der SPD), Bundestagsdrucksache V/102 vom 8. Dezember 1965 (Bd. 101).

RegE 1966

Entwurf eines Achten Strafrechtsänderungsgesetzes, Bundestagsdrucksache V/898 vom 5. September 1966 (Bd. 106).

A E-AT · A E-BT

Alternativ-Entwurf eines Strafgesetzbuches, Allgemeiner Teil, vorgelegt von Jürgen Baumann u. a., 2. Aufl., Tübingen, 1969.

Alternativ-Entwurf eines Strafgesetzbuches, Besonderer Teil, Politisches Strafrecht, vorgelegt von Jürgen Baumann u. a., Tübingen, 1968.

Niederschriften

Niederschriften über die Sitzungen der Großen Strafrechtskommission, Bonn

Bd. 1, Grundsatzfragen, 1. bis 13. Sitzung, Bonn, 1956.

Bd. 2, Grundsatzfragen, 14. bis 26. Sitzung, 1958.

Bd. 5, Allgemeine Fragen zum Besonderen Teil, 53. bis 58. Sitzung, 1958.

Bd. 7, Besonderer Teil, 67. bis 75. Sitzung, 1959.

Bd. 9, Besonderer Teil, 91. bis 103. Sitzung, 1959.

Bd. 10, Besonderer Teil, 104. bis 114. Sitzung, 1959.